2020 年中国高考发展报告·吉林卷

（高考蓝皮书）

萃文数据智能研究院　主编

同濟大學出版社
TONGJI UNIVERSITY PRESS

图书在版编目(CIP)数据

2020年中国高考发展报告.吉林卷/萃文数据智能研究院编. --上海：同济大学出版社，2020.6
(高考蓝皮书)
ISBN 978-7-5608-9287-0

Ⅰ.①2… Ⅱ.①萃… Ⅲ.①高考-研究报告-吉林-2020 Ⅳ.①G632.474

中国版本图书馆CIP数据核字(2020)第101449号

2020年中国高考发展报告·吉林卷(高考蓝皮书)

萃文数据智能研究院 **主编**

出品人 华春荣 **责任编辑** 赵俊丽 **责任校对** 徐春莲 **封面设计** 周 杨 渲彩轩

出版发行 同济大学出版社 www.tongjipress.com.cn
(地址:上海市四平路1239号 邮编:200092 电话:021-65985622)
经　销 全国各地新华书店
排　版 南京月叶图文制作有限公司
印　刷 常熟市华顺印刷有限公司
开　本 787mm×1092mm 1/16
印　张 20.75
字　数 518 000
版　次 2020年6月第1版 2020年6月第1次印刷
书　号 ISBN 978-7-5608-9287-0
定　价 119.00元

编 者 简 介

萃文数据智能研究院系浙江萃文科技旗下的数据服务与科学决策咨询研究型机构,致力于行业大数据智能化研究与发展趋势预测、教育信息化与知识视觉传达、社会热点问题分析与研判等,服务于政府决策、企业发展、社会舆论与公共知识传播。团队成员具有数学、计算机科学、社会学、心理学与管理学等交叉学科背景,拥有教授(研究员)等高级职称者 10 余人,研究生以上学历者 20 余人。

萃文数据智能研究院·中国普通高校招生数据化研究课题组

组　　长	佘　彦	吉林大学数学学院/数学研究所	研究员
		萃文数据智能研究院	院长
副 组 长	潘生林	吉林大学数学学院/数学研究所	副研究员
		萃文数据智能研究院	副院长
成　　员	张伟涛	吉林省统计局	处长
		萃文数据智能研究院	研究员
	任庆伟	吉林大学运动文化与大数据中心	主任
		萃文数据智能研究院	院长助理、研究员
	张一木	萃文数据智能研究院	副研究员
	于长龙	萃文数据智能研究院	副研究员
	林安鹏	萃文数据智能研究院	助理研究员
	赵龙霄	萃文数据智能研究院	助理研究员
	曹铁铮	萃文数据智能研究院	助理研究员
	傅加宁	萃文数据智能研究院	助理
	李　峥	萃文数据智能研究院	助理

主　　编　任庆伟

副 主 编　赵龙霄

文案质控　（按姓氏拼音排序）

包红岩　胡　泽　滕子仪　杨　婷

张　玲　张　娜　张芸菲

版式质控　万象煜　周　杨

技术支持　曹铁铮　李　峥　王　锐

数据分析　柴贯淇　杜晓鑫　邵　杰

数据质控　傅加宁　王新鑫　于　莹

前　言

科技的高速发展使得教育信息的对称化、平台化与数据化成为可能，高考作为教育的重要环节，其科技附着力毋庸置疑，使得高考的信息对称化、平台化、数据化也日趋可行！2020年对全国参加高考的学生而言注定不平凡，疫情当下，高考延期、硕士扩招、新高考改革在即……，有优势、有劣势、有机遇、有挑战，放大优势规避劣势、化挑战为机遇、虑远务实是本书编写之初衷，为广大考生、家长、科研工作者及教育工作者提供一个支撑性参考是笔者之心愿。

在新时代背景下，笔者基于教育部官网、各大学官网、吉林省教育考试院、吉林省统计局等官方数据，采用数据挖掘、数理统计、逻辑分析及数据可视化等技术，对高考政策、热门话题、高校、专业、行业、职业等问题进行专项解读，论从据出，言之有物，观点新颖，结论可究，具有很好的学术意义和科普价值。

本书共分为五个部分：

第一部分是2020年报考关键问题的数据解读：一方面，基于2016～2019年吉林省高考分数和录取人数大数据，围绕理工类与文史类两大维度，批次线、位次、线差、最高录取分数、最低录取分数、平均录取分数、录取热度、计划人数与录取人数等10余个具体维度，分高校类型、考生类型、高校层次、省(自治区、直辖市)、学科、批次进行了可视化分析与解读。另一方面，深入讨论了研究生扩招、二三本合并、高考报考市场乱象、优质报考软件标准、报考专家标准等热点话题，并尝试梳理了高考报考行业标准，帮助广大读者系统掌握报考总体情况、及时了解报考形势、科学甄别报考软件与报考专家。

第二部分是新时代背景下的高等教育辨析：一方面解读了公办、民办、独立学院与中外合作办学等办学类型及代表高校，985、211与双一流等办学层次及代表高校。另一方面分省(自治区、直辖市)、分专业梳理了优势高校，同时从学科建设、试点高校等角度解读了“强基计划”。适用于有了解高校信息需求以及“强基计划”等政策热点的读者。

第三部分是新科技趋势下专业及行业全解：一方面系统解读了《普通高等学校本科专业

目录(2020年版)》,深入分析了新增专业的成因。另一方面,从应用理论型与应用实践型、冷门与热门两个标准对现有专业目录进行了分类。另外,重点阐述了32个主要国民经济行业定义、对应专业及代表企业。适用于有专业与行业信息了解需求以及选择不同毕业阶段就业的读者。

第四部分是智能社会大学毕业生就业全解:系统分析了智能时代下依然保持优势的传统职业、受冲击较大的传统职业以及新兴职业,适合于有明显就业需求或对就业形势有了解需求的读者。

第五部分是附录:提供了基于数学算法的吉林省文史类与理工类2015～2019年同分等效查询表,为考生报考提供具体的参考依据。① 同时提供本书中主要名词解释,方便读者阅读。

① 待2020年高考分数公布以后,请读者登录逐尚高考报考智能云平台(网址:winshon.cuiyanet.com),第一时间免费查看2020年考试分数与2016～2019年等效分数。

- 理工类分数可视化趋势分析
  - 各层次高校与批次线差波动情况及排名
    - 图1-1 2016～2019年理工类批次线波动情况
    - 图1-2 2016～2019年一本招生各层次高校理工类平均最低线差情况
    - 图1-3 2016～2019年高校平均线差排名前10
    - 图1-4 985高校一本招生2016～2019年理工类平均最低线差前10、后10
    - 图1-5 211高校（非985）一本招生2016～2019年理工类平均最低线差前10、后10
    - 图1-6 普通双非一本高校一本招生2016～2019年理工类平均最低线差前10、后10
    - 图1-7 2016～2019年二本招生各层次高校平均最低线差情况
    - 图1-8 211高校（非985）二本招生2016～2019年理工类平均最低线差
    - 图1-9 2019年二本招生高校最低线差前10、后10
    - 图1-10 民办高校和独立学院（历年三本）2016～2019年理工类平均最低线差前10、后10
  - 本科一批专业录取情况
    - 图1-11 2016～2019年一本招生专业类别平均最低线差线性斜率前10
    - 图1-12 2016～2019年一本农业经济管理类录取分数情况
    - 图1-13 2016～2019年一本心理学类录取分数情况
    - 图1-14 2016～2019年一本动物医学类录取分数情况
    - 图1-15 2016～2019年一本动物生产类录取分数情况
    - 图1-16 2016～2019年一本林业工程类录取分数情况
    - 图1-17 2016～2019年一本草学类录取分数情况
    - 图1-18 2016～2019年一本教育学类录取分数情况
    - 图1-19 2016～2019年一本社会学类录取分数情况
    - 图1-20 2016～2019年一本林学类录取分数情况
    - 图1-21 2016～2019年一本中国语言文学类录取分数情况
  - 本科二批专业录取情况
    - 图1-22 2016～2019年二本招生专业类别平均最低线差线性斜率前10
    - 图1-23 2016～2019年二本公安技术类录取分数情况
    - 图1-24 2016～2019年二本法医学类录取分数情况
    - 图1-25 2016～2019年二本林业工程类录取分数情况
    - 图1-26 2016～2019年二本物理学类录取分数情况
    - 图1-27 2016～2019年二本地球物理学类录取分数情况
    - 图1-28 2016～2019年二本农业工程类录取分数情况
    - 图1-29 2016～2019年二本海洋科学类录取分数情况
    - 图1-30 2016～2019年二本地理科学类录取分数情况
    - 图1-31 2016～2019年二本化学类录取分数情况
    - 图1-32 2016～2019年二本数学类录取分数情况
  - 各类型院校录取情况
    - 图1-33 2019年各类型招收一本理工类考生的院校数量
    - 图1-34 2019年各类型招收一本理工类考生的院校平均录取分数
    - 图1-35 2019年各类型招收二本理工类考生的院校数量
    - 图1-36 2019年各类型招收二本理工类考生的院校平均录取分数
    - 图1-37 2016年各类型院校一批最低录取分数波动范围
    - 图1-38 2016年各类型院校二批最低录取分数波动范围
    - 图1-39 2017年各类型院校一批最低录取分数波动范围
    - 图1-40 2017年各类型院校二批最低录取分数波动范围
    - 图1-41 2018年各类型院校一批最低录取分数波动范围
    - 图1-42 2018年各类型院校二批最低录取分数波动范围
    - 图1-43 2019年各类型院校一批最低录取分数波动范围
    - 图1-44 2019年各类型院校二批最低录取分数波动范围
  - 高校最低录取分数排名
    - 图1-45 2019年985高校最低录取分数排名前10、后10
    - 图1-46 2019年211高校（非985）最低录取分数排名前10、后10
    - 图1-47 2019年普通双非一本高校最低录取分数排名前10、后10
    - 图1-48 2019年二本招生高校最低录取分数排名前10、后10
    - 图1-49 2019年三本高校最低录取分数排名前10、后10
    - 图1-50 2019年一本中外合作办学类院校最低录取分数排名
    - 图1-51 2019年二本中外合作办学类院校最低录取分数排名前10、后10
    - 图1-52 2019年其他类院校最低录取分数情况
  - 高校专业最低录取分数排名前20
    - 图1-53 2019年985高校专业最低录取分数排名前20
    - 图1-54 2019年211高校（非985）专业最低录取分数排名前20
    - 图1-55 2019年普通双非一本专业最低录取分数排名前20
    - 图1-56 2019年二本专业最低录取分数排名前20
    - 图1-57 2019年民办高校和独立学院专业最低录取分数排名前20

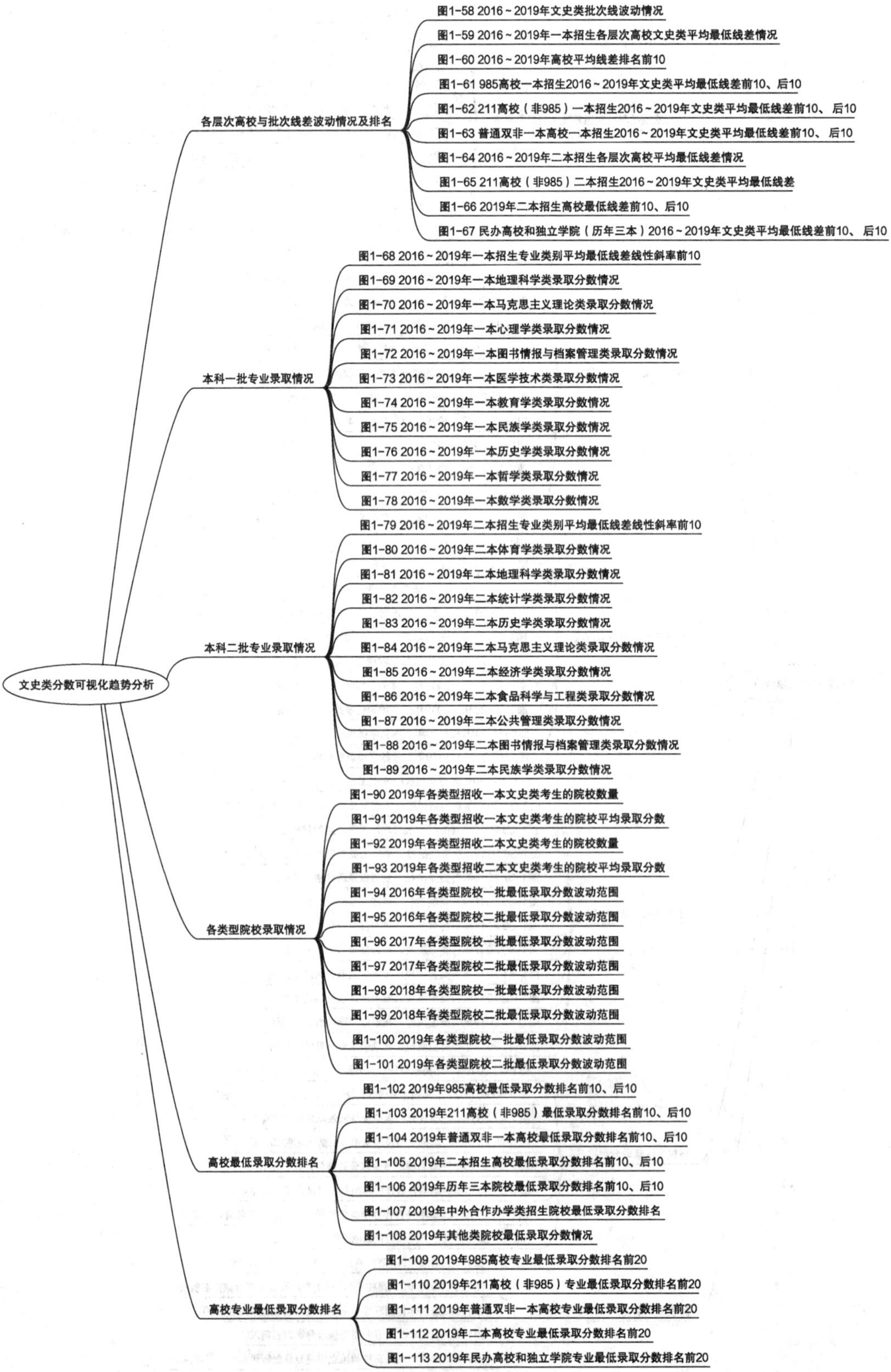

文史类分数可视化趋势分析
各层次高校与批次线差波动情况及排名
图1-58 2016～2019年文史类批次线波动情况
图1-59 2016～2019年一本招生各层次高校文史类平均最低线差情况
图1-60 2016～2019年高校平均线差排名前10
图1-61 985高校一本招生2016～2019年文史类平均最低线差前10、后10
图1-62 211高校（非985）一本招生2016～2019年文史类平均最低线差前10、后10
图1-63 普通双非一本高校一本招生2016～2019年文史类平均最低线差前10、后10
图1-64 2016～2019年二本招生各层次高校平均最低线差情况
图1-65 211高校（非985）二本招生2016～2019年文史类平均最低线差
图1-66 2019年二本招生高校最低线差前10、后10
图1-67 民办高校和独立学院（历年三本）2016～2019年文史类平均最低线差前10、后10
本科一批专业录取情况
图1-68 2016～2019年一本招生专业类别平均最低线差线性斜率前10
图1-69 2016～2019年一本地理科学类录取分数情况
图1-70 2016～2019年一本马克思主义理论类录取分数情况
图1-71 2016～2019年一本心理学类录取分数情况
图1-72 2016～2019年一本图书情报与档案管理类录取分数情况
图1-73 2016～2019年一本医学技术类录取分数情况
图1-74 2016～2019年一本教育学类录取分数情况
图1-75 2016～2019年一本民族学类录取分数情况
图1-76 2016～2019年一本历史学类录取分数情况
图1-77 2016～2019年一本哲学类录取分数情况
图1-78 2016～2019年一本数学类录取分数情况
本科二批专业录取情况
图1-79 2016～2019年二本招生专业类别平均最低线差线性斜率前10
图1-80 2016～2019年二本体育学类录取分数情况
图1-81 2016～2019年二本地理科学类录取分数情况
图1-82 2016～2019年二本统计学类录取分数情况
图1-83 2016～2019年二本历史学类录取分数情况
图1-84 2016～2019年二本马克思主义理论类录取分数情况
图1-85 2016～2019年二本经济学类录取分数情况
图1-86 2016～2019年二本食品科学与工程类录取分数情况
图1-87 2016～2019年二本公共管理类录取分数情况
图1-88 2016～2019年二本图书情报与档案管理类录取分数情况
图1-89 2016～2019年二本民族学类录取分数情况
各类型院校录取情况
图1-90 2019年各类型招收一本文史类考生的院校数量
图1-91 2019年各类型招收一本文史类考生的院校平均录取分数
图1-92 2019年各类型招收二本文史类考生的院校数量
图1-93 2019年各类型招收二本文史类考生的院校平均录取分数
图1-94 2016年各类型院校一批最低录取分数波动范围
图1-95 2016年各类型院校二批最低录取分数波动范围
图1-96 2017年各类型院校一批最低录取分数波动范围
图1-97 2017年各类型院校二批最低录取分数波动范围
图1-98 2018年各类型院校一批最低录取分数波动范围
图1-99 2018年各类型院校二批最低录取分数波动范围
图1-100 2019年各类型院校一批最低录取分数波动范围
图1-101 2019年各类型院校二批最低录取分数波动范围
高校最低录取分数排名
图1-102 2019年985高校最低录取分数排名前10、后10
图1-103 2019年211高校（非985）最低录取分数排名前10、后10
图1-104 2019年普通双非一本高校最低录取分数排名前10、后10
图1-105 2019年二本招生高校最低录取分数排名前10、后10
图1-106 2019年历年三本院校最低录取分数排名前10、后10
图1-107 2019年中外合作办学类招生院校最低录取分数排名
图1-108 2019年其他类院校最低录取分数情况
高校专业最低录取分数排名
图1-109 2019年985高校专业最低录取分数排名前20
图1-110 2019年211高校（非985）专业最低录取分数排名前20
图1-111 2019年普通双非一本高校专业最低录取分数排名前20
图1-112 2019年二本高校专业最低录取分数排名前20
图1-113 2019年民办高校和独立学院专业最低录取分数排名前20

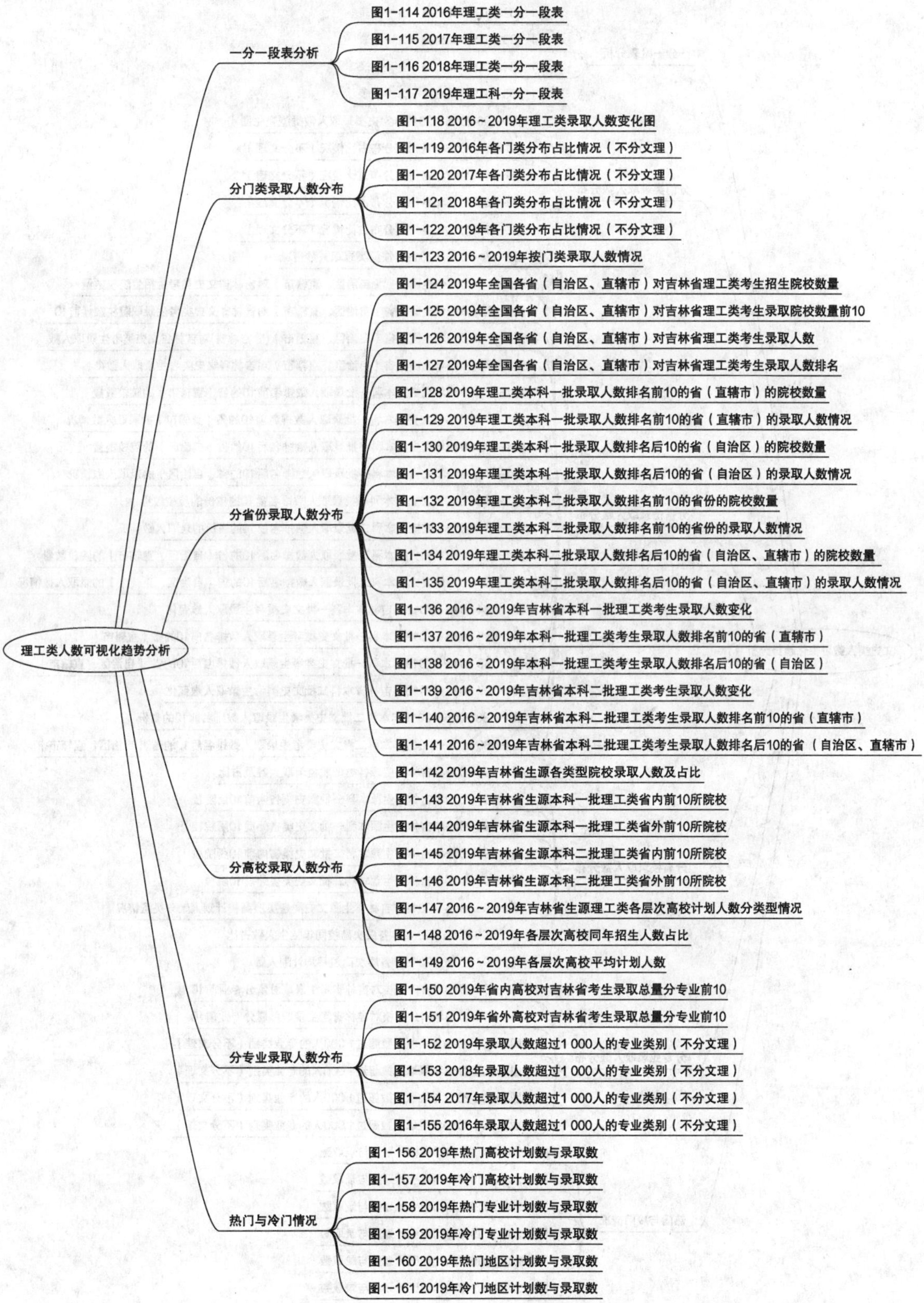
理工类人数可视化趋势分析
一分一段表分析
图1-114 2016年理工类一分一段表
图1-115 2017年理工类一分一段表
图1-116 2018年理工类一分一段表
图1-117 2019年理工科一分一段表
分门类录取人数分布
图1-118 2016～2019年理工类录取人数变化图
图1-119 2016年各门类分布占比情况（不分文理）
图1-120 2017年各门类分布占比情况（不分文理）
图1-121 2018年各门类分布占比情况（不分文理）
图1-122 2019年各门类分布占比情况（不分文理）
图1-123 2016～2019年按门类录取人数情况
分省份录取人数分布
图1-124 2019年全国各省（自治区、直辖市）对吉林省理工类考生招生院校数量
图1-125 2019年全国各省（自治区、直辖市）对吉林省理工类考生录取院校数量前10
图1-126 2019年全国各省（自治区、直辖市）对吉林省理工类考生录取人数
图1-127 2019年全国各省（自治区、直辖市）对吉林省理工类考生录取人数排名
图1-128 2019年理工类本科一批录取人数排名前10的省（直辖市）的院校数量
图1-129 2019年理工类本科一批录取人数排名前10的省（直辖市）的录取人数情况
图1-130 2019年理工类本科一批录取人数排名后10的省（自治区）的院校数量
图1-131 2019年理工类本科一批录取人数排名后10的省（自治区）的录取人数情况
图1-132 2019年理工类本科二批录取人数排名前10的省份的院校数量
图1-133 2019年理工类本科二批录取人数排名前10的省份的录取人数情况
图1-134 2019年理工类本科二批录取人数排名后10的省（自治区、直辖市）的院校数量
图1-135 2019年理工类本科二批录取人数排名后10的省（自治区、直辖市）的录取人数情况
图1-136 2016～2019年吉林省本科一批理工类考生录取人数变化
图1-137 2016～2019年本科一批理工类考生录取人数排名前10的省（直辖市）
图1-138 2016～2019年本科一批理工类考生录取人数排名后10的省（自治区）
图1-139 2016～2019年吉林省本科二批理工类考生录取人数变化
图1-140 2016～2019年吉林省本科二批理工类考生录取人数排名前10的省（直辖市）
图1-141 2016～2019年吉林省本科二批理工类考生录取人数排名后10的省（自治区、直辖市）
分高校录取人数分布
图1-142 2019年吉林省生源各类型院校录取人数及占比
图1-143 2019年吉林省生源本科一批理工类省内前10所院校
图1-144 2019年吉林省生源本科一批理工类省外前10所院校
图1-145 2019年吉林省生源本科二批理工类省内前10所院校
图1-146 2019年吉林省生源本科二批理工类省外前10所院校
图1-147 2016～2019年吉林省生源理工类各层次高校计划人数分类型情况
图1-148 2016～2019年各层次高校同年招生人数占比
图1-149 2016～2019年各层次高校平均计划人数
分专业录取人数分布
图1-150 2019年省内高校对吉林省考生录取总量分专业前10
图1-151 2019年省外高校对吉林省考生录取总量分专业前10
图1-152 2019年录取人数超过1 000人的专业类别（不分文理）
图1-153 2018年录取人数超过1 000人的专业类别（不分文理）
图1-154 2017年录取人数超过1 000人的专业类别（不分文理）
图1-155 2016年录取人数超过1 000人的专业类别（不分文理）
热门与冷门情况
图1-156 2019年热门高校计划数与录取数
图1-157 2019年冷门高校计划数与录取数
图1-158 2019年热门专业计划数与录取数
图1-159 2019年冷门专业计划数与录取数
图1-160 2019年热门地区计划数与录取数
图1-161 2019年冷门地区计划数与录取数

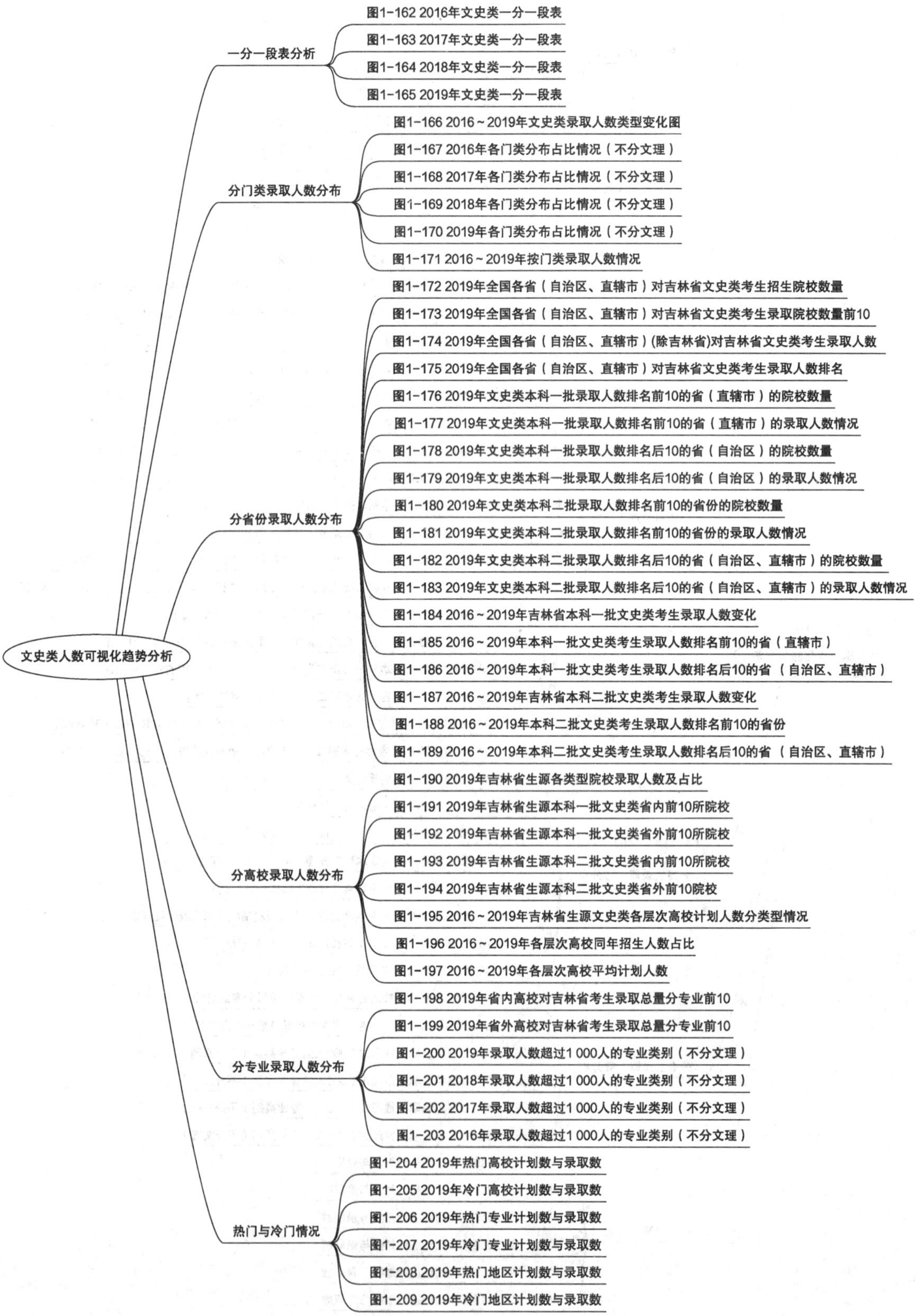
文史类人数可视化趋势分析
一分一段表分析
图1-162 2016年文史类一分一段表
图1-163 2017年文史类一分一段表
图1-164 2018年文史类一分一段表
图1-165 2019年文史类一分一段表
分门类录取人数分布
图1-166 2016～2019年文史类录取人数类型变化图
图1-167 2016年各门类分布占比情况（不分文理）
图1-168 2017年各门类分布占比情况（不分文理）
图1-169 2018年各门类分布占比情况（不分文理）
图1-170 2019年各门类分布占比情况（不分文理）
图1-171 2016～2019年按门类录取人数情况
分省份录取人数分布
图1-172 2019年全国各省（自治区、直辖市）对吉林省文史类考生招生院校数量
图1-173 2019年全国各省（自治区、直辖市）对吉林省文史类考生录取院校数量前10
图1-174 2019年全国各省（自治区、直辖市）(除吉林省)对吉林省文史类考生录取人数
图1-175 2019年全国各省（自治区、直辖市）对吉林省文史类考生录取人数排名
图1-176 2019年文史类本科一批录取人数排名前10的省（直辖市）的院校数量
图1-177 2019年文史类本科一批录取人数排名前10的省（直辖市）的录取人数情况
图1-178 2019年文史类本科一批录取人数排名后10的省（自治区）的院校数量
图1-179 2019年文史类本科一批录取人数排名后10的省（自治区）的录取人数情况
图1-180 2019年文史类本科二批录取人数排名前10的省份的院校数量
图1-181 2019年文史类本科二批录取人数排名前10的省份的录取人数情况
图1-182 2019年文史类本科二批录取人数排名后10的省（自治区、直辖市）的院校数量
图1-183 2019年文史类本科二批录取人数排名后10的省（自治区、直辖市）的录取人数情况
图1-184 2016～2019年吉林省本科一批文史类考生录取人数变化
图1-185 2016～2019年本科一批文史类考生录取人数排名前10的省（直辖市）
图1-186 2016～2019年本科一批文史类考生录取人数排名后10的省（自治区、直辖市）
图1-187 2016～2019年吉林省本科二批文史类考生录取人数变化
图1-188 2016～2019年本科二批文史类考生录取人数排名前10的省份
图1-189 2016～2019年本科二批文史类考生录取人数排名后10的省（自治区、直辖市）
分高校录取人数分布
图1-190 2019年吉林省生源各类型院校录取人数及占比
图1-191 2019年吉林省生源本科一批文史类省内前10所院校
图1-192 2019年吉林省生源本科一批文史类省外前10所院校
图1-193 2019年吉林省生源本科二批文史类省内前10所院校
图1-194 2019年吉林省生源本科二批文史类省外前10院校
图1-195 2016～2019年吉林省生源文史类各层次高校计划人数分类型情况
图1-196 2016～2019年各层次高校同年招生人数占比
图1-197 2016～2019年各层次高校平均计划人数
分专业录取人数分布
图1-198 2019年省内高校对吉林省考生录取总量分专业前10
图1-199 2019年省外高校对吉林省考生录取总量分专业前10
图1-200 2019年录取人数超过1 000人的专业类别（不分文理）
图1-201 2018年录取人数超过1 000人的专业类别（不分文理）
图1-202 2017年录取人数超过1 000人的专业类别（不分文理）
图1-203 2016年录取人数超过1 000人的专业类别（不分文理）
热门与冷门情况
图1-204 2019年热门高校计划数与录取数
图1-205 2019年冷门高校计划数与录取数
图1-206 2019年热门专业计划数与录取数
图1-207 2019年冷门专业计划数与录取数
图1-208 2019年热门地区计划数与录取数
图1-209 2019年冷门地区计划数与录取数

目　录

第一部分　2020 年报考关键问题的数据解读 …… 1
一、权威数据:吉林省录取趋势深度可视化解析 …… 2
（一）2016～2019 年分数可视化趋势分析 …… 2
（二）2016～2019 年人数可视化趋势分析 …… 60
二、时政热点:硕士扩招对 2020 年高考考生的深远影响 …… 113
（一）中国高等教育扩招史简述 …… 113
（二）中国高等教育扩招带来的影响 …… 113
（三）硕士研究生扩招情况 …… 114
（四）硕士研究生扩招或将改变 2020 年高考考生的命运 …… 115
三、数据示警:二三本合并向 2020 年高考考生敲响警钟 …… 118
（一）考生可选择院校增加 …… 119
（二）志愿填报难度增大 …… 120
（三）引导高校回归办学实力的竞争 …… 123
（四）造成学生滑档现象 …… 125
四、科学解析:高考报考的市场化解决思路探究 …… 126
（一）高考报考市场乱象全景 …… 126
（二）优质软件平台鉴别标准 …… 129
（三）信息对称是检验报考专家的唯一标准 …… 130
（四）报考行业标准体系探微 …… 132
第二部分　新时代背景下的高等教育辨析 …… 134
一、基本属性:新时代中国高校办学类型与办学层次的解读 …… 135
（一）办学类型:公办到中外合作办学 …… 135
（二）发展战略:从“211 工程”“985 工程”到“双一流” …… 140
二、时代聚焦:全国高校分地域、分专业优势解析 …… 146
（一）2020 年全国高校分省(自治区、直辖市)解读 …… 146
（二）2020 年全国高校分专业最新排名 …… 153
（三）2020 年国家“强基计划”多维度解读 …… 200
第三部分　新科技趋势下专业及行业全解 …… 202
一、专业分析:解读教育部 2020 年本科专业目录 …… 203
（一）2019 年国家新增专业分析 …… 203
（二）2019 年吉林省新增专业分析 …… 208
二、分类解读:大学本科专业的科学分类解读 …… 209
（一）应用理论型专业解读 …… 209

（二）应用实践型专业解读 …… 211
（三）冷门专业解读 …… 215
（四）热门专业解读 …… 217
三、行业对标:国民经济行业的大学专业对位 …… 218
（一）矿产与能源勘采业 …… 219
（二）能源与水资源供给 …… 220
（三）交通与物联网行业 …… 220
（四）环境与生态保护业 …… 221
（五）测绘与城乡规划业 …… 221
（六）政府与公共管理业 …… 222
（七）公安与司法监察等 …… 223
（八）社会工作 …… 224
（九）医疗与公共卫生 …… 224
（十）房地产及相关行业 …… 225
（十一）建筑业与工业设计 …… 226
（十二）制造业 …… 227
（十三）汽车行业 …… 228
（十四）电子与电气行业 …… 228
（十五）食品烟草加工业 …… 229
（十六）生物与化工行业 …… 229
（十七）教育与培训行业 …… 230
（十八）文体与休闲娱乐业 …… 231
（十九）影视与表演艺术 …… 232
（二十）游戏与电子竞技业 …… 232
（二十一）文创与设计服务业 …… 233
（二十二）货币金融业 …… 233
（二十三）工业自动化 …… 234
（二十四）第一产业 …… 235
（二十五）计算机与 AI 周边 …… 235
（二十六）信息与通信技术业 …… 236
（二十七）批发与零售行业 …… 237
（二十八）住宿与餐饮业 …… 237
（二十九）律师与审计业 …… 238
（三十）市场与商业服务业 …… 238
（三十一）管理与咨询服务业 …… 239
（三十二）公共关系 …… 240
第四部分　智能社会大学毕业生就业全解 …… 241
一、低附加单一重复职业的时代冲击 …… 242

（一）国家机关、党群组织、企业、事业单位从业人员职业趋势分析 …… 242
（二）专业技术人员职业趋势分析 …… 242
（三）办事人员和有关人员职业趋势分析 …… 243
（四）商业、服务业从业人员职业趋势分析 …… 243
（五）农、林、牧、渔、水利从业人员职业趋势分析 …… 244
（六）生产、运输设备操作从业人员职业趋势分析 …… 245
（七）军人及其他职业趋势分析 …… 245
二、高技术附加刚需行业的时代机遇 …… 246
（一）教育职业发展优势分析 …… 246
（二）医疗健康职业发展优势分析 …… 247
（三）新能源职业发展优势分析 …… 247
（四）环保职业发展优势分析 …… 248
（五）理财职业发展优势分析 …… 249
（六）保险职业发展优势分析 …… 249
（七）养老服务职业发展优势分析 …… 250
（八）泛文娱职业发展优势分析 …… 251
（九）生物科技职业发展优势分析 …… 251
（十）新材料职业发展优势分析 …… 252
三、智能社会下催生的新兴行业解析 …… 253
（一）人工智能工程技术人员职业趋势分析 …… 253
（二）物联网工程技术人员职业趋势分析 …… 253
（三）大数据工程技术人员职业趋势分析 …… 254
（四）云计算工程技术人员职业趋势分析 …… 255
（五）数字化管理师职业趋势分析 …… 255
（六）建筑信息模型技术员职业趋势分析 …… 256
（七）无人机驾驶员职业趋势分析 …… 257
（八）农业经理人职业趋势分析 …… 257
（九）物联网安装调试员职业趋势分析 …… 258
（十）工业机器人系统操作与运维员职业趋势分析 …… 258
（十一）电子竞技员职业趋势分析 …… 259
（十二）电子竞技运营师职业趋势分析 …… 260
第五部分　附录 …… 261
一、基于数学算法的吉林省理工类近四年等效分查询表 …… 262
二、基于数学算法的吉林省文史类近四年等效分查询表 …… 283
三、蓝皮书专有名词解释 …… 302
参考文献 …… 304

图 索 引

图 1-1 2016～2019 年理工类批次线波动情况 …… 2
图 1-2 2016～2019 年一本招生各层次高校理工类平均最低线差情况 …… 3
图 1-3 2016～2019 年高校平均线差排名前 10 …… 3
图 1-4 985 高校一本招生 2016～2019 年理工类平均最低线差前 10、后 10 …… 4
图 1-5 211 高校(非 985)一本招生 2016～2019 年理工类平均最低线差前 10、后 10 …… 4
图 1-6 普通双非一本高校一本招生 2016～2019 年理工类平均最低线差前 10、后 10 …… 5
图 1-7 2016～2019 年二本招生各层次高校平均最低线差情况 …… 6
图 1-8 211 高校(非 985)二本招生 2016～2019 年理工类平均最低线差 …… 6
图 1-9 2019 年二本招生高校最低线差前 10、后 10 …… 6
图 1-10 民办高校和独立学院(历年三本)2016～2019 年理工类平均最低线差前 10、后 10 …… 7
图 1-11 2016～2019 年一本招生专业类别平均最低线差线性斜率前 10 …… 7
图 1-12 2016～2019 年一本农业经济管理类录取分数情况 …… 8
图 1-13 2016～2019 年一本心理学类录取分数情况 …… 8
图 1-14 2016～2019 年一本动物医学类录取分数情况 …… 9
图 1-15 2016～2019 年一本动物生产类录取分数情况 …… 9
图 1-16 2016～2019 年一本林业工程类录取分数情况 …… 9
图 1-17 2016～2019 年一本草学类录取分数情况 …… 10
图 1-18 2016～2019 年一本教育学类录取分数情况 …… 10
图 1-19 2016～2019 年一本社会学类录取分数情况 …… 10
图 1-20 2016～2019 年一本林学类录取分数情况 …… 11
图 1-21 2016～2019 年一本中国语言文学类录取分数情况 …… 11
图 1-22 2016～2019 年二本招生专业类别平均最低线差线性斜率前 10 …… 11
图 1-23 2016～2019 年二本公安技术类录取分数情况 …… 12
图 1-24 2016～2019 年二本法医学类录取分数情况 …… 12
图 1-25 2016～2019 年二本林业工程类录取分数情况 …… 12
图 1-26 2016～2019 年二本物理学类录取分数情况 …… 13
图 1-27 2016～2019 年二本地球物理学类录取分数情况 …… 13
图 1-28 2016～2019 年二本农业工程类录取分数情况 …… 13
图 1-29 2016～2019 年二本海洋科学类录取分数情况 …… 14
图 1-30 2016～2019 年二本地理科学类录取分数情况 …… 14
图 1-31 2016～2019 年二本化学类录取分数情况 …… 14
图 1-32 2016～2019 年二本数学类录取分数情况 …… 15

图 1-33 2019 年各类型招收一本理工类考生的院校数量 …… 15
图 1-34 2019 年各类型招收一本理工类考生的院校平均录取分数 …… 16
图 1-35 2019 年各类型招收二本理工类考生的院校数量 …… 16
图 1-36 2019 年各类型招收二本理工类考生的院校平均录取分数 …… 17
图 1-37 2016 年各类型院校一批最低录取分数波动范围 …… 17
图 1-38 2016 年各类型院校二批最低录取分数波动范围 …… 18
图 1-39 2017 年各类型院校一批最低录取分数波动范围 …… 18
图 1-40 2017 年各类型院校二批最低录取分数波动范围 …… 19
图 1-41 2018 年各类型院校一批最低录取分数波动范围 …… 19
图 1-42 2018 年各类型院校二批最低录取分数波动范围 …… 20
图 1-43 2019 年各类型院校一批最低录取分数波动范围 …… 21
图 1-44 2019 年各类型院校二批最低录取分数波动范围 …… 21
图 1-45 2019 年 985 高校最低录取分数排名前 10、后 10 …… 22
图 1-46 2019 年 211 高校(非 985)最低录取分数排名前 10、后 10 …… 23
图 1-47 2019 年普通双非一本高校最低录取分数排名前 10、后 10 …… 24
图 1-48 2019 年二本招生高校最低录取分数排名前 10、后 10 …… 24
图 1-49 2019 年三本高校最低录取分数排名前 10、后 10 …… 25
图 1-50 2019 年一本中外合作办学类院校最低录取分数排名 …… 26
图 1-51 2019 年二本中外合作办学类院校最低录取分数排名前 10、后 10 …… 27
图 1-52 2019 年其他类院校最低录取分数情况 …… 28
图 1-53 2019 年 985 高校专业最低录取分数排名前 20 …… 29
图 1-54 2019 年 211 高校(非 985)专业最低录取分数排名前 20 …… 30
图 1-55 2019 年普通双非一本专业最低录取分数排名前 20 …… 31
图 1-56 2019 年二本专业最低录取分数排名前 20 …… 31
图 1-57 2019 年民办高校和独立学院专业最低录取分数排名前 20 …… 32
图 1-58 2016～2019 年文史类批次线波动情况 …… 33
图 1-59 2016～2019 年一本招生各层次高校文史类平均最低线差情况 …… 33
图 1-60 2016～2019 年高校平均线差排名前 10 …… 34
图 1-61 985 高校一本招生 2016～2019 年文史类平均最低线差前 10、后 10 …… 34
图 1-62 211 高校(非 985)一本招生 2016～2019 年文史类平均最低线差前 10、后 10 …… 35
图 1-63 普通双非一本高校一本招生 2016～2019 年文史类平均最低线差前 10、后 10 …… 36
图 1-64 2016～2019 年二本招生各层次高校平均最低线差情况 …… 36
图 1-65 211 高校(非 985)二本招生 2016～2019 年文史类平均最低线差 …… 37
图 1-66 2019 年二本招生高校最低线差前 10、后 10 …… 37
图 1-67 民办高校和独立学院(历年三本)2016～2019 年文史类平均最低线差前 10、后 10 …… 38

图 1-68　2016～2019 年一本招生专业类别平均最低线差线性斜率前 10 …… 38
图 1-69　2016～2019 年一本地理科学类录取分数情况 …… 39
图 1-70　2016～2019 年一本马克思主义理论类录取分数情况 …… 39
图 1-71　2016～2019 年一本心理学类录取分数情况 …… 40
图 1-72　2016～2019 年一本图书情报与档案管理类录取分数情况 …… 40
图 1-73　2016～2019 年一本医学技术类录取分数情况 …… 40
图 1-74　2016～2019 年一本教育学类录取分数情况 …… 41
图 1-75　2016～2019 年一本民族学类录取分数情况 …… 41
图 1-76　2016～2019 年一本历史学类录取分数情况 …… 41
图 1-77　2016～2019 年一本哲学类录取分数情况 …… 42
图 1-78　2016～2019 年一本数学类录取分数情况 …… 42
图 1-79　2016～2019 年二本招生专业类别平均最低线差线性斜率前 10 …… 43
图 1-80　2016～2019 年二本体育学类录取分数情况 …… 43
图 1-81　2016～2019 年二本地理科学类录取分数情况 …… 44
图 1-82　2016～2019 年二本统计学类录取分数情况 …… 44
图 1-83　2016～2019 年二本历史学类录取分数情况 …… 44
图 1-84　2016～2019 年二本马克思主义理论类录取分数情况 …… 45
图 1-85　2016～2019 年二本经济学类录取分数情况 …… 45
图 1-86　2016～2019 年二本食品科学与工程类录取分数情况 …… 45
图 1-87　2016～2019 年二本公共管理类录取分数情况 …… 46
图 1-88　2016～2019 年二本图书情报与档案管理类录取分数情况 …… 46
图 1-89　2016～2019 年二本民族学类录取分数情况 …… 46
图 1-90　2019 年各类型招收一本文史类考生的院校数量 …… 47
图 1-91　2019 年各类型招收一本文史类考生的院校平均录取分数 …… 47
图 1-92　2019 年各类型招收二本文史类考生的院校数量 …… 48
图 1-93　2019 年各类型招收二本文史类考生的院校平均录取分数 …… 48
图 1-94　2016 年各类型院校一批最低录取分数波动范围 …… 49
图 1-95　2016 年各类型院校二批最低录取分数波动范围 …… 49
图 1-96　2017 年各类型院校一批最低录取分数波动范围 …… 50
图 1-97　2017 年各类型院校二批最低录取分数波动范围 …… 51
图 1-98　2018 年各类型院校一批最低录取分数波动范围 …… 51
图 1-99　2018 年各类型院校二批最低录取分数波动范围 …… 52
图 1-100　2019 年各类型院校一批最低录取分数波动范围 …… 52
图 1-101　2019 年各类型院校二批最低录取分数波动范围 …… 53
图 1-102　2019 年 985 高校最低录取分数排名前 10、后 10 …… 54
图 1-103　2019 年 211 高校(非 985)最低录取分数排名前 10、后 10 …… 54
图 1-104　2019 年普通双非一本高校最低录取分数排名前 10、后 10 …… 55
图 1-105　2019 年二本招生高校最低录取分数排名前 10、后 10 …… 55

图 1-106　2019 年三本院校最低录取分数排名前 10、后 10 …… 56
图 1-107　2019 年中外合作办学类招生院校最低录取分数排名 …… 57
图 1-108　2019 年其他类院校最低录取分数情况 …… 57
图 1-109　2019 年 985 高校专业最低录取分数排名前 20 …… 58
图 1-110　2019 年 211 高校(非 985)专业最低录取分数排名前 20 …… 59
图 1-111　2019 年普通双非一本高校专业最低录取分数排名前 20 …… 59
图 1-112　2019 年二本高校专业最低录取分数排名前 20 …… 60
图 1-113　2019 年民办高校和独立学院专业最低录取分数排名前 20 …… 61
图 1-114　2016 年理工类一分一段表 …… 62
图 1-115　2017 年理工类一分一段表 …… 62
图 1-116　2018 年理工类一分一段表 …… 63
图 1-117　2019 年理工科一分一段表 …… 64
图 1-118　2016～2019 年理工类录取人数变化图 …… 64
图 1-119　2016 年各门类分布占比情况(不分文理) …… 65
图 1-120　2017 年各门类分布占比情况(不分文理) …… 65
图 1-121　2018 年各门类分布占比情况(不分文理) …… 65
图 1-122　2019 年各门类分布占比情况(不分文理) …… 66
图 1-123　2016～2019 年按门类录取人数情况 …… 66
图 1-124　2019 年全国各省(自治区、直辖市)对吉林省理工类考生招生院校数量…… 67
图 1-125　2019 年全国各省(自治区、直辖市)对吉林省理工类考生录取院校数量前 10 …… 67
图 1-126　2019 年全国各省(自治区、直辖市)对吉林省理工类考生录取人数…… 68
图 1-127　2019 年全国各省(自治区、直辖市)对吉林省理工类考生录取人数排名…… 68
图 1-128　2019 年理工类本科一批录取人数排名前 10 的省(直辖市)的院校数量…… 69
图 1-129　2019 年理工类本科一批录取人数排名前 10 的省(直辖市)的录取人数情况 …… 69
图 1-130　2019 年理工类本科一批录取人数排名后 10 的省(自治区)的院校数量…… 70
图 1-131　2019 年理工类本科一批录取人数排名后 10 的省(自治区)的录取人数情况 …… 70
图 1-132　2019 年理工类本科二批录取人数排名前 10 的省份的院校数量…… 71
图 1-133　2019 年理工类本科二批录取人数排名前 10 的省份的录取人数情况…… 71
图 1-134　2019 年理工类本科二批录取人数排名后 10 的省(自治区、直辖市)的院校数量 …… 72
图 1-135　2019 年理工类本科二批录取人数排名后 10 的省(自治区、直辖市)的录取人数情况 …… 72
图 1-136　2016～2019 年吉林省本科一批理工类考生录取人数变化 …… 73
图 1-137　2016～2019 年本科一批理工类考生录取人数排名前 10 的省(直辖市)…… 73
图 1-138　2016～2019 年本科一批理工类考生录取人数排名后 10 的省(自治区)…… 74

图 1-139　2016～2019 年吉林省本科二批理工类考生录取人数变化 …… 75
图 1-140　2016～2019 年吉林省本科二批理工类考生录取人数排名前 10 的省(直辖市) …… 75
图 1-141　2016～2019 年吉林省本科二批理工类考生录取人数排名后 10 的省(自治区、直辖市) …… 76
图 1-142　2019 年吉林省生源各类型院校录取人数及占比 …… 77
图 1-143　2019 年吉林省生源本科一批理工类省内前 10 所院校 …… 77
图 1-144　2019 年吉林省生源本科一批理工类省外前 10 所院校 …… 78
图 1-145　2019 年吉林省生源本科二批理工类省内前 10 所院校 …… 78
图 1-146　2019 年吉林省生源本科二批理工类省外前 10 所院校 …… 79
图 1-147　2016～2019 年吉林省生源理工类各层次高校计划人数分类型情况 …… 79
图 1-148　2016～2019 年各层次高校同年招生人数占比 …… 80
图 1-149　2016～2019 年各层次高校平均计划人数 …… 80
图 1-150　2019 年省内高校对吉林省考生录取总量分专业前 10 …… 80
图 1-151　2019 年省外高校对吉林省考生录取总量分专业前 10 …… 81
图 1-152　2019 年录取人数超过 1 000 人的专业类别(不分文理) …… 81
图 1-153　2018 年录取人数超过 1 000 人的专业类别(不分文理) …… 82
图 1-154　2017 年录取人数超过 1 000 人的专业类别(不分文理) …… 82
图 1-155　2016 年录取人数超过 1 000 人的专业类别(不分文理) …… 83
图 1-156　2019 年热门高校计划数与录取数 …… 84
图 1-157　2019 年冷门高校计划数与录取数 …… 85
图 1-158　2019 年热门专业计划数与录取数 …… 86
图 1-159　2019 年冷门专业计划数与录取数 …… 87
图 1-160　2019 年热门地区计划数与录取数 …… 88
图 1-161　2019 年冷门地区计划数与录取数 …… 88
图 1-162　2016 年文史类一分一段表 …… 89
图 1-163　2017 年文史类一分一段表 …… 90
图 1-164　2018 年文史类一分一段表 …… 90
图 1-165　2019 年文史类一分一段表 …… 91
图 1-166　2016～2019 年文史类录取人数类型变化图 …… 92
图 1-167　2016 年各门类分布占比情况(不分文理) …… 92
图 1-168　2017 年各门类分布占比情况(不分文理) …… 93
图 1-169　2018 年各门类分布占比情况(不分文理) …… 93
图 1-170　2019 年各门类分布占比情况(不分文理) …… 93
图 1-171　2016～2019 年按门类录取人数情况 …… 94
图 1-172　2019 年全国各省(自治区、直辖市)对吉林省文史类考生招生院校数量 …… 95
图 1-173　2019 年全国各省(自治区、直辖市)对吉林省文史类考生录取院校数量前 10 …… 95

图 1-174　2019 年全国各省(自治区、直辖市)(除吉林省)对吉林省文史类考生录取人数 …… 96
图 1-175　2019 年全国各省(自治区、直辖市)对吉林省文史类考生录取人数排名 …… 96
图 1-176　2019 年文史类本科一批录取人数排名前 10 的省(直辖市)的院校数量 …… 97
图 1-177　2019 年文史类本科一批录取人数排名前 10 的省(直辖市)的录取人数情况 …… 97
图 1-178　2019 年文史类本科一批录取人数排名后 10 的省(自治区)的院校数量 …… 98
图 1-179　2019 年文史类本科一批录取人数排名后 10 的省(自治区)的录取人数情况 …… 98
图 1-180　2019 年文史类本科二批录取人数排名前 10 的省份的院校数量 …… 99
图 1-181　2019 年文史类本科二批录取人数排名前 10 的省份的录取人数情况 …… 99
图 1-182　2019 年文史类本科二批录取人数排名后 10 的省(自治区、直辖市)的院校数量 …… 100
图 1-183　2019 年文史类本科二批录取人数排名后 10 的省(自治区、直辖市)的录取人数情况 …… 100
图 1-184　2016～2019 年吉林省本科一批文史类考生录取人数变化 …… 101
图 1-185　2016～2019 年本科一批文史类考生录取人数排名前 10 的省(直辖市) …… 101
图 1-186　2016～2019 年本科一批文史类考生录取人数排名后 10 的省(自治区、直辖市) …… 102
图 1-187　2016～2019 年吉林省本科二批文史类考生录取人数变化 …… 102
图 1-188　2016～2019 年本科二批文史类考生录取人数排名前 10 的省份 …… 103
图 1-189　2016～2019 年本科二批文史类考生录取人数排名后 10 的省(自治区、直辖市) …… 103
图 1-190　2019 年吉林省生源各类型院校录取人数及占比 …… 104
图 1-191　2019 年吉林省生源本科一批文史类省内前 10 所院校 …… 104
图 1-192　2019 年吉林省生源本科一批文史类省外前 10 所院校 …… 105
图 1-193　2019 年吉林省生源本科二批文史类省内前 10 所院校 …… 105
图 1-194　2019 年吉林省生源本科二批文史类省外前 10 院校 …… 106
图 1-195　2016～2019 年吉林省生源文史类各层次高校计划人数分类型情况 …… 106
图 1-196　2016～2019 年各层次高校同年招生人数占比 …… 107
图 1-197　2016～2019 年各层次高校平均计划人数 …… 107
图 1-198　2019 年省内高校对吉林省考生录取总量分专业前 10 …… 107
图 1-199　2019 年省外高校对吉林省考生录取总量分专业前 10 …… 108
图 1-200　2019 年录取人数超过 1 000 人的专业类别(不分文理) …… 108
图 1-201　2018 年录取人数超过 1 000 人的专业类别(不分文理) …… 109
图 1-202　2017 年录取人数超过 1 000 人的专业类别(不分文理) …… 109
图 1-203　2016 年录取人数超过 1 000 人的专业类别(不分文理) …… 110
图 1-204　2019 年热门高校计划数与录取数 …… 110

图 1-205　2019 年冷门高校计划数与录取数…………………………………………… 111
图 1-206　2019 年热门专业计划数与录取数…………………………………………… 111
图 1-207　2019 年冷门专业计划数与录取数…………………………………………… 112
图 1-208　2019 年热门地区计划数与录取数…………………………………………… 112
图 1-209　2019 年冷门地区计划数与录取数…………………………………………… 112
图 1-210　全国普通高校本招生规模及增长率 ………………………………………… 113
图 1-211　全国硕士研究生招生人数及增长率 ………………………………………… 114
图 1-212　全国博士研究生招生人数及增长率 ………………………………………… 115
图 1-213　2019 年二三本合并后二本批次线…………………………………………… 119
图 1-214　2018～2019 年吉林省理工类本科二批同分可选择院校数量对比………… 119
图 1-215　二三本合并后部分院校专业录取分数线 …………………………………… 120
图 1-216　二三本合并后部分院校专业录取分数线 …………………………………… 120
图 1-217　二三本合并后部分院校专业录取分数线 …………………………………… 121
图 1-218　2016～2019 年吉林建筑大学部分专业最低录取分数……………………… 122
图 1-219　2016～2019 年厦门大学嘉庚学院部分专业最低录取分数………………… 122
图 1-220　2019 年东北师范大学人文学院和通化师范学院部分专业最低录取分数…… 123
图 1-221　2019 年厦门大学嘉庚学院、天津医科大学临床医学院和长春工程学院部分
专业最低录取分数 ……………………………………………………………… 124
图 1-222　原三本院校 2019 年院校录取最低分变化占比 …………………………… 125
图 2-1　211 高校各省分布情况 ………………………………………………………… 141
图 2-2　985 高校各省分布情况 ………………………………………………………… 143
图 2-3　一流大学建设高校各省(自治区、直辖市)分布分析图 ……………………… 145
图 2-4　一流学科建设高校各省(自治区、直辖市)分布分析图 ……………………… 146
图 3-1　2014～2019 年新增专业数量…………………………………………………… 203
图 3-2　2019 年新增专业………………………………………………………………… 203

表　索　引

表 1-1　部分二三本院校及所在城市 …… 124
表 1-2　2018～2019 年本科二批与三批线、位次及考生人数对照表 …… 125
表 2-1　2020 年校友会排名中国公办高校前 10 …… 135
表 2-2　2020 年校友会排名中国民办高校前 10 …… 135
表 2-3　2020 年校友会排名独立学院前 10 …… 136
表 2-4　2020 年校友会中外合作办学前 10 …… 136
表 2-5　2020 年金平果高职高专院校前 10 …… 137
表 2-6　2020 年校友会排名普通本科院校前 10 …… 138
表 2-7　2020 年校友会 211 高校(非 985)前 10 …… 138
表 2-8　2020 年校友会排名 985 高校前 10 …… 139
表 2-9　2020 年校友会排名"双一流"大学前 10 …… 139
表 2-10　211 高校分布 …… 140
表 2-11　985 高校分布 …… 142
表 2-12　双一流高校分布 …… 143
表 2-13　2020 年校友会排名北京市大学前三甲 …… 146
表 2-14　2020 年校友会排名天津市大学前三甲 …… 147
表 2-15　2020 年校友会排名河北省大学前三甲 …… 147
表 2-16　2020 年校友会排名山西省大学前三甲 …… 147
表 2-17　2020 年校友会排名内蒙古自治区大学前三甲 …… 147
表 2-18　2020 年校友会排名辽宁省大学前三甲 …… 147
表 2-19　2020 年校友会排名吉林省大学前三甲 …… 148
表 2-20　2020 年校友会排名黑龙江省大学前三甲 …… 148
表 2-21　2020 年校友会排名上海市大学前三甲 …… 148
表 2-22　2020 年校友会排名江苏省大学前三甲 …… 148
表 2-23　2020 年校友会排名浙江省大学前三甲 …… 148
表 2-24　2020 年校友会排名安徽省大学前三甲 …… 149
表 2-25　2020 年校友会排名福建省大学前三甲 …… 149
表 2-26　2020 年校友会排名江西省大学前三甲 …… 149
表 2-27　2020 年校友会排名山东省大学前三甲 …… 149
表 2-28　2020 年校友会排名河南省大学前三甲 …… 149
表 2-29　2020 年校友会排名湖北省大学前三甲 …… 150
表 2-30　2020 年校友会排名湖南省大学前三甲 …… 150
表 2-31　2020 年校友会排名广东省大学前三甲 …… 150

表 2-32 2020 年校友会排名广西壮族自治区大学前三甲 …… 150
表 2-33 2020 年校友会排名海南省大学前三甲 …… 150
表 2-34 2020 年校友会排名重庆市大学前三甲 …… 151
表 2-35 2020 年校友会排名四川省大学前三甲 …… 151
表 2-36 2020 年校友会排名贵州省大学前三甲 …… 151
表 2-37 2020 年校友会排名云南省大学前三甲 …… 151
表 2-38 2020 年校友会排名西藏自治区大学前三甲 …… 151
表 2-39 2020 年校友会排名陕西省大学前三甲 …… 152
表 2-40 2020 年校友会排名甘肃省大学前三甲 …… 152
表 2-41 2020 年校友会排名青海省大学前三甲 …… 152
表 2-42 2020 年校友会排名宁夏回族自治区大学前三甲 …… 152
表 2-43 2020 年校友会排名新疆维吾尔自治区大学前三甲 …… 152
表 2-44 哲学学科排名前 10 …… 153
表 2-45 理论经济学学科排名前 10 …… 153
表 2-46 应用经济学学科排名前 10 …… 154
表 2-47 法学学科排名前 10 …… 154
表 2-48 政治学学科排名前 10 …… 155
表 2-49 社会学学科排名前 10 …… 155
表 2-50 民族学学科排名前 10 …… 156
表 2-51 马克思主义理论学科排名前 10 …… 156
表 2-52 教育学学科排名前 10 …… 157
表 2-53 心理学学科排名前 10 …… 157
表 2-54 体育学学科排名前 10 …… 158
表 2-55 中国语言文学学科排名前 10 …… 158
表 2-56 外国语言文学学科排名前 10 …… 159
表 2-57 新闻传播学学科排名前 10 …… 159
表 2-58 考古学学科排名前 10 …… 160
表 2-59 中国史学科排名前 10 …… 160
表 2-60 世界史学科排名前 10 …… 161
表 2-61 数学学科排名前 10 …… 161
表 2-62 物理学学科排名前 10 …… 162
表 2-63 化学学科排名前 10 …… 162
表 2-64 天文学学科排名前 5 …… 163
表 2-65 地理学学科排名前 10 …… 163
表 2-66 大气科学学科排名前 9 …… 164
表 2-67 海洋科学学科排名前 10 …… 164
表 2-68 地球物理学学科排名前 9 …… 165
表 2-69 地质学学科排名前 10 …… 165

表 2-70　生物学学科排名前 10 …… 166
表 2-71　系统科学学科排名前 8 …… 166
表 2-72　科学技术史学科排名前 10 …… 167
表 2-73　生态学学科排名前 10 …… 167
表 2-74　统计学学科排名前 10 …… 168
表 2-75　力学学科排名前 10 …… 168
表 2-76　机械工程学科排名前 10 …… 169
表 2-77　光学工程学科排名前 10 …… 169
表 2-78　仪器科学与技术学科排名前 10 …… 170
表 2-79　材料科学与工程学科排名前 10 …… 170
表 2-80　冶金工程学科排名前 10 …… 171
表 2-81　动力工程及工程热物理学科排名前 10 …… 171
表 2-82　电气工程学科排名前 10 …… 172
表 2-83　电子科学与技术学科排名前 10 …… 172
表 2-84　信息与通信工程学科排名前 10 …… 173
表 2-85　控制科学与工程学科排名前 10 …… 173
表 2-86　计算机科学与技术学科排名前 10 …… 174
表 2-87　建筑学学科排名前 10 …… 174
表 2-88　土木工程学科排名前 10 …… 175
表 2-89　水利工程学科排名前 10 …… 175
表 2-90　测绘科学与技术学科排名前 10 …… 176
表 2-91　化学工程与技术学科排名前 10 …… 176
表 2-92　地质资源与地质工程学科排名前 10 …… 177
表 2-93　矿业工程学科排名前 10 …… 177
表 2-94　石油与天然气工程学科排名前 7 …… 178
表 2-95　纺织科学与工程学科排名前 10 …… 178
表 2-96　轻工技术与工程学科排名前 10 …… 179
表 2-97　交通运输工程学科排名前 10 …… 179
表 2-98　船舶与海洋工程学科排名前 10 …… 180
表 2-99　航空宇航科学与技术学科排名前 10 …… 180
表 2-100　兵器科学与技术学科排名前 9 …… 181
表 2-101　核科学与技术学科排名前 10 …… 181
表 2-102　农业工程学科排名前 10 …… 182
表 2-103　林业工程学科排名前 9 …… 182
表 2-104　环境科学与工程学科排名前 10 …… 183
表 2-105　生物医学工程学科排名前 10 …… 183
表 2-106　食品科学与工程学科排名前 10 …… 184
表 2-107　城乡规划学学科排名前 10 …… 184

表 2-108　风景园林学学科排名前 10 …… 185
表 2-109　软件工程学科排名前 10 …… 185
表 2-110　安全科学与工程学科排名前 10 …… 186
表 2-111　作物学学科排名前 10 …… 186
表 2-112　园艺学学科排名前 10 …… 187
表 2-113　农业资源与环境学科排名前 10 …… 187
表 2-114　植物保护学科排名前 10 …… 188
表 2-115　畜牧学学科排名前 10 …… 188
表 2-116　兽医学学科排名前 10 …… 189
表 2-117　林学学科排名前 10 …… 189
表 2-118　水产学科排名前 10 …… 190
表 2-119　草学学科排名前 10 …… 190
表 2-120　基础医学学科排名前 10 …… 191
表 2-121　临床医学学科排名前 10 …… 191
表 2-122　口腔医学学科排名前 10 …… 192
表 2-123　公共卫生与预防医学学科排名前 10 …… 192
表 2-124　中医学学科排名前 10 …… 193
表 2-125　中西医结合学科排名前 10 …… 193
表 2-126　药学学科排名前 10 …… 194
表 2-127　中药学学科排名前 10 …… 194
表 2-128　护理学学科排名前 10 …… 195
表 2-129　管理科学与工程学科排名前 10 …… 195
表 2-130　工商管理学科排名前 10 …… 196
表 2-131　农林经济管理学科排名前 10 …… 196
表 2-132　公共管理学科排名前 10 …… 197
表 2-133　图书情报与档案管理学科排名前 10 …… 197
表 2-134　艺术学理论学科排名前 10 …… 198
表 2-135　音乐与舞蹈学学科排名前 10 …… 198
表 2-136　戏剧与影视学学科排名前 10 …… 199
表 2-137　美术学学科排名前 10 …… 199
表 2-138　设计学学科排名前 10 …… 200
表 2-139　“强基计划”学校名单 36 所(试点) …… 200
表 3-1　应用理论型专业一览 …… 209
表 3-2　应用实践型专业一览 …… 211
表 3-3　矿产与能源勘采业对标专业一览表 …… 219
表 3-4　能源与水资源供给行业对标专业一览表 …… 220
表 3-5　交通与物联网行业对标专业一览表 …… 220
表 3-6　环境与生态保护业对标专业一览表 …… 221

表 3-7 测绘与城乡规划业对标专业一览表 …… 222
表 3-8 政府与公共管理业对标专业一览表 …… 222
表 3-9 公安与司法监察等行业对标专业一览表 …… 223
表 3-10 社会工作对标专业一览表 …… 224
表 3-11 医疗与公共卫生对标专业一览表 …… 225
表 3-12 房地产及相关行业对标专业一览表 …… 226
表 3-13 建筑业与工业设计对标专业一览表 …… 226
表 3-14 制造业对标专业一览表 …… 227
表 3-15 汽车行业对标专业一览表 …… 228
表 3-16 电子与电气行业对标专业一览表 …… 229
表 3-17 食品烟草加工业对标专业一览表 …… 229
表 3-18 生物与化工行业对标专业一览表 …… 230
表 3-19 教育与培训行业对标专业一览表 …… 230
表 3-20 文体与休闲娱乐业对标专业一览表 …… 231
表 3-21 影视与表演艺术对标专业一览表 …… 232
表 3-22 游戏与电子竞技业对标专业一览表 …… 232
表 3-23 文创与设计服务业对标专业一览表 …… 233
表 3-24 货币金融业对标专业一览表 …… 234
表 3-25 工业自动化对标专业一览表 …… 234
表 3-26 第一产业对标专业一览表 …… 235
表 3-27 计算机与 AI 周边对标专业一览表 …… 236
表 3-28 信息与通信技术业对标专业一览表 …… 236
表 3-29 批发零售业对标专业一览表 …… 237
表 3-30 住宿与餐饮业对标专业一览表 …… 237
表 3-31 律师与审计业对标专业一览表 …… 238
表 3-32 市场与商业服务业对标专业一览表 …… 238
表 3-33 管理与咨询服务业对标专业一览表 …… 239
表 3-34 公共关系对标专业一览表 …… 240

第一部分

2020年报考关键问题的数据解读

报考关键问题的数据化呈现，能够更直观地反映出最近4年吉林省高考录取的实际情况，为2020届高考考生提供录取分数和报考人数趋势可视化预判。

本部包括4个模块，分别是权威数据、时政热点、数据示警和科学解析。权威数据模块精准分析2016～2019年间吉林省高考分数和录取人数的变化趋势。时政热点模块深入剖析硕士扩招对2020届高考考生的深远影响。数据示警模块梳理了二三本合并后2020届高考学子将受到的影响。科学解析模块系统概括了高考报考市场现状，为考生高性价比地选择报考工具提供参考性建议。

一、权威数据:吉林省录取趋势深度可视化解析

在高考志愿填报中,最值得参考的数据是历年的分数变化和报考人数情况。编者汇集了吉林省教育考试院发布的官方权威数据,将 2016～2019 年吉林省的省控线数据、院校专业录取分数线数据统计整理后精准分类,进行可视化呈现。

(一) 2016～2019 年分数可视化趋势分析

基于 2016～2019 年的吉林省高考录取各批次分数线和各高校针对吉林省考生的最低录取分数线,按文史类和理工类的考生类型,本书分别提供对应的参考数据。

1. 2016～2019 年理工类本科一、二批 A 段分数可视化趋势分析

吉林省高招录取批次分为本科提前批(零批次)、本科一批、本科二批和高职专科批。本科一批和本科二批又分别分为 A 段和 B 段,A 段主要包括文史、理工和艺术类,B 段包括边防军人子女预科、少数民族预科、蒙生交换培养和定向招生等。

不同批次的考生由于高考分数的差异,在可选学校和专业上呈现出不同的报考倾向,也就表现出不同的报考趋势。由于所考查科目不同,在分数分布和各高校录取人数上,理工类和文史类的高考考生在学校和专业选择上是完全不同的。此节主要说明理工类考生的批次报考热点情况。

首先,从 2016～2019 年各层次高校与批次线线差波动情况及排名方面进行分析。线差中的"线"是指批次录取控制分数线,也叫省控线。例如一本批次线(以下简称"一批线")、二本批次线(以下简称"二批线")等。考生线差是指考生的高考成绩与省控线之间的差值。院校线差是指各院校的录取平均分与省控线之间的差值。考生的线差超过院校的线差,则录取概率就比较大,反之则录取概率较小。

基于不同办学层次院校的线差,我们对 2016～2019 年的线差年份波动情况和不同层次院校的线差排名进行了分析汇总,为考生科学预估可选择的高校提供数据参考。

2016～2019 年批次线变化如图 1-1 所示。2019 年由于国家政策变动,二三批次合并,并不存在官方发布的二本分数线(即二批线),编者将 2019 年的普通本科批次线视为第三批次线,并通过 2019 年所有高校录取数据,统计出事实上的二批线。整体而言,一批线、二批线年均变化幅度基本一致,保持在 25 分以内,只有三批线的波动略大,以至 2019 年考生高

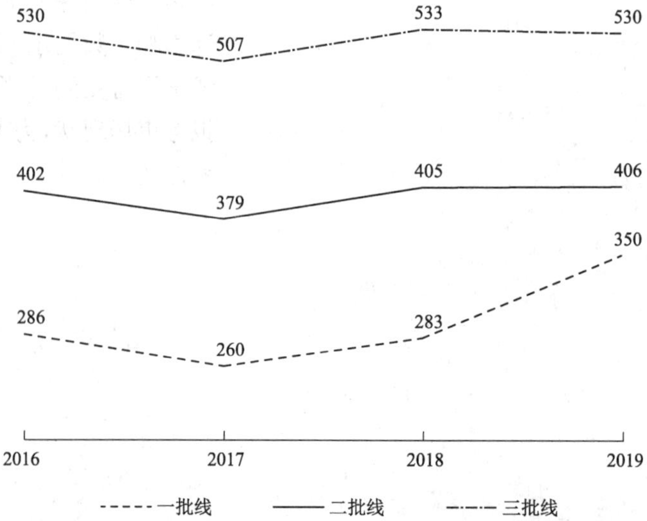

图 1-1　2016～2019 年理工类批次线波动情况

考分数达350分才能报考本科院校。

如图1-2所示,综合排名位列前10的高校年平均最低线差都在140分以上,自2017年开始线差呈明显下降趋势,2018年下降14.1分,2019年下降5.2分;而其他各层次的高校2018年及以前都呈稳步上升趋势,2019年有小幅度下降,整体来看都较2016年有所提升。

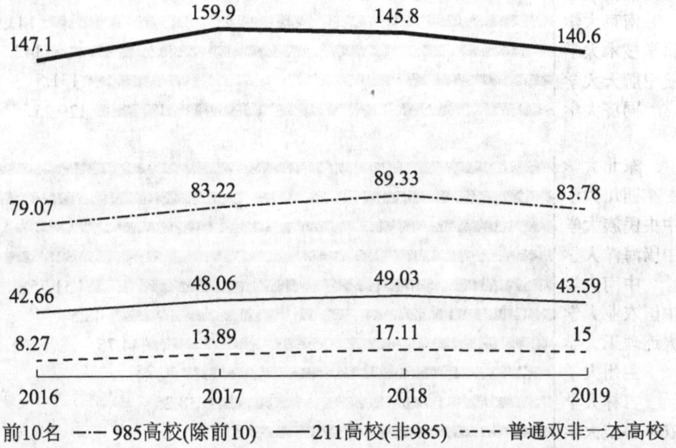

图1-2 2016～2019年一本招生各层次高校理工类平均最低线差情况

如图1-3所示,2016～2019年平均线差排名前10的高校,其中9所都是"985工程"高校(以下简称985高校)。清华大学以比一批线高出164.75分位居榜首;上海交通大学仅比北京大学高出0.25分,位居第2;北京大学以159.75分位列第3;复旦大学排名第4,但依旧高于一批线150余分。排在第9名的上海财经大学是唯一的"211工程"高校(以下简称211高校),虽然是211高校,但它是211高校中的佼佼者。

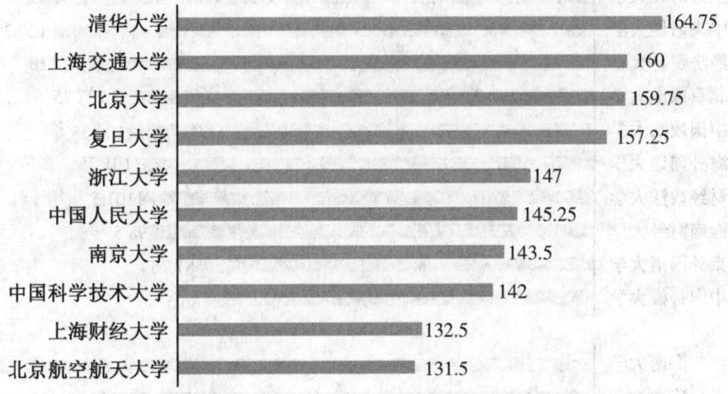

图1-3 2016～2019年高校平均线差排名前10

如图1-4所示,呈现的是985高校近4年平均最低线差水平。全国共有39所985高校,其中对吉林省招收理工类考生的高校共有36所。整体来看,985高校的录取分数相当高,即使是排名后10位的高校,都至少要求考生分数在一批线30分以上。换言之,考生分数如果在一批线以上30多分,可以尝试挑选985高校的非热门专业冲刺;而如果考生分数在一批线上130多分,则可以冲刺全国排名前10的知名985高校,将其他985高校作为保底选择,从中挑选2个热门专业,以期能稳入985高校。

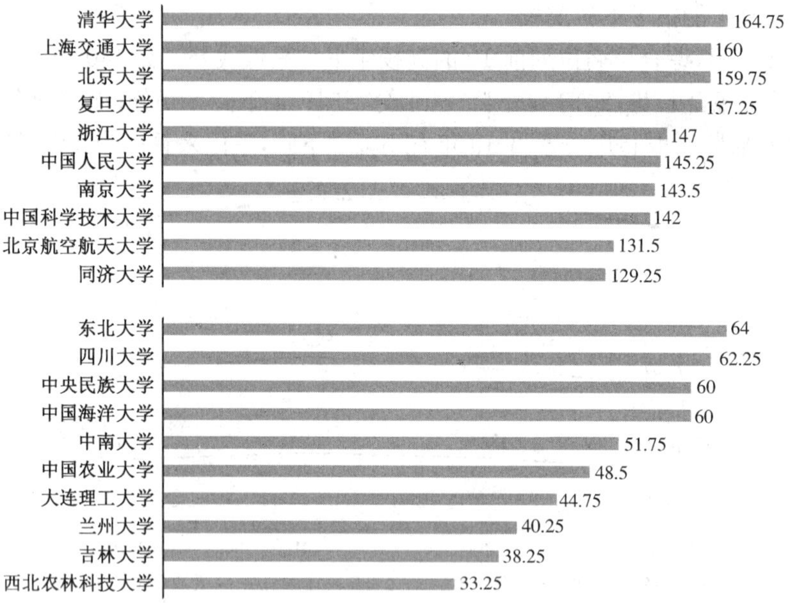

图 1-4 985 高校一本招生 2016～2019 年理工类平均最低线差前 10、后 10

如图 1-5 所示，为 211 高校(非 985)4 年平均最低线差(“211 工程”高校中包含“985 工程”高校)。全国共有 211 高校(非 985)73 所，对吉林省招收理工类一本考生的有 69 所。其中，上海财经大学比一批线高出 132.5 分，位居 211 高校(非 985)榜首。共有 7 所高校比一批线高出 100 分以上。排名第 10 的为中国传媒大学，高出一批线 86.5 分。211 高校

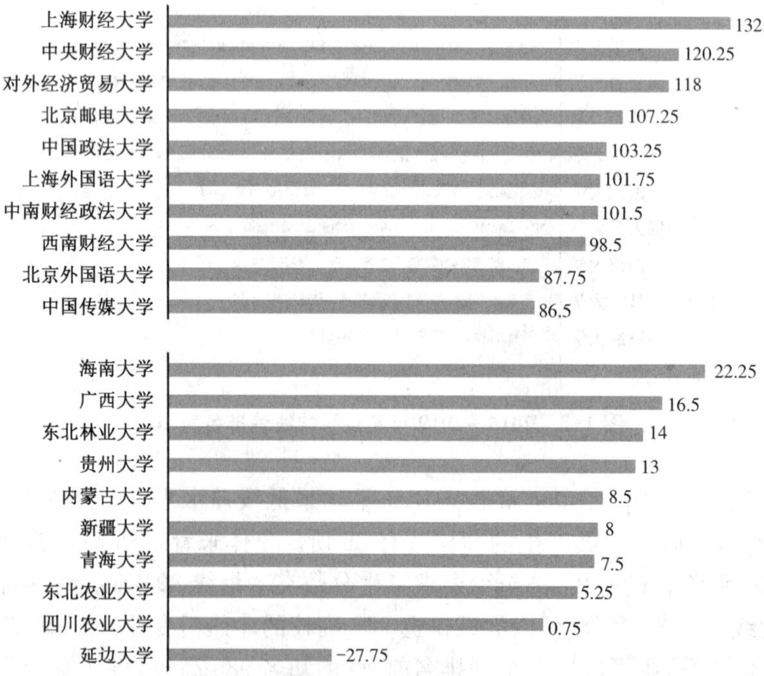

图 1-5 211 高校(非 985)一本招生 2016～2019 年理工类平均最低线差前 10、后 10

(非 985)中后 10 名，分数相对较低，平均高出一批线 10 分左右，延边大学在线下 27.75 分。如若考生高考成绩较高，则推荐报考排名前 10 的高校，这些院校大多办学层次高、教学质量好。对于分数在批次线边缘的考生，不要一味否定排名靠后的 10 所高校，虽然录取分数偏低，但 211 高校(非 985)的标签是既定事实、不可磨灭。对于分数在批次线边缘的考生而言，排名靠后的 211 高校(非 985)，比起普通双非一本高校(即既不属于"985 工程"，也不属于"211 工程"的高校)，是个不错的选择。

近 4 年，全国共有 135 所普通双非一本高校对吉林省招收理工类一本考生。如图 1-6 所示，其中中国社会科学院大学在普通双非一本高校中以高出一批线 111.67 的高分遥遥领先。排名前 10 的普通双非一本高校，主要招收的是成绩高于一批线 56 分以上的高分考生，这 10 所高校的平均线差在 65 分左右。排名靠后的 10 所普通双非一本高校则主要招收二本考生，只有少部分专业在一本招生，所以分数偏低，基本都在一批线以下。

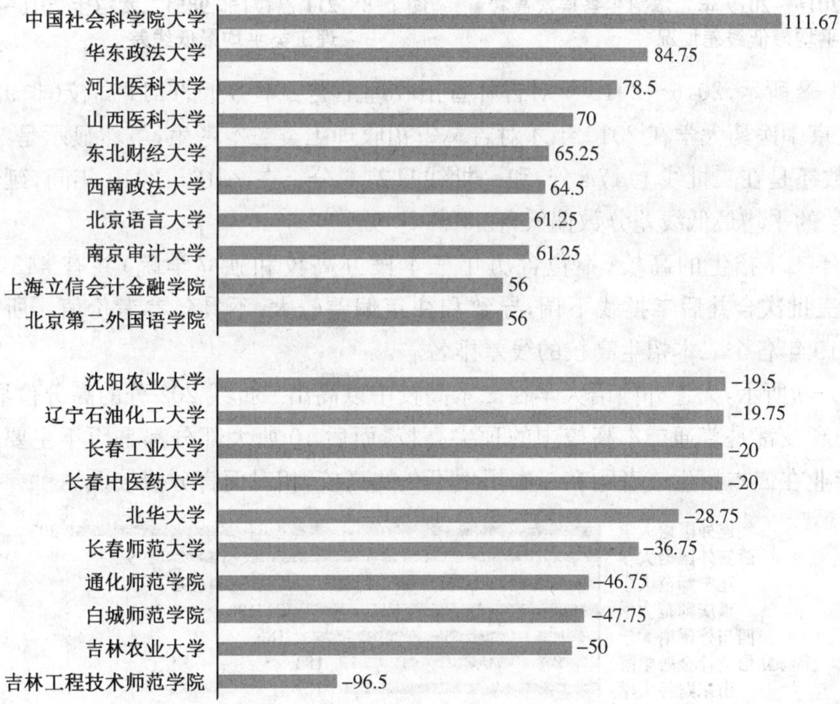

图 1-6 普通双非一本高校一本招生 2016～2019 年理工类平均最低线差前 10、后 10

如图 1-7 所示，对于在二本招生的 211 高校(非 985)而言，2016～2018 年招生人数呈现稳步上升趋势，2019 年呈现跳跃式增长。2019 年二本招生的普通高校(不包含历年属于三本的民办高校和独立学院)波动情况亦是如此，2016～2018 年呈稳步上升态势，2019 年呈火箭式增长。这种现象绝非偶然，原因在于 2019 年二三批次合并，导致二批线下调。若依照历年发展趋势确定二批线，其增长态势不会呈现出如此巨大的变化。由历年在二本招生的三本民办高校和独立学院波动情况可以看出，若未进行二三批次合并招生的高考政策调整，据预测，这 3 条趋势线的上升幅度会保持一致。

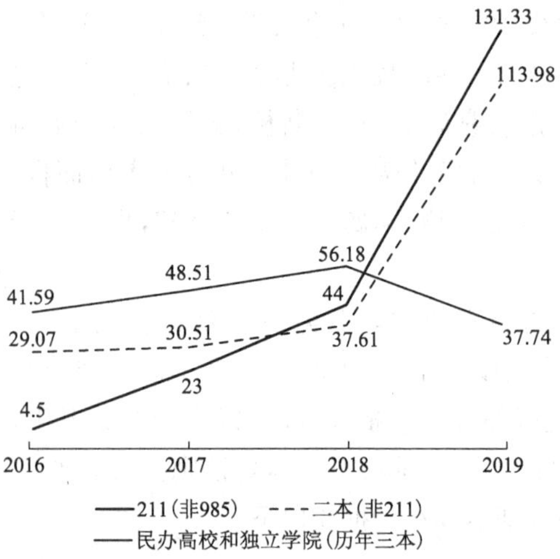

图 1-7　2016～2019 年二本招生各层次高校平均最低线差情况

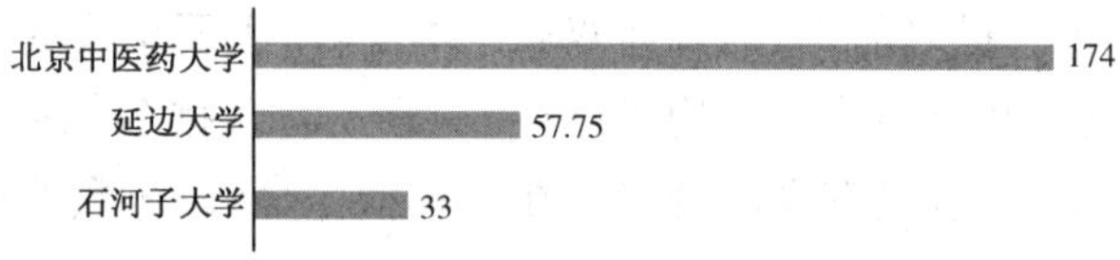

图 1-8　211 高校(非 985)二本招生 2016～2019 年理工类平均最低线差

如图 1-8 所示，2016～2019 年对吉林省招收理工类二本考生的 211 高校(非 985)仅有 3 所，其中北京中医药大学在 2019 年才对吉林省招收理工类二本考生，虽然显示是二本招生，但录取分数还是在二批线上 174 分，和一批线只差 6 分。在 2016～2019 年间，延边大学和石河子大学的平均最低线差分数偏低，在 30～60 分。

2019 年二本招生的高校(不包含历年三本民办高校和独立学院)共有 443 所。由于 2019 年二三批次合并后二批线下调，导致和往年偏差较大，不具备参考价值。所以编者只整理了 2019 年各个二本招生高校的线差排名。

如图 1-9 所示，大连外国语大学在二本高校中以高出二批线 202 分的高分位居榜首，排名前 10 的高校都是普通二本高校中的顶尖高校，而后 10 所大部分都是历年主要在三本招生，部分专业在二本招生或者刚在二本招生不久的高校，相对而言分数较低。

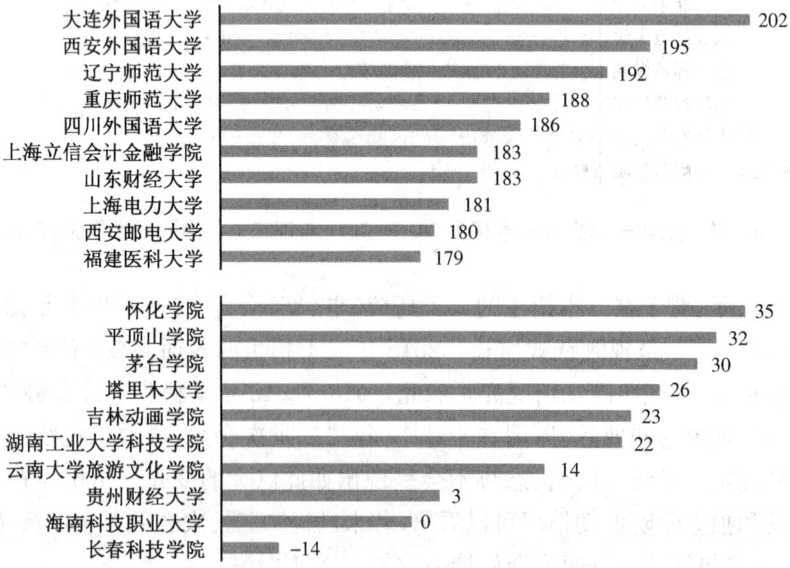

图 1-9　2019 年二本招生高校最低线差前 10、后 10

如图 1-10 所示，为 2016～2019 年民办高校和独立学院（历年三本）平均最低线差排名前 10、后 10 的院校情况。其中，2016～2018 年的线差表示的是与三批线的差距，2019 年则是与普通本科线的线差。图中数据为近 4 年线差的平均分。河北医科大学临床学院以 117.25 分排在榜首，比第 2 名南开大学滨海学院高出 10 分。前 10 名中有 9 所都是一些知名大学的独立学院，而且线差都在 90 分以上。后 10 名则为一些层次较低的民办高校，有些是刚成立不久或刚升格为本科院校，所以平均线差会比较低。

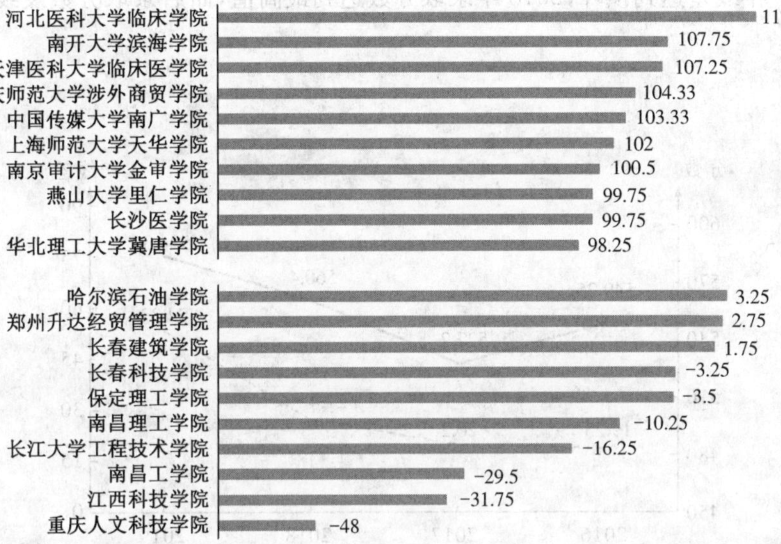

图 1-10　民办高校和独立学院（历年三本）2016～2019 年理工类平均最低线差前 10、后 10

对 2016～2019 年的各专业类年平均最低录取分数及线差波动情况进行分析，能够判断专业热度，了解该专业受考生的欢迎程度。一般而言，若考生分数较高，可选择冲刺心仪学校中热度较高的专业；若分数不太理想，可退而求其次选择热度低的专业，这样更容易冲上层次较高的学校。

如图 1-11 所示，汇总的是 2016～2019 年平均最低线差线性斜率排名前 10 的一本招生专业类别。由图可知，排名前 3 的分别为农林经济管理类、心理学类和动物医学类。说明近

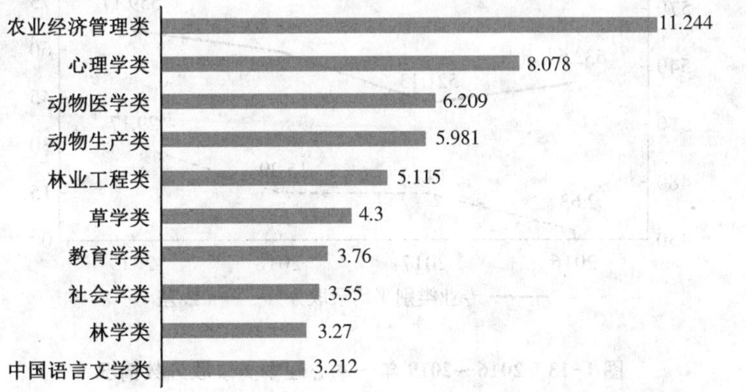

图 1-11　2016～2019 年一本招生专业类别平均最低线差线性斜率前 10

4 年一本招生专业中这 3 个专业的热度最高，并且这 10 个专业在 4 年间整体都呈明显的上升趋势。表明这几个专业在考生间非常受欢迎，热度一直在持续。

图 1-12 至图 1-21 为各专业类别的平均录取分数趋势图。不难发现，农林经济管理类、心理学类和林业工程类每年的线差都呈上升趋势，这 3 个专业的发展十分平稳且热度持续不下。有些专业虽然整体呈现上升趋势，但中间一年或两年有些许下滑，属于专业热度的第二个档次。第三个热度档次的表现为极度不平稳中内含下降态势，如社会学，在 2016 年热度极低，2017 年线差达到顶峰，2018 年录取分数达到最高值，而后录取分数及线差都呈现持续下降态势。

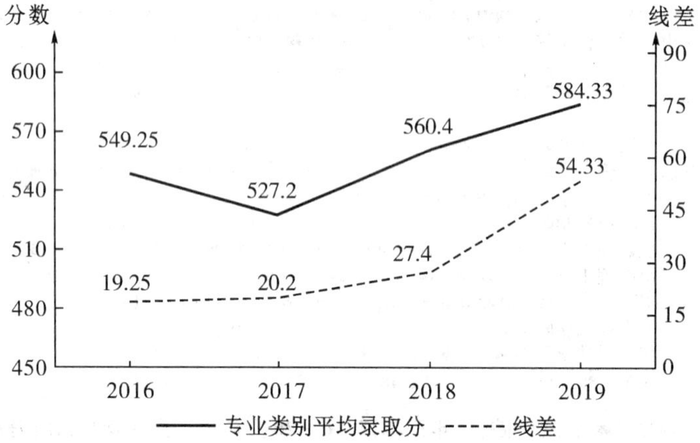

图 1-12 2016～2019 年一本农业经济管理类录取分数情况

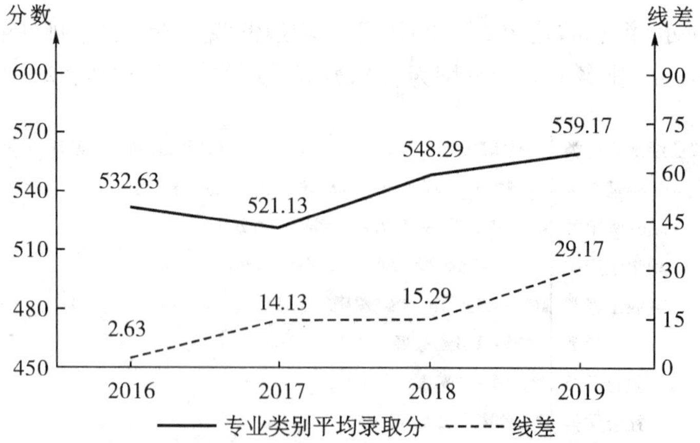

图 1-13 2016～2019 年一本心理学类录取分数情况

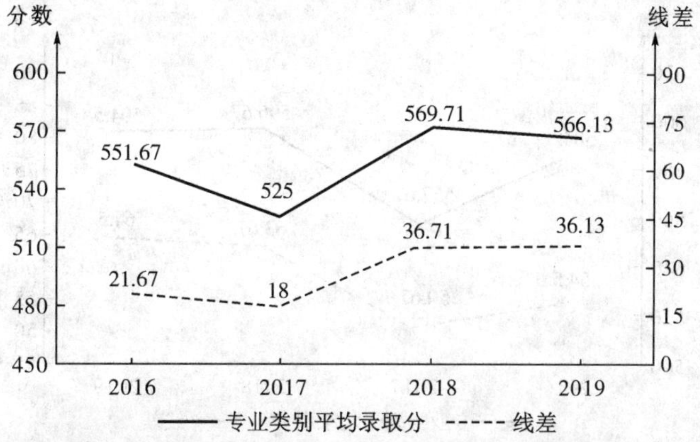

图 1-14　2016～2019 年一本动物医学类录取分数情况

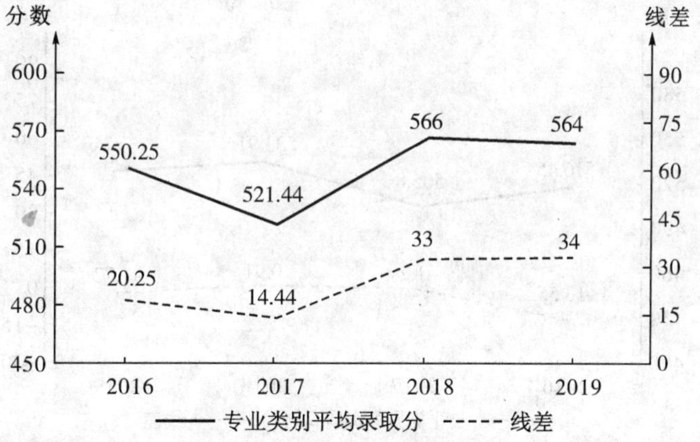

图 1-15　2016～2019 年一本动物生产类录取分数情况

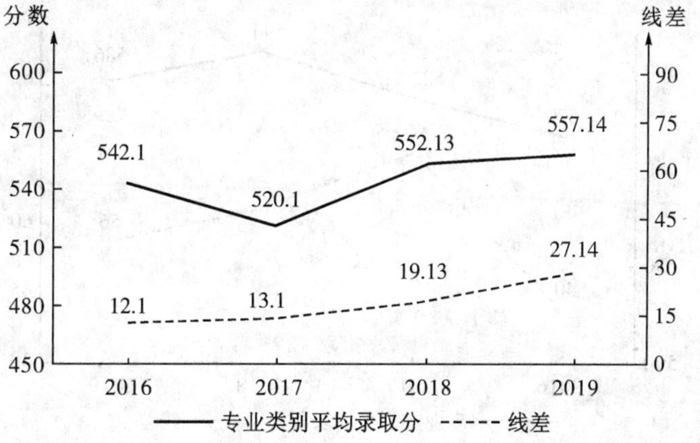

图 1-16　2016～2019 年一本林业工程类录取分数情况

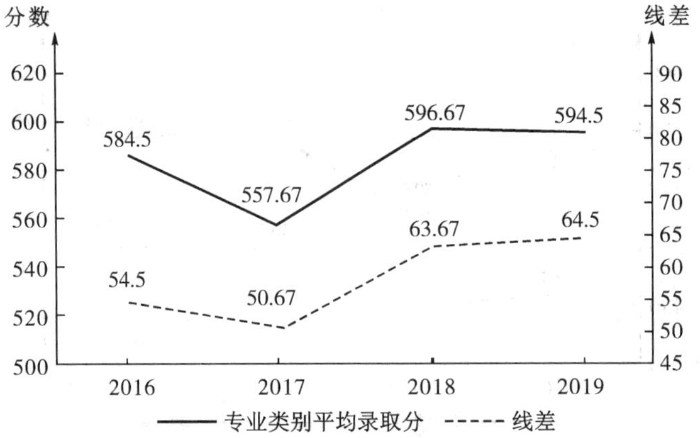

图 1-17　2016～2019 年一本草学类录取分数情况

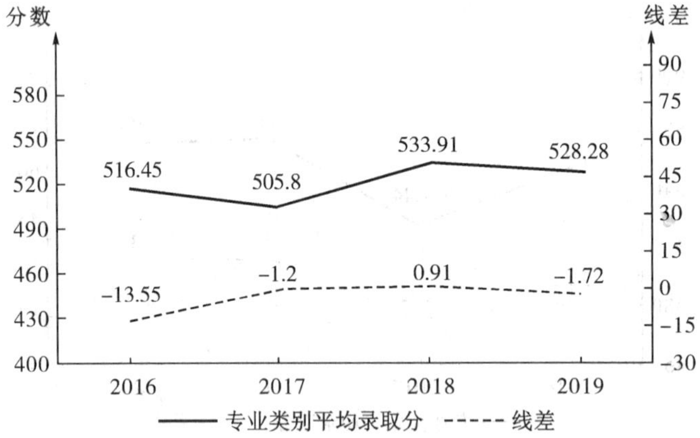

图 1-18　2016～2019 年一本教育学类录取分数情况

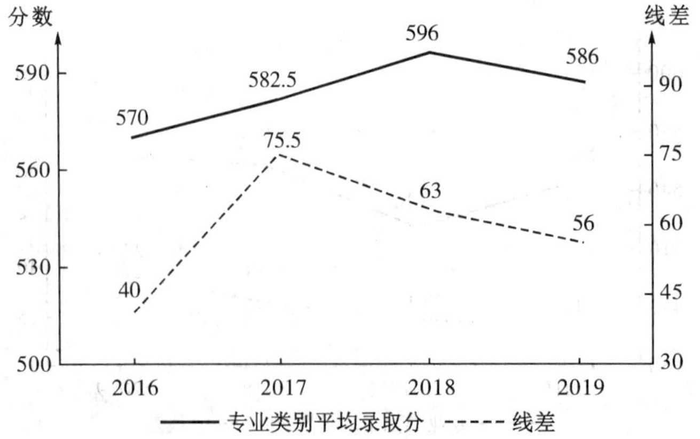

图 1-19　2016～2019 年一本社会学类录取分数情况

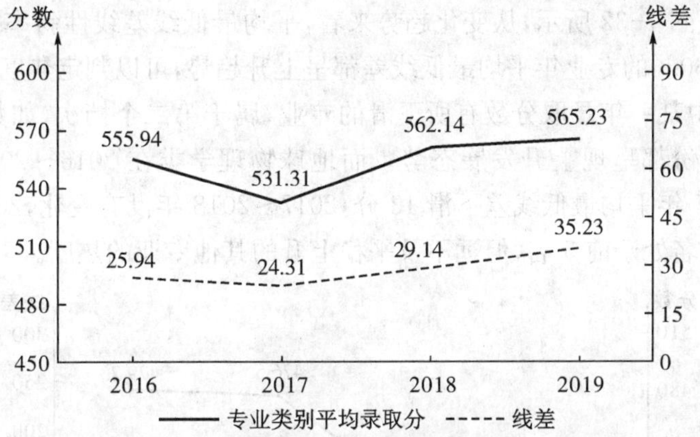

图 1-20　2016～2019 年一本林学类录取分数情况

图 1-21　2016～2019 年一本中国语言文学类录取分数情况

如图 1-22 所示,该图汇总了 2016～2019 年平均最低线差线性斜率排名前 10 的二本招生专业类别,整体斜率较高。原因在于 2019 年本科二三批次合并,本科线下调,即使各高校各专业的录取分数变化不大,线差依然呈现稳步上升态势。斜率越高,报考热度就越高。平均最低线差线性斜率排名前 10 的专业在不同年份呈现出不同的变化态势。

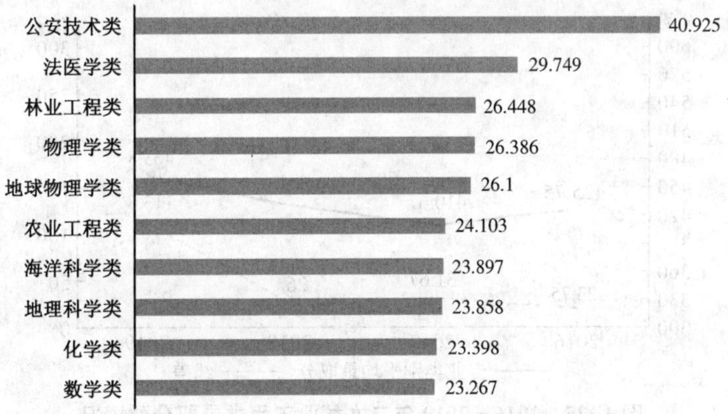

图 1-22　2016～2019 年二本招生专业类别平均最低线差线性斜率前 10

如图1-23至图1-32所示，从变化趋势来看，平均最低线差线性斜率排名前10的二本招生专业类别中60%的专业年平均最低线差都呈上升趋势，可以判定热度较高的专业，发展也非常稳定。其中某一年录取分数有所下滑的专业，属于第二个档次，如数学类，除了2017年以外，在其他年份都呈现上升发展态势。而地球物理学类在2016～2017年呈现下降趋势，在2016～2017年平均最低线差下滑13分，2017～2018年没有变化，2019年突然上升了很多，虽然总体排名处于前5名，但远不及平稳上升的其他专业的热度。

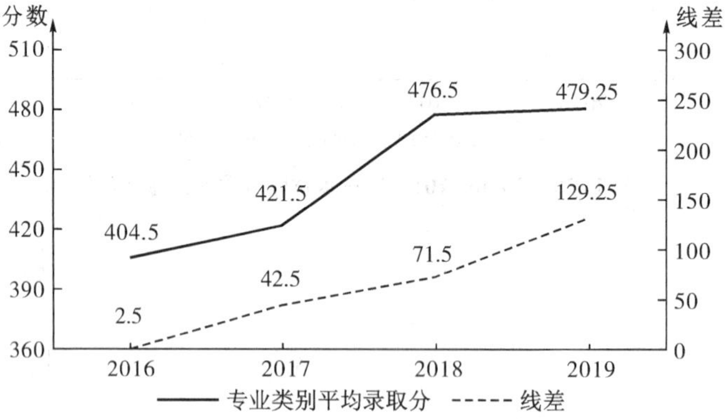

图1-23　2016～2019年二本公安技术类录取分数情况

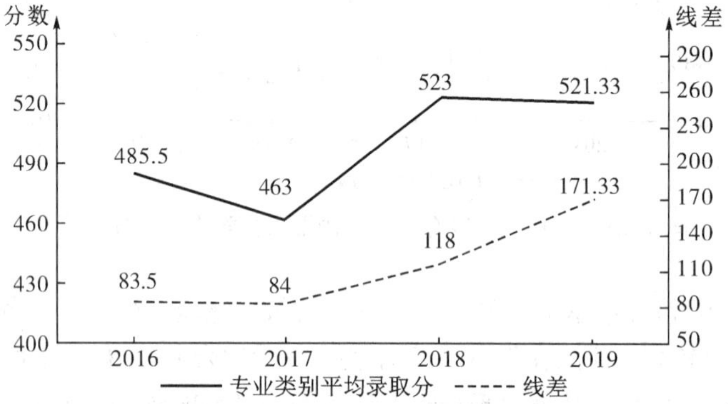

图1-24　2016～2019年二本法医学类录取分数情况

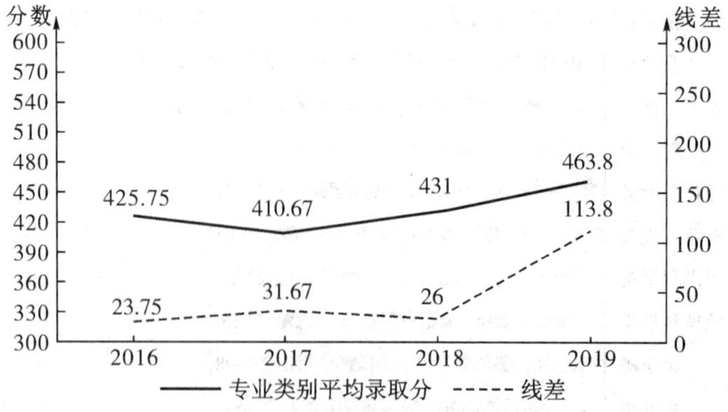

图1-25　2016～2019年二本林业工程类录取分数情况

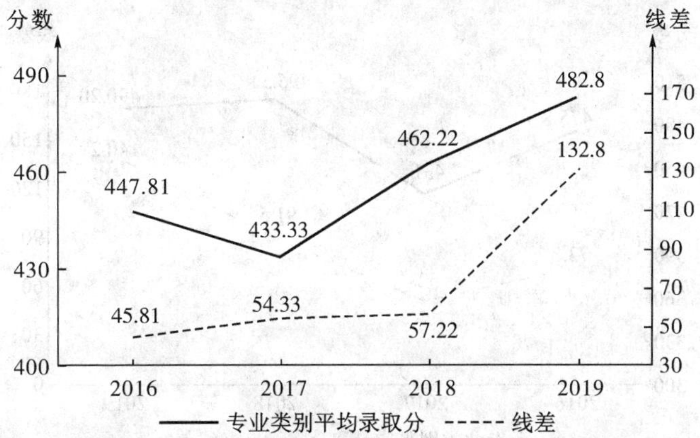

图 1-26　2016～2019 年二本物理学类录取分数情况

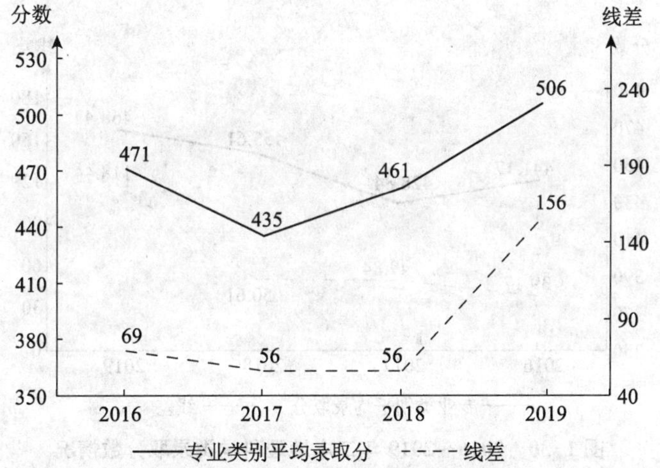

图 1-27　2016～2019 年二本地球物理学类录取分数情况

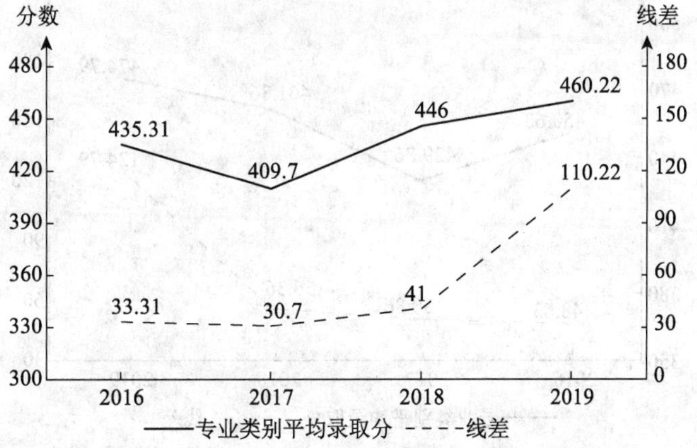

图 1-28　2016～2019 年二本农业工程类录取分数情况

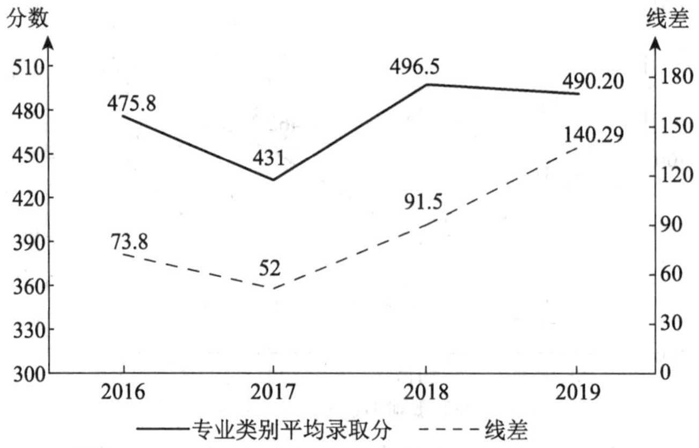

图 1-29　2016～2019 年二本海洋科学类录取分数情况

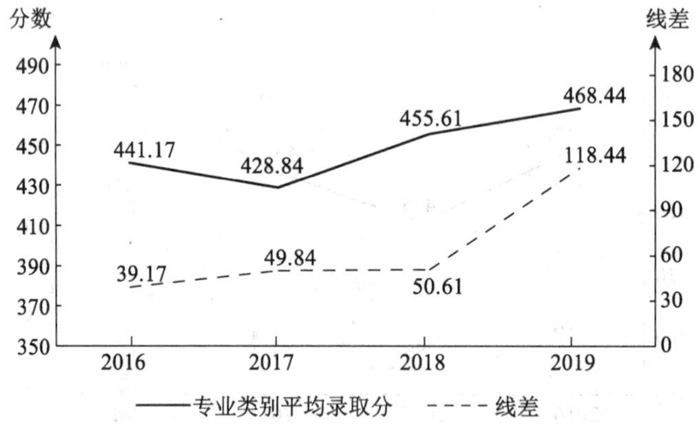

图 1-30　2016～2019 年二本地理科学类录取分数情况

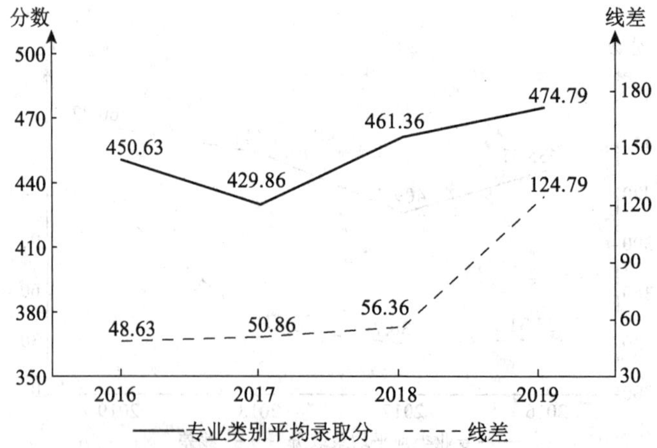

图 1-31　2016～2019 年二本化学类录取分数情况

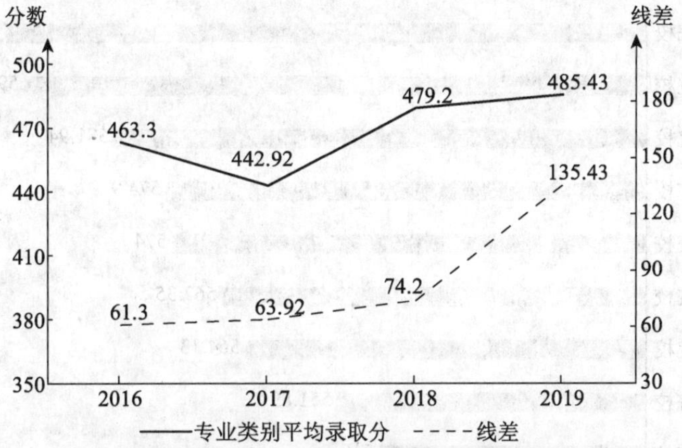

图 1-32　2016～2019 年二本数学类录取分数情况

按学科范围对高校进行划分，可分为综合类、理工类、师范类、农林类、政法类、医药类、财经类、民族类、语言类、艺术类、体育类、军事类、旅游类等院校。不同类别的院校数量不同，培养方向不同，平均录取分数和录取人数也呈现较大差异。

以下将对高校类型分布情况进行分析，其中包括对各类型院校在 2019 年的录取情况，以及在 2016～2019 年同类型高校中考生的分数波动范围进行分析。通过收集整理数据，并将用图表等形式向各位考生展示相关信息，为考生的院校类型选择提供参考。

先来看看各类型院校 2019 年的录取情况以及平均录取分数情况。

如图 1-33 所示，面向吉林省招收一本理工类考生的院校共有 242 所：其中工科院校 88 所，数量排名第 1；综合院校 67 所，排名第 2；医药院校排名第 3，比综合院校少了 40 所。

如图 1-33 和图 1-34 所示，院校数量和院校分数之间没有必然联系。平均录取分数排名第 1 的是语言院校，为 596.83 分，其次是政法院校，为 594.25 分，第 3 是财经院校，为 581.94 分，

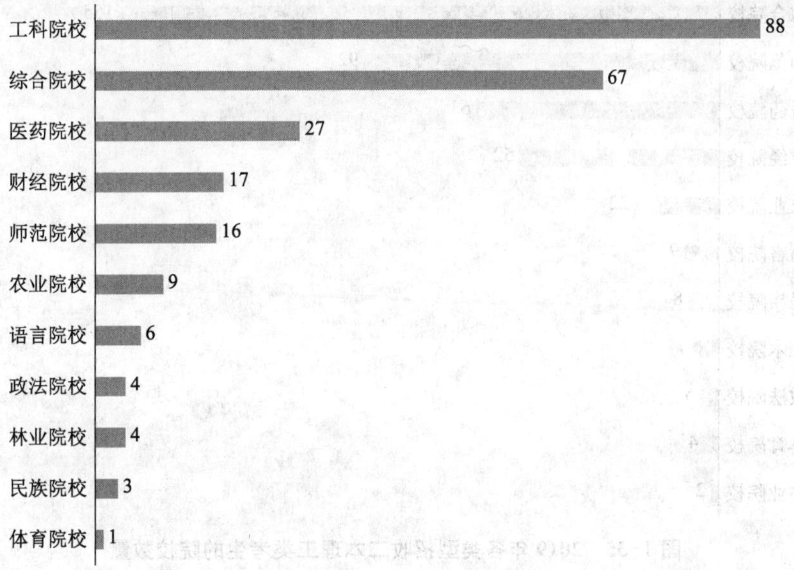

图 1-33　2019 年各类型招收一本理工类考生的院校数量

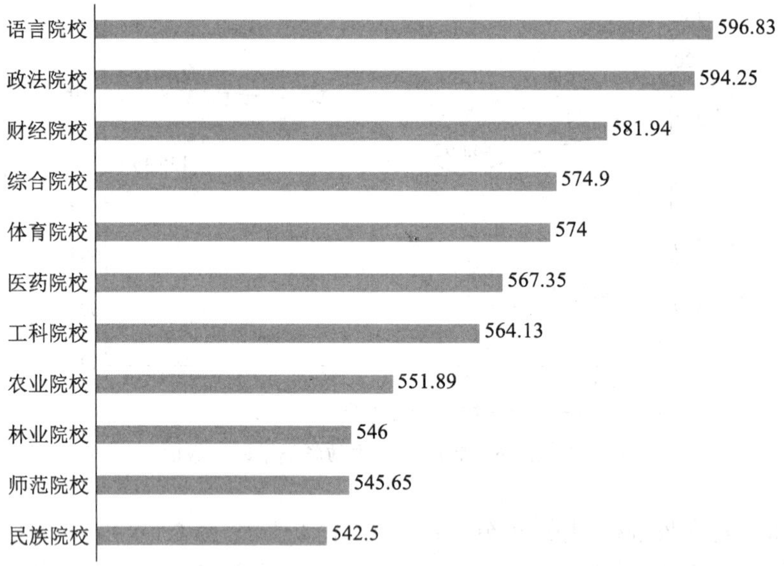

图 1-34　2019 年各类型招收一本理工类考生的院校平均录取分数

其他院校虽然排名靠后一些，但是平均录取分也都在 540 分以上。不难发现，一本语言院校、政法院校、财经院校和其他类型的院校相比较，对分数的要求更高一些。

面向吉林省招收二本考生的院校共有 600 所，和一本招生的院校分布数量相比，排名有些许变化。如图 1-35 所示，各类型二本招生院校的数量各不相同，排在前 2 名的是工科院校和综合院校，位列第 3 的是师范院校，而医药院校比师范院校少了 29 所，位居第 4。如图 1-36 所示，从平均录取分数排名来看，政法院校和语言院校依旧处于前 3 名。整体规律呈

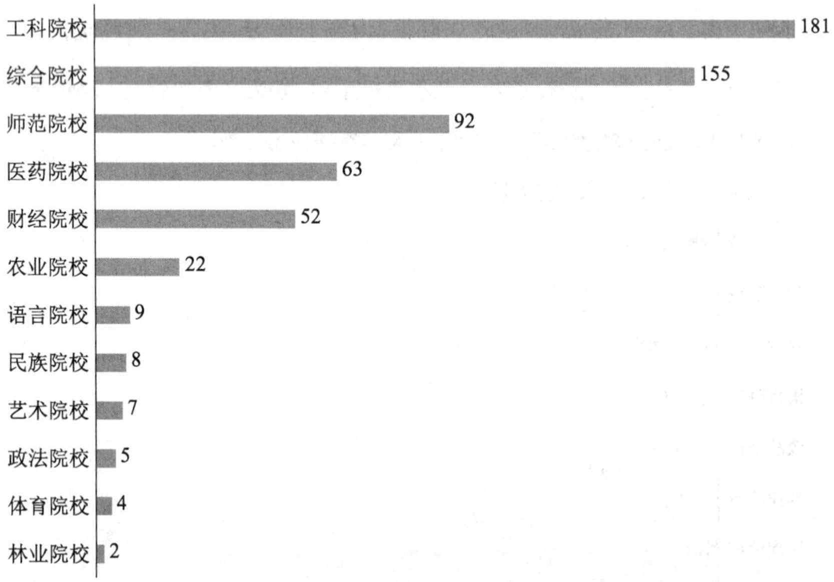

图 1-35　2019 年各类型招收二本理工类考生的院校数量

现出院校的数量越多，分数上排名就会越靠后。数量相对较少的院校类型，对分数的要求就会普遍偏高。

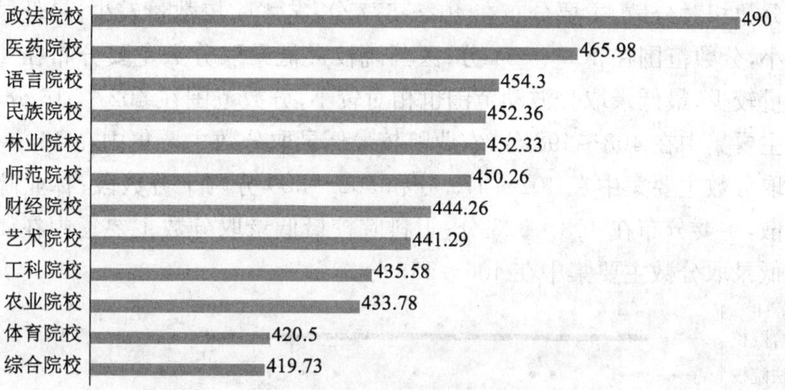

图1-36 2019年各类型招收二本理工类考生的院校平均录取分数

再来看看2016～2019年同类型高校中录取分数的波动范围，通过分析来了解在同类型高校中，考生分数主要集中的区间范围。

如图1-37所示，2016年一批综合院校最低录取分数主要集中在530～696分；政法院校最低录取分数主要集中在615～653分；语言院校最低录取分数主要集中在586～627分；医药院校最低录取分数主要集中在541～636分；体育院校最低录取分数波动范围较小，主要集中在558～567分；师范院校最低录取分数主要集中在532～589分；农业院校最低录取分数主要集中在530～575分和602～620分两个分数段；民族院校最低录取分数主要集中在532～550分和589～597分两个分数段；林业院校最低录取分数主要集中在530～597分；工科院校最低录取分数主要集中在530～678分；财经院校最低录取分数主要集中在549～672分。

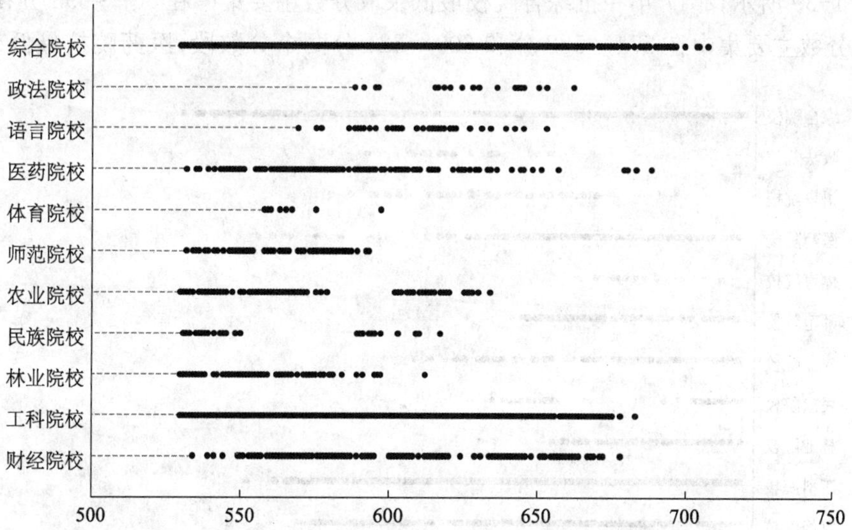

图1-37 2016年各类型院校一批最低录取分数波动范围

如图 1-38 所示，2016 年二批综合院校最低录取分数主要集中在 403～525 分；政法学院最低录取分数较为分散，低分段主要集中在 403～409 分，其余分布在 429～549 分；语言院校最低录取分数相对分散，主要分布在 402～577 分；艺术院校数量较少，最低录取分波动范围也相对较小，分数范围在 405～554 分；医药院校最低录取分数主要分布在 402～545 分；体育院校数量较少，最低录取分波动范围也相对较小，分数范围在 402～516 分；师范院校最低录取分数主要集中在 403～498 分；农业院校最低录取分数主要集中在 403～510 分；民族院校最低录取分数主要集中在 402～479 分和 502～529 分两个分数段；林业院校最低录取分数相对分散，主要分布在 403～523 分；工科院校最低录取分数主要集中在 402～546 分；财经院校最低录取分数主要集中在 406～553 分。

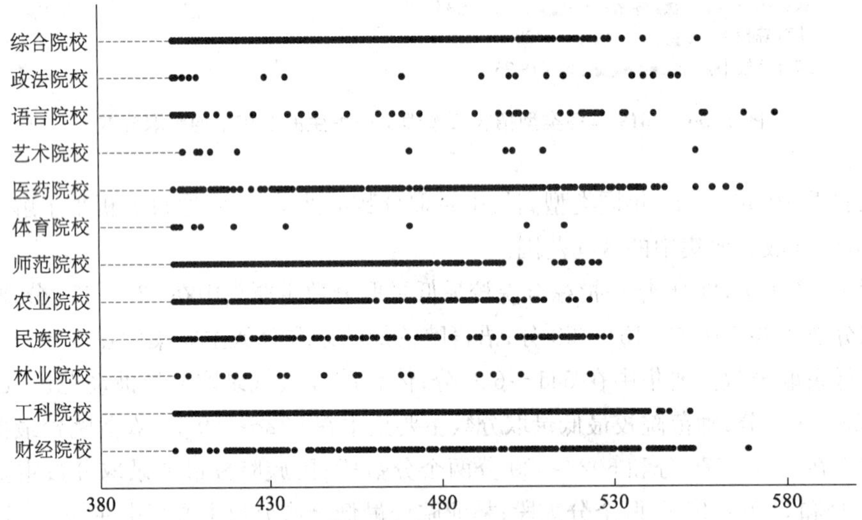

图 1-38　2016 年各类型院校二批最低录取分数波动范围

如图 1-39 所示，2017 年一批综合院校最低录取分数主要集中在 507～698 分；政法院校最低录取分数主要集中在 574～582 分和 609～624 分两个分数段；医药院校最低录取分数

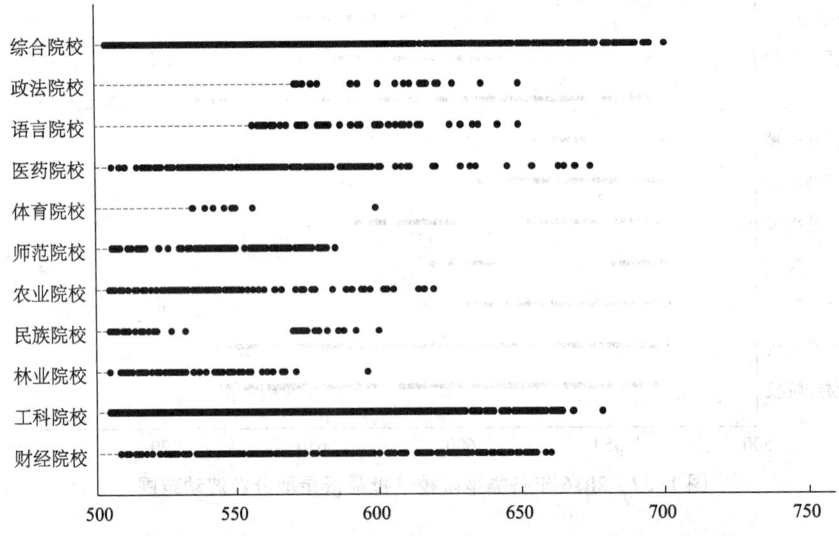

图 1-39　2017 年各类型院校一批最低录取分数波动范围

主要集中在509～614分；体育院校数量较少，最低录取分数波动范围也相对较小，分数范围在538～602分；师范院校最低录取分数主要集中在509～585分；农业院校最低录取分数主要集中在508～563分；民族院校最低录取分数主要集中在508～525分和573～591分两个分数段；林业院校最低录取分数主要集中在512～574分；工科院校最低录取分数主要集中在508～667分；财经院校最低录取分数主要集中在512～663分。

如图1-40所示，2017年二批综合院校最低录取分数主要集中在379～505分；政法院校最低录取分数较分散，主要分布在415～531分；语言院校最低录取分数主要集中在379～400分和496～521分；艺术院校数量较少，最低录取分数范围在379～504分；医药院校最低录取分数主要集中在379～535分；体育院校最低录取分数主要集中在380～391分；师范院校最低录取分数主要集中在379～490分；农业院校最低录取分数主要集中在379～459分；民族院校最低录取分数主要集中在379～515分；林业院校数量较少，最低录取分数范围在403～491分；工科院校最低录取分数主要集中在379～526分；财经院校最低录取分数主要集中在379～531分。

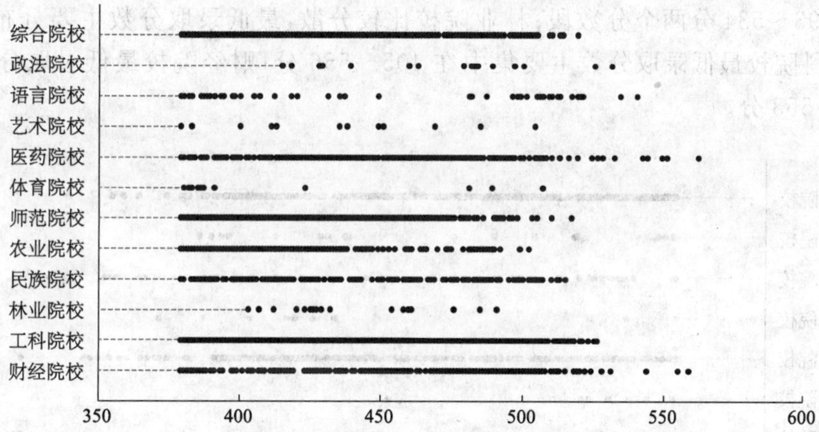

图1-40 2017年各类型院校二批最低录取分数波动范围

如图1-41所示，2018年一批综合院校最低录取分数主要集中在533～662分；政法院校最低录取分数主要集中在628～651分；语言院校最低录取分数主要集中在579～650分；医

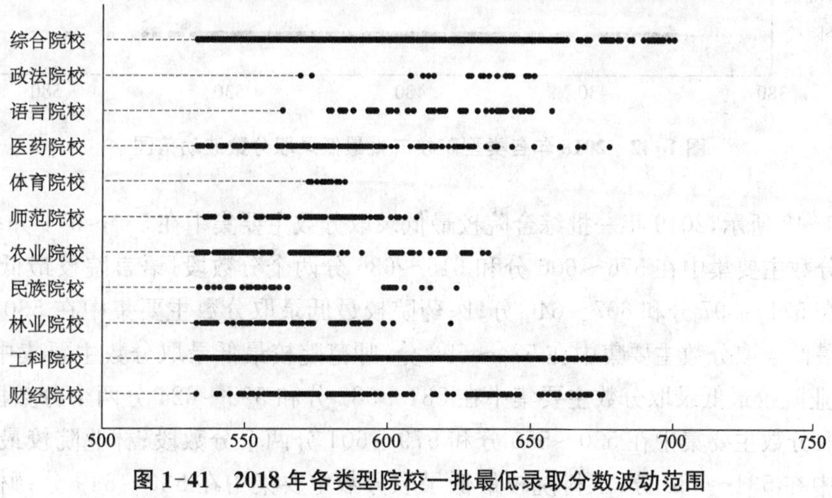

图1-41 2018年各类型院校一批最低录取分数波动范围

药院校最低录取分数主要集中在533～630分；体育院校最低录取分数主要集中在572～585分；师范院校最低录取分数主要集中在554～610分；农业院校最低录取分数主要集中在533～559分、566～586分和601～635分三个分数段；民族院校最低录取分数主要集中在534～565分和599～615分两个分数段；林业院校最低录取分数主要集中在533～594分；工科院校最低录取分数主要集中在533～676分；财经院校最低录取分数主要集中在540～609分、628～646分和653～674分三个分数段。

如图1-42所示，2018年二批综合院校录取分数主要集中在405～535分；政法院校最低录取分数比较分散，主要集中在406～536分；语言院校最低录取分数主要集中在417～460分和530～562分两个分数段；艺术院校数量较少，最低录取分数范围为405～547分；医药院校最低录取分数主要集中在405～532分；体育院校数量较少，最低录取分数范围在406～484分；师范院校最低录取分数主要集中在405～534分；农业院校最低录取分数主要集中在405～466分和478～516分两个分数段；民族院校最低录取分数主要分布在405～484分和493～534分两个分数段；林业院校比较分散，最低录取分数主要分布在411～512分；工科院校最低录取分数主要集中在405～556分；财经院校最低录取分数主要集中在407～553分。

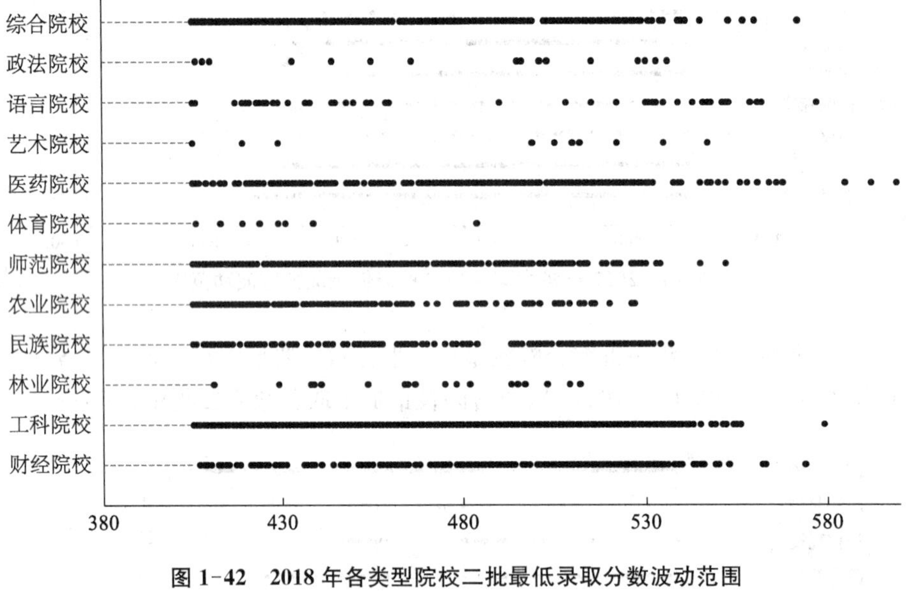

图1-42　2018年各类型院校二批最低录取分数波动范围

如图1-43所示，2019年一批综合院校最低录取分数主要集中在530～674分；政法院校最低录取分数主要集中在576～606分和615～636分两个分数段；语言院校最低录取分数主要集中在571～597分和607～640分；医药院校最低录取分数主要集中在530～630分；体育院校最低录取分数主要集中在574～596分；师范院校最低录取分数主要集中在535～610分；农业院校最低录取分数主要集中在531～581分和595～624分两个分数段；民族院校最低录取分数主要集中在530～550分和579～601分两个分数段；林业院校最低录取分数主要集中在531～588分；工科院校最低录取分数主要集中在530～649分；财经院校最低录取分数主要集中在 540～663 分。

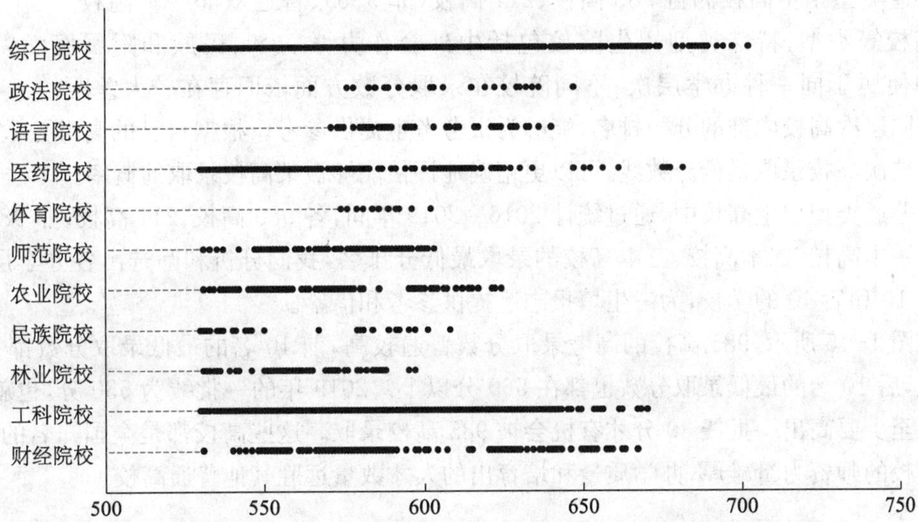

图 1-43　2019 年各类型院校一批最低录取分数波动范围

如图 1-44 所示，2019 年二批综合院校最低录取分数主要集中在 350～535 分；政法院校最低录取分数比较分散，主要分布在 456～526 分；语言院校最低录取分数主要集中在 400～448 分和 523～567 分两个分数段；艺术院校数量较少，最低录取分数范围在 373～522 分；医药院校最低录取分数主要集中在 387～547 分；体育院校数量较少，最低录取分数范围在 358～484 分；师范院校最低录取分数主要集中在 402～535 分；农业院校最低录取分数主要集中在408～513 分；民族院校最低录取分数主要集中在 403～478 分和 485～532 分两个分数段；林业院校比较分散，最低录取分数主要分布在 411～524 分；工科院校最低录取分数主要集中在 351～548；财经院校最低录取分数主要集中在 364～554 分。

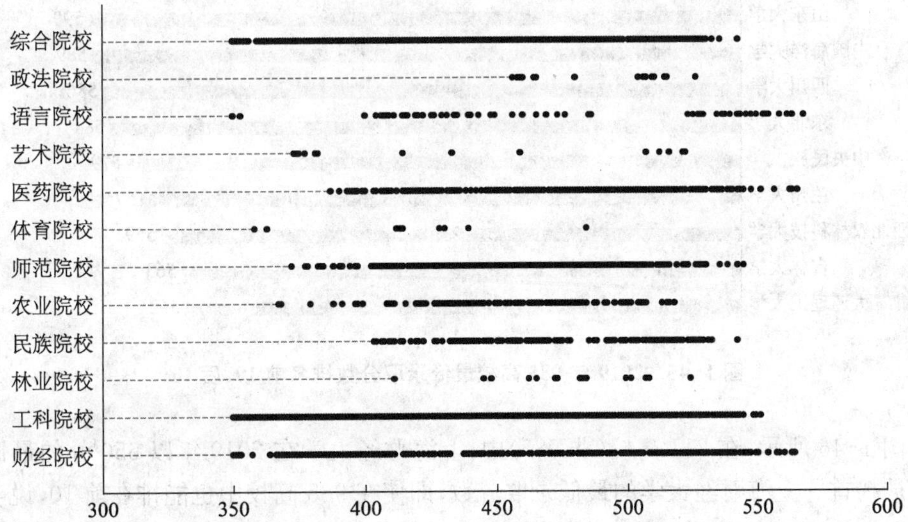

图 1-44　2019 年各类型院校二批最低录取分数波动范围

将高校按照层次进行划分，我国高校通常可分为普通类型招生和特殊类型招生两种。其中普通类型招生高校涵盖985高校、211高校（非985）、普通双非一本高校、二本高校、三本高校等类型；特殊类型招生院校包括中外合作办学、少数民族和附属医学院等类型。即使属于同一种办学层次，不同院校在录取分数方面依旧存在较大差距。

不同层次高校内部的分数排名，能够为报考考生提供参考。根据自己的高考分数，参考往年各层次高校录取最低分数线，可以更精确地评估能够被某高校录取的概率。

在普通类型招生高校中，通过统计2016～2019年间，各985高校、211高校（非985）、普通双非一本高校、二本高校、三本高校的录取最低分排名，我们分析和筛选出各办学层次中排名前10和后10的学校，为考生填报志愿提供参考和借鉴。

如图1-45所示，985高校的高考录取分数普遍较高，前10名的最低录取分数都在640分以上，后10名的最低录取分数也都在560分以上。2019年的一批线为530分，也就意味着考生至少要高出一批线30分才有机会被985高校录取。这些高校都是全国知名的大学，此类高校的师资力量雄厚，办学质量和培育出的人才数量远胜其他普通高校。

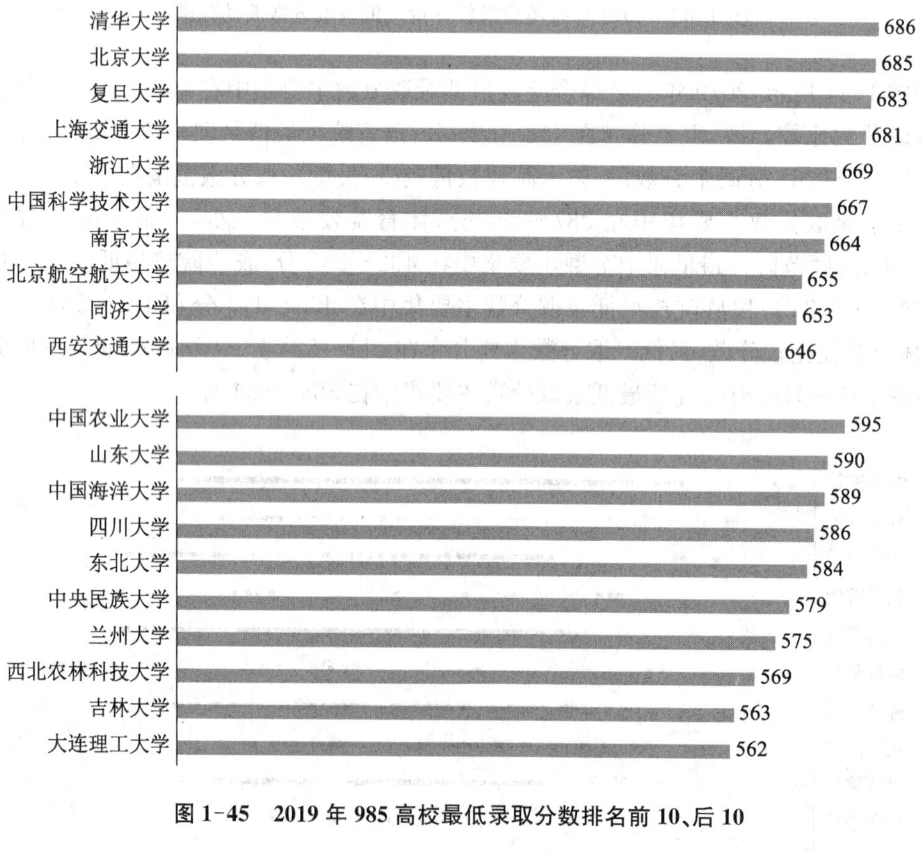

图1-45　2019年985高校最低录取分数排名前10、后10

如图1-46所示，在211高校（非985）中，上海财经大学在2019年以650分的最低录取分数位居榜首。上海财经大学的最低录取分数，即使在985高校中也能排在前10，说明该学校当之无愧为211高校（非985）中的佼佼者。整体而言，排名前10的211高校（非985）中最低录取分数都在600分以上，而后10名的分数则在一批线附近波动。如若考生分数在

600 分左右，虽然选择 985 高校有些许风险，但可以选择 211 高校(非 985)作为保底志愿。排名靠后的延边大学和石河子大学分数极低，其中，延边大学部分专业是二本招生，而石河子大学对吉林省只在二本层次招生。

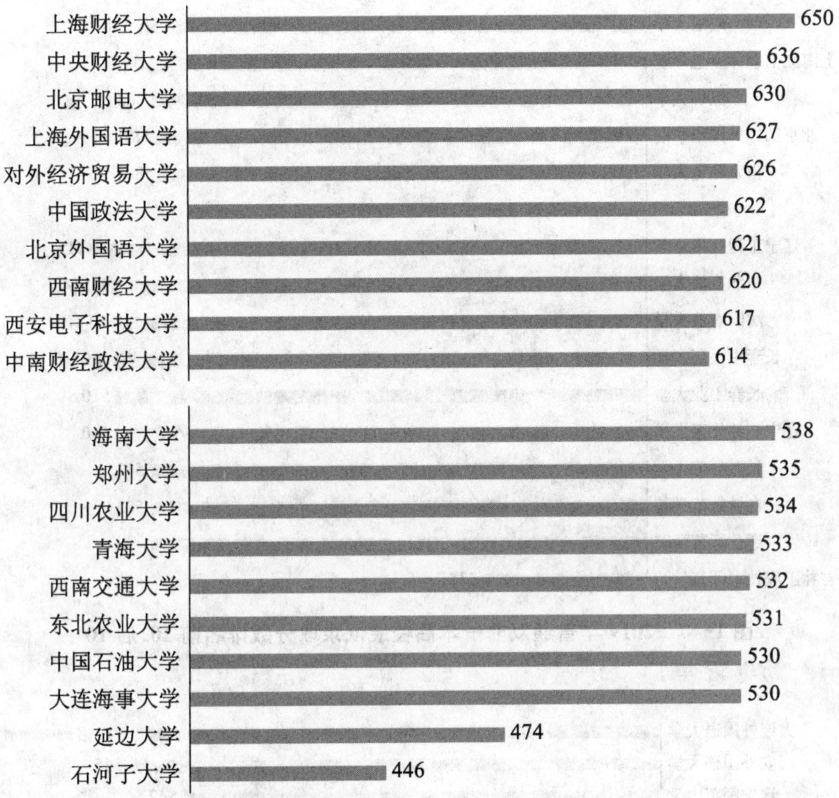

图 1-46 2019 年 211 高校(非 985)最低录取分数排名前 10、后 10

如图 1-47 所示，2019 年普通双非一本高校最低录取分数排名中，中国社会科学院大学以 626 分的录取分遥遥领先，比第 2 名河北医科大学高了 23 分。总体来看，排名前 10 的普通双非一本高校录取分数都高于 580 分，比排名靠后的 211 高校录取分数还高出一截。而排名靠后的普通双非一本高校中有一部分在二本招生，在一本专业类别上招生甚少。这类高校办学层次不高，分数偏低，更有甚者录取分数未达到一批线。分数在一批线以下，但是临近一批线的考生可以考虑。

如图 1-48 所示，排名前 10 的高校中有 9 所最低录取分数都在一批线以上。如大连外国语大学、西安外国语大学、辽宁师范大学等，说明此类高校非常受欢迎，在二本招生高校中属于顶尖高校。若是分数在一批线左右的考生，不愿意就读于层次较高学校的较差专业，或者单纯希望上一所专业性比较强的高校，这 10 所高校还是值得考虑的。而二本招生高校中，排名靠后的 10 所高校都属于往年三本层次的民办高校和独立学院。

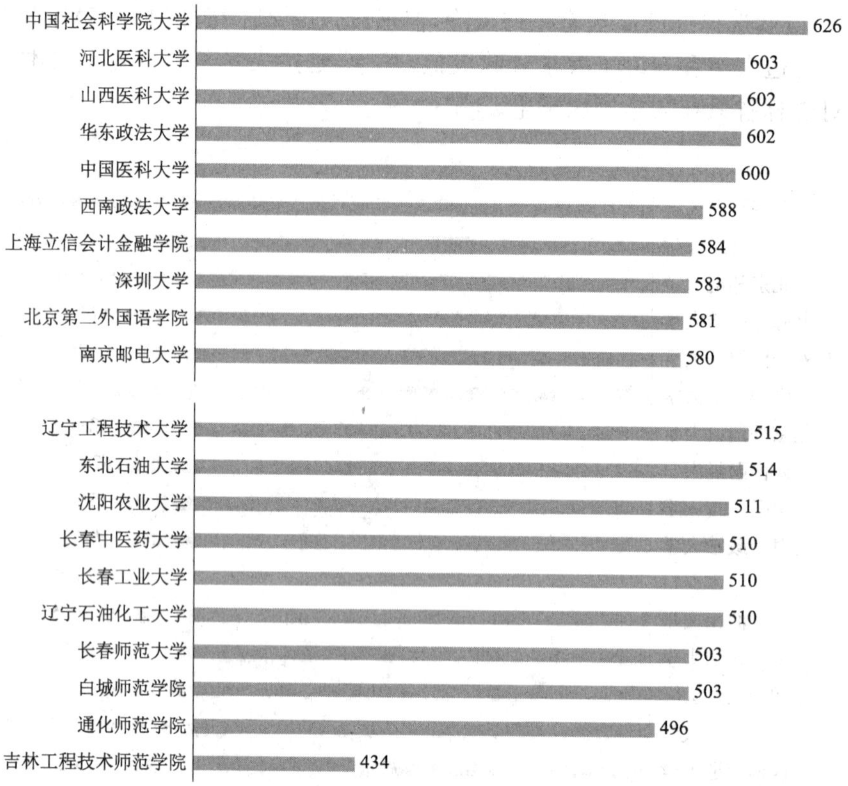

图 1-47　2019 年普通双非一本高校最低录取分数排名前 10、后 10

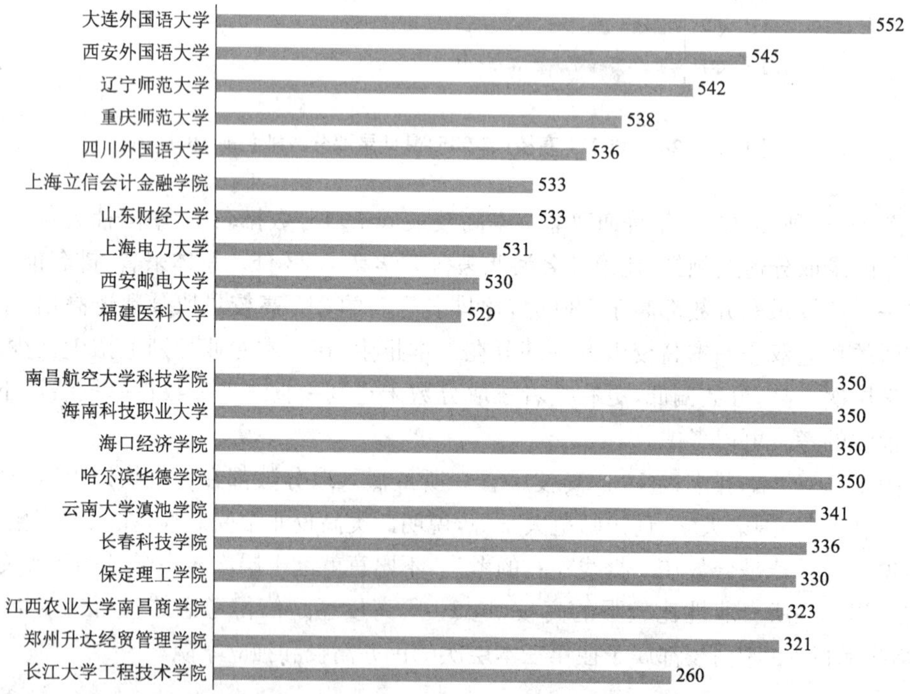

图 1-48　2019 年二本招生高校最低录取分数排名前 10、后 10

如图 1-49 所示，高校的以往招生层次和办学质量对排名并没有产生较大影响。排名前 10 的部分高校（如吉林大学珠海学院）往年有部分专业是招收二本考生的，而排名第 1 的江西服装学院，往年只招收三本考生。正是由于二三本合并之后考生对高校的不了解，使得这些原本录取分数很低的、层次较差的高校生源量增大，录取分数大幅度提升，而校友会排名较高、办学相对优质的独立学院反而排名靠后。

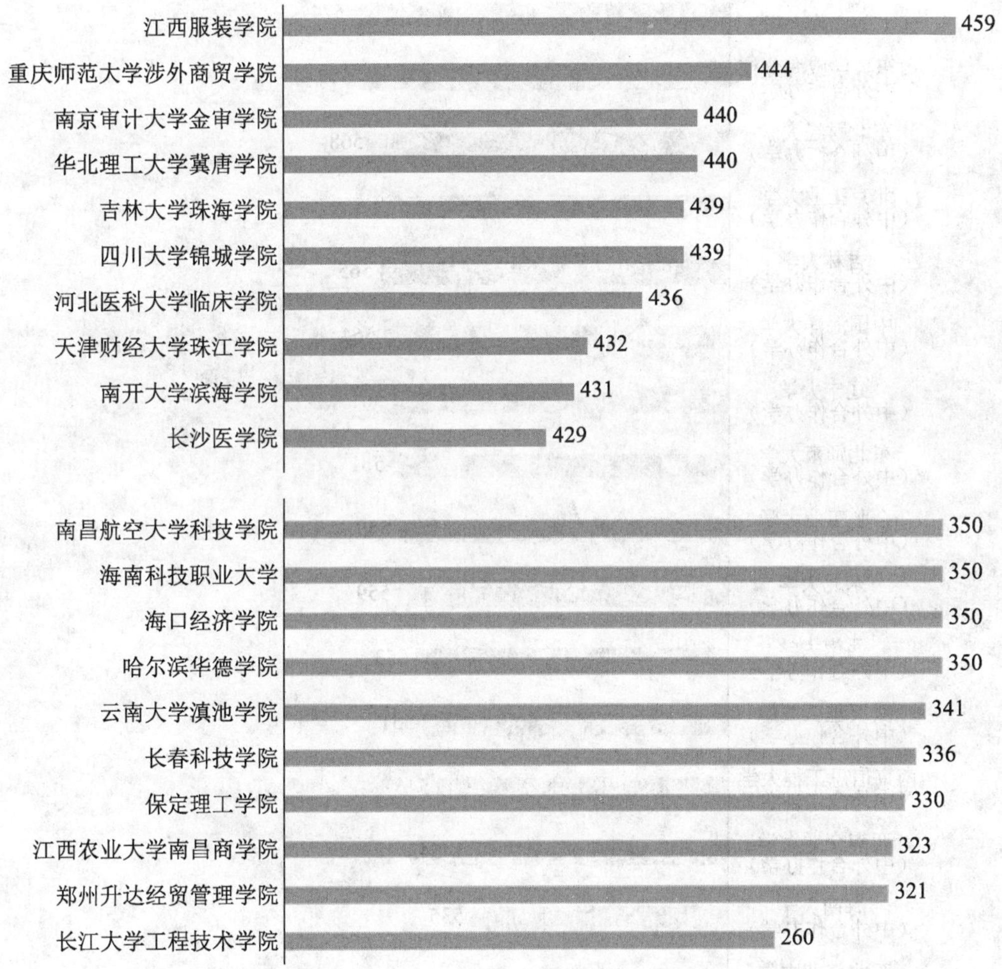

图 1-49　2019 年三本高校最低录取分数排名前 10、后 10

以下是特殊类型招生高校的最低录取分数排名情况，其中包含中外合作办学、少数民族学院和附属医学院三种类型。

如图 1-50 所示，2019 年中外合作办学类招生院校中，招收一本的高校共 20 所，大部分为 985 和 211 办学层次的高校。尽管是中外合作办学类，但排在靠前的 3 所高校录取分数依旧很高，同济大学（中外合作办学）、浙江大学医学院（中外合作办学）、电子科技大学（中外合作办学）的最低录取分数都高于 600。

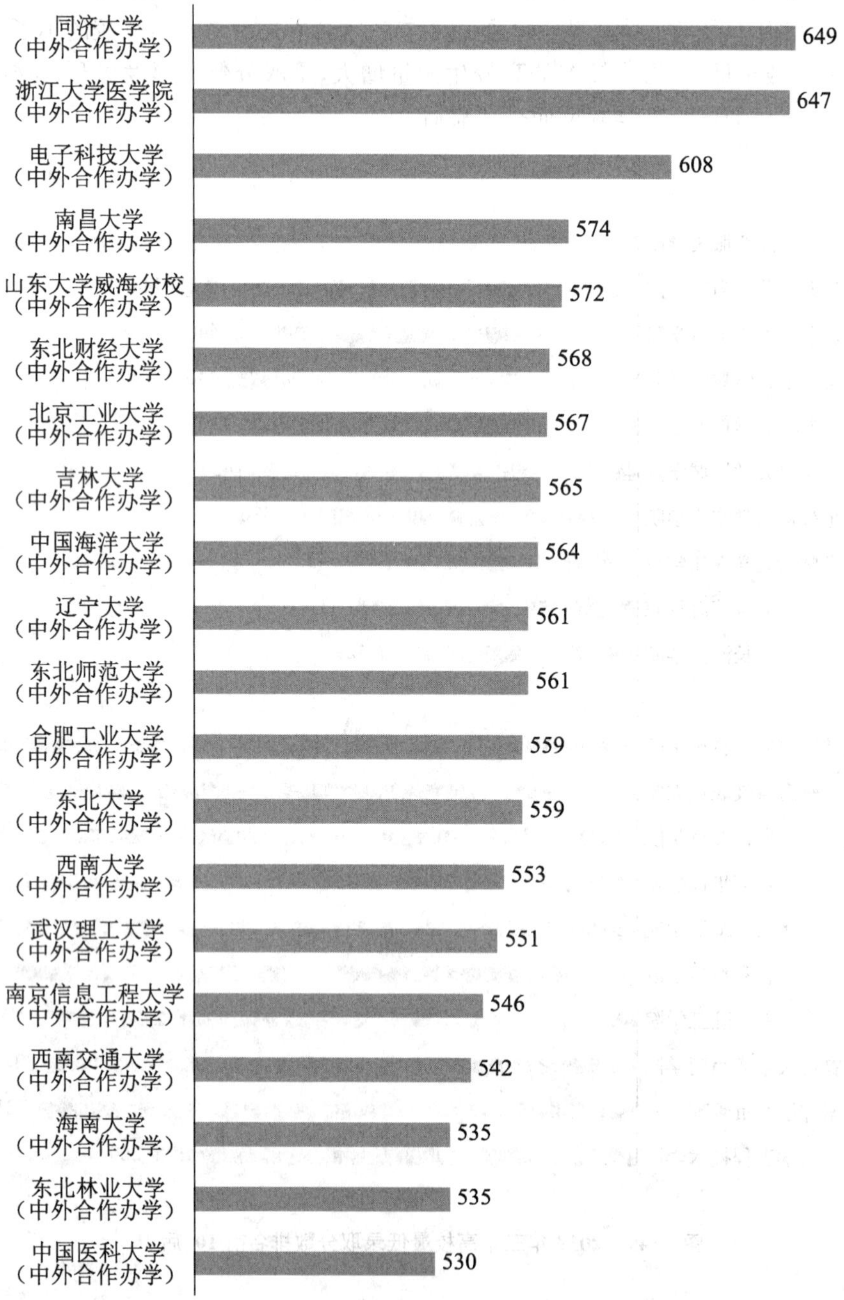

图 1-50　2019 年一本中外合作办学类院校最低录取分数排名

如图 1-51 所示，2019 年中外合作办学类招生院校中，招收二本的高校共有 42 所。这些普通高校的中外合作办学类专业，录取分数比普通专业录取分数低，学费也比普通专业贵。对于经济实力允许、分数不是很理想的二本考生可以考虑。

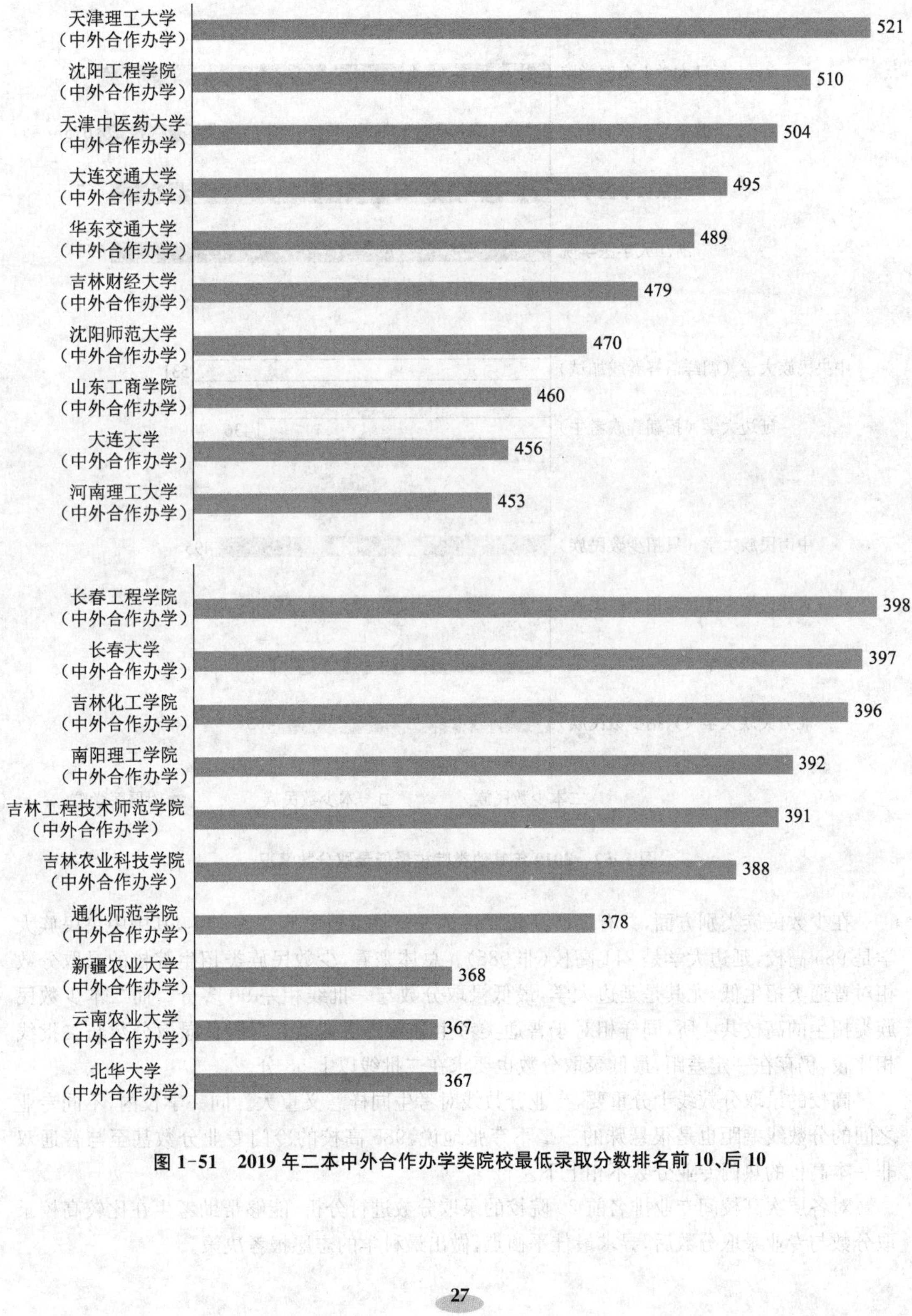

图 1-51　2019 年二本中外合作办学类院校最低录取分数排名前 10、后 10

如图 1-52 所示，2019 年在附属医学院类别方面，按录取分数来看，复旦大学上海医学院的录取分数最高，其次是上海交通大学医学院、北京大学医学部、浙江大学医学院。

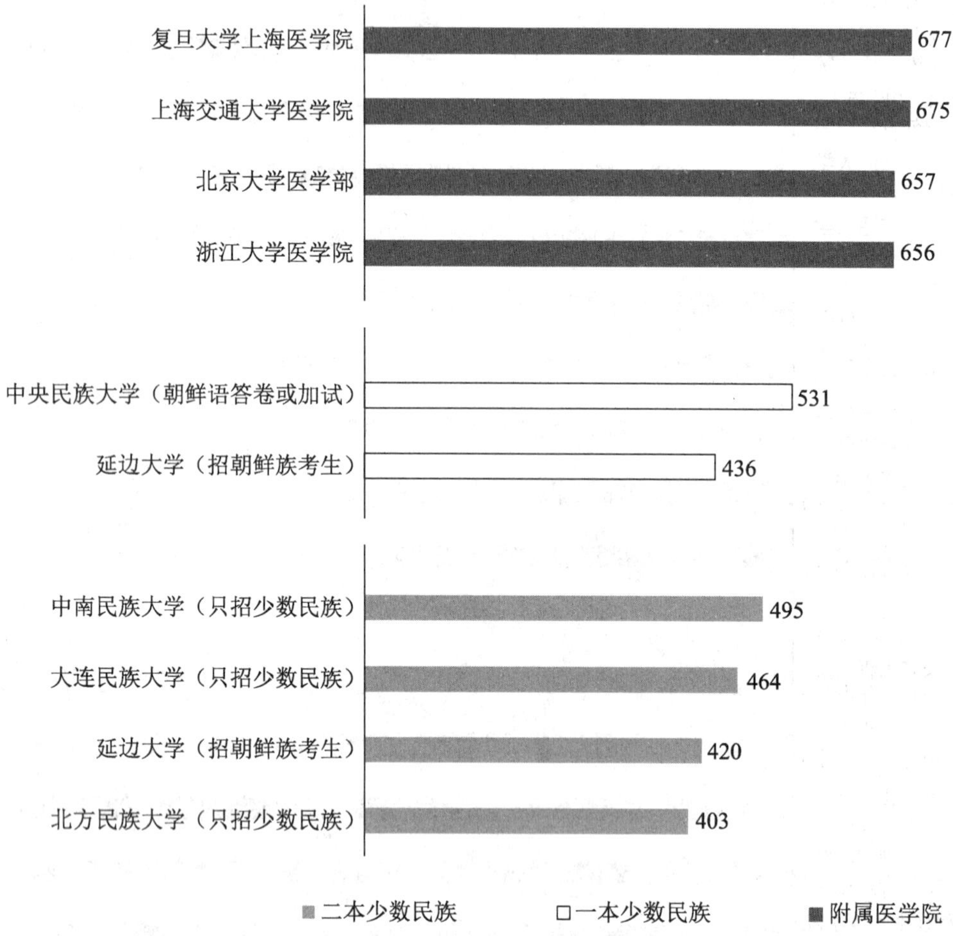

图 1-52　2019 年其他类院校最低录取分数情况

在少数民族类别方面，共有 2 所高校对吉林省招收少数民族一本考生，其中中央民族大学是 985 高校，延边大学是 211 高校(非 985)。总体来看，少数民族类招生院校的录取分数相对普通类招生低，尤其是延边大学，最低录取分数与一批线相差 90 多分。而二本少数民族类招生的高校共 4 所，同样相对于普通类考生分数要求偏低。但最低录取分数与二批线相比较，仍存在一定差距，最低录取分数也要求在二批线以上 53 分。

高校的录取分数线十分重要，专业分数线对考生同样意义重大。同一学校内，不同专业之间的分数线差距也是很悬殊的。毫不夸张地说，985 高校的冷门专业分数甚至与普通双非一本高校的热门专业分数不相上下。

对各层次高校间专业排名前 20 院校的录取分数进行分析，能够帮助考生在比较高校录取分数与专业录取分数后，寻求最佳平衡点，做出最科学的志愿报考决策。

如图1-53和图1-54所示，985高校招生专业中，清华大学的建筑类专业是所有高校中分数最高的。在985高校的专业最低录取分数前20中，排名靠前的都是清华大学、北京大学、复旦大学等国内拔尖高校的热门专业。这些高校的此类专业在国内处于顶尖水平，竞争非常激烈，分数要求自然偏高。总体而言，985高校专业最低录取分数前20中，理学、工学、经济学、医学门类的专业偏多，相对受欢迎。211高校(非985)的专业录取最低录取分数前20中，上海财经大学的专业类有7个上榜，占据前20的35%。这更说明上海财经大学是211高校(非985)中的顶尖高校，特别是金融学、统计学、计算机等专业类是极其受欢迎的。211高校(非985)专业最低录取分数前20中，排名靠前的大都是经济学、管理学等门类的专业。

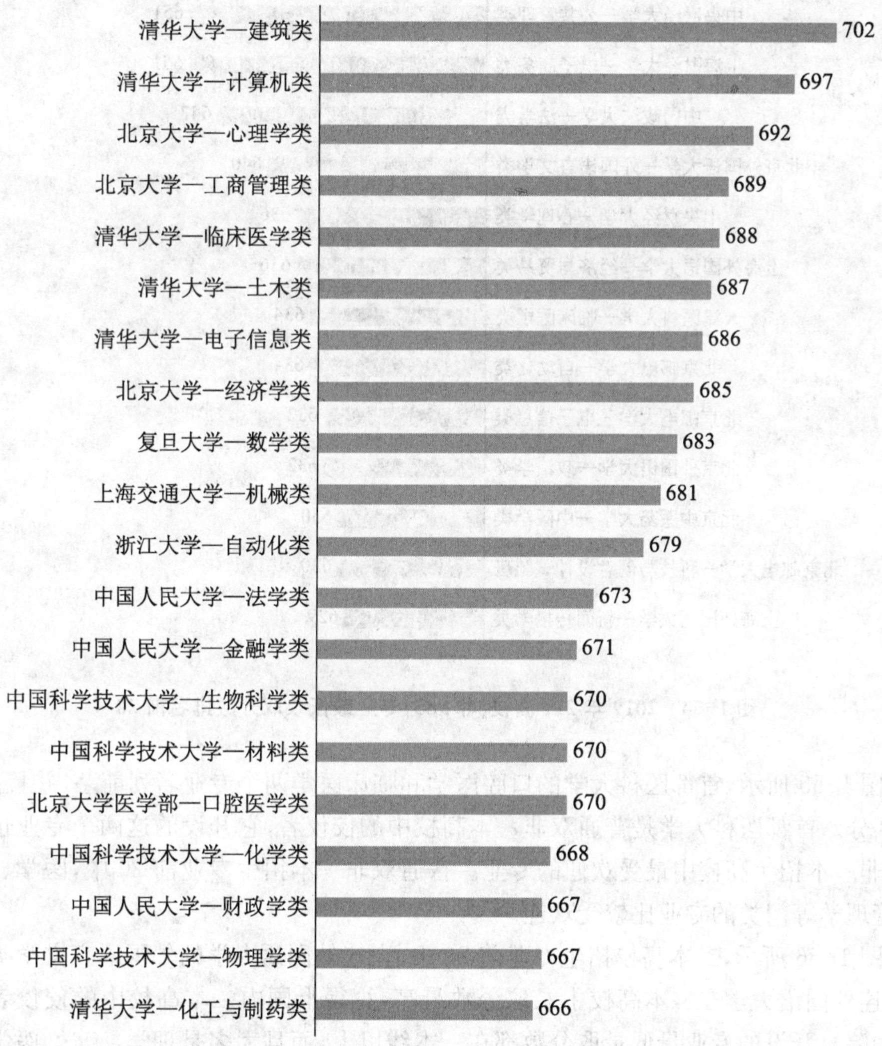

图1-53 2019年985高校专业最低录取分数排名前20

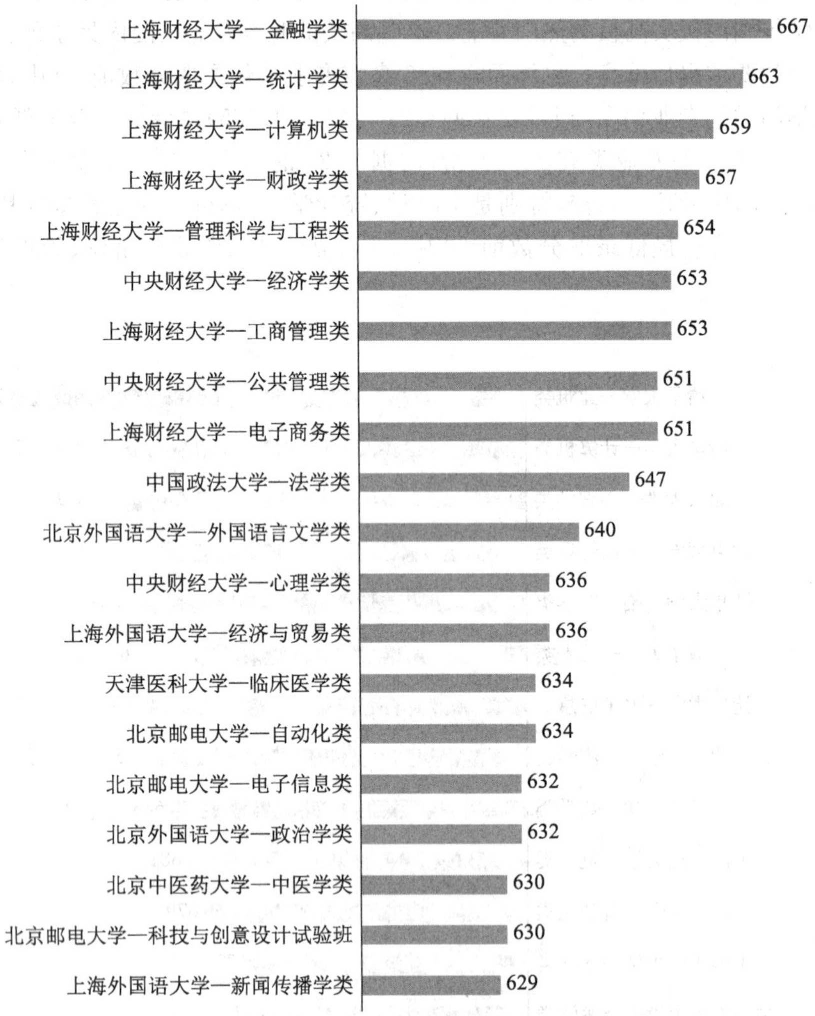

图 1-54　2019 年 211 高校(非 985)专业最低录取分数排名前 20

如图 1-55 所示，首都医科大学的口腔医学和临床医学两个专业名列前茅，并且高出第 3 名近 20 分。首都医科大学是普通双非一本高校中的佼佼者，它开设的这两个专业也是所有普通双非一本招生高校中最受欢迎的专业。普通双非一本招生专业前 20 中，医学、经济学、法学、管理学等门类的专业比较受欢迎。

如图 1-56 所示，二本高校招生专业前 20 中，大连外国语大学的外国语言文学类深受欢迎。大连外国语大学在二本高校中录取分数最高，算得上国内二本高校中的佼佼者。这些前 20 的院校开设的专业最低录取分数都在一本线以上，而且大多是理学、工学、医学等门类的专业，所以分数在一本线左右，同时比较注重专业能力培养，希望进入专业性强的高校进行学习的考生，可以考虑此类院校。

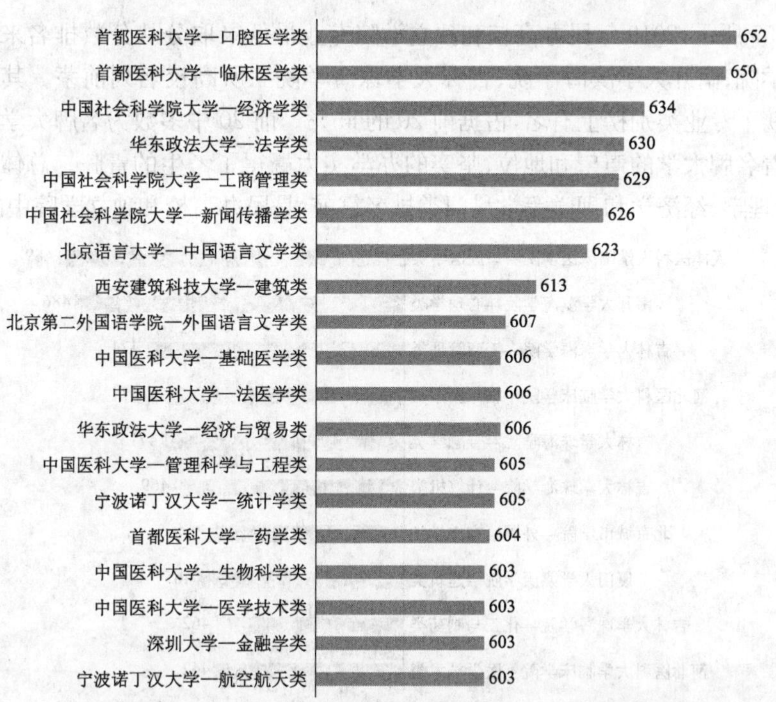

图 1-55 2019年普通双非一本专业最低录取分数排名前20

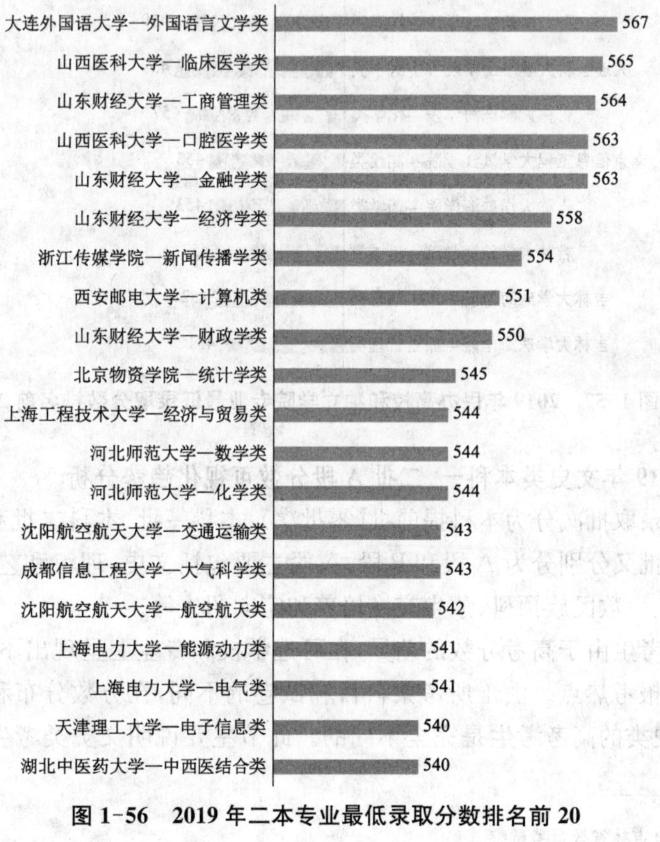

图 1-56 2019年二本专业最低录取分数排名前20

如图1-57所示，2019年民办高校和独立学院专业最低录取分从分数排名来看，天津医科大学临床医学院、南开大学滨海学院、吉林大学珠海学院三所高校名列前茅。其中，吉林大学珠海学院有9个专业类别榜上有名，占据前20的45%。前20中多数为名牌大学的独立学院，这些高校借着名牌大学的声望和地位、坚实的办学实力赢得了考生的青睐。总体来看，这些高校的医学、管理学、经济学和理学等学科门类排名靠前，是民办高校和独立学院中的热门专业。

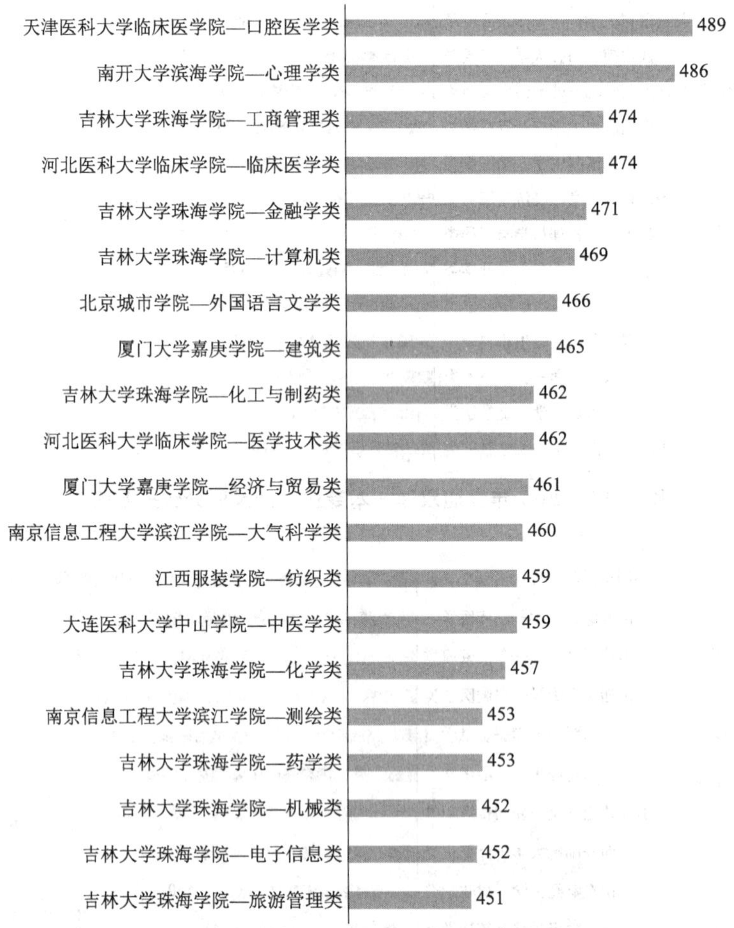

图1-57　2019年民办高校和独立学院专业最低录取分数排名前20

2. 2016～2019年文史类本科一、二批A段分数可视化趋势分析

吉林省高招录取批次分为本科提前批(零批次)、本科一批、本科二批和高职专科批。本科一批和本科二批又分别分为A段和B段，A段主要包括文史、理工和艺术类，B段包括边防军人子女预科、少数民族预科、蒙生交换培养和定向招生等。①

不同批次的考生由于高考分数的差异，在可选学校和专业上呈现出不同的报考倾向，也就表现出不同的报考热点。由于所考察科目和试卷的不同，在分数分布和各高校录取人数上，理工类和文史类的高考考生是完全不同的。此节主要说明文史类考生的批次报考热点

① 注：信息来自吉林省教育考试院。

情况。

首先，从2016～2019年各层次高校与批次线线差波动情况及排名方面进行分析。线差中的“线”是指批次录取控制分数线，也叫省控线。例如一本批次线（以下简称“一批线”）、二本批次线（以下简称“二批线”）等。考生线差是指考生的高考成绩与省控线之间的差值。院校线差是指各院校的录取平均分与省控线之间的差值。考生的线差超过院校的线差，则录取概率就比较大，反之则录取概率较小。

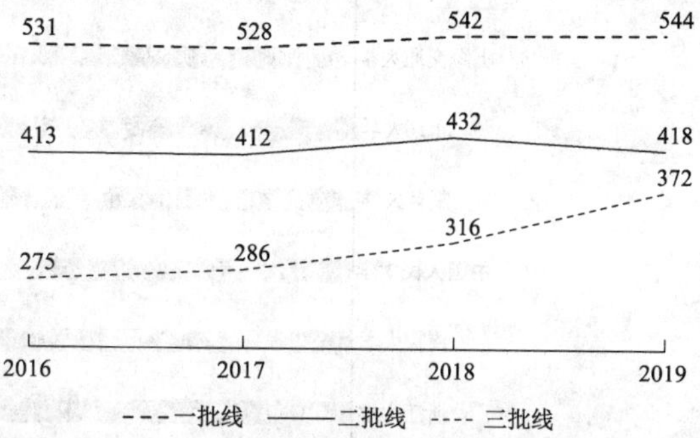

图1-58 2016～2019年文史类批次线波动情况①

基于不同办学层次院校的线差，我们对2016～2019年的线差年份波动情况和不同层次院校的线差排名进行了分析汇总，为考生科学预估可选择的高校提供数据参考。

如图1-58所示，是2016～2019年的批次线波动情况。由于2019年二三批次合并，所以编者将2019年的普通本科批次线赋予第三批次，并通过2019年所有高校录取数据，统计出录取之后的二批线。从总体来看，一批线、二批线年均变化幅度较小，都在20分以内。只有三批线的变化幅度略大，呈现出逐年上升的趋势，到2019年考生至少要达到372分才能报考本科院校。

如图1-59所示，综合排名前10的高校，近年的平均线差均在85分以上，自2017年开始，线差开始呈现出明显下降趋势，2018年下降4.2分，2019年下降6.2分；985高校（除前10）2017年的平均线差较2016年下滑了6分左右，2018年开始逐渐回升，并于2018～2019年趋于一个稳定的状态；211高校（非985）每年的平均线差在2016～2017年呈上升趋势，2018～2019年有小幅度下滑；普通双非一本高校每年的平均线差在2016～2018年呈上升趋势，2019年下降了2.19分，但总体还是呈上升趋势。

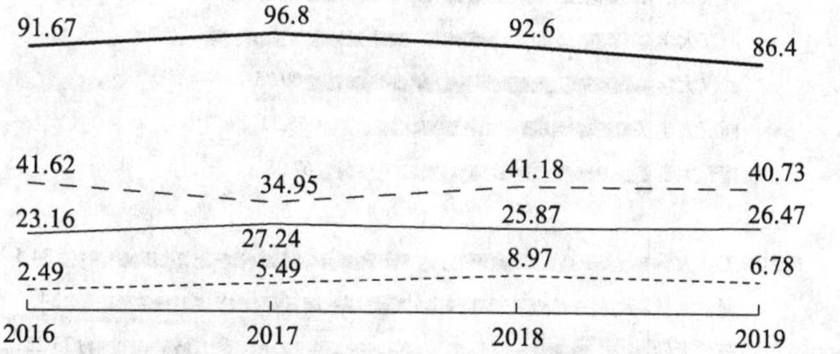

图1-59 2016～2019年一本招生各层次高校文史类平均最低线差情况

如图1-60所示，2016～2019年平均线差排名前10的均是985高校。其中，清华大学以133.5分位居榜首，上海交通大学仅比北京大学高出0.75分，位居第二。排名前4的高校均比一批线高出100分以上。考生高考分数若高出一批线70分左右，则有机会上综合排名前10的高校。

① 注：2019年本科第二批次是根据录取结果计算而来的。

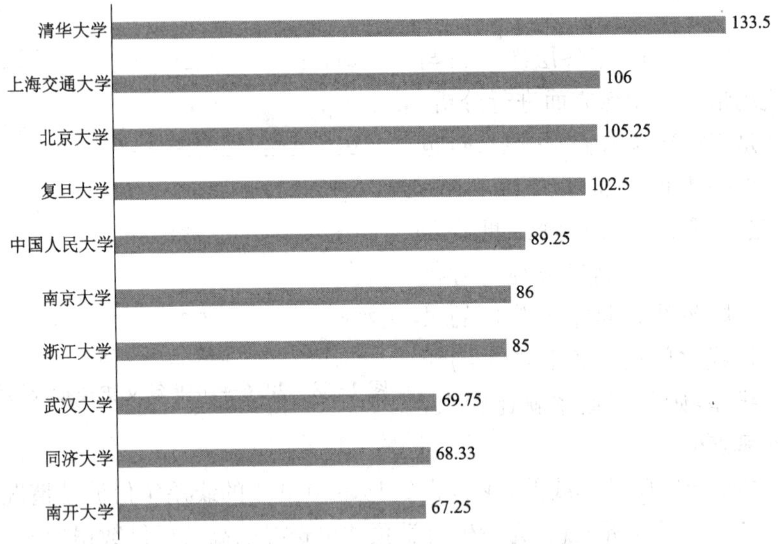

图 1-60　2016～2019 年高校平均线差排名前 10

如图 1-61 所示，呈现的是 985 高校近 4 年平均最低线差水平。全国共有 39 所 985 高校，其中对吉林省招收文史类考生的高校共有 31 所。从整体来看，985 高校的分数较高，即使是排名后 10 位的高校，分数基本也须在一批线 20 分以上。考生分数如果在一批线上 20 多分，那么可以选择这些高校里的专业。如果分数在一批线上 70～80 分，则可以冲刺前 10 名的知名高校，选择后 10 名的高校中较好的专业用来保底。

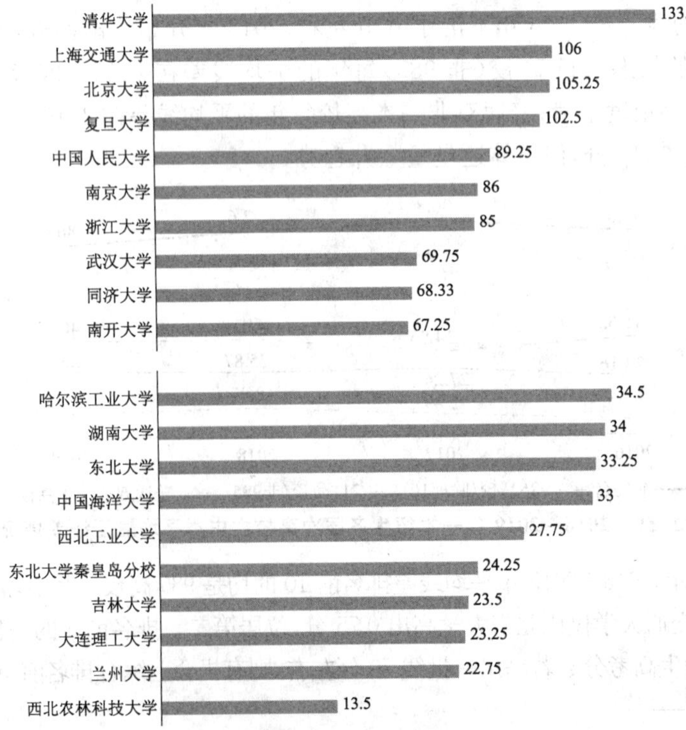

图 1-61　985 高校一本招生 2016～2019 年文史类平均最低线差前 10、后 10

如图 1-62 所示，为 211 高校(非 985)4 年平均最低线差。全国共有 211 高校(非 985)73 所，其中对吉林省招收文史类一本考生的有 52 所。其中，上海财经大学比一批线高出 65.5 分，高居 211 高校(非 985)榜首。排名在前 8 的几所高校都比一批线高出 50 分以上，排名第 10 的是北京交通大学。而排名后 10 的高校分数则稍微低一些，仅高出一批线几分至十几分。如果考生分数较高，则推荐报考排名前 10 的高校，学校层次高、教学质量好。排名后 10 的高校，虽然分数相对偏低，但对于分数在批次线附近的考生来说，这些高校都是一个很好的选择。

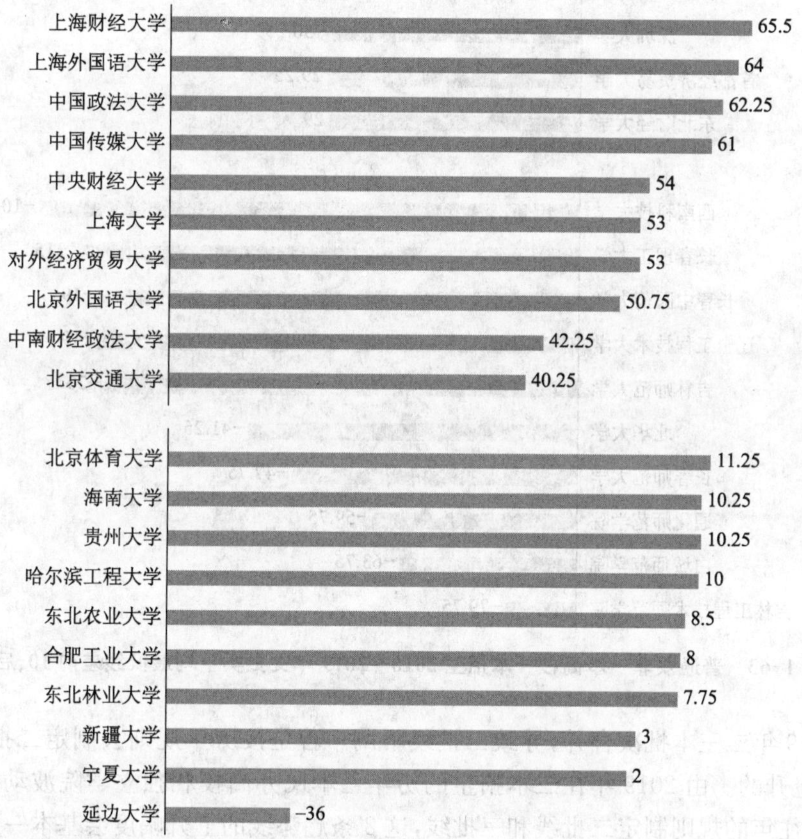

图 1-62　211 高校(非 985)一本招生 2016～2019 年文史类平均最低线差前 10、后 10

如图 1-63 所示，近 4 年全国共有 76 所普通双非一本高校对吉林省招收文史类一本考生，其中不包含 985、211 高校。中国社会科学院大学在普通双非一本高校中，以高出一本线 57.67 的高分遥遥领先，紧随其后的华东政法大学，只比其低了 0.67 分。排名前 10 的其他 8 所高校也都是普通双非一本高校中的顶尖院校，这 8 所高校的平均线差在 30 分左右；而排名靠后的 10 所高校则主要是招收二本考生的院校，仅有少部分专业在一本招生，所以分数偏低，基本都在一批线以下。

如图 1-64 所示，2019 年二本招生的 211 高校(非 985)波动情况，在 2016～2017 年下降了 40 多分，随后在 2017～2018 年呈上升趋势，到 2019 年的时候急剧上升。2019 年二本招生的普通高校波动情况，也是 2016～2018 年呈稳步上升趋势，在 2019 年开始急剧上升。这

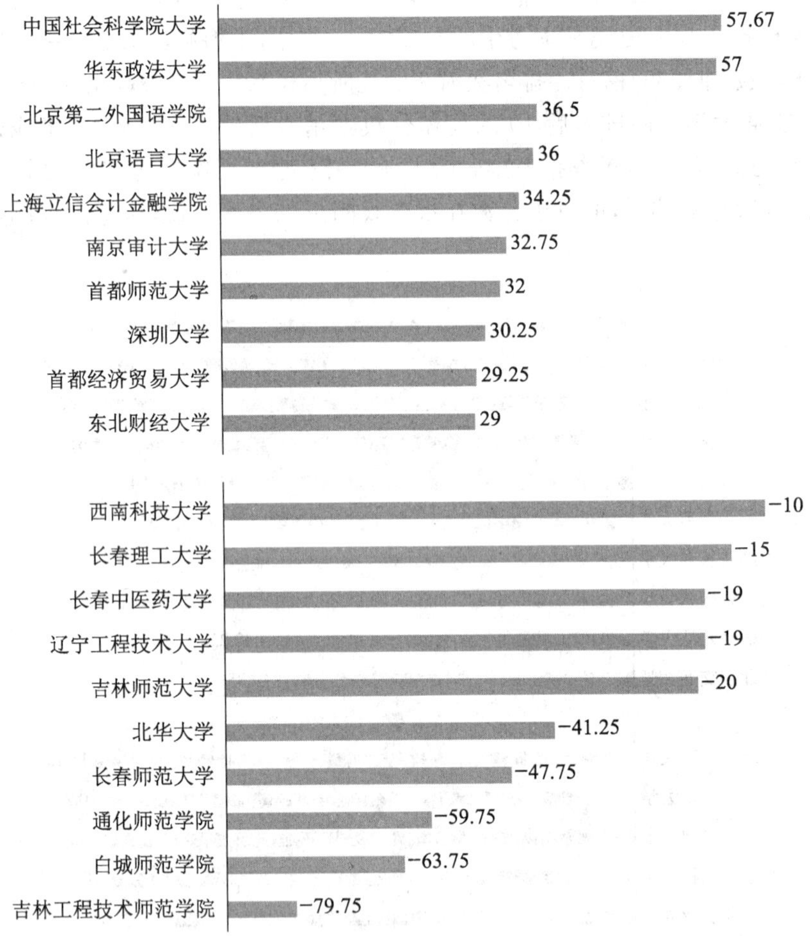

图 1-63　普通双非一本高校一本招生 2016～2019 年文史类平均最低线差前 10、后 10

是因为 2019 年二三本批次合并，导致二批线下调。若是按历年规则去制定二批线，它的趋势是稳步上升的。由 2019 年在二本招生的历年三本民办高校和独立学院波动情况可以看出，如果照往年的规则制定二批线和三批线，这 3 条趋势线的上升幅度会基本一致。

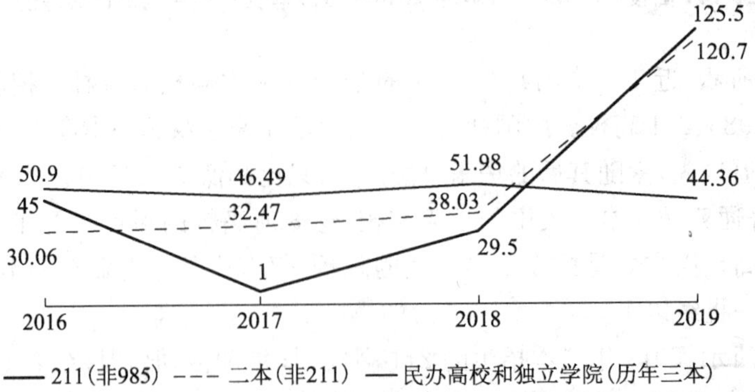

图 1-64　2016～2019 年二本招生各层次高校平均最低线差情况

如图1-65所示，在2016～2019年对吉林省招收文史类二本考生的211高校(非985)仅有两所，延边大学在批次线上60分左右，石河子大学在批次线上40分左右。二本考生想考211高校(非985)的可以选择这两所，分数相对来说不高。

图1-65　211高校(非985)二本招生2016～2019年文史类平均最低线差

2019年二本招生的高校(不包含历年三本民办高校和独立学院)共有361所。由于2019年二三本合并后二批线下调，导致和往年偏差较大，不具备参考价值。所以编者只整理了2019年各个二本招生高校的线差排名。

如图1-66所示，大连外国语大学在二本高校中以高出二批线182分的高分位居榜首，排名前10的高校都是普通二本高校中的顶尖高校；而排名靠后的10所高校，录取分数的线差平均在40分左右，大部分都是新成立的学校或往年二三本兼招的独立学院，录取分数则会相对较低一些。

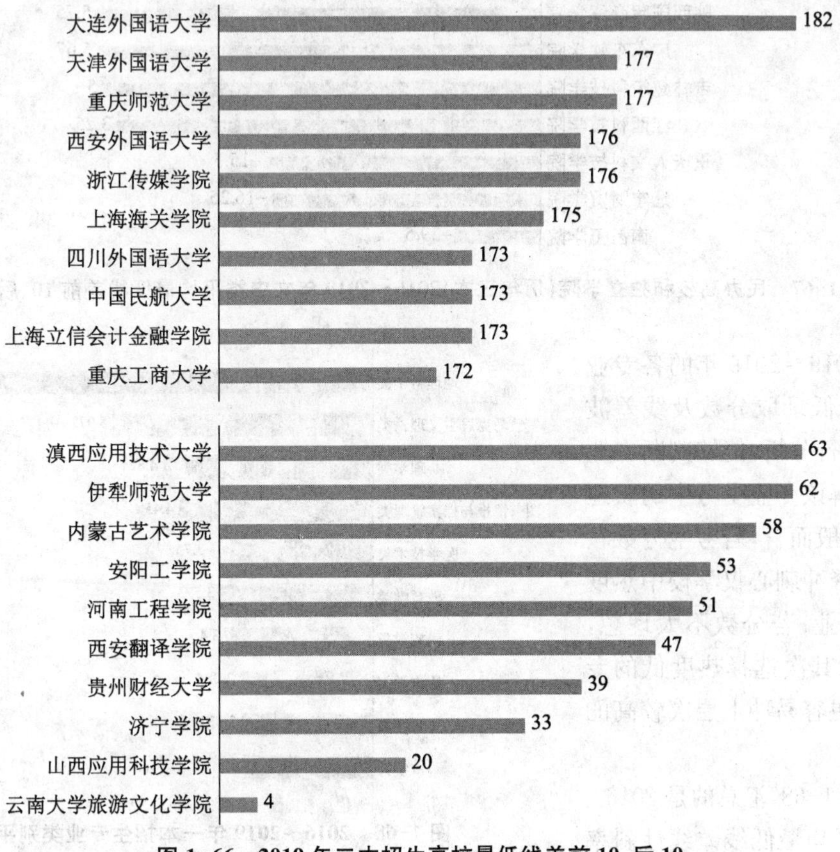

图1-66　2019年二本招生高校最低线差前10、后10

如图 1-67 所示，2016～2018 年表示的是与三批线的线差，2019 年表示的是与普通本科线的线差，如图展示的是近 4 年的线差平均分。上海兴伟学院以 126 分排在榜首，其他 9 所知名大学的独立学院平均线差也都在 100 分以上。后 10 名则是层次稍微低一些的民办高校，这些高校由于刚刚成立或刚刚升格为本科院校，因层次较低等原因，平均线差相对较低。

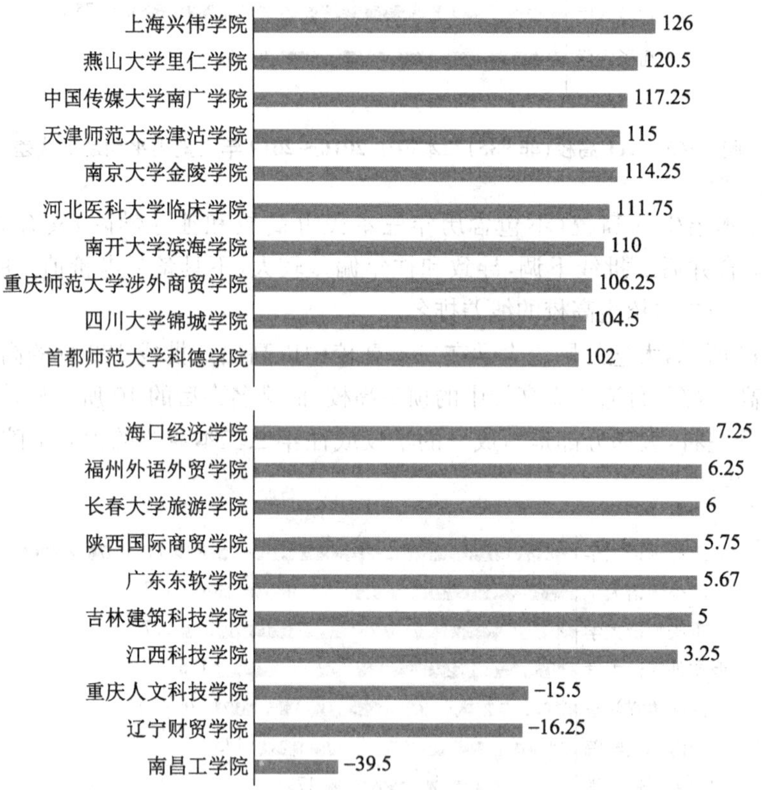

图 1-67　民办高校和独立学院(历年三本)2016～2019 年文史类平均最低线差前 10、后 10

对 2016～2019 年的各专业类平均最低录取分数及线差波动情况进行分析，能够判断专业热度，了解该专业受考生的欢迎程度。一般而言，若考生分数较高，可选择冲刺心仪学校中热度较高的专业；若分数不太理想，可退而求其次选择热度低的专业，这样更容易冲上层次较高的学校。

如图 1-68，汇总的是 2016～2019 年平均最低线差线性斜率排名前 10 的一本招生类别。由

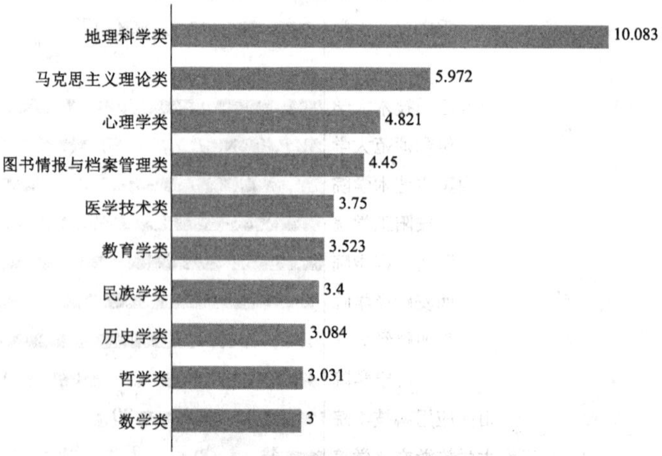

图 1-68　2016～2019 年一本招生专业类别平均最低线差线性斜率前 10

图 1-69 至图 1-78 可知，排名前 3 的专业分别为地理科学类、马克思主义理论类和心理学类，说明近 4 年一本招生专业中这 3 个专业的热度最高。这 10 个专业从近 4 年整体情况来看，都呈明显上升的趋势，表明这几个专业是比较受欢迎的。

如图 1-69 至图 1-78 所示，可看出在这些专业中，地理科学类、马克思主义理论类和历史学类每年的线差整体呈上升趋势，这三个专业的年平均录取分逐年上升，线差越来越小，报考分数逐年增加，说明报考人数增多，专业热度较高。有些专业虽然整体而言呈上升趋势，但中间几年有些许下滑，属于专业热度的第二个档次。第三个档次是数学类和医学技术类专业，在 2016～2018 年热度直线上升，随后又在 2019 年剧烈下滑，变化极其不稳定。这些专业每年的报考人数相对较少，线差上不去热度就会相对偏低。

图 1-69 2016～2019 年一本地理科学类录取分数情况

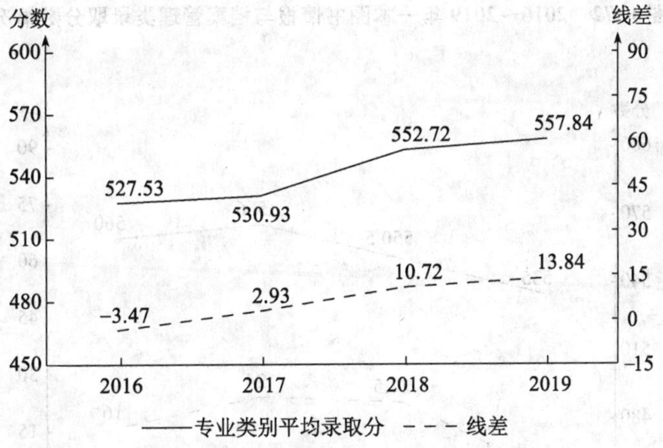

图 1-70 2016～2019 年一本马克思主义理论类录取分数情况

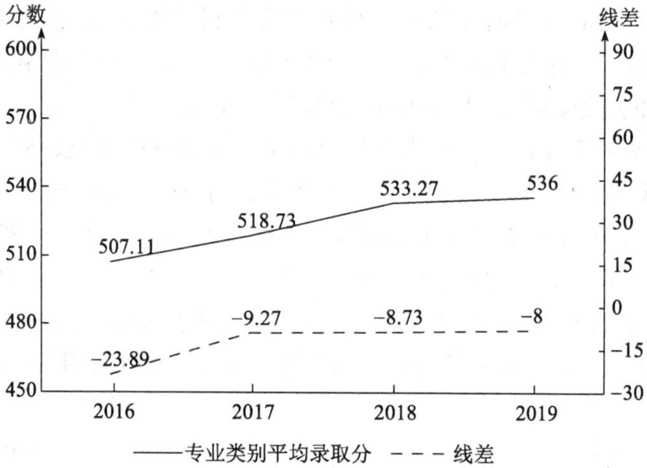

图 1-71　2016～2019 年一本心理学类录取分数情况

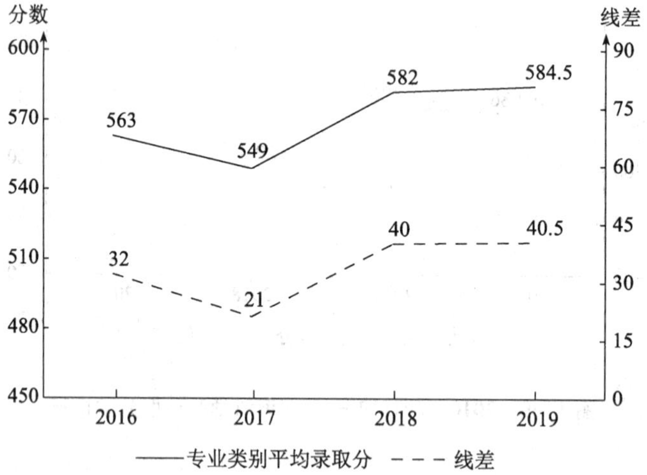

图 1-72　2016～2019 年一本图书情报与档案管理类录取分数情况

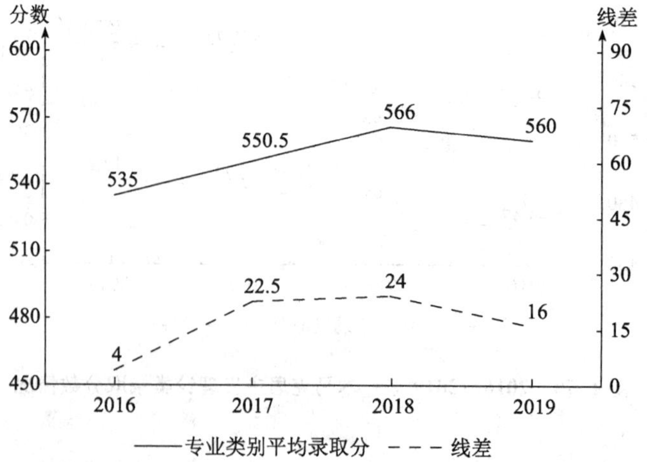

图 1-73　2016～2019 年一本医学技术类录取分数情况

图 1-74　2016～2019 年一本教育学类录取分数情况

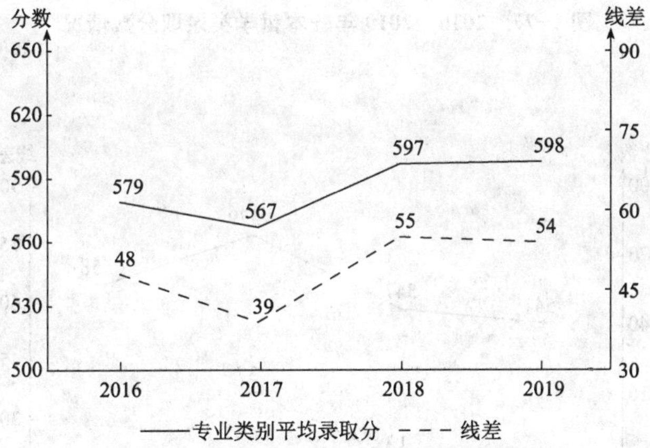

图 1-75　2016～2019 年一本民族学类录取分数情况

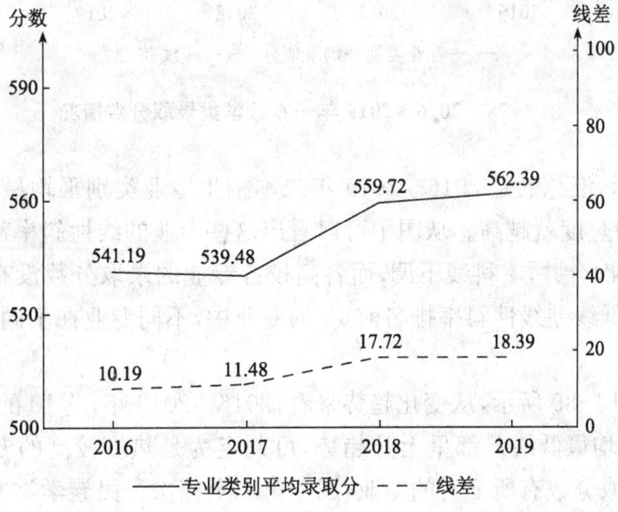

图 1-76　2016～2019 年一本历史学类录取分数情况

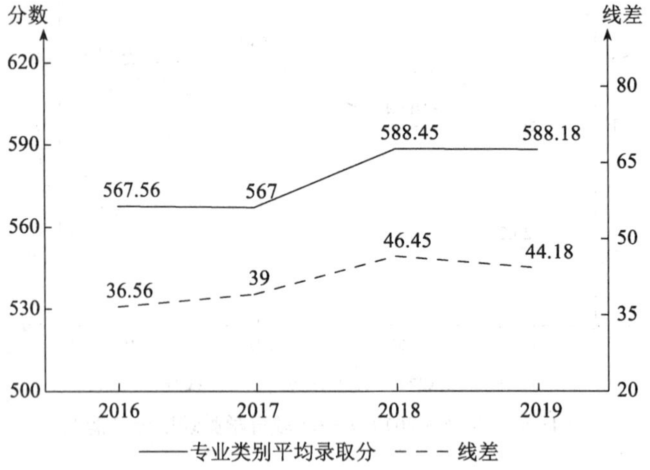

图 1-77　2016～2019 年一本哲学类录取分数情况

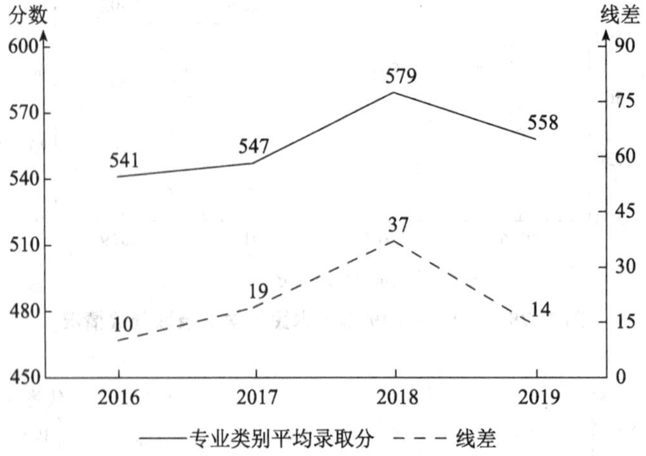

图 1-78　2016～2019 年一本数学类录取分数情况

如图 1-79 所示，汇总的是 2016～2019 年二本招生专业类别平均最低线差线性斜率前 10。斜率越高，报考热度就越高。从图中可以看出这些专业的线性斜率都比较高，原因在于 2019 年本科二三批次合并，本科线下调，而各高校各专业的录取分数没有太大的变化，导致线差升高。平均最低线差线性斜率排名前 10 的专业中，不同专业在不同年份呈现出不同的发展变化趋势。

如图 1-80 至图 1-89 所示，从变化趋势来看，2016～2019 年，前 10 的二本招生专业类别中有 70%的专业平均最低线差都呈上升趋势，可判定为是热度较高的专业，发展也较为稳定。其中某一年录取分数有所下滑的专业，属于第二个档次。民族学类专业 2016～2018 年总体呈下降趋势，在 2019 年却突然急剧上升，每年起伏较大，很不稳定，热度相对较低。

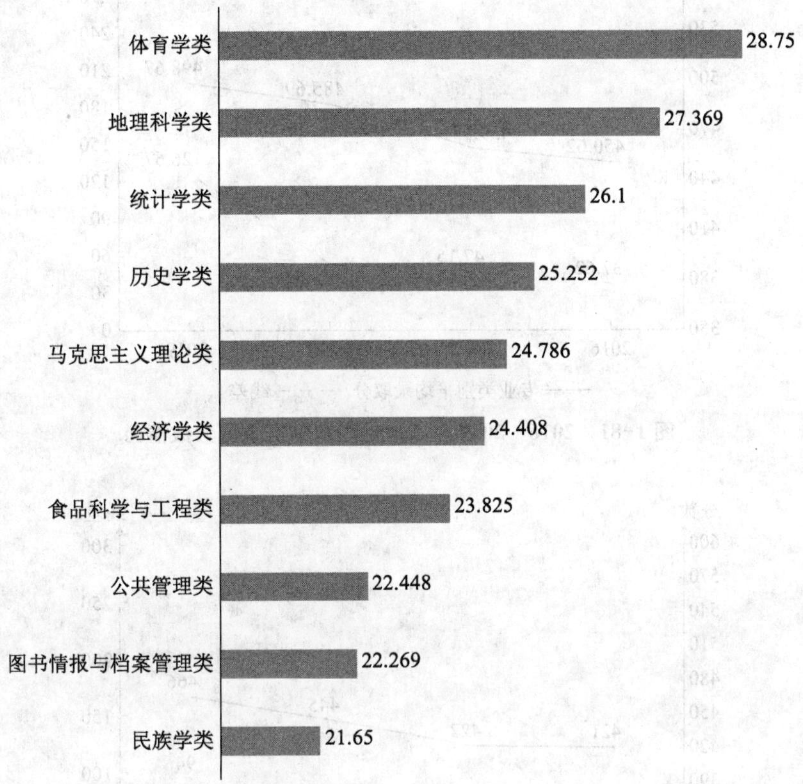

图 1-79　2016～2019 年二本招生专业类别平均最低线差线性斜率前 10

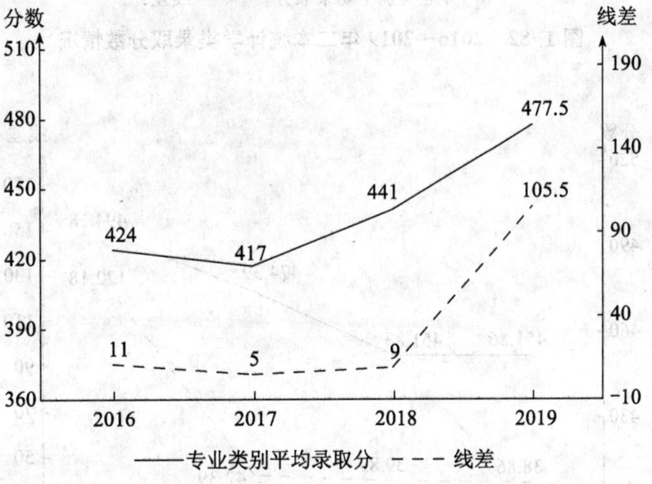

图 1-80　2016～2019 年二本体育学类录取分数情况

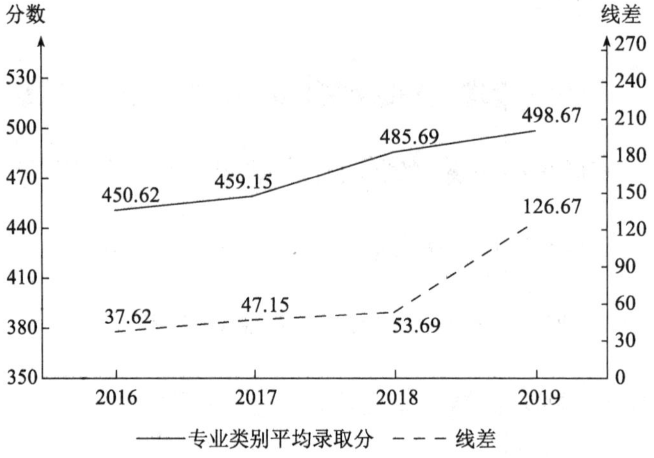

图 1-81　2016～2019 年二本地理科学类录取分数情况

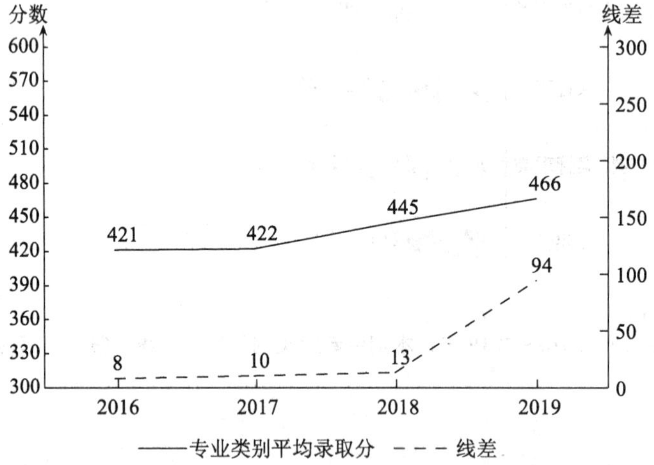

图 1-82　2016～2019 年二本统计学类录取分数情况

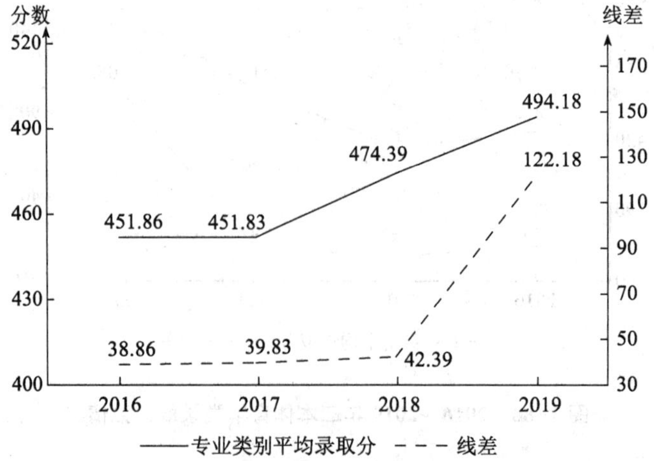

图 1-83　2016～2019 年二本历史学类录取分数情况

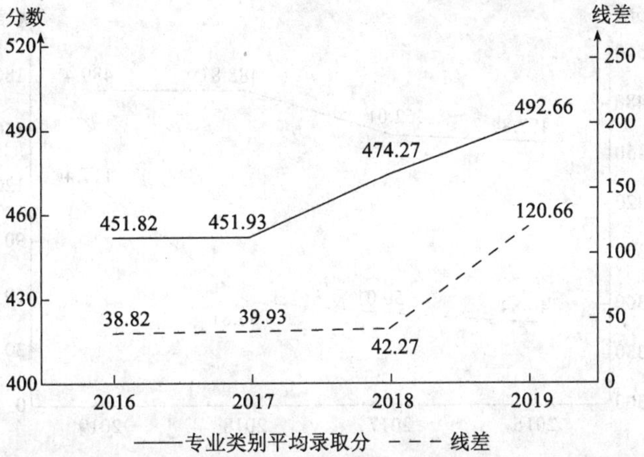

图 1-84 2016～2019 年二本马克思主义理论类录取分数情况

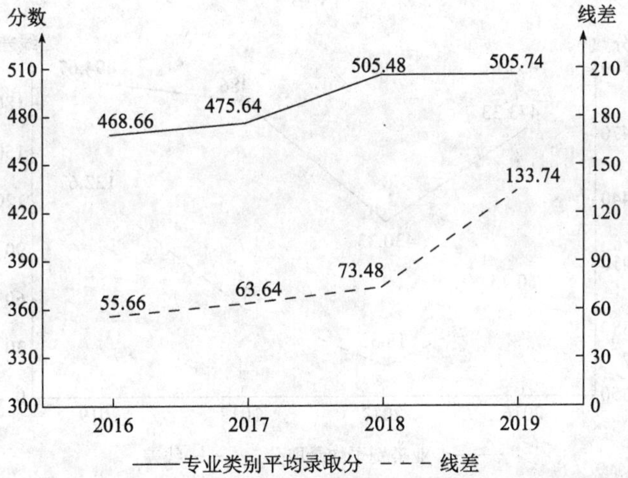

图 1-85 2016～2019 年二本经济学类录取分数情况

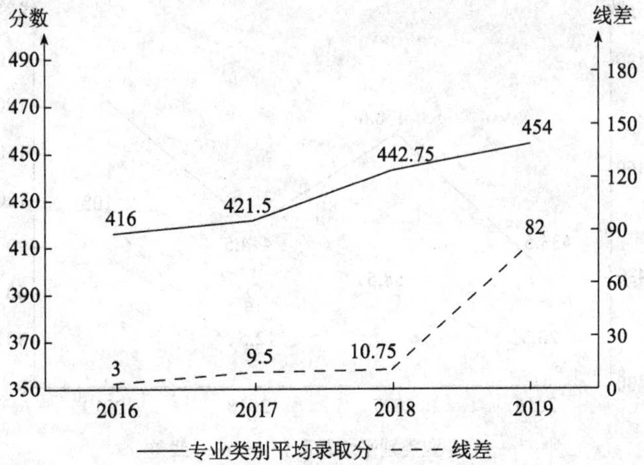

图 1-86 2016～2019 年二本食品科学与工程类录取分数情况

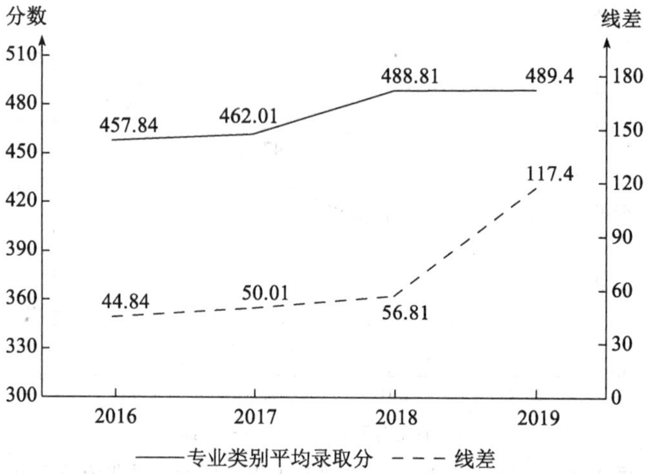

图 1-87　2016～2019 年二本公共管理类录取分数情况

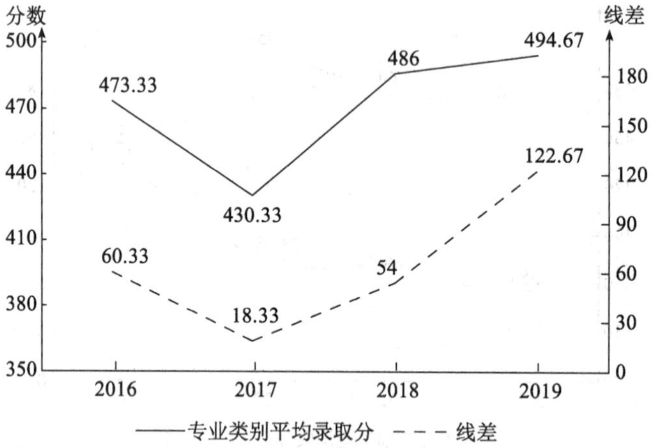

图 1-88　2016～2019 年二本图书情报与档案管理类录取分数情况

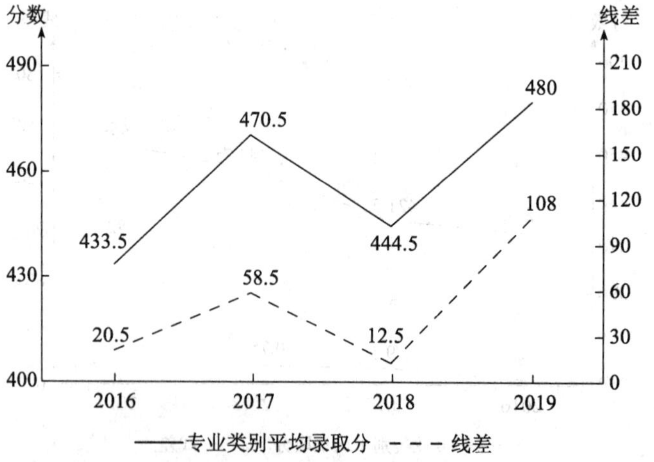

图 1-89　2016～2019 年二本民族学类录取分数情况

按学科范围对高校进行划分，可分为综合类、理工类、师范类、农林类、政法类、医药类、财经类、民族类、语言类、艺术类、体育类、军事类、旅游类等院校。不同类别的院校数量不同，培养方向不同，平均录取分数和录取人数也呈现较大差异。

以下将对高校类型分布情况进行分析，其中包括对各类型院校在 2019 年的录取情况，以及在 2016～2019 年同类型高校中考生的分数波动范围的分析。通过收集整理数据，并将用图表等形式向各位考生展示相关信息，为考生的院校类型选择提供参考。

先来看看各类型院校 2019 年的录取情况以及平均录取分数情况。

如图 1-90 所示，面向吉林省招收一本文史类考生的院校共有 161 所：其中综合院校有 54 所，排名第 1；工科院校有 47 所，排名第 2；财经院校排名第 3，比工科院校少了 30 所。

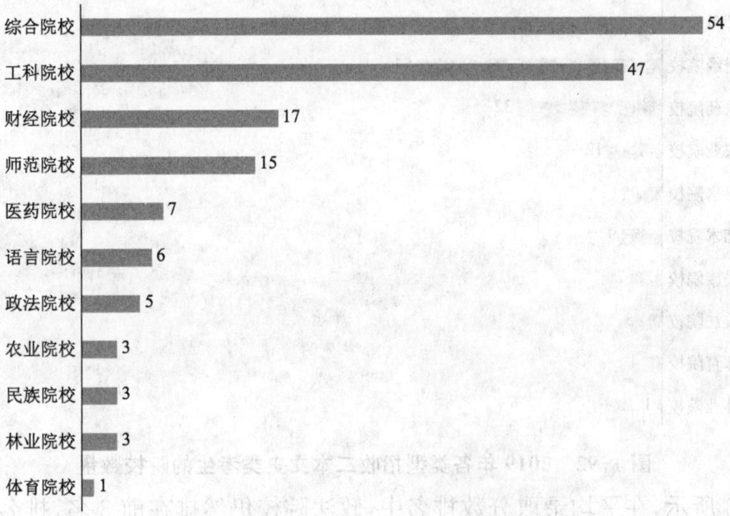

图 1-90　2019 年各类型招收一本文史类考生的院校数量

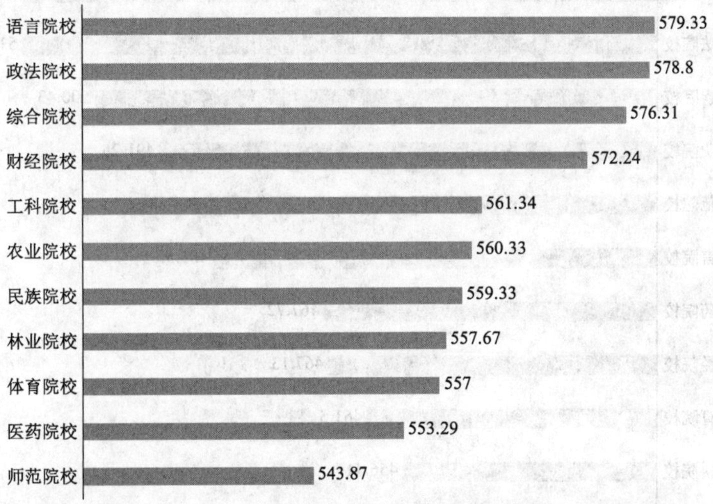

图 1-91　2019 年各类型招收一本文史类考生的院校平均录取分数

如图 1-90 和图 1-91 所示，可以看出院校的数量和院校的分数之间没有必然联系。在图 1-91 中，平均录取分数排名第 1 的是语言院校，为 579.33 分，其次是政法院校，为 578.8

分，第 3 是综合院校，为 576.31 分，其他院校的平均录取分数都在 540 分以上。由此可见，一本语言院校、政法院校、综合院校和其他类型的院校相比较，对分数的要求更高。理工类排在前 2 名的院校也是语言院校和政法院校，说明这两种类型的院校，都受到文史类和理工类考生的认可和欢迎。

如图 1-92 所示，面向吉林省招收二本考生的院校共有 501 所，和一本招生院校的分布数量对比，排名稍有变化，排在前 2 名的依旧是综合院校和工科院校，第 3 则是师范院校，而财经院校比师范院校少了 30 所。

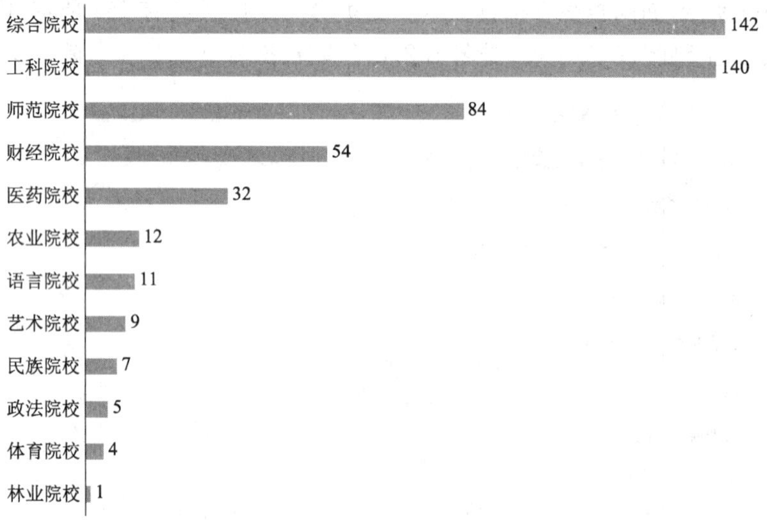

图 1-92　2019 年各类型招收二本文史类考生的院校数量

如图 1-93 所示，在平均录取分数排名中，政法院校仍然排在前 3 名，排名第 1 的是林业

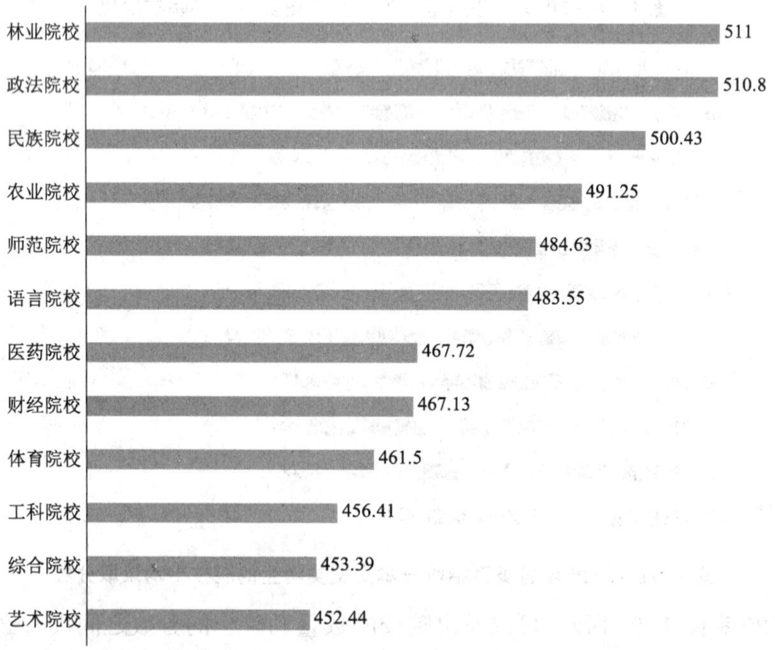

图 1-93　2019 年各类型招收二本文史类考生的院校平均录取分数

院校。在一本招生的高校中，排在前5的综合院校和工科院校，在二本招生高校中处于倒数位置。可以看出能够报考一本院校的考生主要在意学校的类型，而报考二本院校的考生更在意专业的类型。二本招生的高校，虽然专业综合层次不强，但专业性较有保障。

再来看看2016～2019年同类型高校中录取分数的波动范围，通过分析来了解在同类型高校中，考生分数主要集中的区间范围。

如图1-94所示，2016年一批综合院校最低录取分数主要集中在531～640分；政法院校最低录取分数主要集中在583～597分；语言院校最低录取分数主要集中在557～605分；医药院校最低录取分数集中在531～547分；体育院校数量少，波动范围较小，最低录取分数主要集中在553～578分；师范院校最低录取分数主要集中在531～571分；农业院校最低录取分数主要集中在536～554分；民族院校最低录取分数主要集中在531～540分和578～595分两个分数段；林业院校比较分散，最低录取分数集中在531～573分；工科院校最低录取分数主要集中在531～598分；财经院校最低录取主要集中在532～617分。

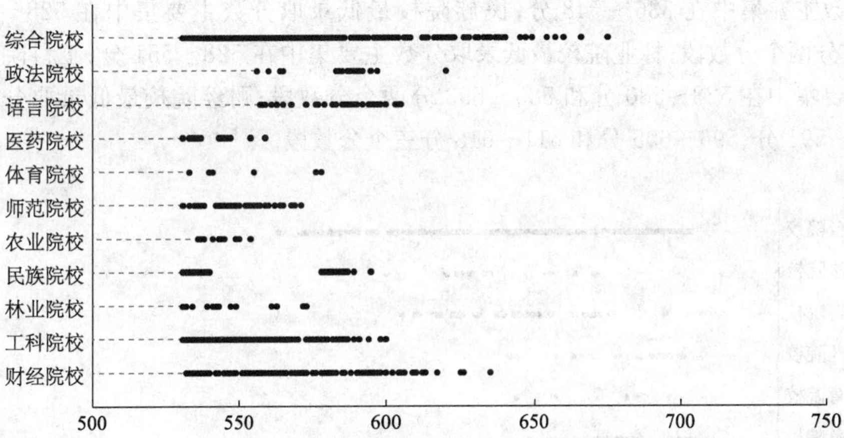

图1-94　2016年各类型院校一批最低录取分数波动范围

如图1-95所示，2016年二批综合院校最低录取分数主要集中在413～502分和509～

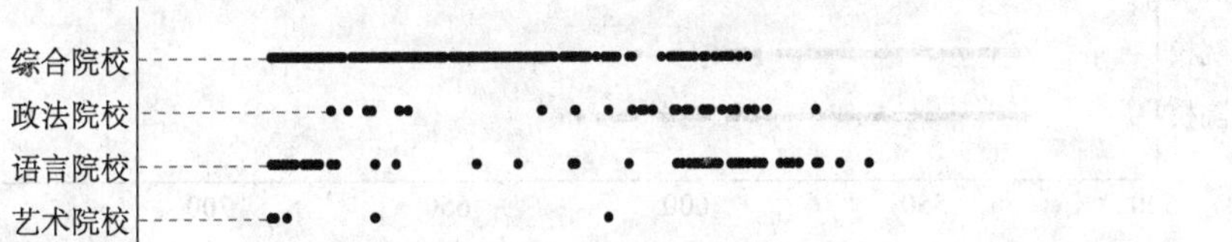

图1-95　2016年各类型院校二批最低录取分数波动范围

530分两个分数段;政法院校最低录取分数主要集中在502～535分;语言院校最低录取分数主要集中在413～429分和513～548分两个分数段;艺术院校数量较少,最低录取分数主要分布在413～496分;医药院校最低录取分数主要集中在413～457分和469～496分两个分数段;农业院校最低录取分数主要集中在426～463分、468～488分和494～506分三个分数段;民族院校最低录取分数主要集中在415～472分和482～517分两个分数段;林业院校最低录取分数主要集中在481～521分;工科院校最低录取分数主要集中在413～533分;财经院校最低录取分数主要集中在413～465分和471～539分两个分数段。

如图1-96所示,2017年一批综合院校最低录取分数主要集中在528～652分;政法院校最低录取分数主要集中在592～606分;语言院校最低录取分数主要集中在553～566分、573～590分和602～616分三个分数段;医药院校最低录取分数主要集中在531～545分和560～571分两个分数段;体育院校数量少,波动较小,最低录取分数主要集中在535～584分;师范院校最低录取分数主要集中在528～535分和544～568分两个分数段;农业院校最低录取分数主要集中在536～548分;民族院校最低录取分数主要集中在528～541分和567～580分两个分数段;林业院校最低录取分数主要集中在528～551分;工科院校最低录取分数主要集中在528～580分和585～593分两个分数段;财经院校最低录取分数主要集中在528～591分、596～605分和611～618分三个分数段。

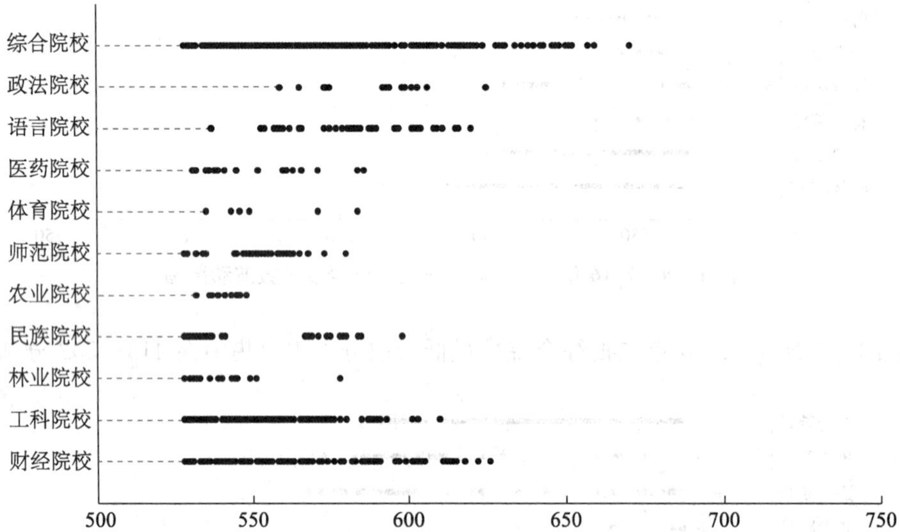

图1-96 2017年各类型院校一批最低录取分数波动范围

如图1-97所示,2017年二批综合院校最低录取分数主要集中在412～530分;政法院校最低录取分数主要集中在508～538分;语言院校最低录取分数主要集中在412～424分和516～540分两个分数段;艺术院校比较分散,最低录取分数集中在412～525分;医药院校最低录取分数主要集中在412～469分和475～491分两个分数段;体育院校比较分散,最低录取分数集中在412～523分;师范院校最低录取分数主要集中在412～519分;农业院校最低录取分数主要集中在412～484分;民族院校最低录取分数主要集中在412～461分和489～523分两个分数段;林业院校数量较少,最低录取分数主要集中在486～507分;工科院校最低录取分数主要集中在 412～529 分；财经院校最低录取分数主要集中在 413～541 分。

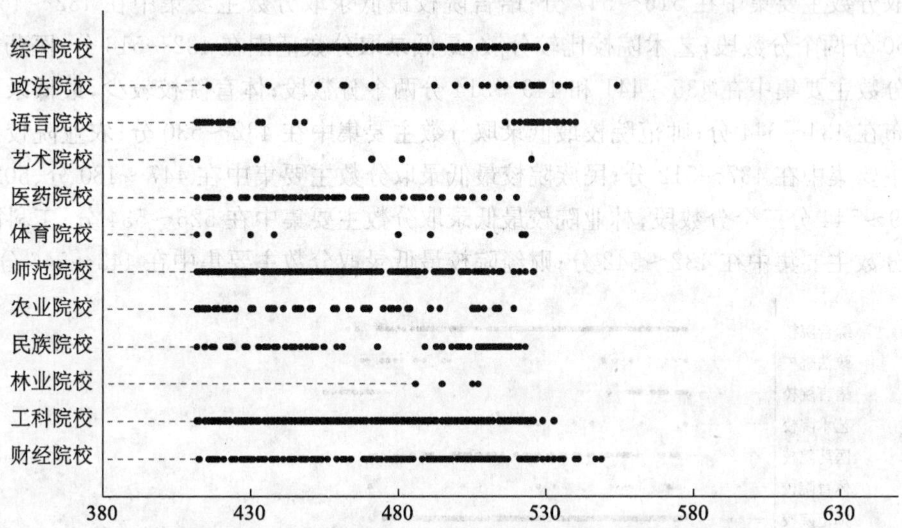

图 1-97　2017 年各类型院校二批最低录取分数波动范围

如图 1-98 所示，2018 年一批综合院校最低录取分数主要集中在 542～674 分；政法院校最低录取分数主要集中在 597～613 分；语言院校最低录取分数主要集中在 565～590 分和 611～619 分两个分数段；医药院校最低录取分数主要集中在 551～576 分；体育院校最低录取分数主要集中在 565～570 分；师范院校最低录取分数主要集中在 544～555 分和 561～581 分两个分数段；农业院校最低录取分数主要集中在 560～566 分；民族院校最低录取分数主要集中在 545～557 分和 579～597 分两个分数段；林业院校最低录取分数主要集中在 543～560 分；工科院校最低录取分数主要集中在 542～592 分；财经院校最低录取分数主要集中在552～580 分和 584～615 分两个分数段。

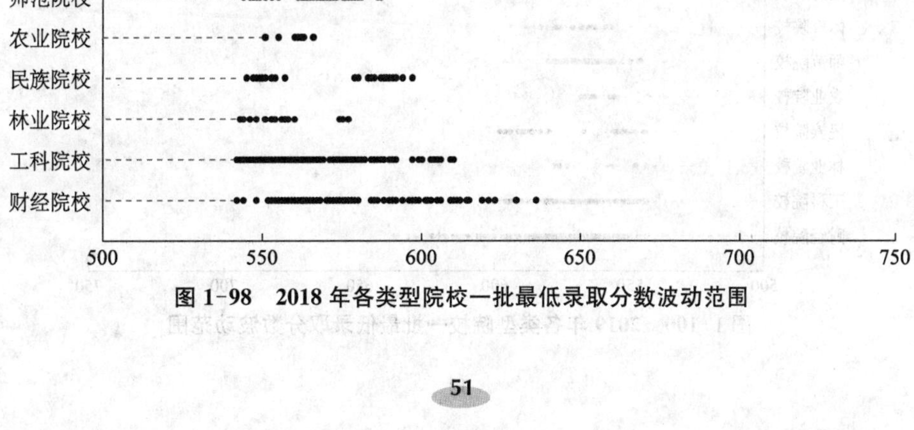

图 1-98　2018 年各类型院校一批最低录取分数波动范围

如图 1-99 所示，2018 年二批综合院校最低录取分数主要集中在 433～541 分；政法院校最低录取分数主要集中在 516～547 分；语言院校最低录取分数主要集中在 432～459 分和 539～560 分两个分数段；艺术院校比较分散，最低录取分数范围在 432～516 分；医药院校最低录取分数主要集中在 435～441 和 449～514 分两个分数段；体育院校较少，最低录取分数主要分布在 434～544 分；师范院校最低录取分数主要集中在 432～530 分；农业院校最低录取分数主要集中在 437～512 分；民族院校最低录取分数主要集中在 447～480 分、502～509 分和 529～544 分三个分数段；林业院校最低录取分数主要集中在 526～534 分；工科院校最低录取分数主要集中在 432～542 分；财经院校最低录取分数主要集中在 443～546 分。

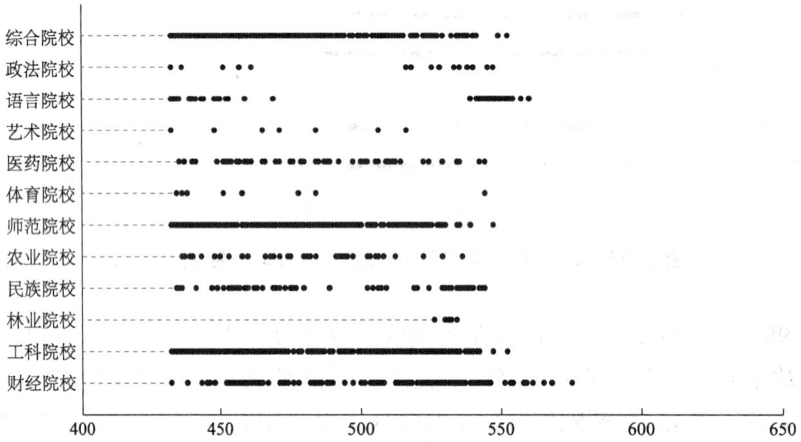

图 1-99　2018 年各类型院校二批最低录取分数波动范围

如图 1-100 所示，2019 年一批综合院校最低录取分数主要集中在 544～659 分；政法院校最低录取分数主要集中在 564～573 分和 601～614 分两个分数段；语言院校最低录取分数主要集中在 557～620 分；医药院校最低录取分数主要集中在 554～575 分；师范院校最低录取分数主要集中在 547～580 分；农业院校最低录取分数主要集中在 562～568 分；民族院校最低录取分数主要集中在 544～556 分和 580～598 分两个分数段；林业院校比较分散，最低录取分数集中在 544～578 分；工科院校最低录取分数主要集中在 544～601 分；财经院校最低录取分数主要集中在 551～623 分。

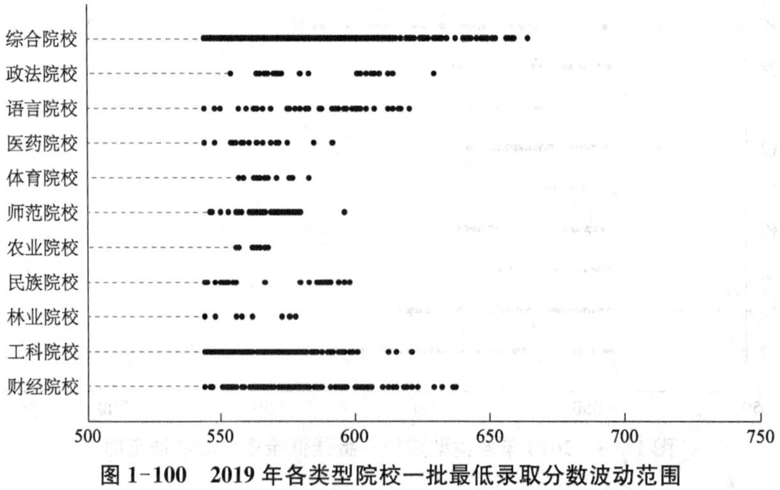

图 1-100　2019 年各类型院校一批最低录取分数波动范围

如图1-101所示，2019年二批综合院校最低录取分数主要集中在373～547分；政法院校最低录取分数主要集中在516～543分；语言院校最低录取分数主要集中在419～486分和545～562分两个分数段；艺术院校比较分散，最低录取分数范围在391～528分；医药院校最低录取分数主要集中在416～528分；体育院校数量较少，最低录取分数主要分布在389～505分；师范院校最低录取分数主要集中在434～543分；农业院校最低录取分数主要集中在461～530分；民族院校最低录取分数主要集中在467～504分和522～552分两个分数段；林业院校最低录取分数主要集中在538～544分；工科院校最低录取分数主要集中在373～549分；财经院校最低录取分数主要集中在385～479分和497～553分两个分数段。

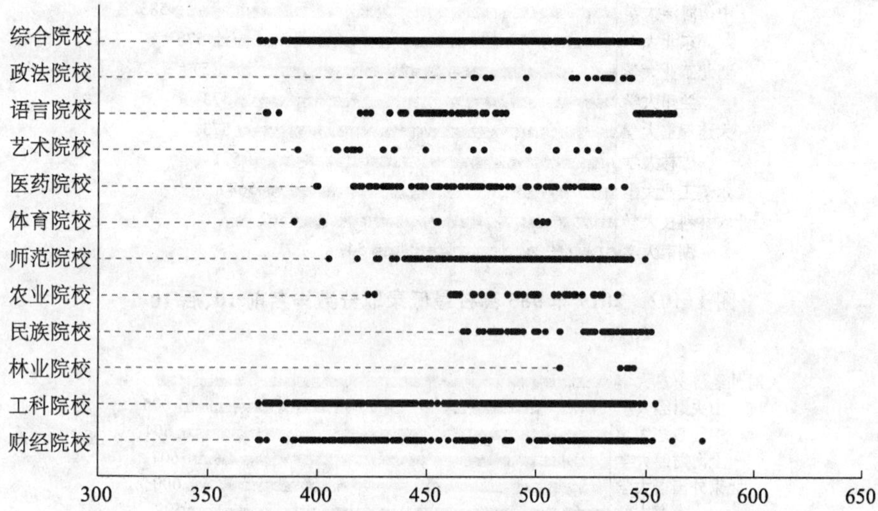

图1-101 2019年各类型院校二批最低录取分数波动范围

将高校按照层次进行划分，我国高校通常可分为普通类型招生和特殊类型招生两种。其中普通类型招生高校涵盖了985高校、211高校(非985)、普通双非一本高校、二本高校、三本高校等类型；特殊类型招生高校包括中外合作办学、少数民族和附属医学院等类型。即使属于同一种办学层次，不同高校在录取分数方面依旧存在较大差距。

不同层次高校内部的分数排名，能够为报考考生提供参考。根据自己的高考分数，参考往年各层次高校最低录取分数线，可以更精确地评估能够被某高校录取的概率。

在普通类型招生高校中，通过统计2016～2019年间，各985高校、211高校(非985)、普通双非一本高校、二本高校、三本高校的最低录取分数排名，分析和筛选出各办学层次中排名前10和后10的学校，为考生填报志愿提供参考和借鉴。

如图1-102所示，985高校的最低录取分数都比较高，在2019年，前10名高校的最低录取分数均在610分以上，后10名高校的最低录取分数也都超过了一批线。考生要想进入985高校，分数需要高出一批线10分以上。以下这些高校均是在国内名气比较高、学校办学质量名不虚传的大学。

如图1-103所示，对外经济贸易大学在2019年以614分高居榜首，这个分数在985高校里也能排到前10，该学校可谓是211高校(非985)中的顶尖高校。从整体来看，排在前10

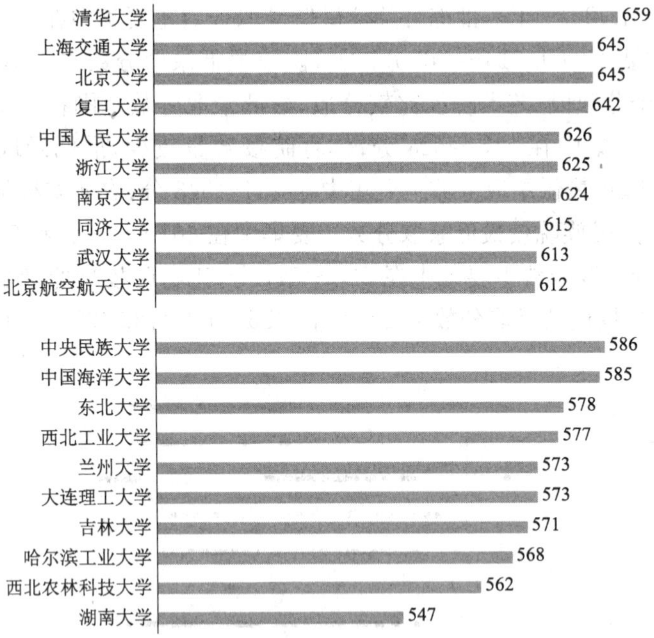

图 1-102　2019 年 985 高校最低录取分数排名前 10、后 10

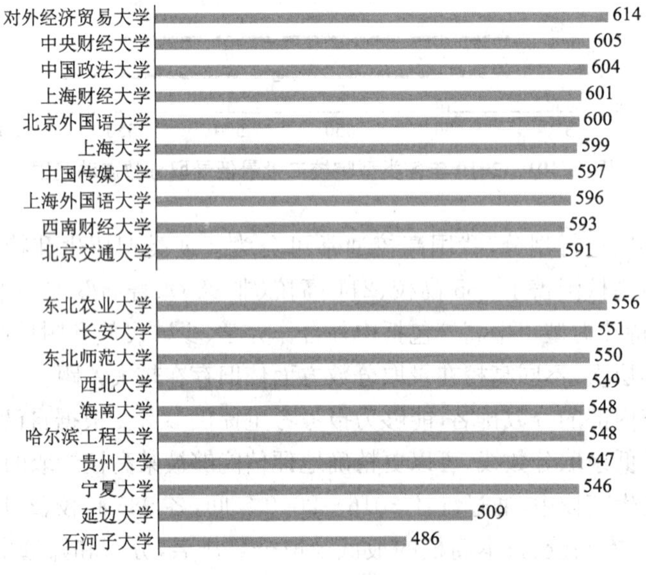

图 1-103　2019 年 211 高校(非 985)最低录取分数排名前 10、后 10

名的 211 高校(非 985)最低录取分数均在 590 分以上，而后 10 名的 211 高校(非 985)的最低录取分数则在一批分数线边缘。后两名延边大学和石河子大学分数线较低，是因为延边大学的部分专业是二本招生，而石河子大学对吉林省只在二本层次招生。

如图 1-104 所示，2019 年中国社会科学院大学录取分数以 604 分遥遥领先，比第 2 名华东政法大学高了 3 分。总体来看，排在前几名的普通双非一本高校录取分数和 211 高校(非 985)不相上下，甚至比排名靠后的 211 高校(非 985)录取分数更高。排名靠后的高校有一部分主要是在二本招生，招收一本的专业较少。这些院校办学层次相对较低，所以分数相对偏低，分数在一本线附近的考生可以考虑。

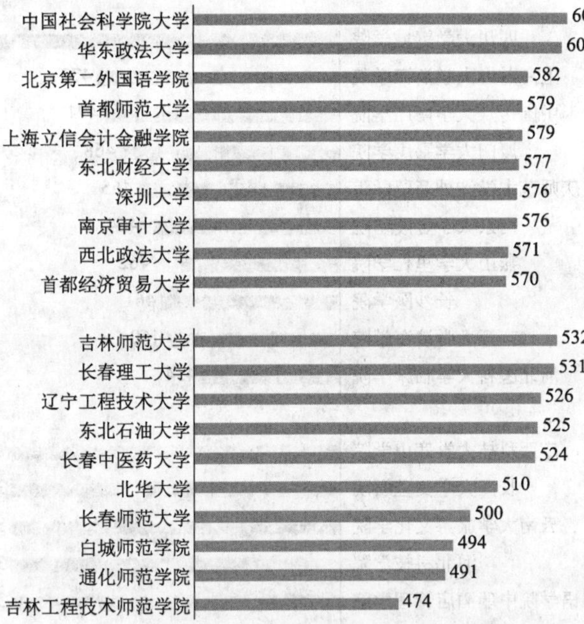

图 1-104　2019 年普通双非一本高校最低录取分数排名前 10、后 10

如图 1-105 所示，排在前 10 的高校录取分数都在一批线以上，这些高校属于二本中的顶尖高校。分数在一批线左右的考生，可以考虑这 10 所高校。二本高校中排名靠后的 10 所高校，均是往年属三本的民办高校和独立学院。

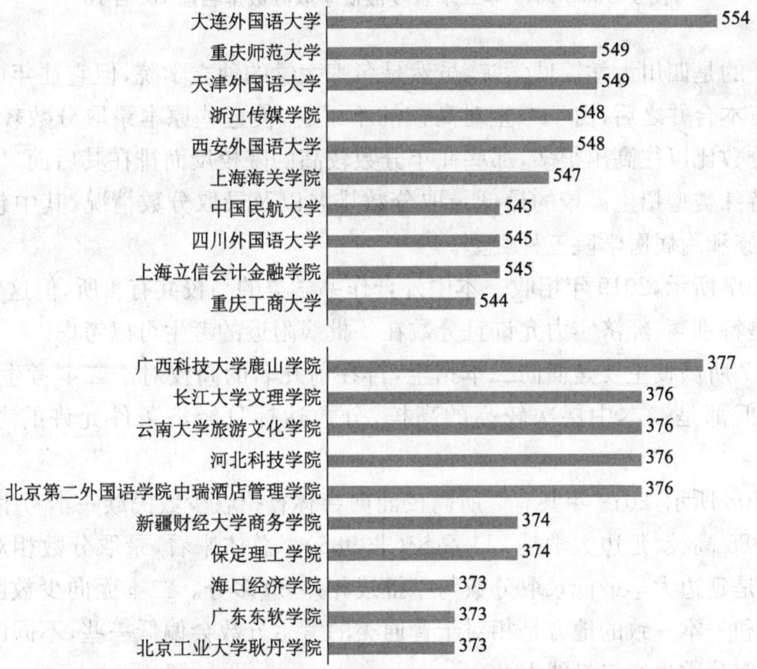

图 1-105　2019 年二本招生高校最低录取分数排名前 10、后 10

如图 1-106 所示，是 2019 年民办高校和独立学院的最低录取分数排名，根据往年招收三本考生的高校名称，分析 2019 年二三本合并后这些高校的发展。

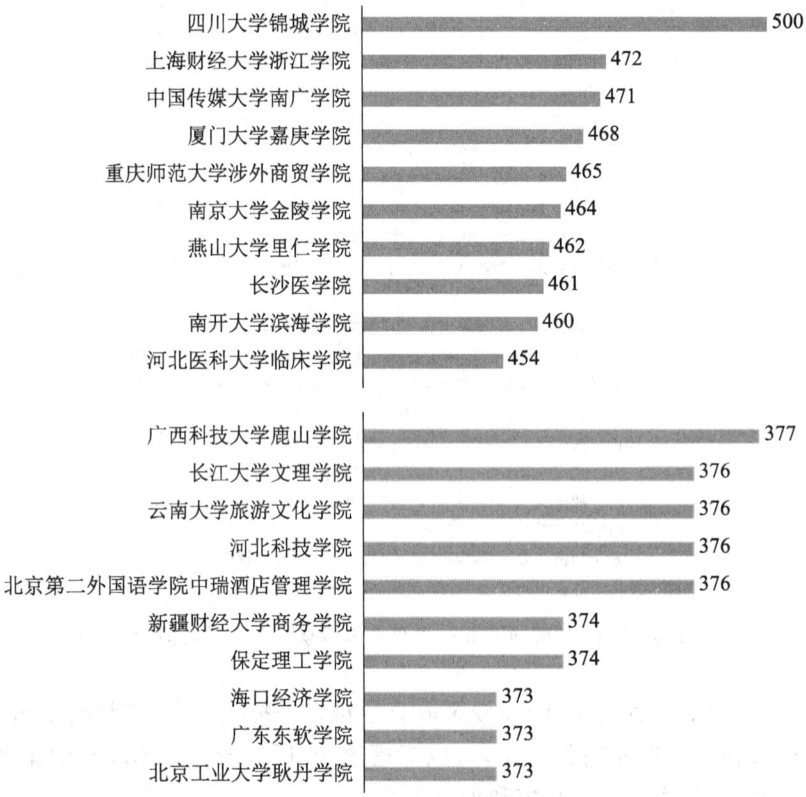

图 1-106　2019 年三本院校最低录取分数排名前 10、后 10

排名第 1 的是四川大学锦城学院，虽然是名牌大学的独立学院，但它往年的录取分数不是很高。二三本合并之后，由于考生对高校的不了解，使这些原本录取分数较低、办学层次较差的院校分数比以往高出很多，那些往年分数较高的院校反而排在其后面。

以下是特殊类型招生高校的最低录取分数排名以及录取分数情况，其中包含中外合作办学、少数民族和附属医学院三种类型。

如图 1-107 所示，2019 年招收一本中外合作办学类的高校共有 4 所，但这 4 所高校的录取分数并不是特别高，经济实力允许且分数在一批线附近的考生可以考虑。

后面这 17 所高校主要是面向二本招生，排在前几名的高校对于二本考生来说，分数相对较高一些，但都是二本中层次较高的高校，分数达标且经济条件允许的考生可以考虑报考。

如图 1-108 所示，2019 年共有 2 所高校面向吉林省招收少数民族一本考生。其中，中央民族大学是 985 高校，延边大学是 211 高校(非 985)。总体来看，录取分数相对普通类的招生较低，尤其是延边大学最低录取分数与一批线相差 80 多分。二本面向少数民族招生的高校共有 4 所，和一本一致的地方是相对于普通类的考生分数会偏低一些，不同的是和二批线比较，最低录取分数也在二批线上 90 分。

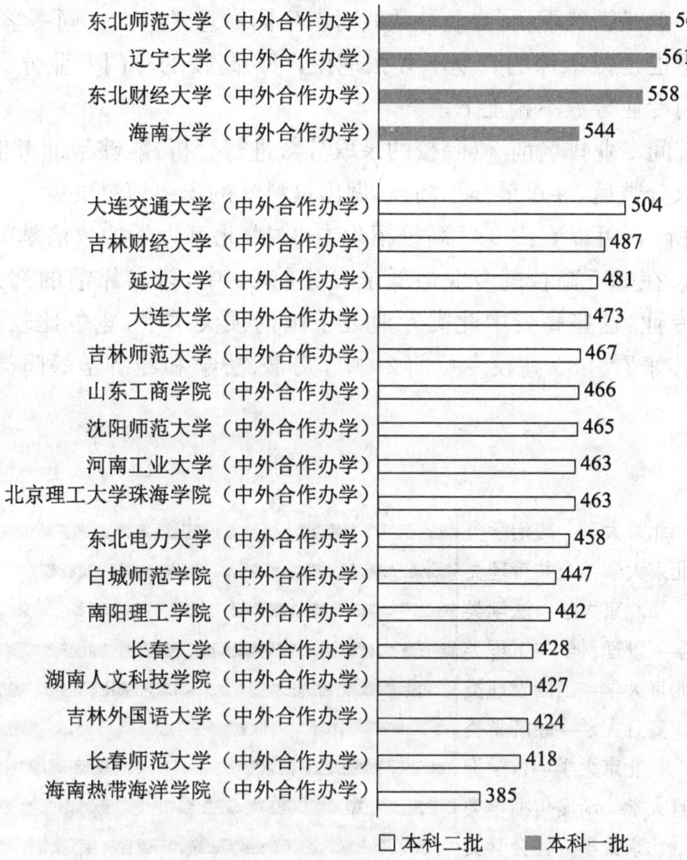

图 1-107 2019 年中外合作办学类招生院校最低录取分数排名

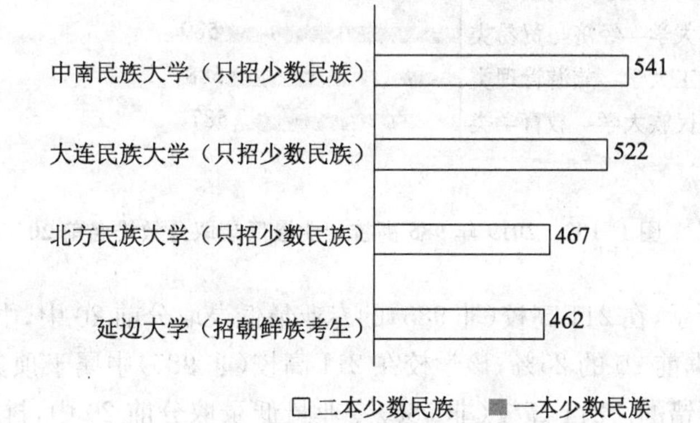

图 1-108 2019 年其他类院校最低录取分数情况

高校的录取分数线固然重要，专业分数线对考生同样意义重大。同一学校内，不同专业之间的分数线差距也是很悬殊的。毫不夸张地说，985 高校的冷门专业分数甚至与普通双非一本高校的热门专业分数不相上下。

对各层次高校间专业排名前 20 院校的录取分数进行分析，能够帮助考生在比较高校录取分数与专业录取分数后，寻求最佳平衡点，做出最科学的志愿填报决策。

如图 1-109 所示，可以看出 985 高校招生专业中，北京大学的政治学类专业是所有高校中分数最高的。在 985 高校的专业最低录取分前 20 中，排名靠前的都是北京大学、复旦大学等高校的专业，这些高校中此类专业处于国内顶尖水平，竞争比较激烈，分数要求自然偏高。从总体来看，985 高校专业前 20 中，文学、法学和经济学等门类的专业比较受欢迎。

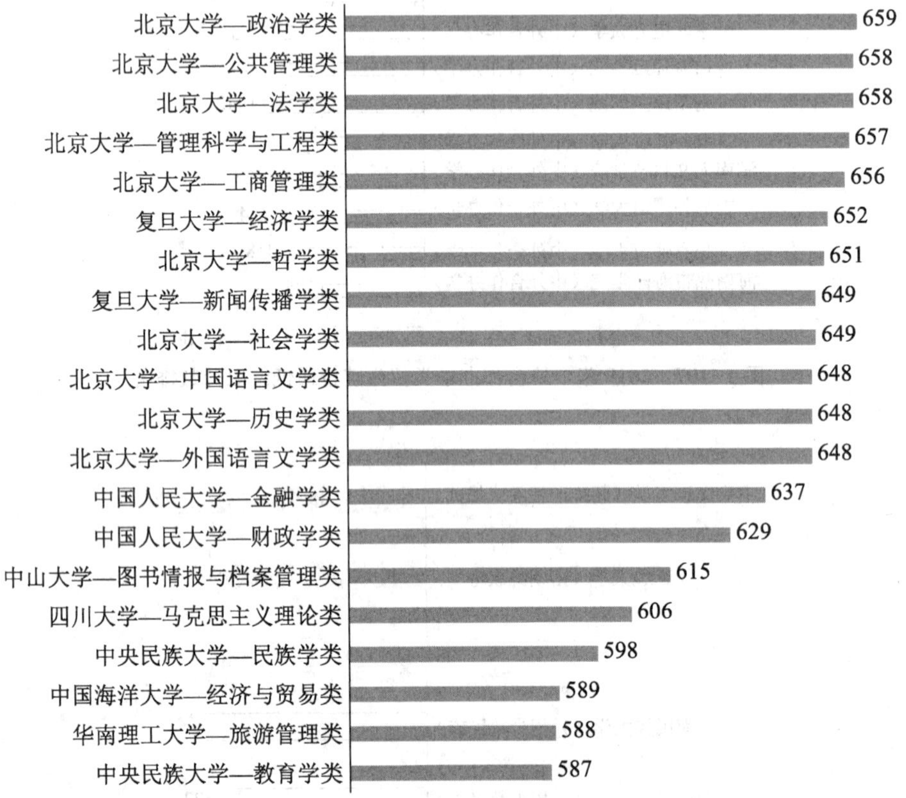

图 1-109　2019 年 985 高校专业最低录取分数排名前 20

如图 1-110 所示，在 211 高校（非 985）的专业最低录取分前 20 中，中央财经大学有 5 个专业类别上榜，占据前 20 的 25%，该学校在 211 高校（非 985）中属于顶尖高校，所开设的这些专业也是比较不错的。211 高校（非 985）专业最低录取分前 20 中，排在前面的都是经济学、管理学、文学等门类的专业，说明这些专业在 211 高校（非 985）中比较受考生欢迎。

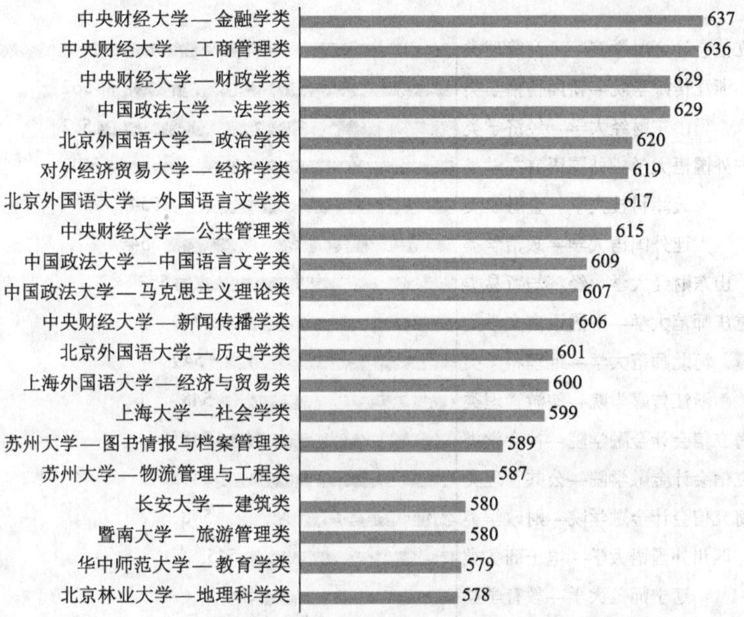

图 1-110 2019 年 211 高校(非 985)专业最低录取分数排名前 20

如图 1-111 和图 1-112 所示，中国社会科学院大学的三个专业占据前 3 名，前 9 名的高校分数差距并不大。在普通双非一本高校招生专业前 20 中，法学、文学和管理学等门类的专业

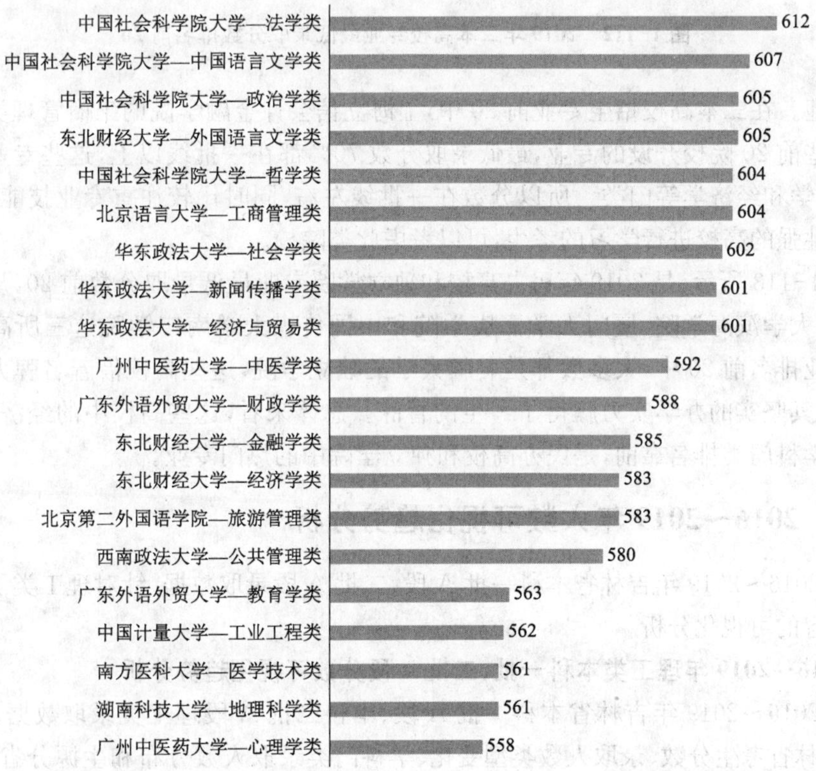

图 1-111 2019 年普通双非一本高校专业最低录取分数排名前 20

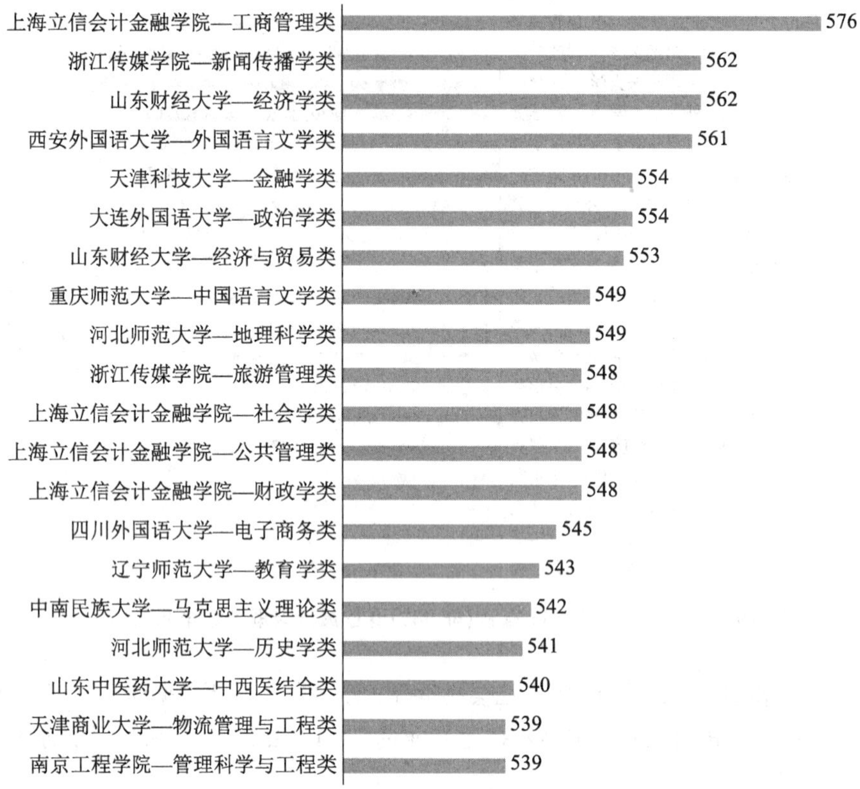

图 1-112　2019 年二本高校专业最低录取分数排名前 20

比较受欢迎。在二本高校招生专业前 20 中，上海立信会计金融学院的工商管理类专业排在榜首。这些前 20 院校开设的专业，最低录取分数 70%都在一批线以上，这些专业大多都是管理学、文学和经济学等门类。所以分数在一批线左右，同时比较注重专业技能培养，希望进入专业性强的高校进行学习的考生，可以考虑此类院校。

如图 1-113 所示，是 2019 年民办高校和独立学院专业最低录取分数前 20，从分数排名来看，南开大学滨海学院、厦门大学嘉庚学院和中国传媒大学南广学院这三所高校名列前茅。在专业排名前 20 中，大多数都是名牌大学的独立学院，这些高校借着名牌大学的声望和地位，以其坚实的办学实力赢得了考生的青睐。总体来看，这些高校中的经济学、法学和管理学等学科门类排名靠前，是民办高校和独立学院中的热门专业。

（二）2016～2019 年人数可视化趋势分析

基于 2016～2019 年吉林省本科一批 A 段、二批 A 段录取数据，针对理工类及文史类进行不同内容的可视化分析。

1. 2016～2019 年理工类本科一批、二批 A 段分数可视化趋势分析

基于 2016～2019 年吉林省本科一批 A 段、本科二批 A 段理工类录取数据，对 2016～2019 年吉林省考生分数、录取人数类型变化、学科门类录取人数分布和生源分省录取情况，分高校、分专业录取情况进行分析。

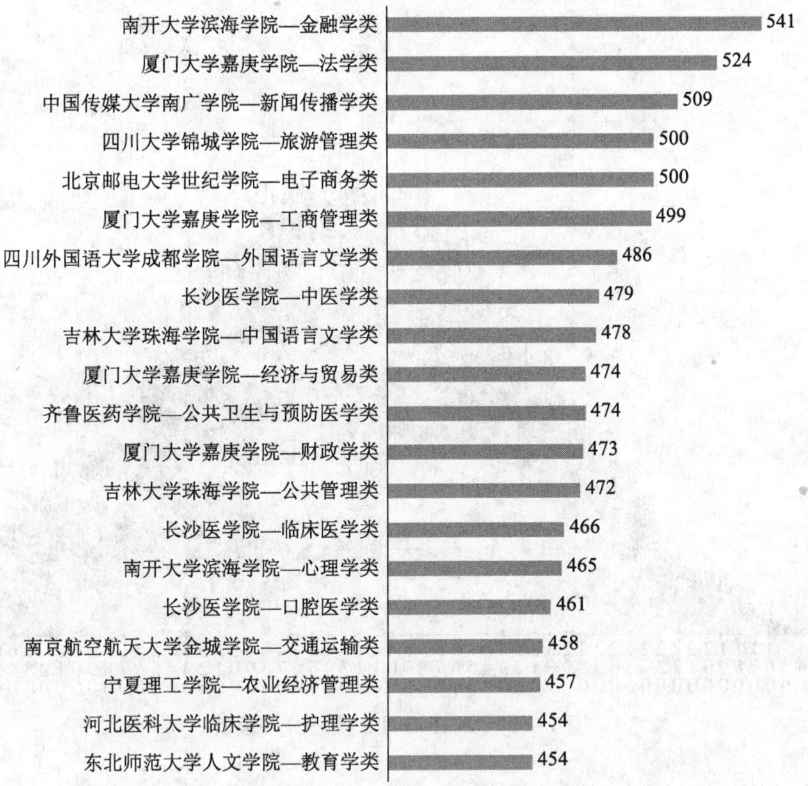

图1-113　2019年民办高校和独立学院专业最低录取分数排名前20

根据吉林省2016～2019年的录取分数，对吉林省理工类一分一段表进行可视化研究，分析历年高考不同批次人数变化趋势。

如图1-114所示，2016年吉林省考生总人数为109 987人，理工类考生有78 143人，占比71%。理工类本科一批线是530分，一批总人数有15 602人，占理工类考生的20.0%；理工类本科二批线是402分，二批总人数有31 417人，占理工类考生的40.2%；理工类本科三批线是286分，三批总人数有23 312人，占理工类考生的29.8%；理工类高职专科批线是150分，高职专科批总人数有7 713人，占理工类考生的9.9%；理工类689分以上共62人，418分同分人数最多，共319人。①

如图1-115所示，2017年吉林省考生总人数为97 237人，理工类考生有70 398人，占比72.4%。其中理工类本科一批线是507分，一批总人数有16 012人，占理工类考生的22.7%；理工类本科二批线是379分，二批总人数有29 619人，占理工类考生的42.1%；理工类本科三批线是260分，三批总人数有20 397人，占理工类考生的29.0%；理工类高职专科批线150分，高职专科批总人数有4 254人，占理工类考生的6.0%；理工类689分以上共47人，418分同分人数最多，共278人。②

① 注：考生人数来源为吉林省教育考试院历年一分一段表（100分～最高分）的人数。

② 注：考生人数来源为吉林省教育考试院历年一分一段表（100分～最高分）的人数。

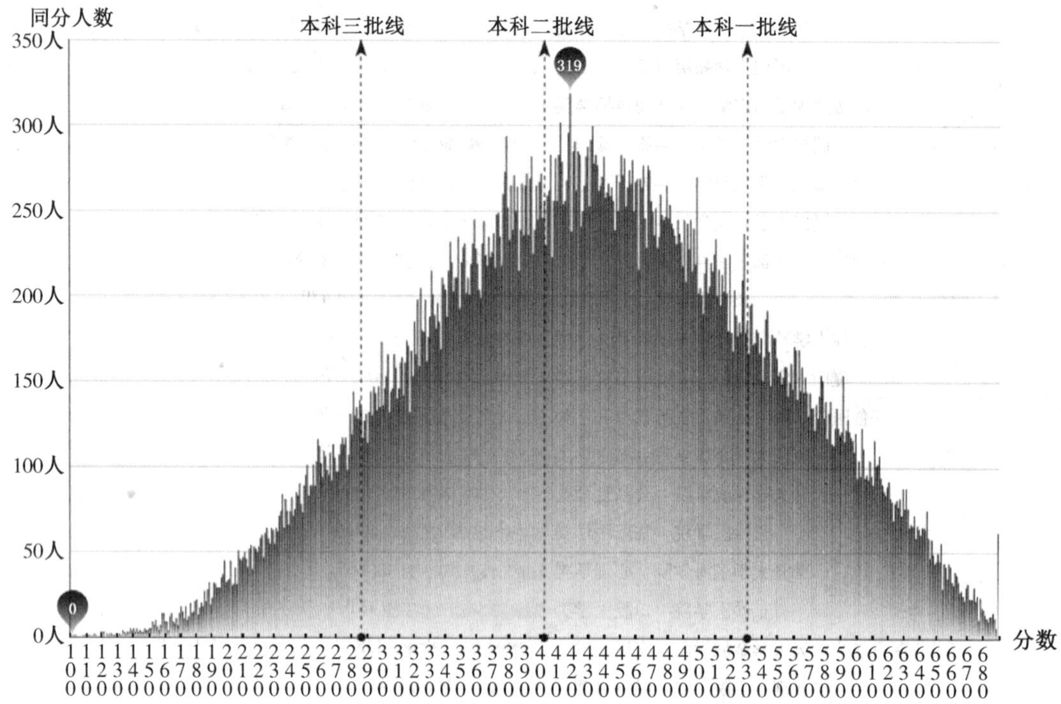

图 1-114　2016 年理工类一分一段表

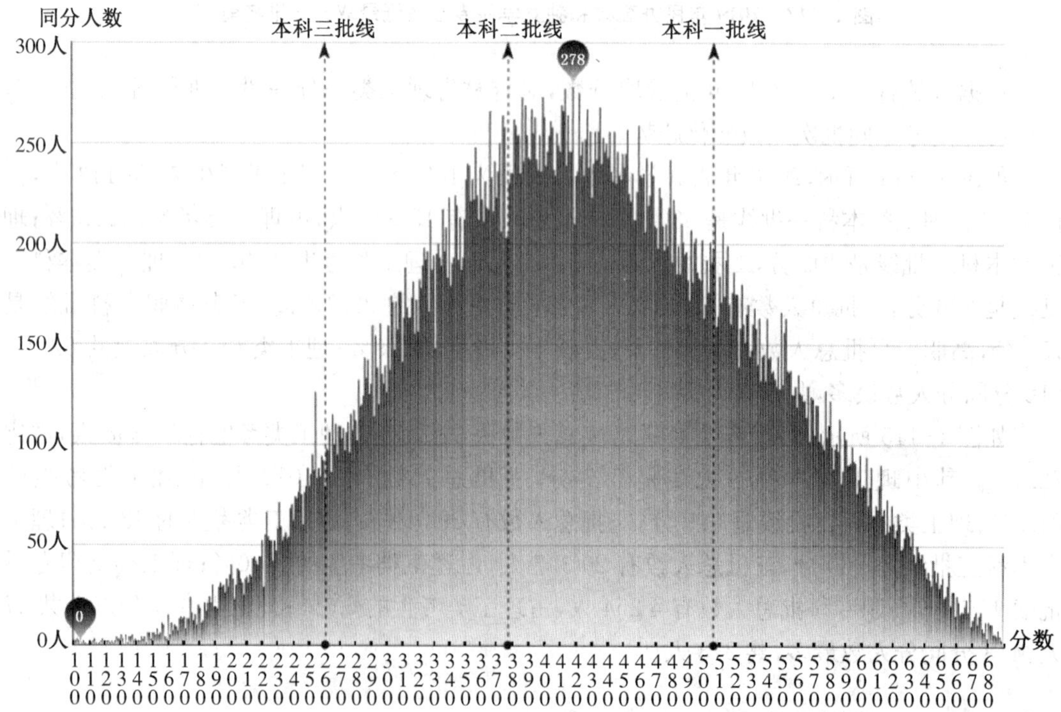

图 1-115　2017 年理工类一分一段表

如图 1-116 所示，2018 年吉林省考生总人数为 100 135 人，理工类考生有 72 180 人，占比 72.1%。理工类本科一批线是 533 分，一批总人数有 16 701 人，占理工类考生的23.1%；理工类本科二批线是 405 分，二批总人数有 29 815 人，占理工类考生的 41.3%；理工类本科三批线是 283 分，三批总人数有 19 914 人，占理工类考生的 27.6%；理工类高职专科批线是 150 分，高职专科批总人数有 5 583 人，占理工类考生的 7.7%；理工类 689 分以上共 56 人，437 分同分人数最多，共 275 人。①

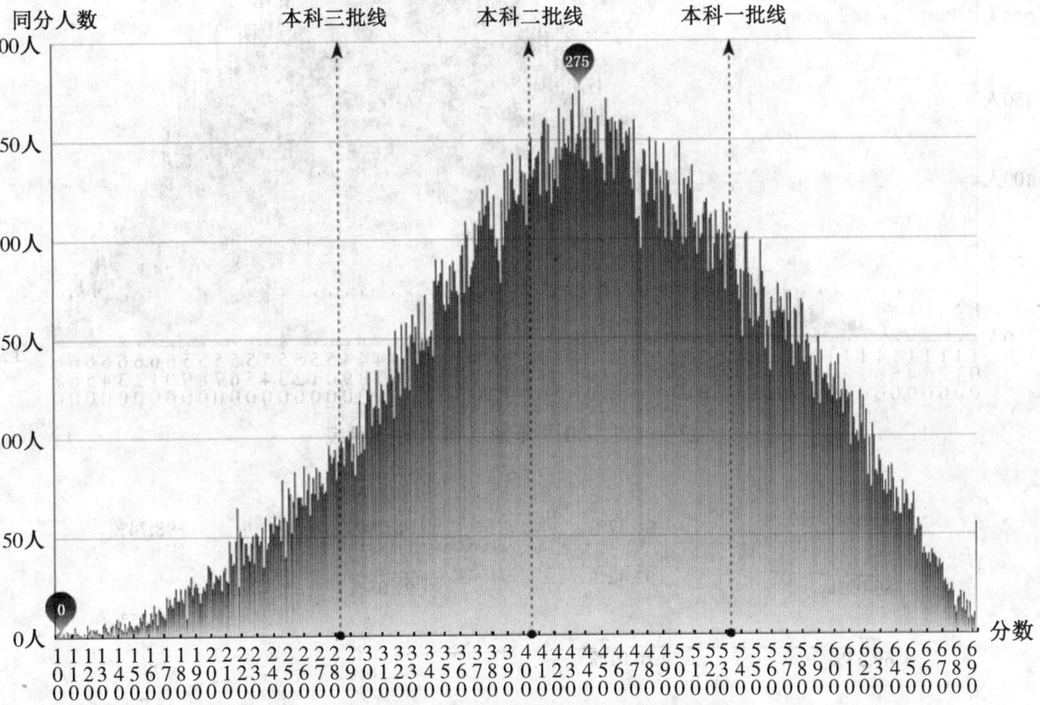

图 1-116 2018 年理工类一分一段表

如图 1-117 所示，2019 年吉林省考生总人数为 103 466 人，理工类考生有 73 703 人，占比 71.2%。其中理工类本科一批线是 530 分，一批总人数有 17 384 人，占理工类考生的 23.6%；理工类本科二批线是 350 分，二批总人数有 43 764 人，占理工类考生的 59.4%；理工类高职专科批线是 150 分，高职专科批总人数有 12 436 人，占理工类考生的 16.9%；理工类 679 分以上共 108 人，474 分同分人数最多，共 304 人。②

根据吉林省 2016～2019 年不同批次的录取人数，绘制历年录取人数类型变化图，分析不同批次类型考生的上线率变化。

如图 1-118 所示，2016～2019 年高考理工类本科一批平均上线率约为 22.1%，平均每年约有 16 424 名考生通过理工类本科一批分数线。

2016～2019 年高考理工类普通本科平均上线率约为 66.56%，2016 年理工类普通本科

① 注：考生人数来源为吉林省教育考试院历年一分一段表（100 分～最高分）的人数
② 注：考生人数来源为吉林省教育考试院历年一分一段表（100 分～716 分）的人数

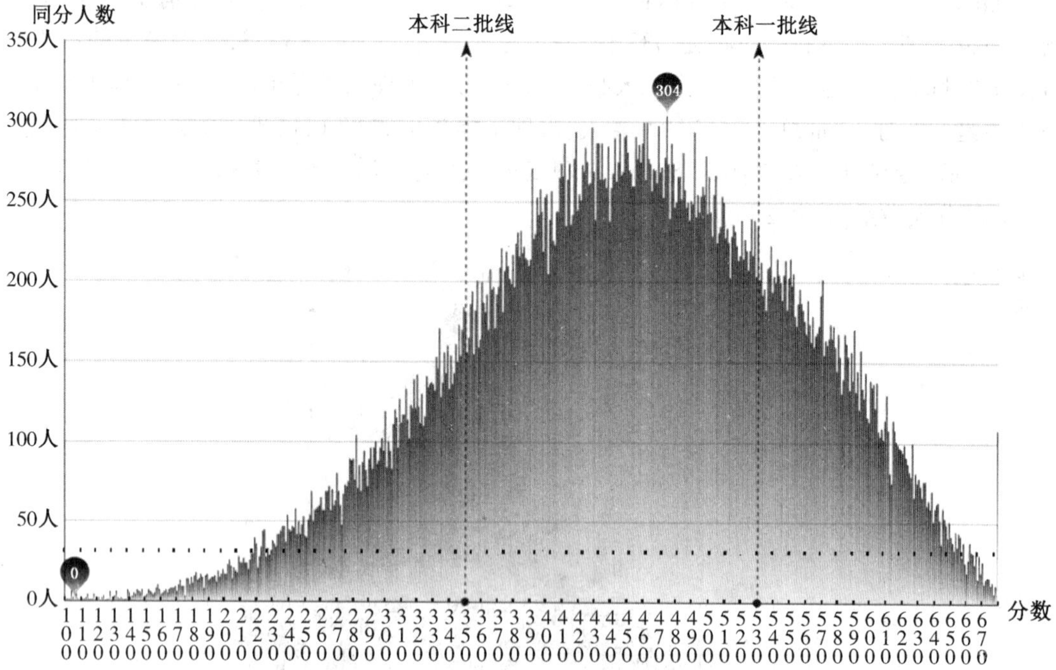

图 1-117　2019 年理工科一分一段表

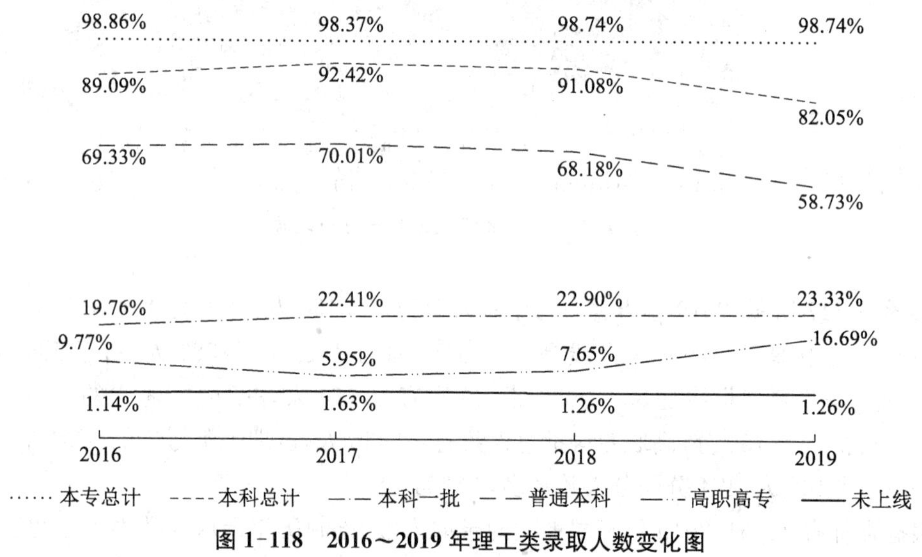

图 1-118　2016～2019 年理工类录取人数变化图

上线率最高(69.33%),2019 年下降了 10.6%。理工类普通本科上线率呈现下降趋势。

2016～2019 年高考理工类高职专科平均上线率约为 10.02%,其中 2019 年高职专科批次上线率最高(16.69%),整体波动幅度较大。

2016～2019 年高考平均未上线率约 1.32%,整体水平处于稳定状态。

根据吉林省 2016～2019 年高考分专业录取情况,研究历年不同门类(不分考生类型)录取人数分布变化。

如图 1-119 至图 1-122 所示，学科门类整体占比无太大变化。前 3 名始终是工学、管理学和文学，后 3 名始终是哲学、艺术学和历史学。2016 年、2017 年和 2018 年最后一名始终是艺术学，但是在 2019 年哲学被艺术学反超为最后一名。中间的名次稍有变动，教育学和农学两个门类交替更换名次，医学、理学和经济学三个门类 2016 年与后三年不一致，在后三年中名次一直保持不变。

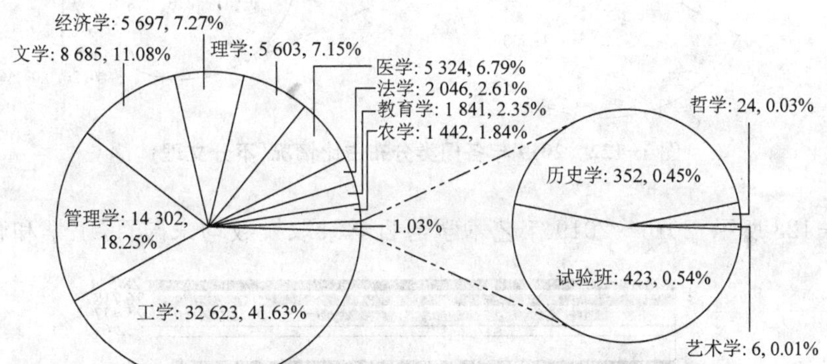

图 1-119　2016 年各门类分布占比情况(不分文理)

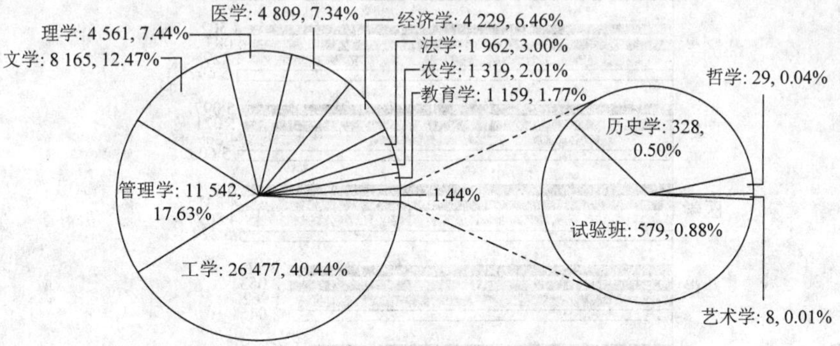

图 1-120　2017 年各门类分布占比情况(不分文理)

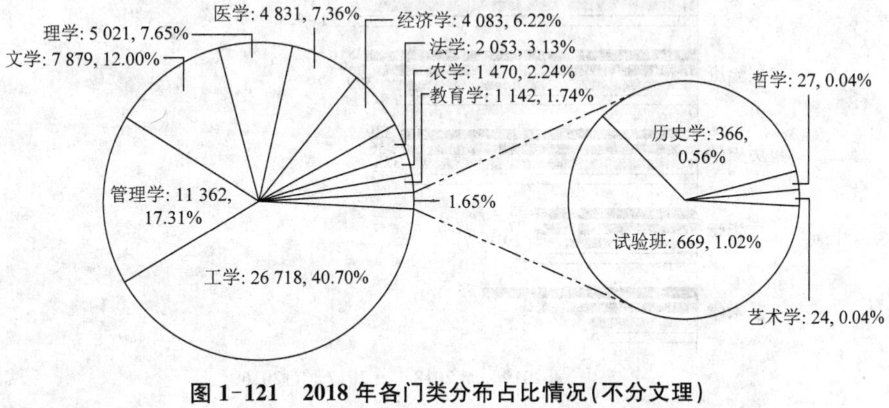

图 1-121　2018 年各门类分布占比情况(不分文理)

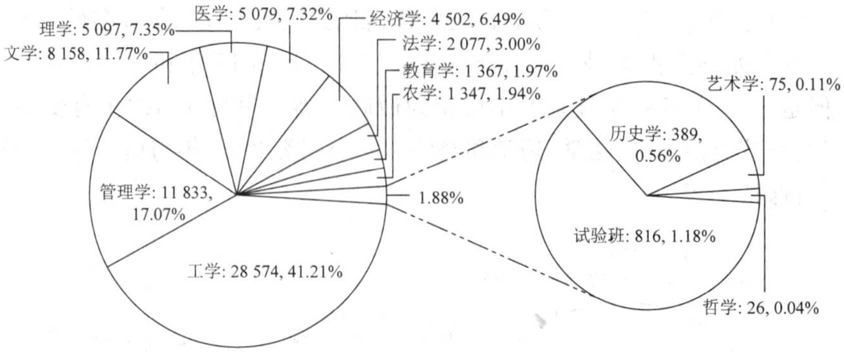

图 1-122　2019 年各门类分布占比情况(不分文理)

如图 1-123 所示,2016～2019 年艺术学与哲学录取人数均未破百,工学和管理学人数

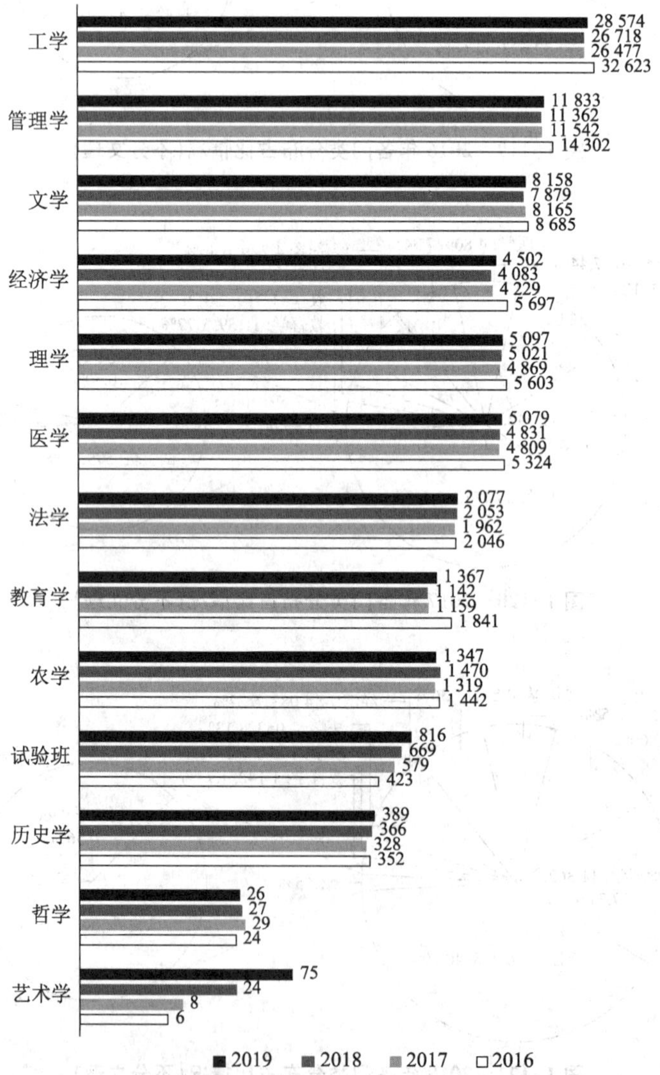

图 1-123　2016～2019 年按门类录取人数情况

均破万，2016 年工学录取人数甚至超过 3 万人。经济学、理学和医学人数差距较小。法学和文学两个门类历年数据基本持平，没有什么波动。值得注意的是，试验班和艺术学在四年中人数处于逐步上升的趋势（暂不考虑艺术学人数基数过小）。

基于 2019 年全国各省（自治区、直辖市）录取吉林省考生院校数量，针对理工类，通过研究总体录取情况和分省分批次录取情况分析各省（自治区、直辖市）对吉林省考生的录取变化。

根据理工类总体分省（自治区、直辖市）录取情况，分析不同省（自治区、直辖市）对吉林省考生录取变化情况。

如图 1-124 和图 1-125 所示，辽宁省是面向吉林省招生最多的省份，共有 64 所招生院

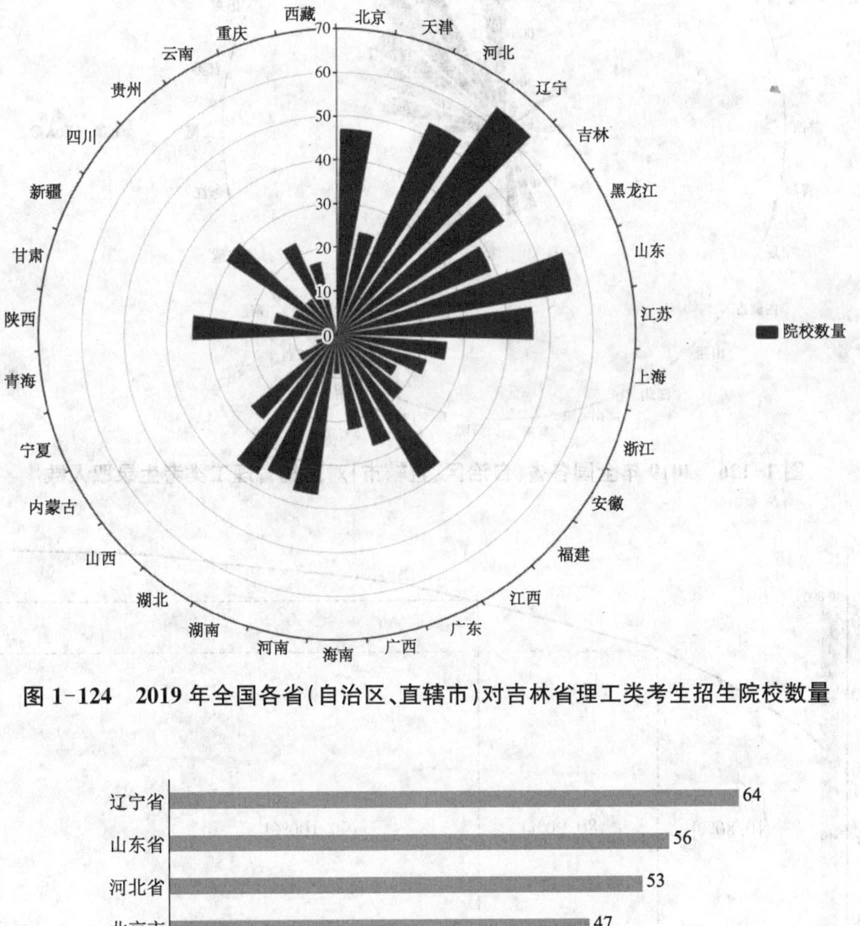

图 1-124　2019 年全国各省（自治区、直辖市）对吉林省理工类考生招生院校数量

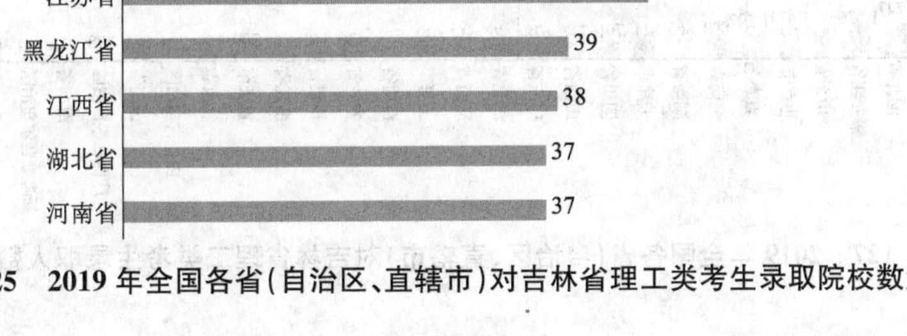

图 1-125　2019 年全国各省（自治区、直辖市）对吉林省理工类考生录取院校数量前 10

校；其次为山东省，有56所；河北省有53所；吉林省和北京市各有47所，同时江苏省、黑龙江省、江西省、湖北省、河南省等都在37所(含)以上。

如图1-126和图1-127所示，在全国各省(自治区、直辖市)对吉林省录取考生人数对比中，吉林省录取人数最多，达30 000人以上。其次是辽宁省、河北省、黑龙江省、山东省、北京

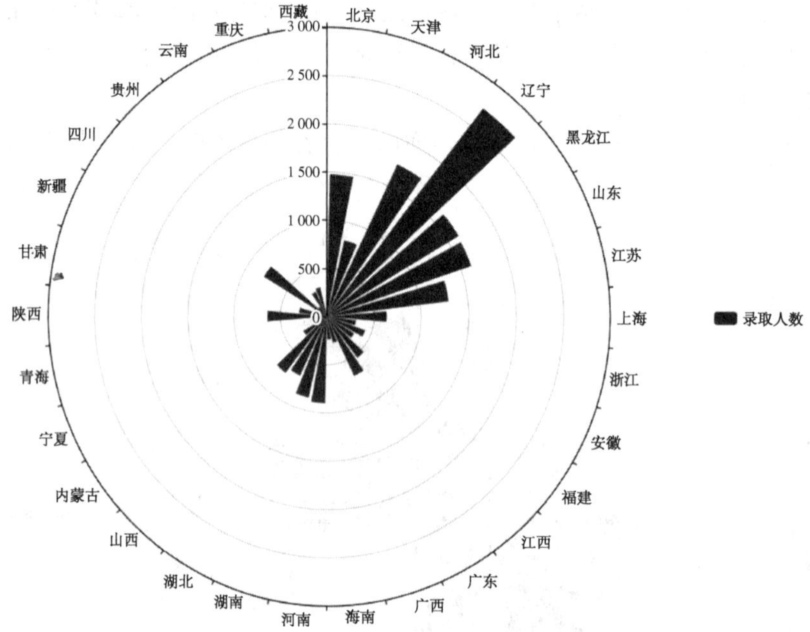

图1-126　2019年全国各省(自治区、直辖市)对吉林省理工类考生录取人数

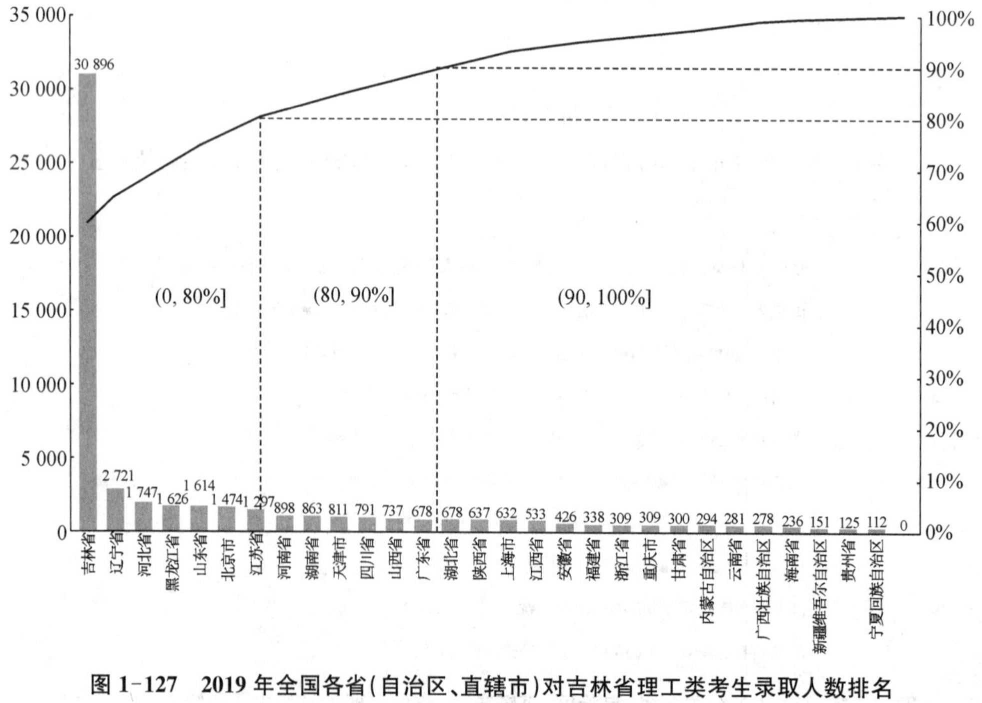

图1-127　2019年全国各省(自治区、直辖市)对吉林省理工类考生录取人数排名

市和江苏省，其中辽宁省和黑龙江省对吉林省考生而言，地理位置较近，山东省、河北省对吉林省招生院校数量较多，所以录取人数偏多；河南省、湖南省等 6 个省份对吉林省招生院校数量相对较少，所以录取人数偏少；排名较后的几个省（自治区）均为较偏远地区，如宁夏回族自治区、内蒙古自治区、新疆维吾尔自治区、贵州省等。

根据理工类本科一批、本科二批分省录取情况，分析各省（自治区、直辖市）的院校数量排名与录取人数排名变化的关系。

通过对本科一批的可视化分析，研究各省（自治区、直辖市）的院校数量排名与录取人数排名的变化。

如图 1-128 和图 1-129 所示，本科一批录取人数排名前 10 的省（直辖市）的录取人数与招生院校数量没有固定比例，但总体上招生院校多的地区，录取人数也多。除吉林省外，招

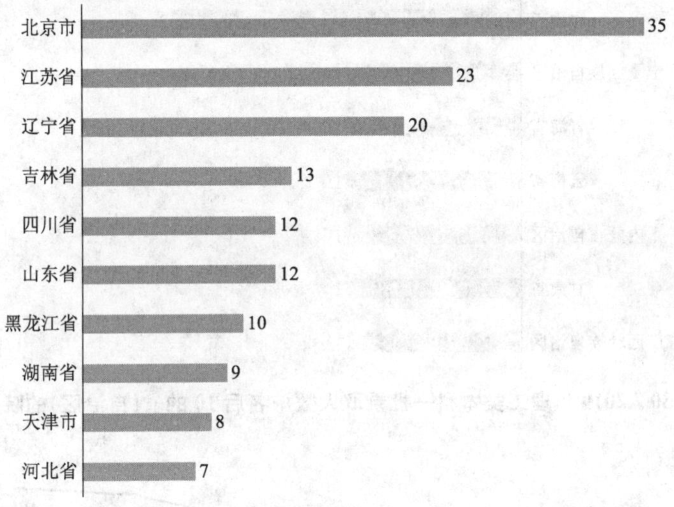

图 1-128　2019 年理工类本科一批录取人数排名前 10 的省(直辖市)的院校数量

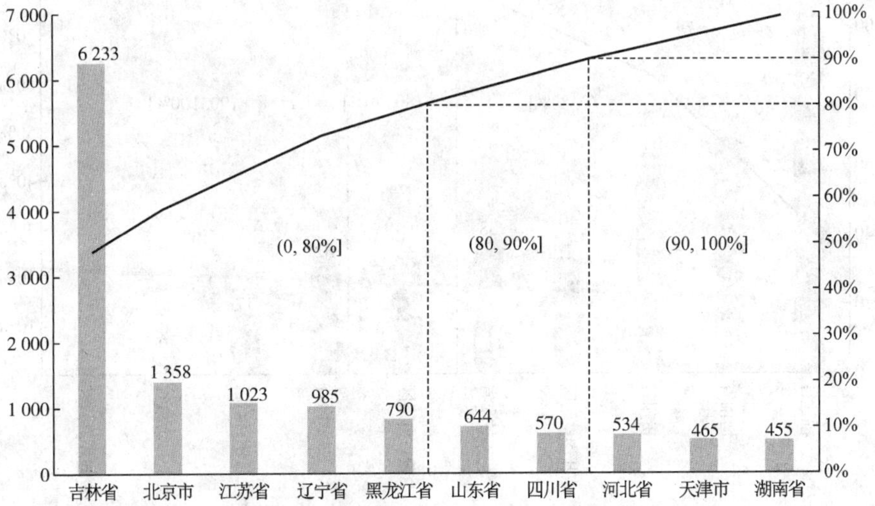

图 1-129　2019 年理工类本科一批录取人数排名前 10 的省(直辖市)的录取人数情况

生院校排名前 10 的省(直辖市)还有北京市、江苏省、辽宁省、黑龙江省、山东省、四川省、河北省、天津市和湖南省,录取人数排前 10 的省(直辖市)也是这 9 个省(直辖市),其中北京市、江苏省教育资源优势比较明显,录取人数排名比较靠前。辽宁省、黑龙江省等省份距吉林省较近,在地域上存在优势;而山东省、四川省、河北省等省份在院校数量上占比较多。

如图 1-130 和图 1-131 所示,本科一批次录取后 10 省(自治区)的招生院校数量相差较小,但录取人数变化差异较大,说明录取人数与院校数量无关,与地区有关。福建省、海南

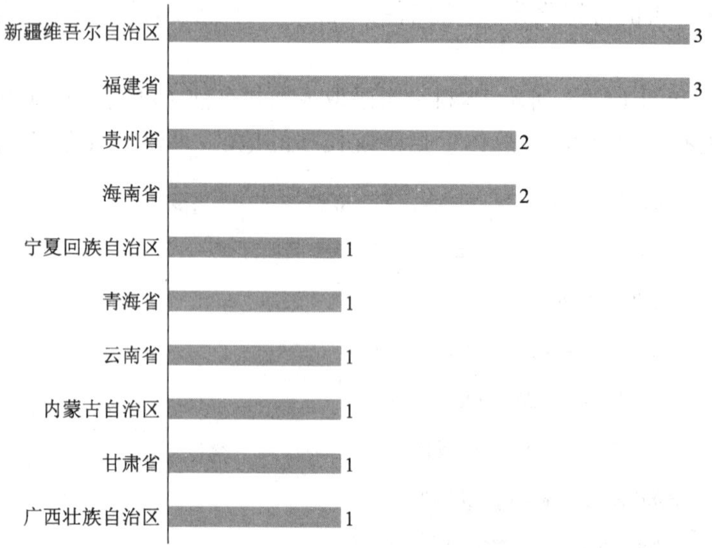

图 1-130　2019 年理工类本科一批录取人数排名后 10 的省(自治区)的院校数量

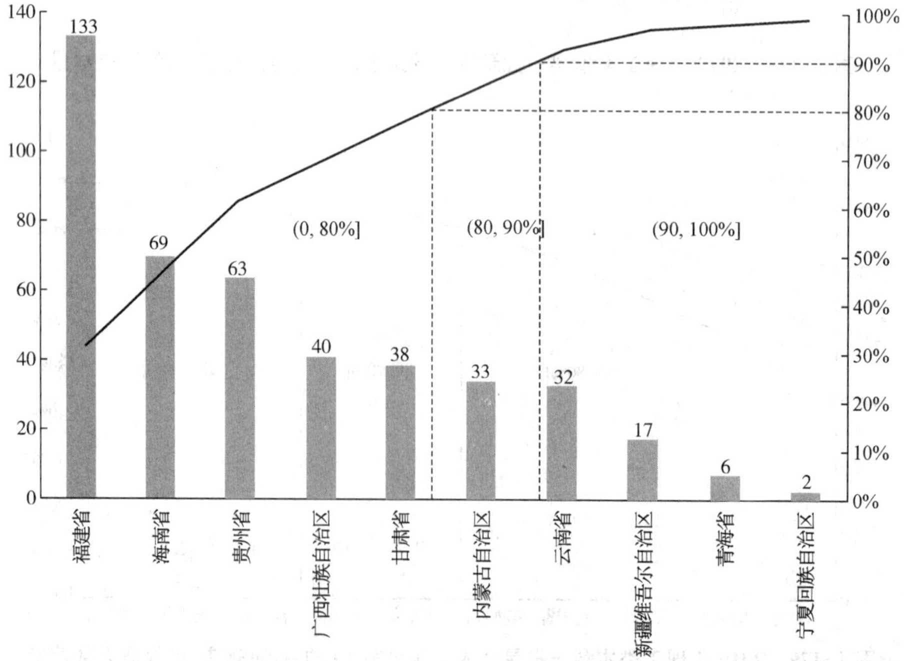

图 1-131　2019 年理工类本科一批录取人数排名后 10 的省(自治区)的录取人数情况

省、广西壮族自治区、贵州省、甘肃省距离吉林省较远，且面向吉林省招生院校数量较少。其余5省（自治区）不仅地理位置偏远，且教育资源与其他省（自治区、直辖市）存在差距，有些地区也可能是因为理工类院校数量较少。

通过对本科二批的可视化分析，研究各省（自治区、直辖市）的院校数量排名与录取人数排名的变化。

如图1-132和图1-133所示，本科二批与本科一批相差不大，录取人数排名前10的省份与院校数量排名前10的省份基本一致。除吉林省外，辽宁省、河北省、山东省等9省对吉林省招生院校数量相对较多，所以录取人数偏多。

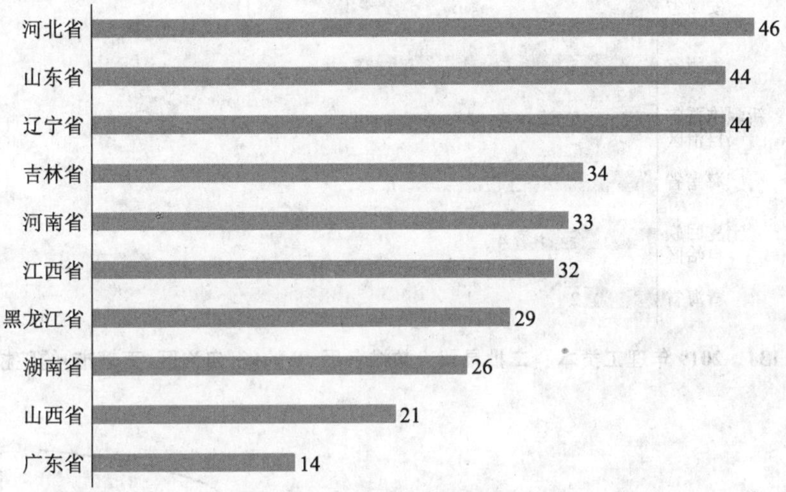

图1-132　2019年理工类本科二批录取人数排名前10的省份的院校数量

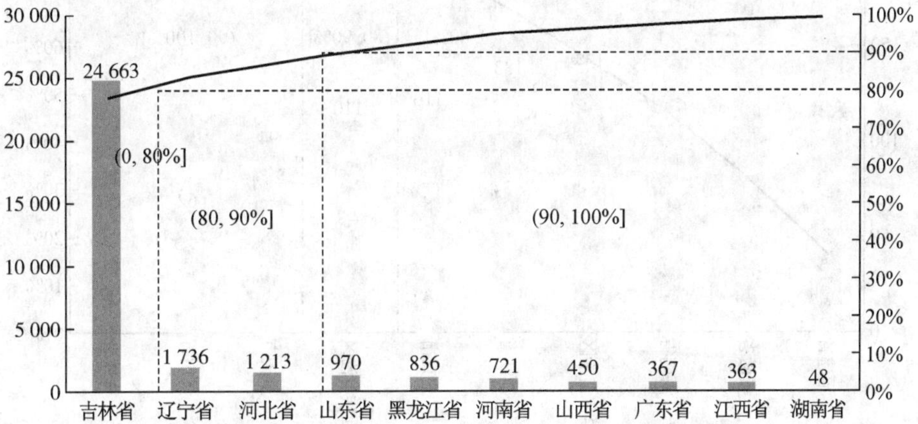

图1-133　2019年理工类本科二批录取人数排名前10的省份的录取人数情况

如图1-134和图1-135所示，本科二批录取人数排名后10的省（自治区、直辖市）的院校数量与后10省（自治区、直辖市）的录取人数无必然联系。福建省、浙江省、北京市等省市虽属于经济发达地区，却在录取人数排名后10的省（自治区、直辖市）中，原因是此类地区院校综合实力较强，多在一批次招生，导致二批次院校数量过少，录取人数较少。而贵州省、新疆维吾尔自治区、海南省等省(自治区)则是由于理工类招生院校较少所致。

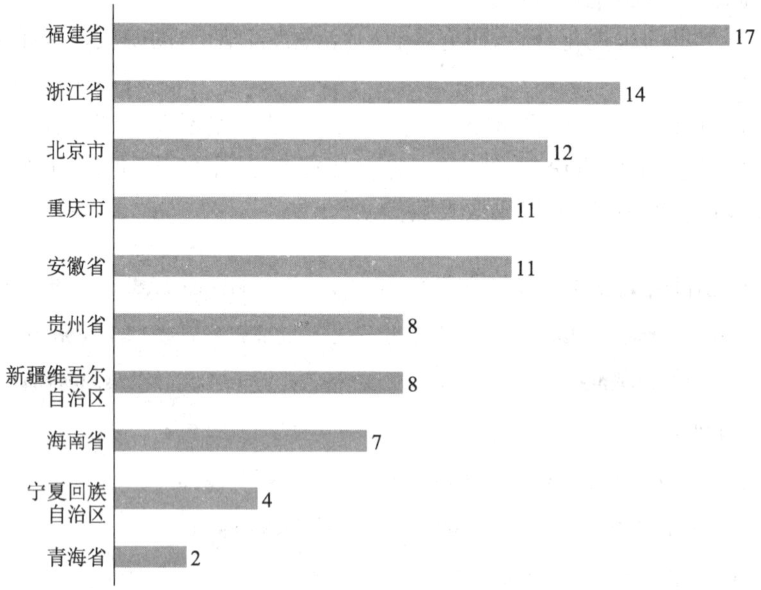

图 1-134　2019 年理工类本科二批录取人数排名后 10 的省(自治区、直辖市)的院校数量

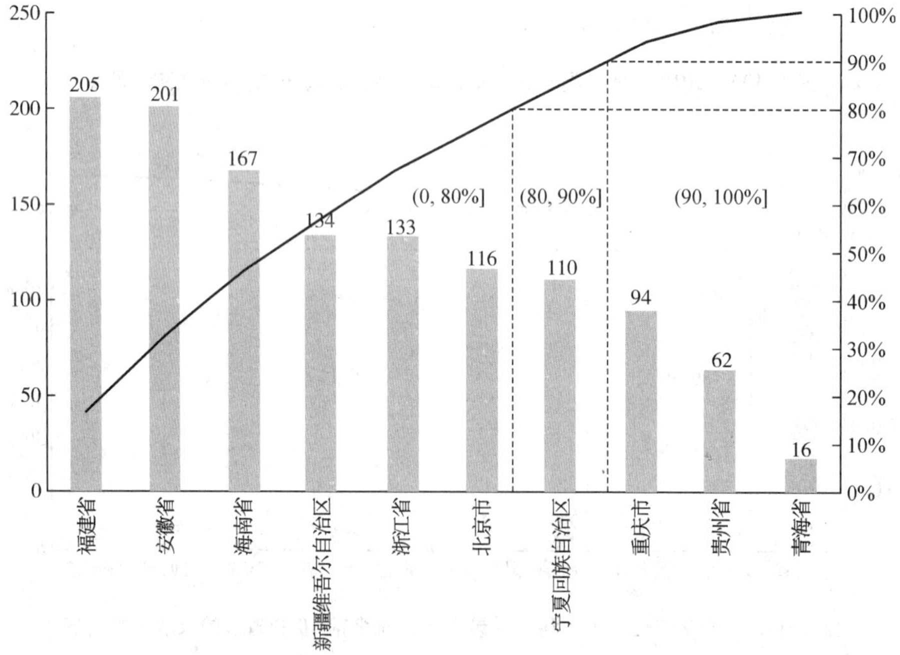

图 1-135　2019 年理工类本科二批录取人数排名后 10 的省(自治区、直辖市)的录取人数情况

基于吉林省 2016～2019 年生源分省(自治区、直辖市)录取情况统计，通过对不同省(自治区、直辖市)、不同批次理工类考生的录取情况进行可视化研究，分析不同情况下各省(自治区、直辖市)录取变化情况。

根据吉林省 2016～2019 年生源分省(自治区、直辖市)录取情况统计,针对本科一批,通过历年人数变化趋势,分析不同省(自治区、直辖市)对吉林省考生的录取变化情况。

如图 1-136 至图 1-138 所示,针对吉林省招生进行分析,可以看出吉林省本科一批理工类招生在 2016 年最多,2017 年有所减少,到 2018 年、2019 年人数呈递增趋势。如图 1-137 和图 1-138 所示,在录取人数排名前 10 的省(直辖市)中,只有上海市和天津市 2 个直辖市发生了变化,2016～2018 年上海市始终处于第 10 名,2019 年则被天津市挤出前 10,后 10 个省(自治区)位次均固定不变。

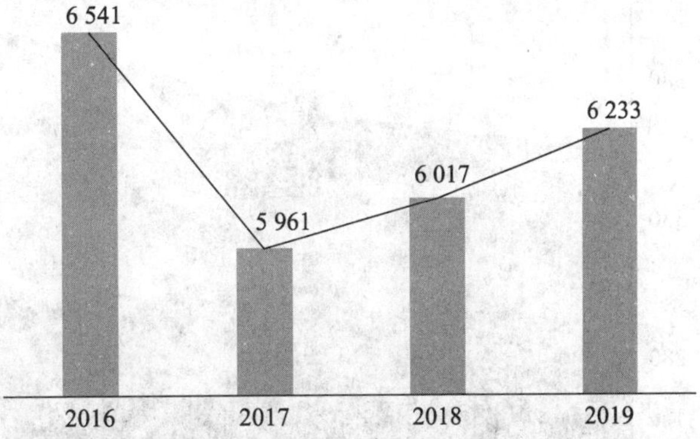

图 1-136　2016～2019 年吉林省本科一批理工类考生录取人数变化

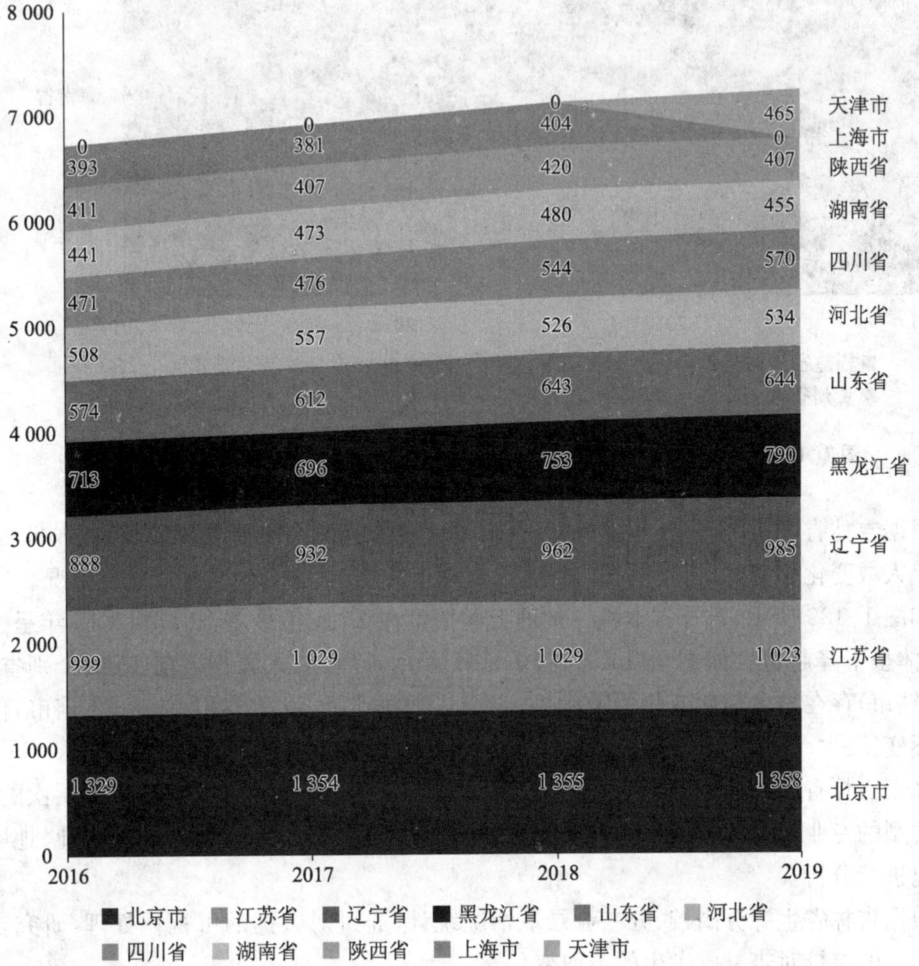

图 1-137　2016～2019 年本科一批理工类考生录取人数排名前 10 的省(直辖市)

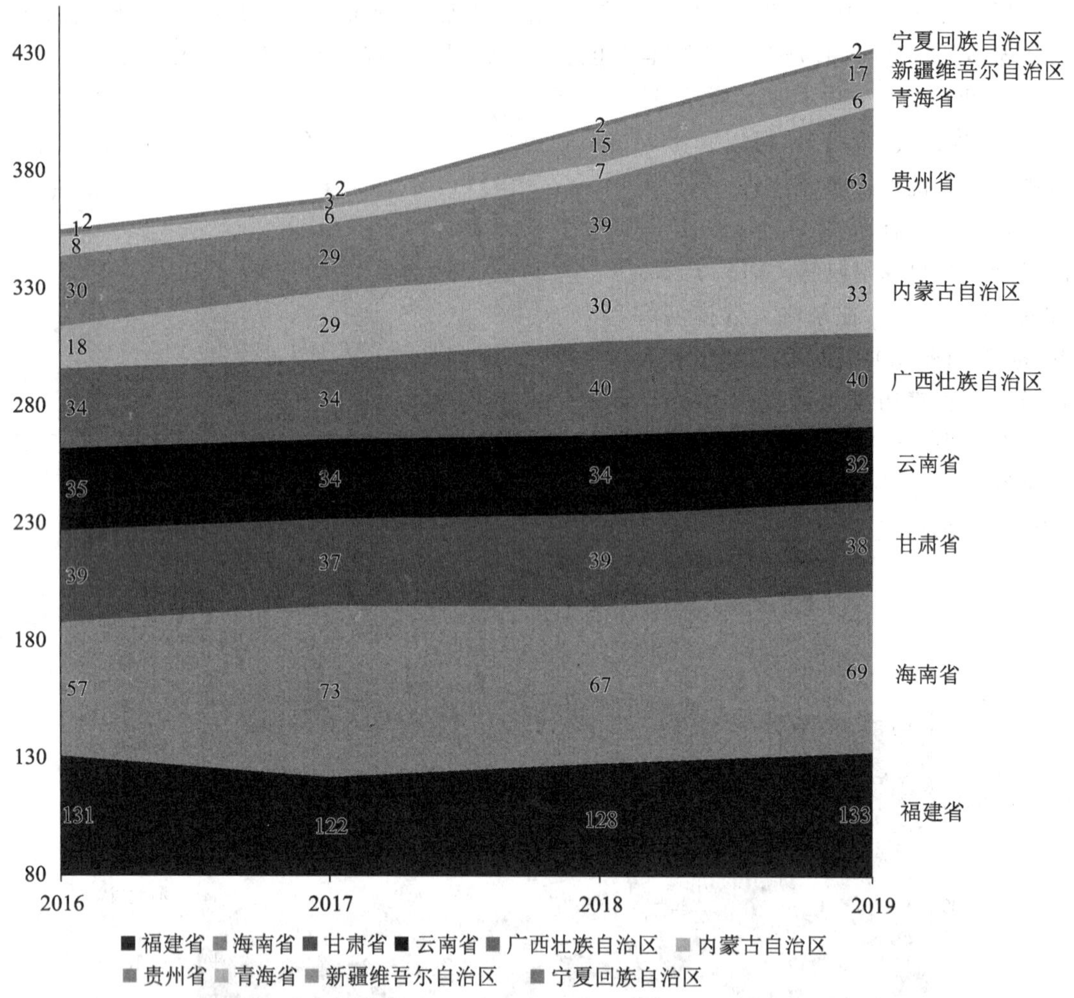

图 1-138　2016～2019 年本科一批理工类考生录取人数排名后 10 的省(自治区)

根据吉林省 2016～2019 年生源分省(自治区、直辖市)录取情况统计,针对本科二批,通过历年人数变化趋势,分析不同省(自治区、直辖市)对吉林省考生的录取变化情况。

如图 1-139 所示,吉林省本科二批理工类招生在 2016 年最多,2017～2019 年呈上下浮动,整体呈下降趋势。如图 1-140 和图 1-141 所示,除录取人数排名前 10 的个别省(自治区,直辖市)存在排名前后变化的波动外,录取人数排名后 10 的省(自治区,直辖市)位次均固定不变。

基于吉林省生源分高校、分专业录取情况统计,分析不同类型的院校、不同层次的高校、不同类型的专业对吉林省考生的录取变化,同时对 2019 年录取规模的高校、专业、地区的冷热情况进行分析。

根据吉林省生源分高校、分专业录取情况统计,通过对数据的可视化处理,研究吉林省不同类型的院校对吉林省考生的录取变化。

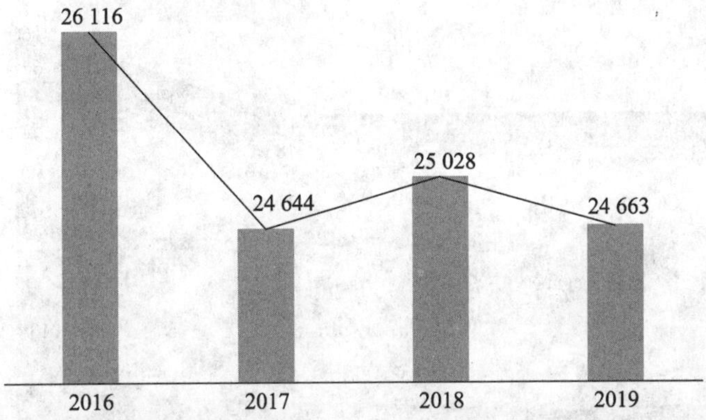

图 1-139　2016～2019 年吉林省本科二批理工类考生录取人数变化

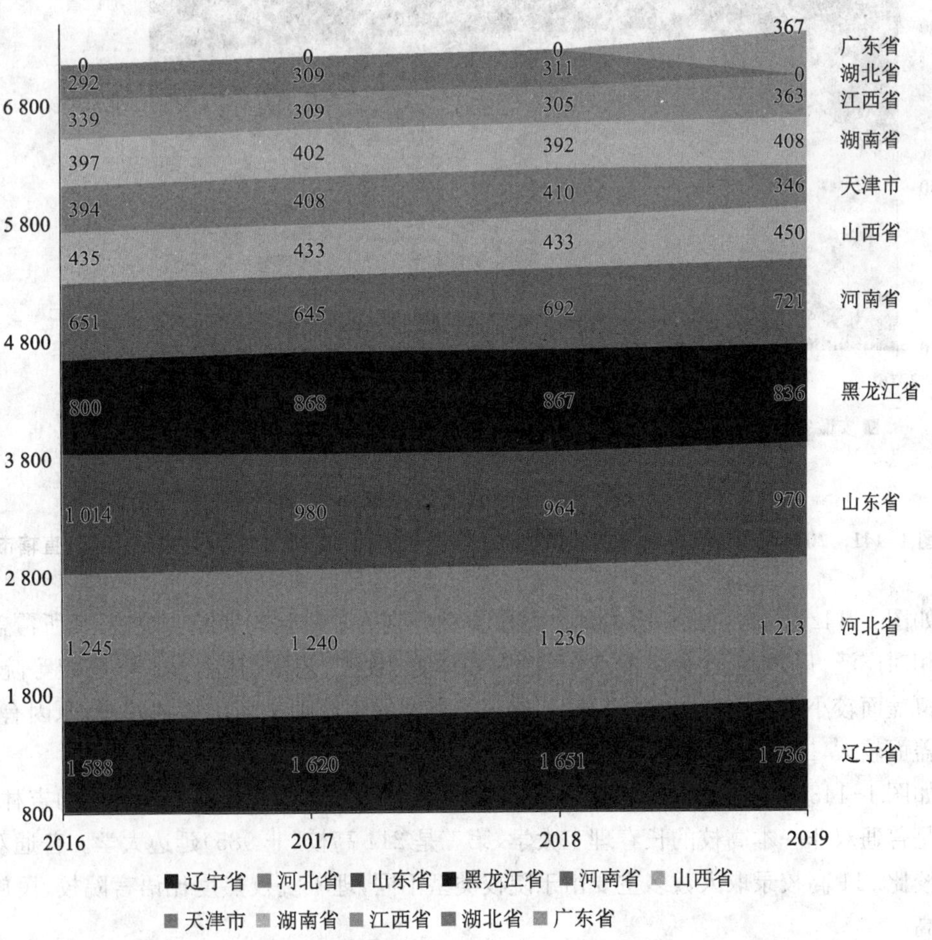

图 1-140　2016～2019 年吉林省本科二批理工类考生录取人数排名前 10 的省(直辖市)

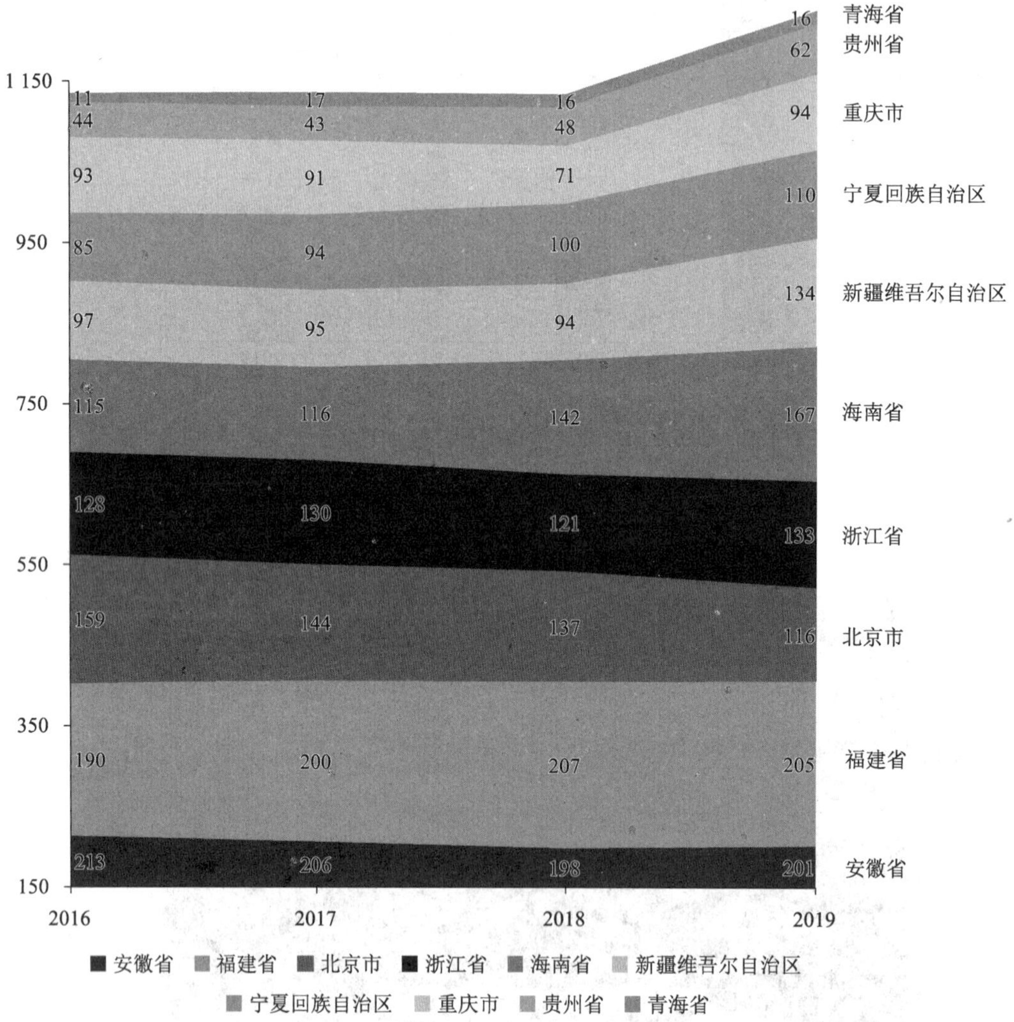

图 1-141　2016～2019 年吉林省本科二批理工类考生录取人数排名后 10 的省(自治区、直辖市)

如图 1-142 可知，占比最多的两个院校类型分别为工科院校和综合院校，其所覆盖的专业面相对广泛；反之，占比最少的几个类型，如体育、政法、艺术、林业、语言、民族等院校，其专业覆盖面较小；医药、农业、财经、师范这几个类型的院校则是较均衡的院校，原因有二：一是覆盖面较大，二是就业热度较高。

如图 1-143 所示，吉林省内本科一批生源录取人数最多的院校是 985 高校的吉林大学，第二是普通双非一本高校的长春理工大学，第三是 211 高校(非 985)延边大学。普通双非一本高校比 211 高校录取人数多主要由于院校类型不同，理工院校热度比语言院校、民族院校热度高。

如图 1-144 所示，吉林省外的本科一批院校，除燕山大学外，其余均是 985 高校或 211 高校(非 985)，而燕山大学始于哈尔滨工业大学，办学实力较强。省外前 10 所中 985 高校和

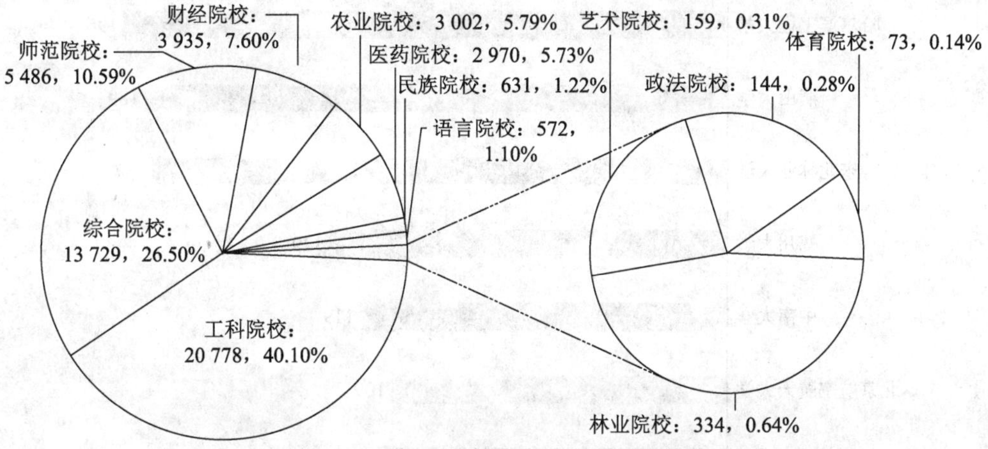

图 1-142　2019 年吉林省生源各类型院校录取人数及占比

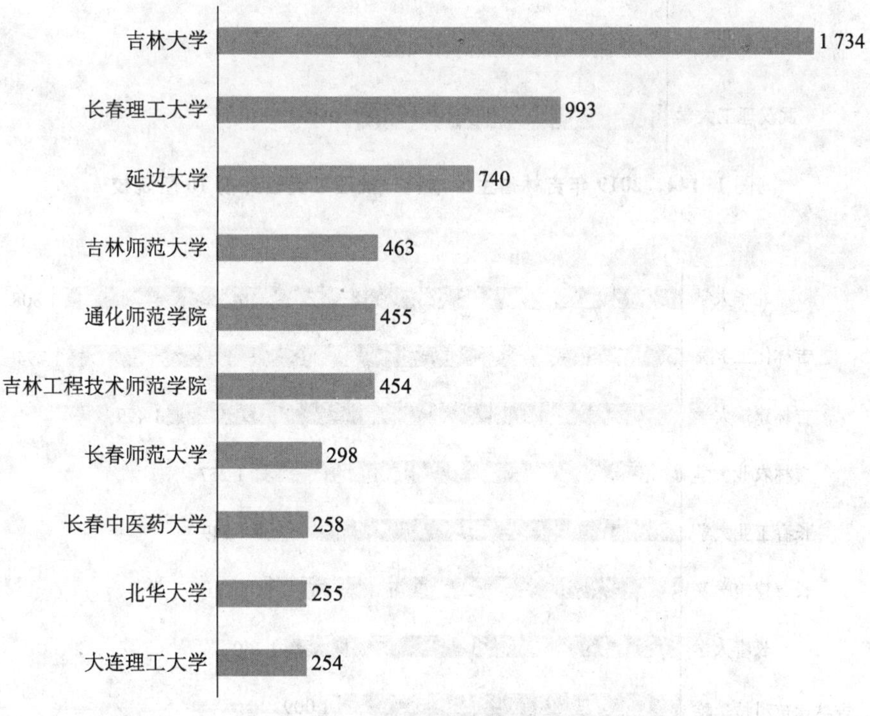

图 1-143　2019 年吉林省生源本科一批理工类省内前 10 所院校

211 高校(非 985)各占一半左右。

如图 1-145 所示，吉林省内本科二批生源录取人数最多的是北华大学，其中长春建筑学院及吉林建筑科技学院为民办本科院校，其余均是公办院校。

如图 1-146 所示，吉林省外本科二批生源录取人数最多的是河北工程大学，其中只有吉林大学珠海学院为民办本科院校，其余均是公办院校。

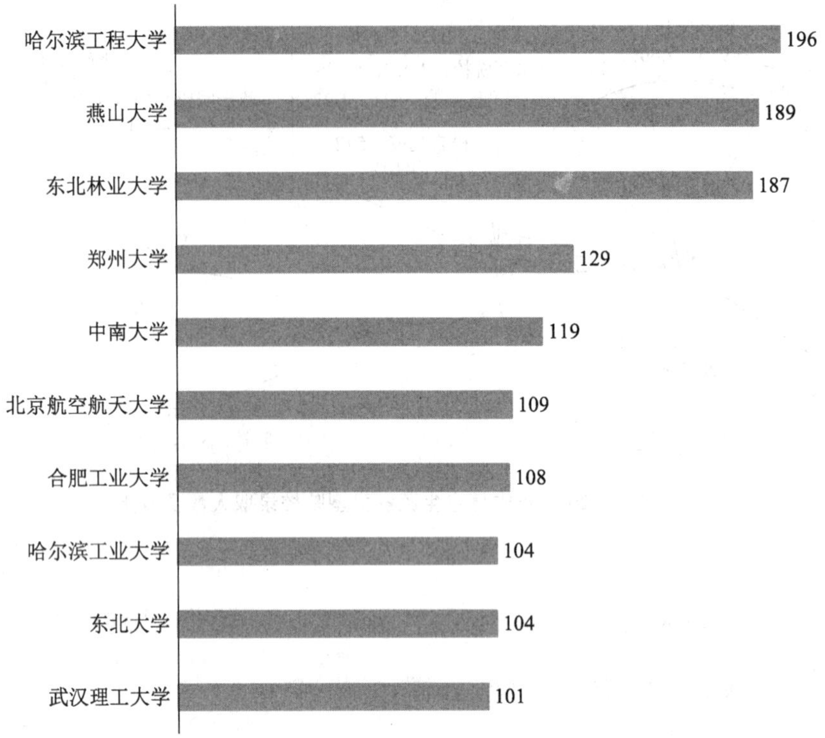

图 1-144　2019 年吉林省生源本科一批理工类省外前 10 所院校

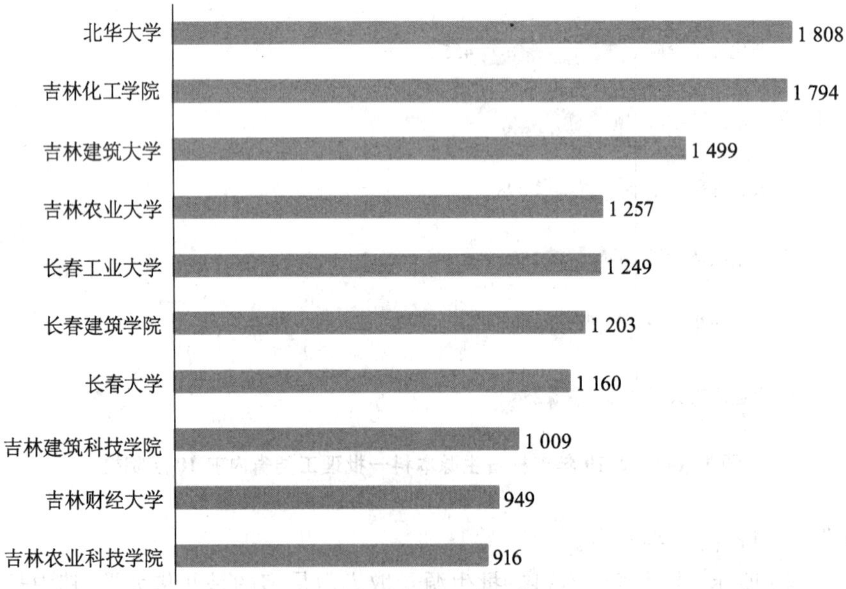

图 1-145　2019 年吉林省生源本科二批理工类省内前 10 所院校

根据吉林省 2016～2019 年生源各批次分高校层次录取数据，对不同层次的高校录取人数进行可视化分析，研究近四年不同层次高校的录取变化情况。

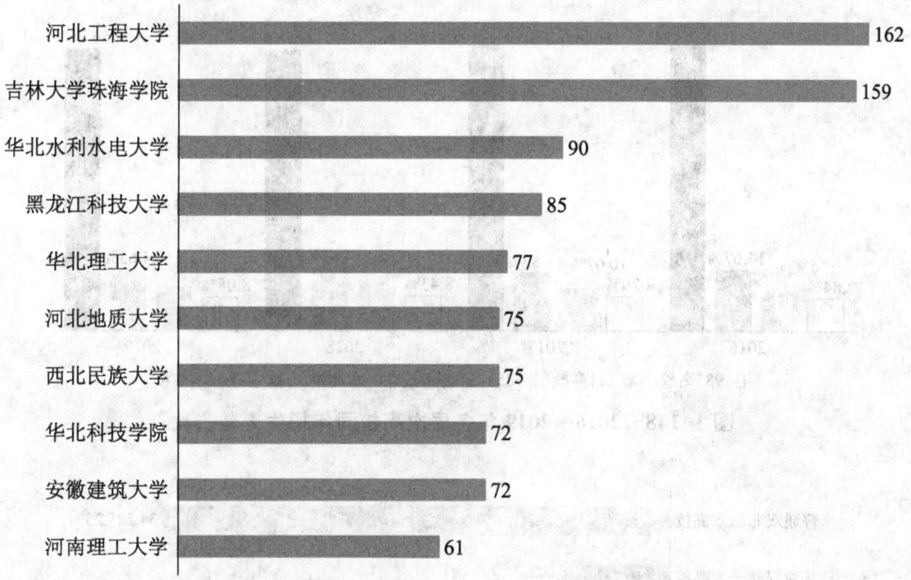

图 1-146 2019 年吉林省生源本科二批理工类省外前 10 所院校

如图 1-147 所示，2016～2019 年 985 高校计划人数基本持平，211 高校（非 985）和普通双非一本高校则呈现上下浮动趋势，普通二本高校变化幅度较大但总体呈下降趋势。除 2019 年因高考政策导致人数暴增外，2016～2018 年录取人数均呈下降趋势，有些年份下降幅度较大。

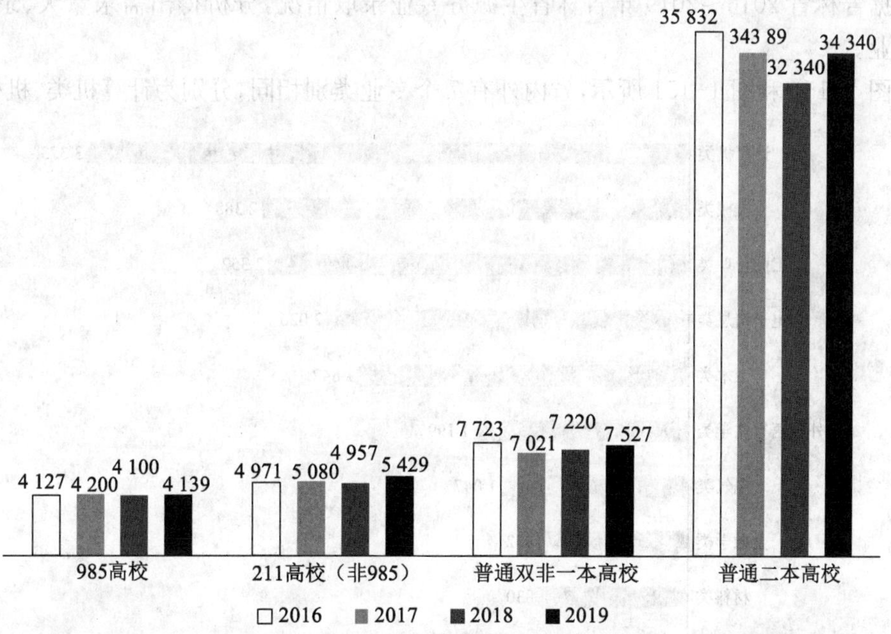

图 1-147 2016～2019 年吉林省生源理工类各层次高校计划人数分类型情况

如图 1-148 和图 1-149 所示，历年招生计划比例无较大变化，2016～2019 年走势基本一致。

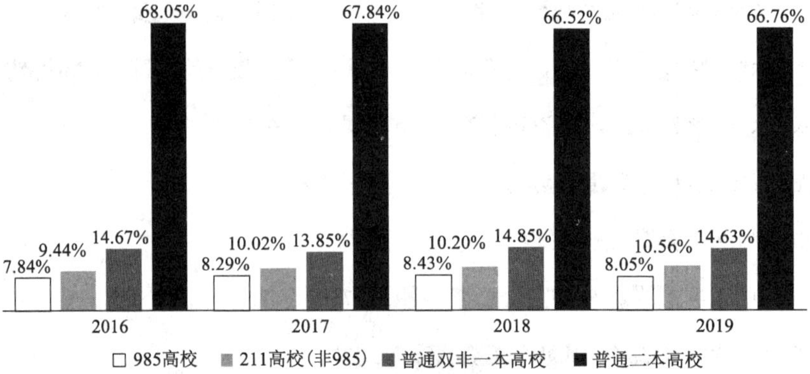

图 1-148　2016～2019 年各层次高校同年招生人数占比

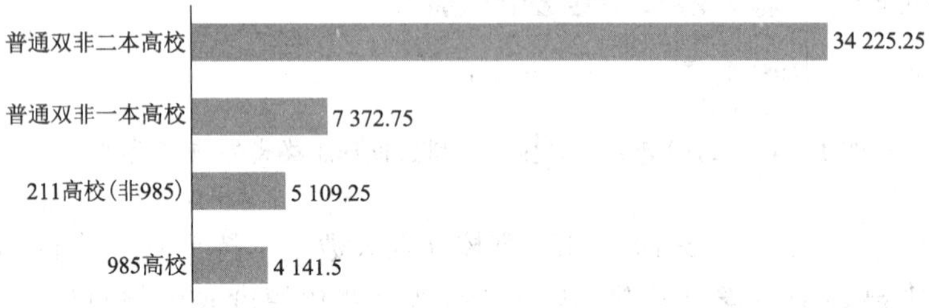

图 1-149　2016～2019 年各层次高校平均计划人数

根据吉林省 2016～2019 年吉林省生源分专业录取情况，分析得出需求量大、录取人数多的专业。

如图 1-150 和图 1-151 所示，省内外有 7 个专业类别相同，分别为计算机类、机械类、工

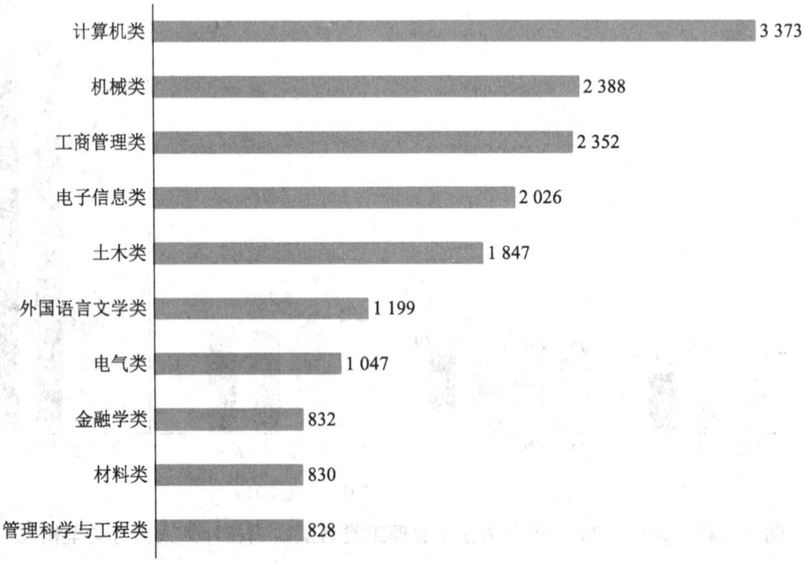

图 1-150　2019 年省内高校对吉林省考生录取总量分专业前 10

商管理类、电子信息类、土木类、电气类、材料类。前5名基本无变化,后5名除材料类、电气类,其他3个专业省内分别为外国语言文学类、金融学类和管理科学与工程类,省外分别为临床医学类、自动化类和试验班。出现这种情况的原因有二:一是省内没有较为出名的医学类院校及自动化类院校;二是该专业的省内招生院校相对较少,吉林省医药院校只有4所,但省外有50所且办学质量优于省内同类型院校。

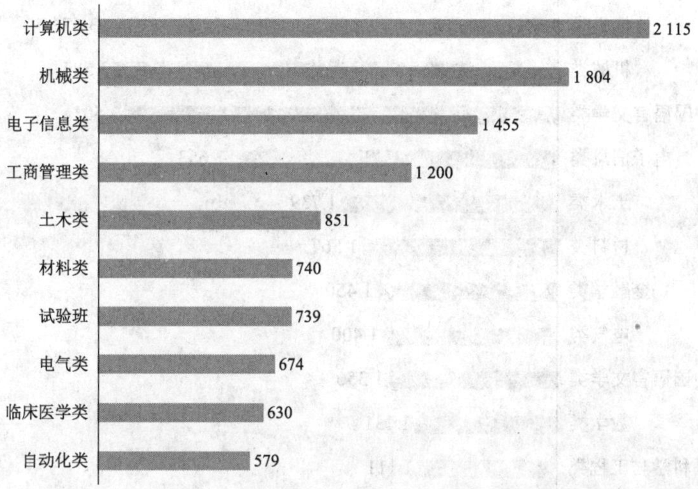

图 1-151　2019 年省外高校对吉林省考生录取总量分专业前 10

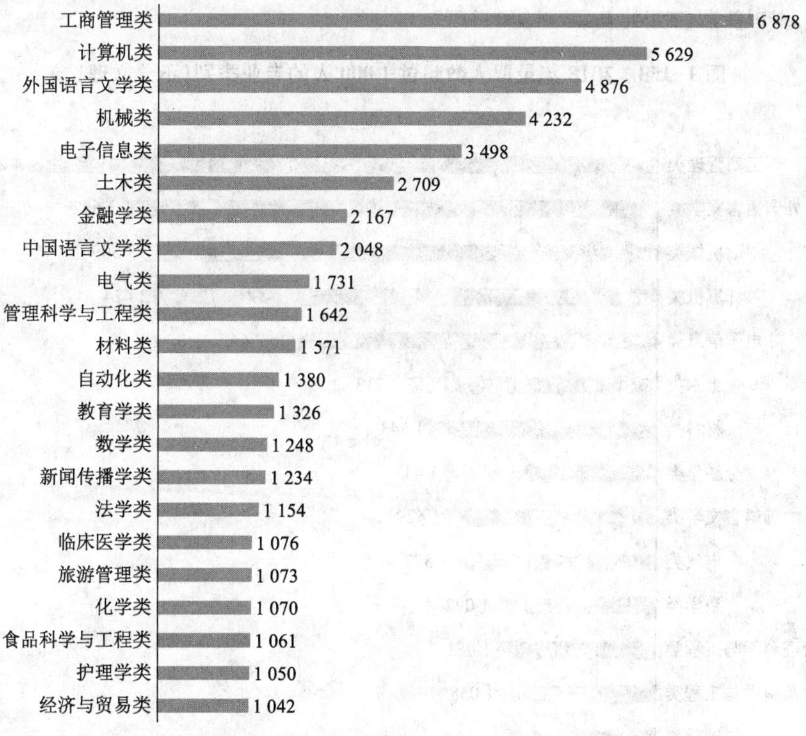

图 1-152　2019 年录取人数超过 1 000 人的专业类别(不分文理)

如图 1-152 至图 1-155 所示，可以看出就业需求较大、专业兼容性较强的专业类别，如计算机类专业涉及大数据、互联网、人工智能等方面，实际这三个方面还可向下细分，如大数据可细分到医学领域、金融领域、电商领域等。2016～2018 年录取人数超过 1 000 人的专业类别数量较稳定，均在 15 个左右，到 2019 年则变为 22 个，这实际上是二三本合并对录取带来的影响。

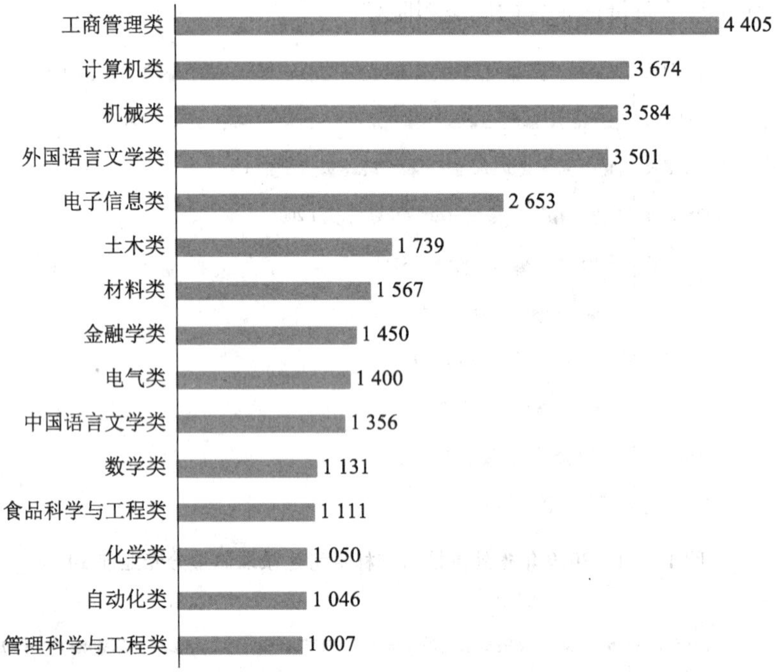

图 1-153　2018 年录取人数超过 1 000 人的专业类别(不分文理)

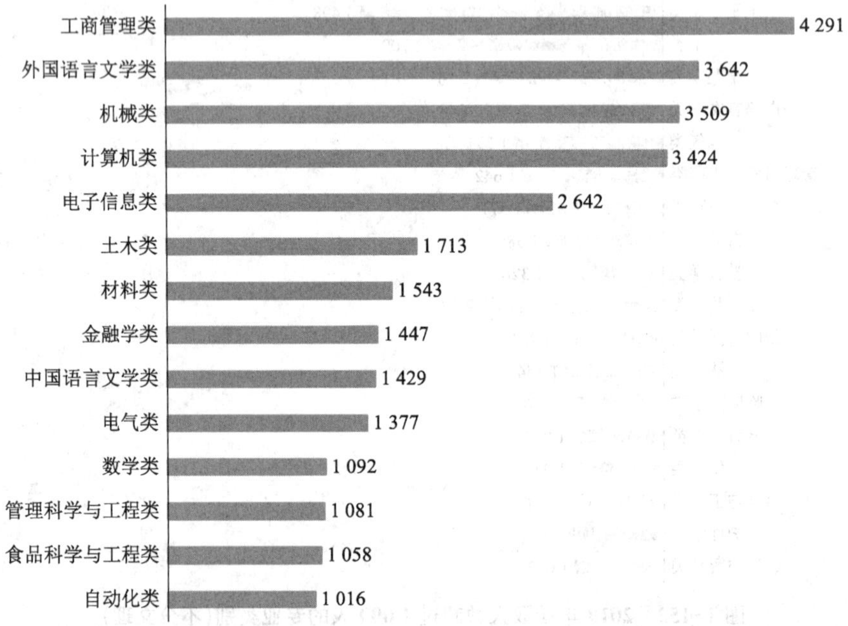

图 1-154　2017 年录取人数超过 1 000 人的专业类别(不分文理)

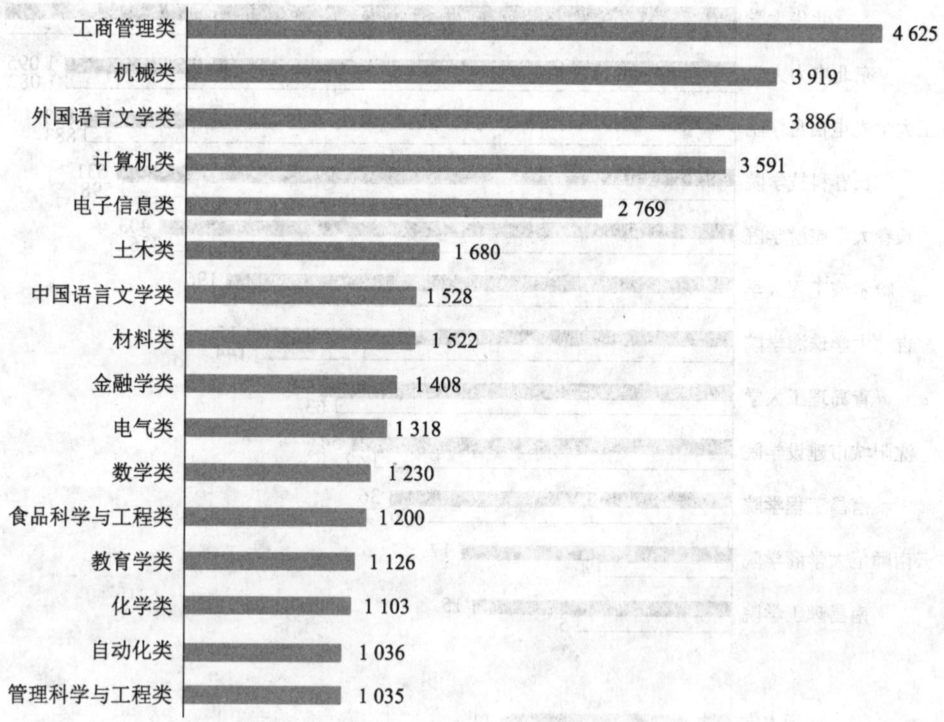

图1-155　2016年录取人数超过1 000人的专业类别(不分文理)

如图1-153至图1-155所示,除2016年比2017年和2018年多1～2个专业类别外,其他录取人数超过1 000的专业类别相同,反观2019年前15个专业类别,新闻传播学类在2016～2018年未出现,其余专业类别与2016～2018年相同,说明这些专业市场需求大,所以招生人数较多。

根据2019年录取高校、专业、地区的计划数与录取数,分析得出高校、专业、地区的冷热情况。

通过分析2019年各高校计划数与录取数情况,得出属于热门/冷门院校的类型。

2019年理工类院校录取人数大于计划人数的共有116所,扩招人数超过10人的共12所,如图1-156所示,民办本科院校有7所,一本院校中211高校(非985)有1所(哈尔滨工程大学),普通双非一本有1所(东北电力大学),其余均是二本院校。

2019年理工类未录满院校共29所,未录满人数均大于5的共7所,如图1-157所示,延边大学属于语言及民族院校,长春中医药大学及湖南中医药大学属于医药院校。中国政法大学属于政法院校,剩余3所院校多偏向综合院校。从另一方面来看,中国政法大学属于211高校(非985),录取分数偏高,而内蒙古科技大学所属地区相对来说比较偏远。

通过分析2019年各专业类计划数与录取数情况,可得出热门和冷门的专业。

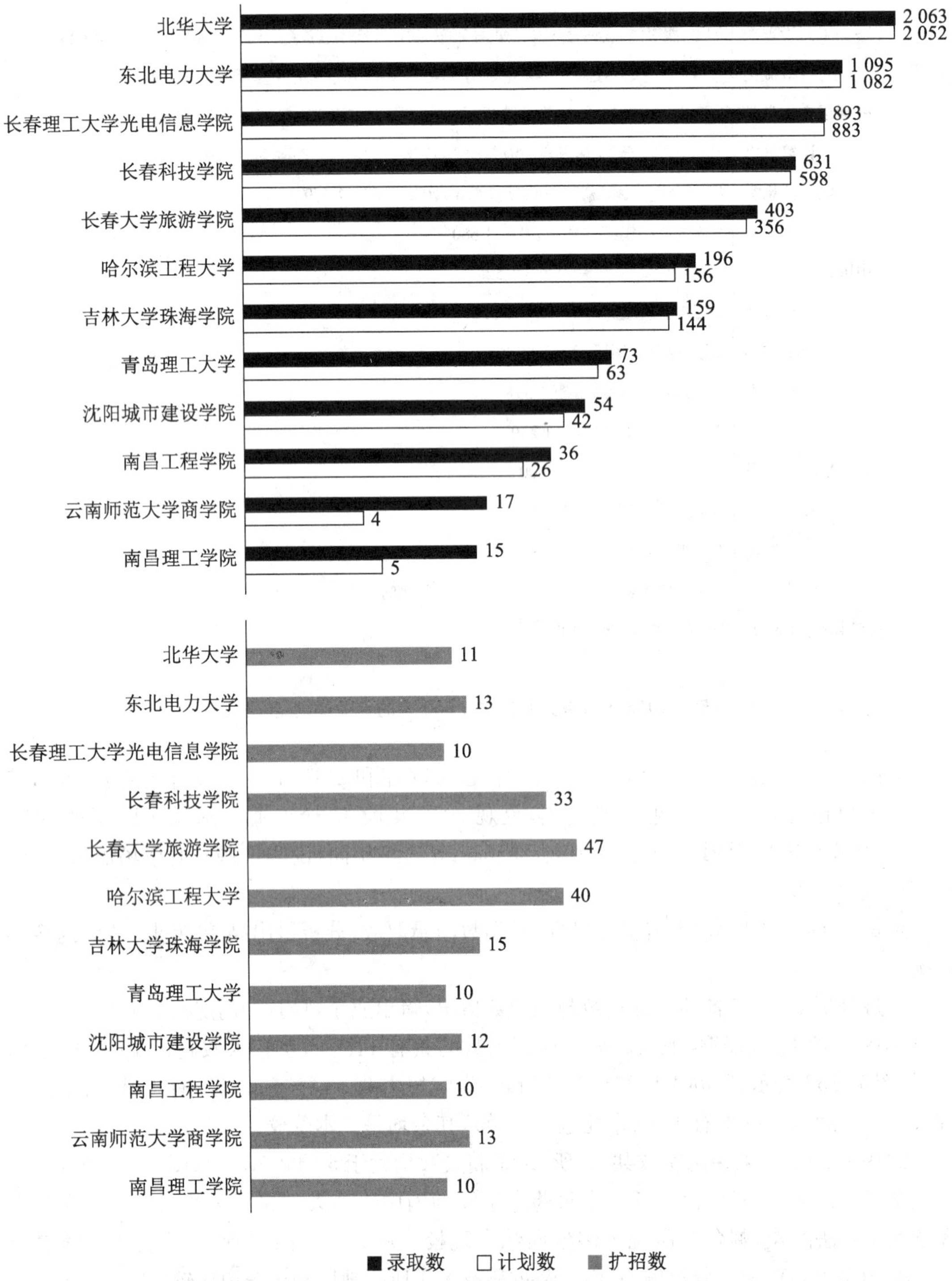

图 1-156　2019 年热门高校计划数与录取数

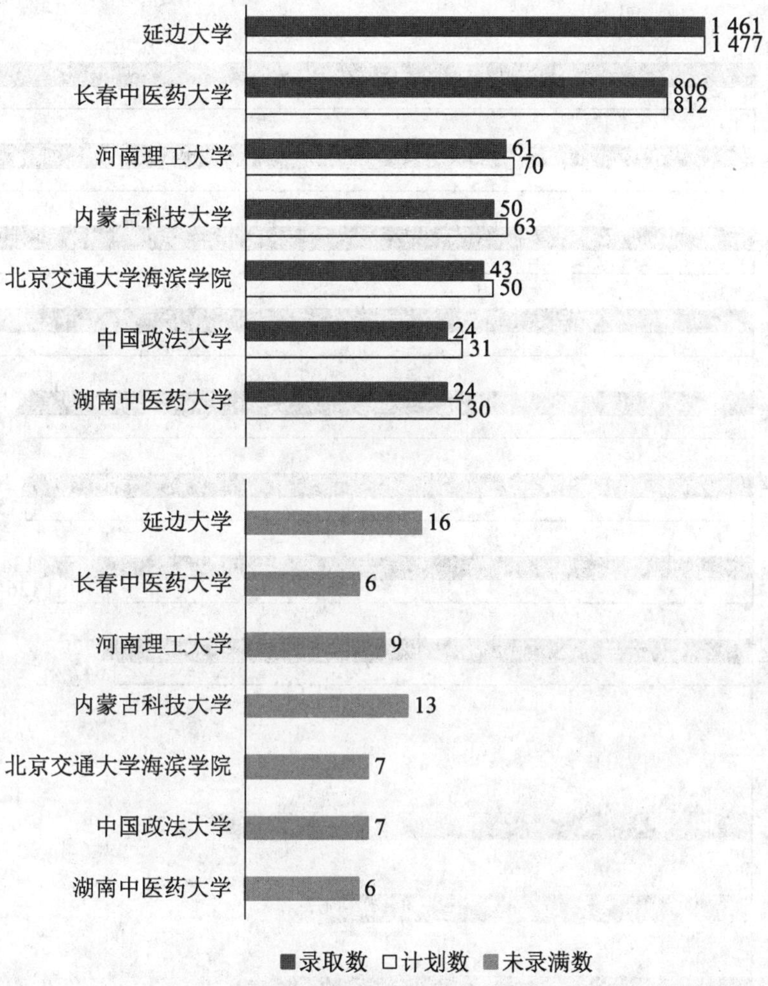

图 1-157 2019 年冷门高校计划数与录取数

2019 年专业类别共 88 个，其中 33 个专业类别录取人数大于计划人数，8 个专业类别录取数大于计划数 50 人。如图 1-158 所示，计算机类、机械类、金融学类、医学类、电子类、语言类，这些均是人才需求量大、较热门的专业。

如图 1-159 所示，2019 年专业类别共 88 个，未录满的专业类别共有 41 个，如图 1-159 所示，未录满人数大于 25 的专业类别共 9 个，其中化学类、生物工程类、化工与制药类为专业性较强的专业。

通过全国各省(自治区、直辖市)对吉林省的招生录取数及计划数分析，可得出报考热门和冷门的地区。

全国面向吉林省招生的省(自治区、直辖市)共 30 个，其中录取数大于计划数的省(自治区、直辖市)共 23 个，如图 1-160 所示，录取数超计划数 20 人以上的省(自治区、直辖市)共 5 个，分别是吉林省、黑龙江省、辽宁省、江西省与山东省。

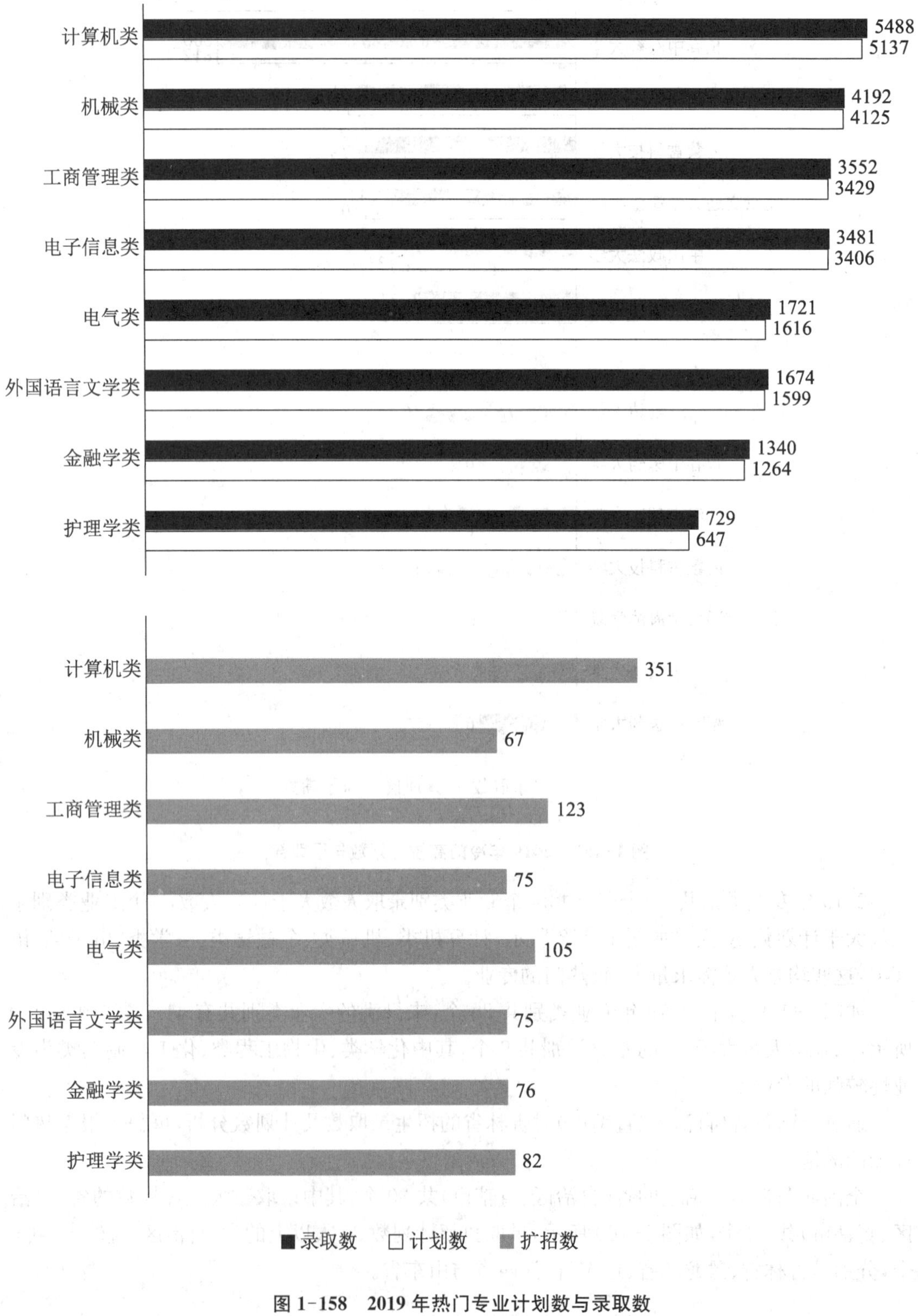

图 1-158　2019 年热门专业计划数与录取数

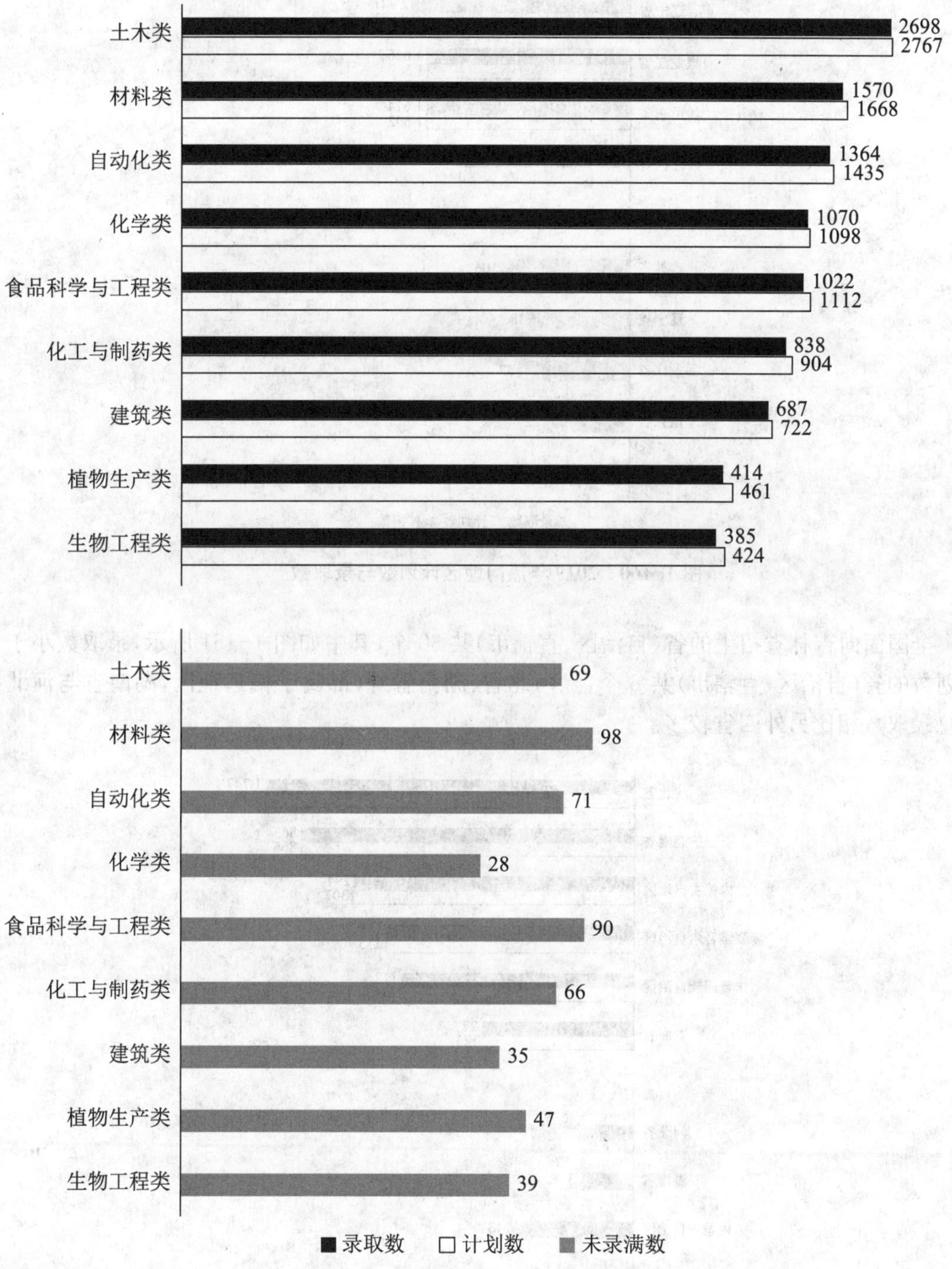

图 1-159　2019 年冷门专业计划数与录取数

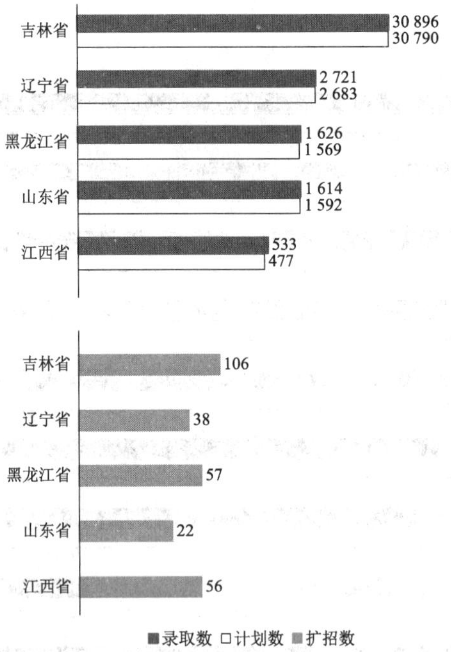

图 1-160　2019 年热门地区计划数与录取数

全国面向吉林省招生的省(自治区、直辖市)共 30 个,其中如图 1-161 所示,录取数小于计划数的省(自治区、直辖市)共 6 个,除河北省、湖南省外,都属于偏远地区,湖南省与河北省总录取数相比另外四省较多。

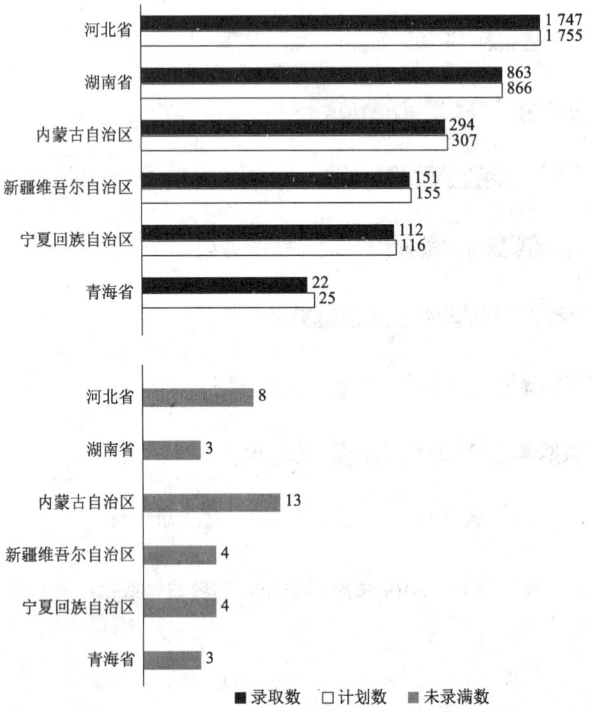

图 1-161　2019 年冷门地区计划数与录取数

2. 2016～2019 年文史类本科一批、二批 A 段分数可视化趋势分析

基于 2016～2019 年吉林省本科一批 A 段、本科二批 A 段文史类录取数据，对 2016～2019 年吉林省考生分数、录取人数类型变化、学科门类录取人数分布和生源分省录取情况，分高校、分专业录取情况等方面进行分析。

根据吉林省 2016～2019 年的录取分数，对吉林省文史类一分一段表进行可视化研究，分析历年高考不同批次人数变化趋势。

如图 1-162 所示，2016 年吉林省考生总人数为 109 987 人，文史类考生有 31 844 人，占比 29%。其中文史类本科一批线是 531 分，一批总人数有 2 953 人，占文史类考生的 9.3%；文史类本科二批线是 413 分，二批总人数有 11 814 人，占文史类考生的 37.1%；文史类本科三批线是 275 分，三批总人数有 13 628 人，占文史类考生的 42.8%；文史类高职专科批线是 150 分，高职专科批总人数有 3 372 人，占文史类考生的 10.6%。文史类 639 分以上共 35 人，356 分同分人数最多，共 139 人。①

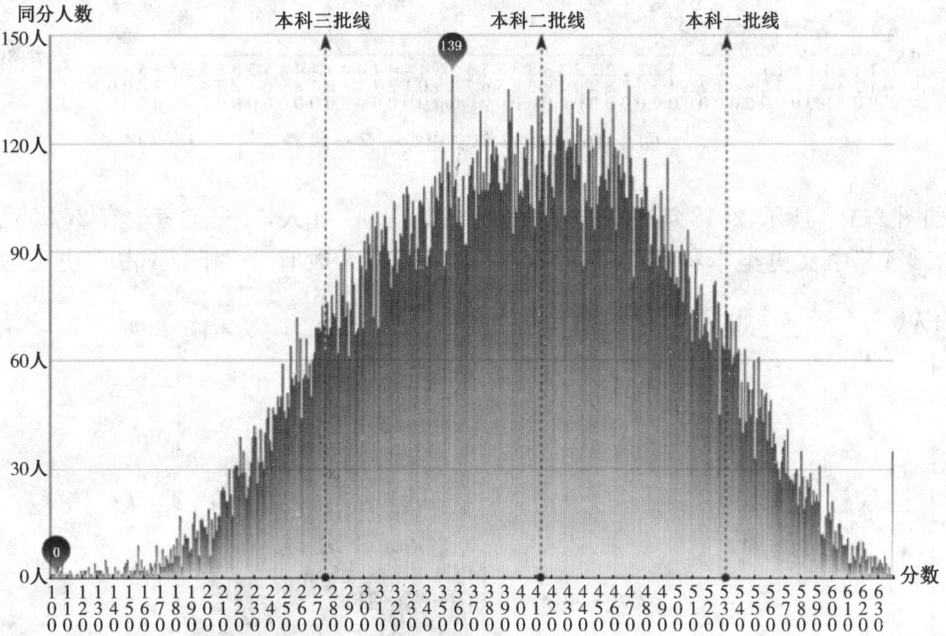

图 1-162　2016 年文史类一分一段表

如图 1-163 所示，2017 年吉林省考生总人数为 97 237 人，文史类考生有 26 839 人，占比 27.6%。其中文史类本科一批线是 528 分，一批总人数有 3 027 人，占文史类考生的 11.3%；文史类本科二批线是 412 分，二批总人数有 11 131 人，占文史类考生的 41.5%；文史类本科三批线是 286 分，三批总人数有 10 135 人，占文史类考生的 37.8%；文史类高职专科批线是 150 分，高职专科批总人数有 2 502 人，占文史类考生的 9.3%。文史类 639 分以上共 46 人，418 分同分人数最多，共 133 人。②

① 注：考生人数来源为吉林省教育考试院 2016 年一分一段表（100 分～最高分）的人数。

② 注：考生人数来源为吉林省教育考试院 2017 年一分一段表（100 分～最高分）的人数。

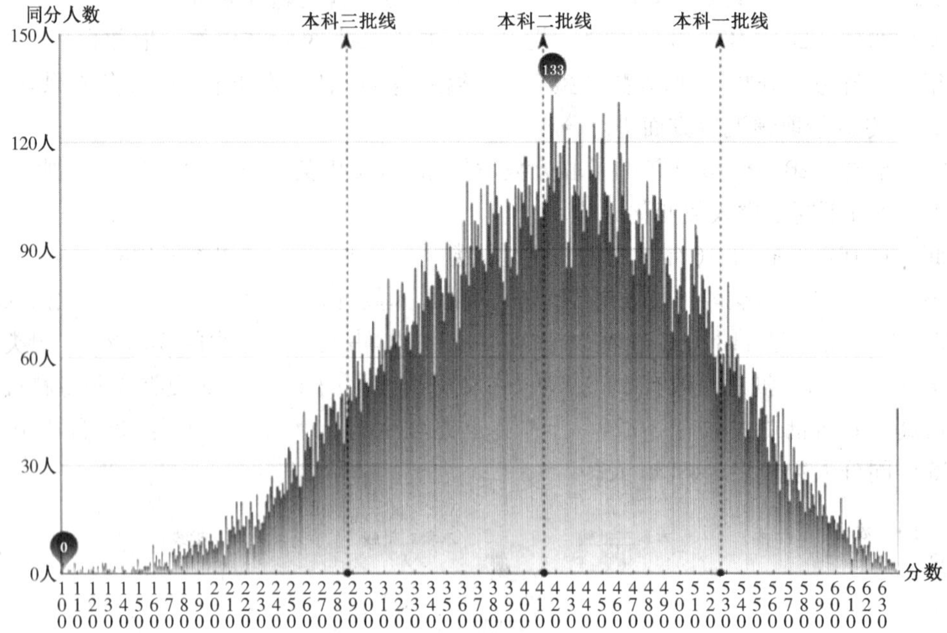

图 1-163　2017 年文史类一分一段表

如图 1-164 所示，2018 年吉林省考生总人数为 100 135 人，文史类考生有 27 955 人，占比 27.9%；其中文史类本科一批线是 542 分，一批总人数有 3 245 人，占文史类考生的

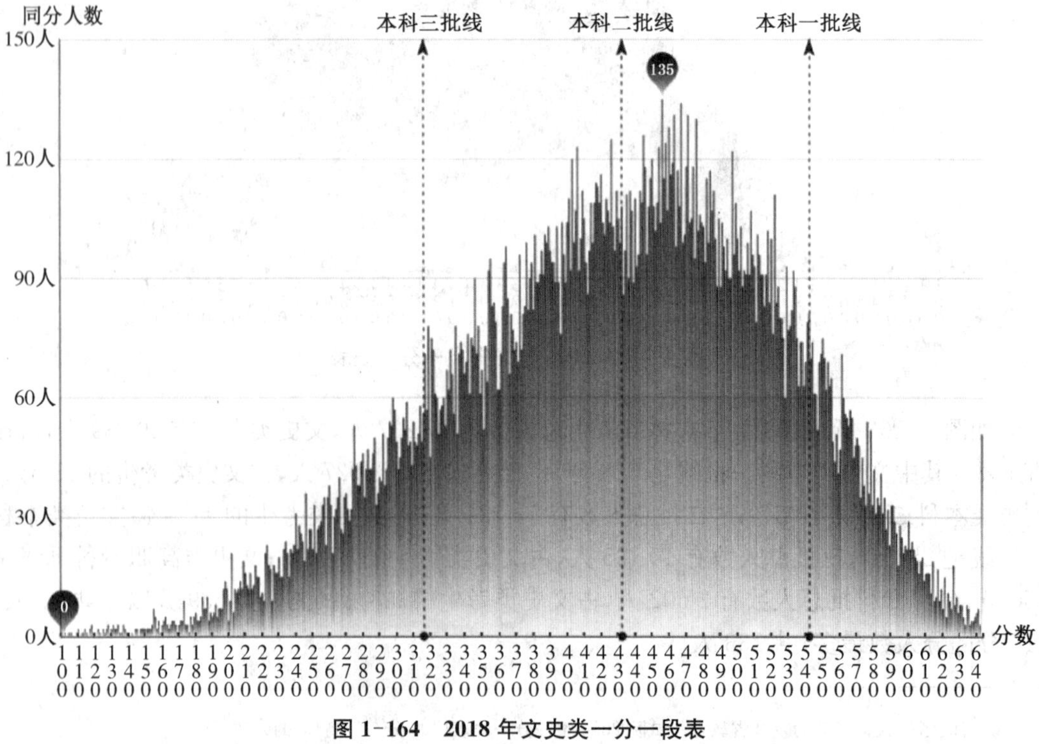

图 1-164　2018 年文史类一分一段表

11.6%；文史类本科二批线是 432 分，二批总人数有 10 954 人，占文史类考生的 39.2%；文史类本科三批线是 316 分，三批总人数有 9 874 人，占文史类考生的 35.3%；文史类高职专科批线是 150 分，高职专科批总人数有 3 820 人，占文史类考生的 13.7%；文史类 649 分以上共 51 人，456 分同分人数最多，共 135 人。①

如图 1-165 所示，2019 年吉林省考生总人数为 103 466 人，文史类考生有 29 763 人，占比 28.8%。其中文史类本科一批线是 544 分，一批总人数有 3 331 人，占文史类考生的 11.2%；文史类本科二批线是 372 分，二批总人数有 19 259 人，占文史类考生的 64.7%；文史类高职专科批线是 150 分，高职专科批总人数有 7 112 人，占文史类考生的 23.9%。文史类 629 分以上共 114 人，473 分同分人数最多，共 152 人。②

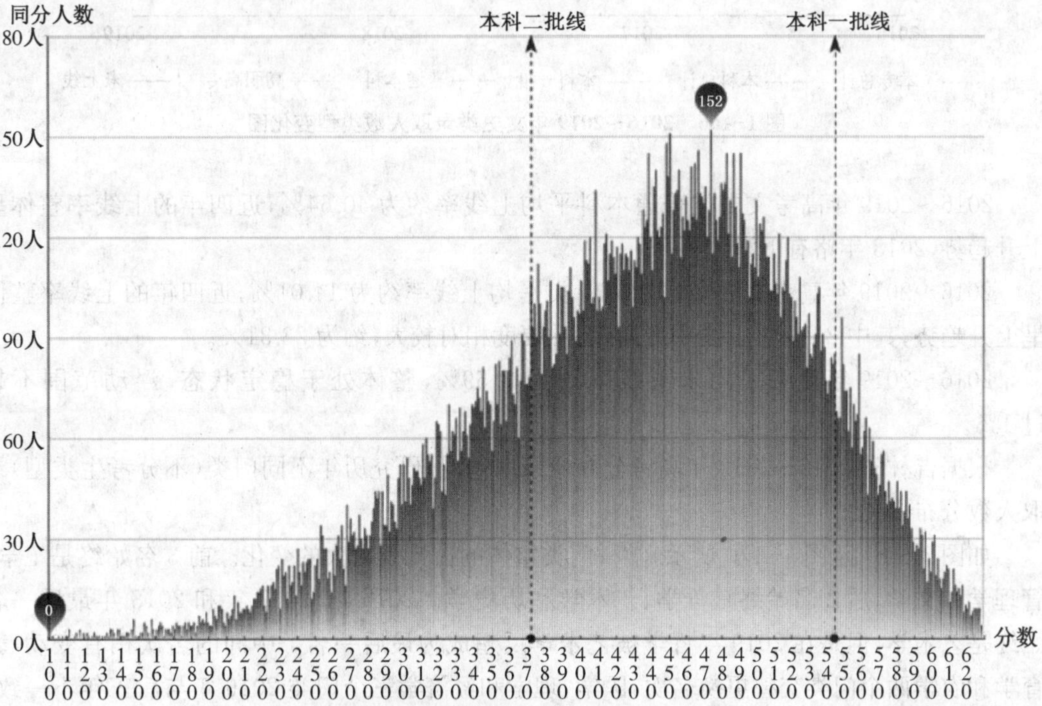

图 1-165 2019 年文史类一分一段表

根据吉林省 2016～2019 年不同批次的录取人数，绘制历年录取人数类型变化图，分析不同批次类型考生的上线率变化。

如图 1-166 所示，2016～2019 年高考文史类本科一批平均上线率约为 10.57%，平均每年约有 3 139 名考生通过文史类一批分数线。总体来看，每年的上线率都在变化，本科一批的上线率呈上升趋势，但幅度很小。

① 注：考生人数来源为吉林省教育考试院 2018 年一分一段表(100 分～最高分)的人数。

② 注：考生人数来源为吉林省教育考试院 2019 年一分一段表(100 分～最高分)的人数。

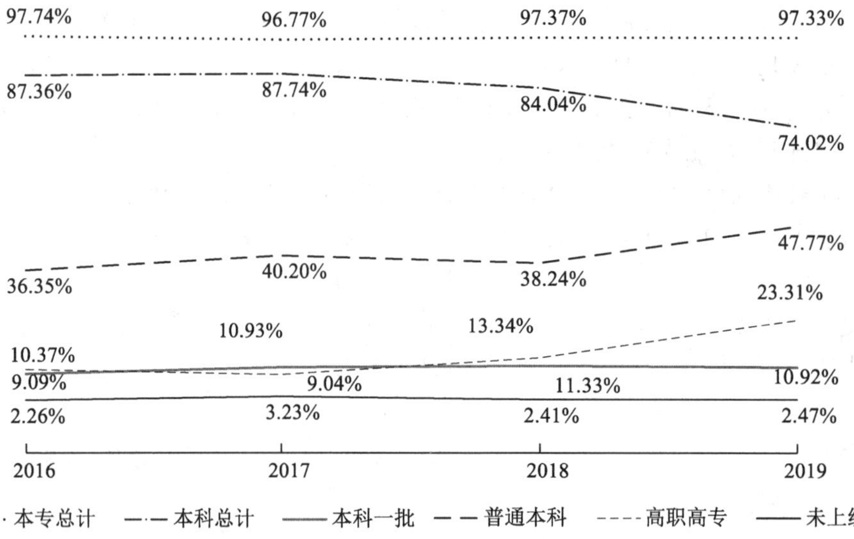

图 1-166　2016～2019 年文史类录取人数类型变化图

2016～2019 年高考文史类普通本科平均上线率约为 40.64%，近四年的上线率整体呈上升趋势，2018 年略有下滑。

2016～2019 年高考文史类高职高专类平均上线率约为 14.01%，近四年的上线率整体呈上升趋势，其中 2019 年上线率最高，上升幅度相对较大，约为 23.31%。

2016～2019 年高考平均未上线率约为 2.59%，整体处于稳定状态，浮动范围不超过 1%。

根据吉林省 2016～2019 年高考分专业录取情况，研究历年不同门类(不分考生类型)录取人数分布变化。

如图 1-167 至图 1-170 所示，学科门类整体的占比无太大的变化。前 3 名始终是工学、管理学和文学，后 3 名始终是哲学、艺术学和历史学。2016 年、2017 年和 2018 年最后一名始终是艺术学，但是在 2019 年哲学被艺术学反超成为最后一名。中间的名次稍有变动，教育学和农学两个门类交替更换名次，医学、理学和经济学三个门类 2016 年与后三年不一致，在后三年中名次一直保持不变。

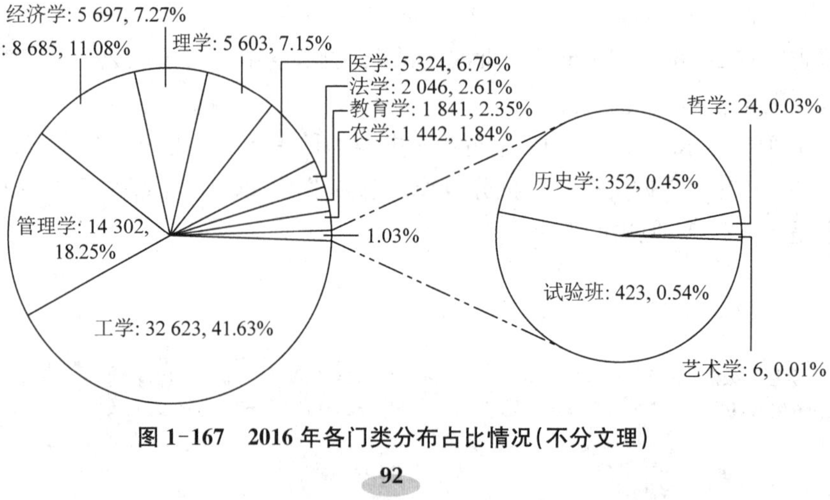

图 1-167　2016 年各门类分布占比情况(不分文理)

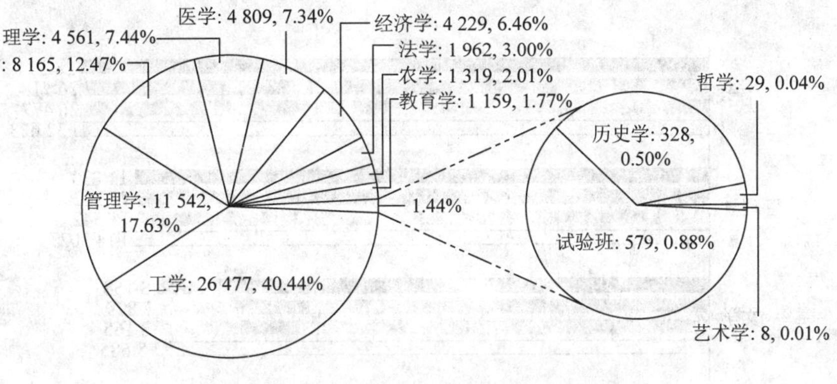

图 1-168　2017 年各门类分布占比情况(不分文理)

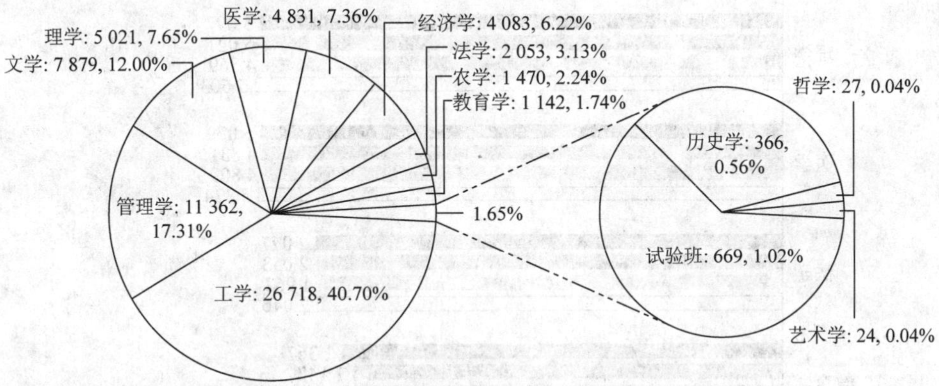

图 1-169　2018 年各门类分布占比情况(不分文理)

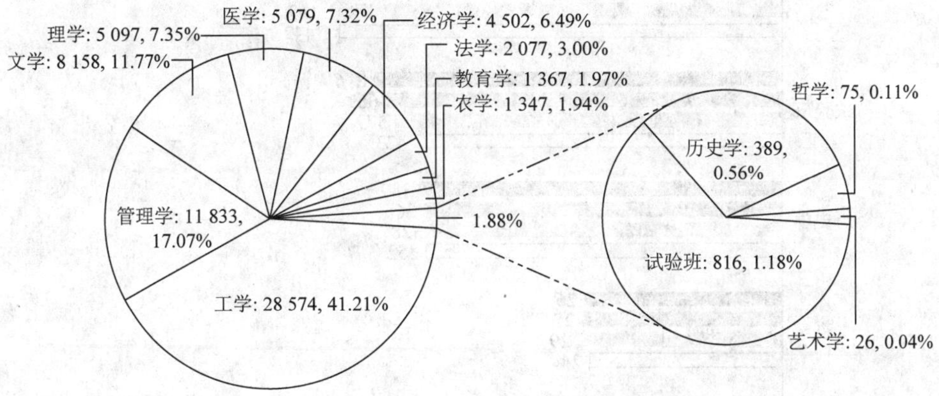

图 1-170　2019 年各门类分布占比情况(不分文理)

如图 1-171 所示,2016～2019 年艺术学与哲学录取人数均未破百;工学和管理学人数均破万;2016 年工学录取人数甚至超过 3 万人;经济学、理学和医学人数差距较小;法学和文学两个门类历年数据基本持平,没有太大波动。值得注意的是,只有试验班和艺术学在四年中人数处于逐步上升的趋势(艺术学人数基数过小,故暂不考虑)。

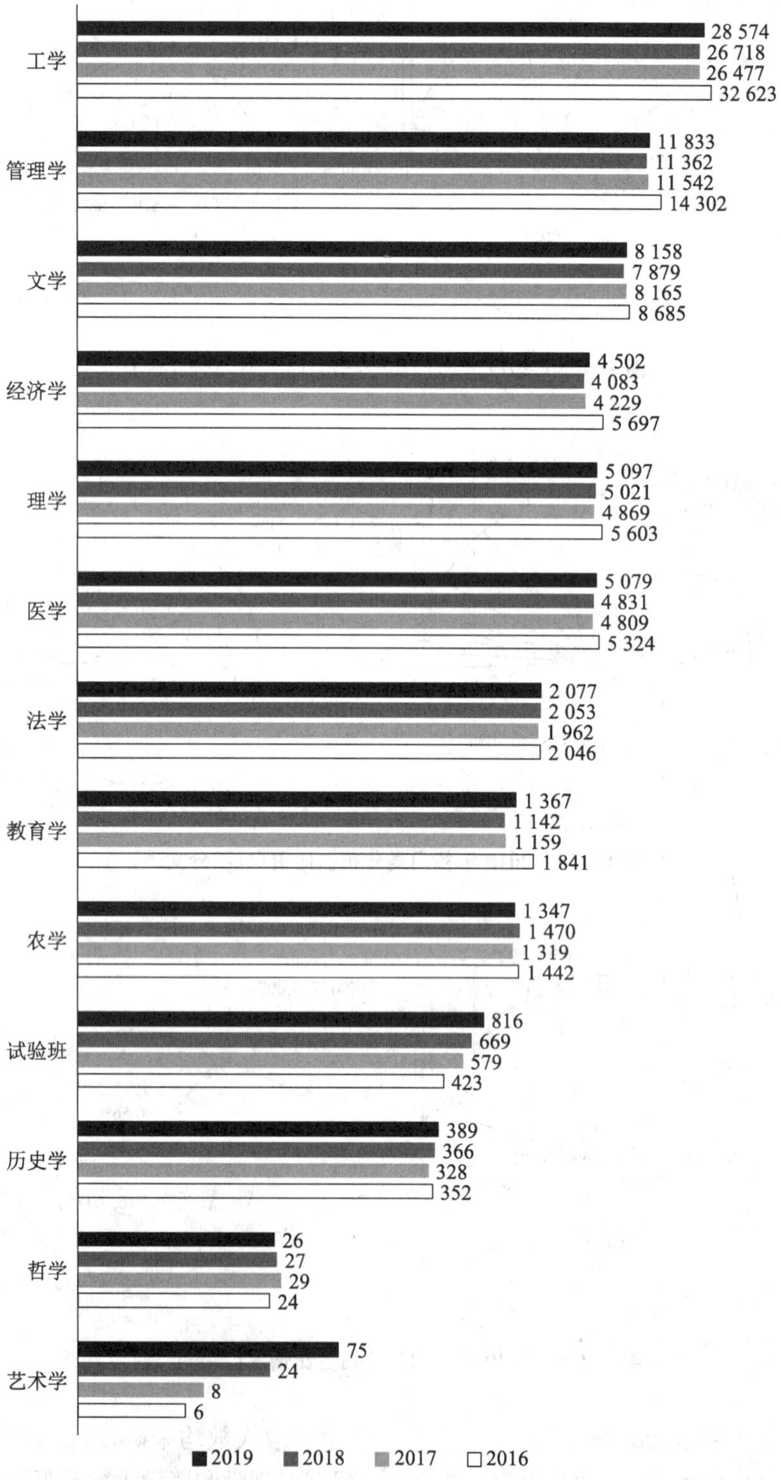

图 1-171　2016～2019 年按门类录取人数情况

基于2019年全国各省(自治区、直辖市)录取吉林省考生院校数量,针对文史类,通过研究总体录取情况和分省分批次录取情况分析各省(自治区、直辖市)对吉林省考生的录取变化。

根据文史类总体分省(自治区、直辖市)录取情况,分析不同省(自治区、直辖市)对吉林省考生录取变化情况。

如图1-172和图1-173所示,山东省是对吉林省招生院校数量最多的省份,共50所院校;其次是吉林省和河北省,各45所;辽宁省、北京市、江苏省、黑龙江省、江西省、湖南省、河南省等均在28所(含)以上。

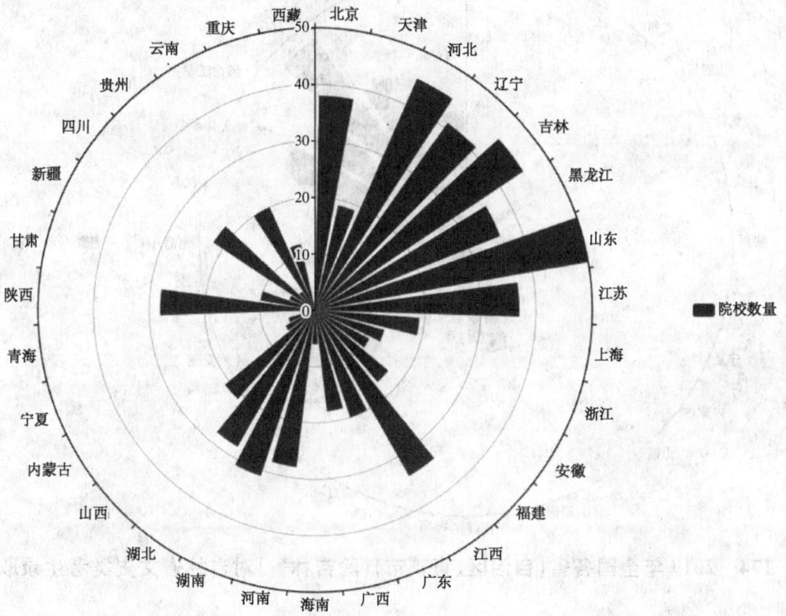

图1-172　2019年全国各省(自治区、直辖市)对吉林省文史类考生招生院校数量

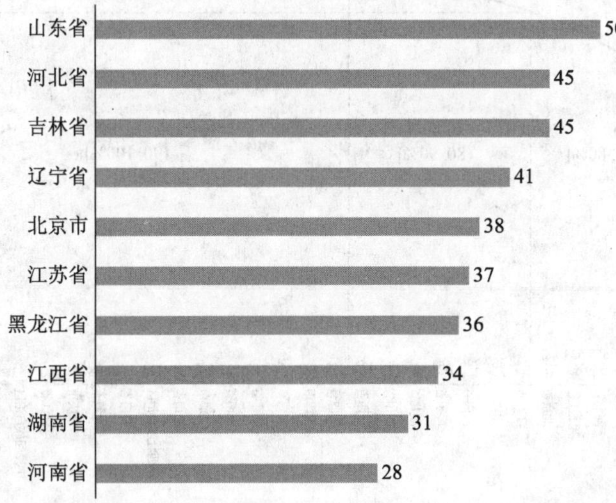

图1-173　2019年全国各省(自治区、直辖市)对吉林省文史类考生录取院校数量前10

如图 1-174 和图 1-175 所示，在全国各省(自治区、直辖市)对吉林省录取考生人数对比中，吉林省录取人数最多，达 11 000 人以上。其次是辽宁省、山东省、河北省、黑龙江省和北京市，其中辽宁省与黑龙江省相对吉林省考生而言，地理位置较近；山东省、河北省对吉林省招生院校数量较多，所以录取人数偏多；江苏省、湖南省等 7 个省份对吉林省招生院校数量相对较少，所以录取人数偏少；排名较后的几个省(自治区)均为较偏远地区，如宁夏回族自治区、内蒙古自治区、新疆维吾尔自治区、贵州省等。

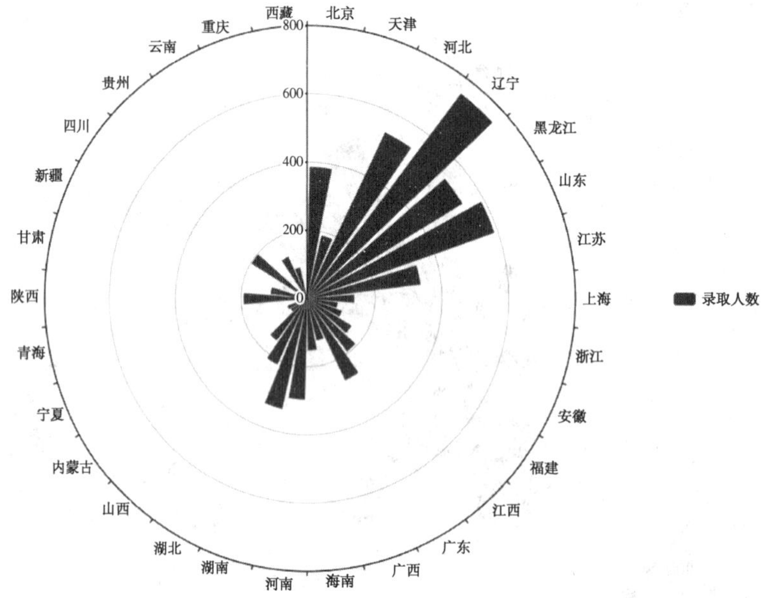

图 1-174　2019 年全国各省(自治区、直辖市)(除吉林省)对吉林省文史类考生录取人数

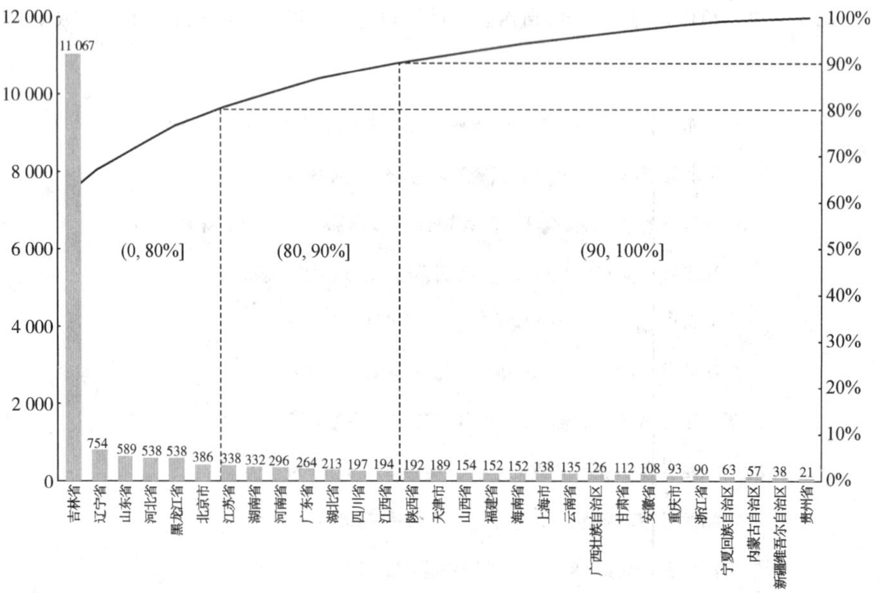

图 1-175　2019 年全国各省(自治区、直辖市)对吉林省文史类考生录取人数排名

根据文史类本科一批、本科二批分省录取情况，分析各省（自治区、直辖市）的院校数量排名与录取人数排名变化的关系。

通过对本科一批的可视化分析，研究各省（自治区、直辖市）的院校数量排名与录取人数排名的变化。

如图 1-176 和图 1-177 所示，通过分析本科一批录取人数排名前 10 的省（直辖市）可知，录取人数与招生院校有着直接关系，但招生院校数量排名与录取人数排名变化不大。除吉林省外，招生院校数量排名前 10 的省（直辖市）还有北京市、江苏省、黑龙江省、广东省、山东省、湖南省、辽宁省、河北省和四川省，录取人数排名前 10 的也是这 9 个省（直辖市），其中北京市和江苏省教育资源优势明显，录取人数排名比较靠前；辽宁省、黑龙江省等省距离吉林省较近，在地域上存在优势；而山东省、四川省和河北省等省份在院校数量上比较多。

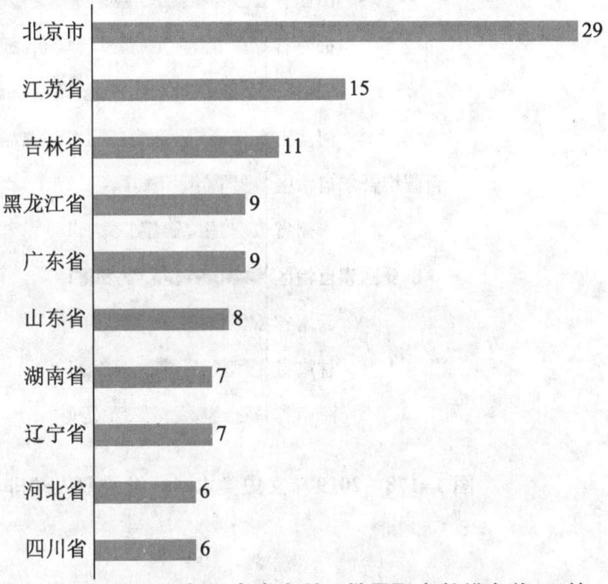

图 1-176　2019 年文史类本科一批录取人数排名前 10 的省（直辖市）的院校数量

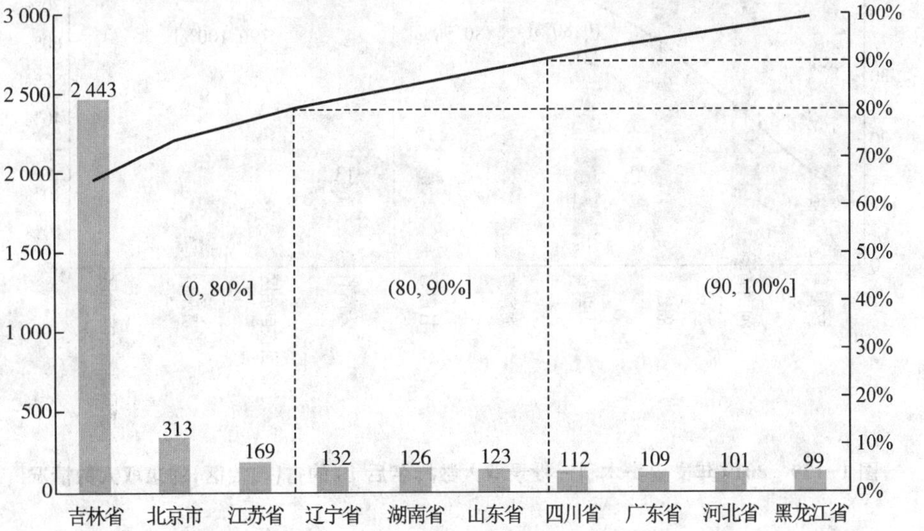

图 1-177　2019 年文史类本科一批录取人数排名前 10 的省（直辖市）的录取人数情况

如图 1-178 和图 1-179 所示，可以得出与上述观点完全不同的结论。录取人数排名靠后的 10 个省（自治区）的院校数量没有什么变化，但是录取人数参差不齐，说明录取人数与院校数量无关，与地区有关。安徽省、河南省、福建省、山西省和海南省 5 省份，距离吉林省较远,且对吉林省招生院校数量较少。其余 5 省(自治区)不仅地理位置偏僻,且教育资源与其他省(自治区、直辖市)存在差距,有些地区也可能因为文史类院校数量较少。

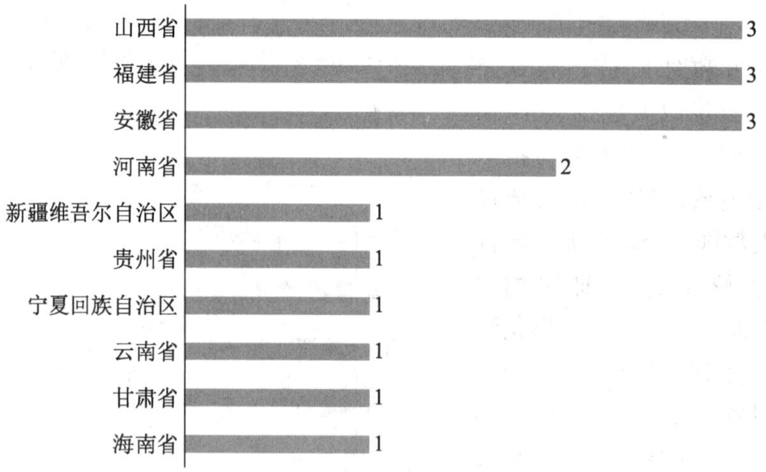

图 1-178　2019 年文史类本科一批录取人数排名后 10 的省(自治区)的院校数量

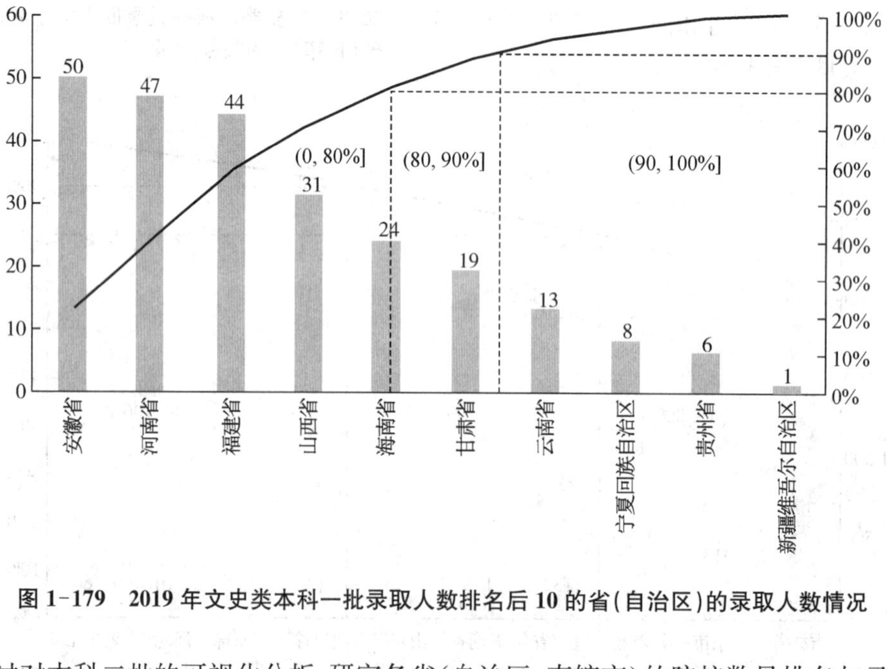

图 1-179　2019 年文史类本科一批录取人数排名后 10 的省(自治区)的录取人数情况

通过对本科二批的可视化分析,研究各省(自治区、直辖市)的院校数量排名与录取人数排名的变化。

如图 1-180 和图 1-181 所示,本科二批实际与本科一批得出的结论相差不大,录取人数排名前 10 的省份与院校数量排名前 10 的省份基本一致。除吉林省外,辽宁省、山东省、黑龙江省等其余 9 省对吉林省招生院校数量较多,所以录取人数偏多。

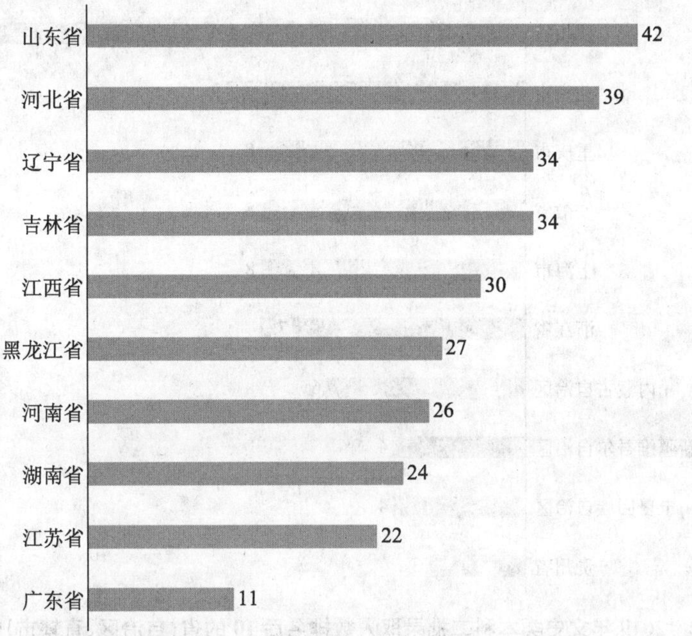

图 1-180　2019 年文史类本科二批录取人数排名前 10 的省份的院校数量

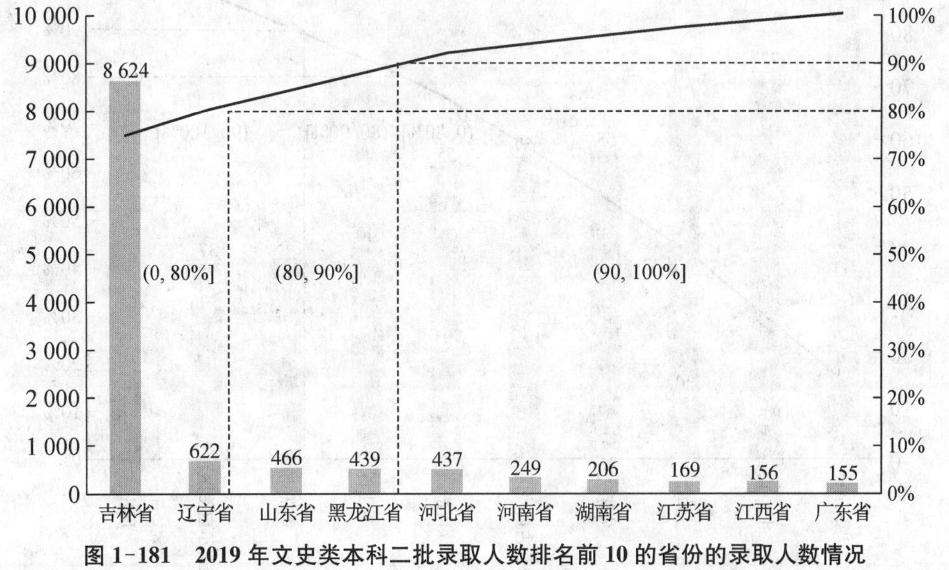

图 1-181　2019 年文史类本科二批录取人数排名前 10 的省份的录取人数情况

如图 1-182 和图 1-183 所示，本科二批录取人数排名后 10 的省(自治区、直辖市)的院校数量与录取人数无必然联系。北京市、浙江省和上海市等省市虽属于经济发达地区，却在录取人数排名后 10 的省(自治区、直辖市)中，原因是该地区院校综合实力较强，多在一批次招生，导致二批次院校招生数量过少，新疆维吾尔自治区、内蒙古自治区、宁夏回族自治区等则是由于文史类招生院校较少所致。

基于吉林省 2016～2019 年生源分省(自治区、直辖市)录取情况统计，通过对不同省(自

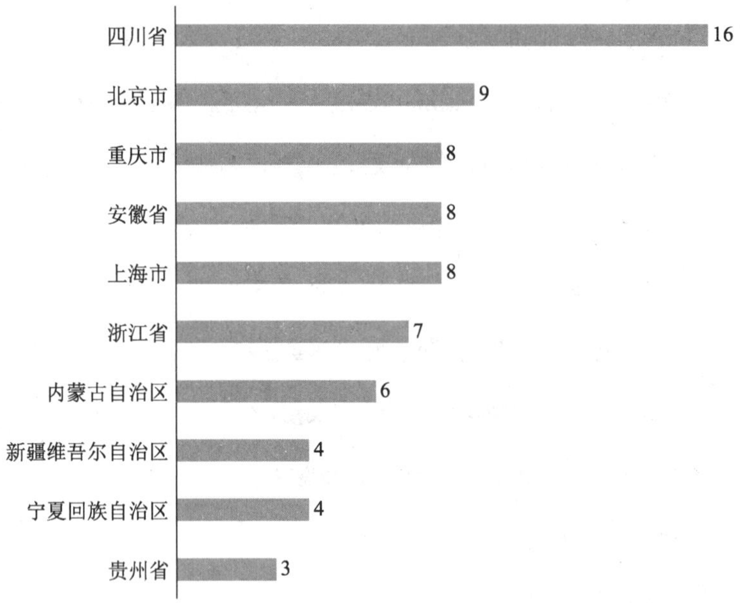

图 1-182　2019 年文史类本科二批录取人数排名后 10 的省(自治区、直辖市)的院校数量

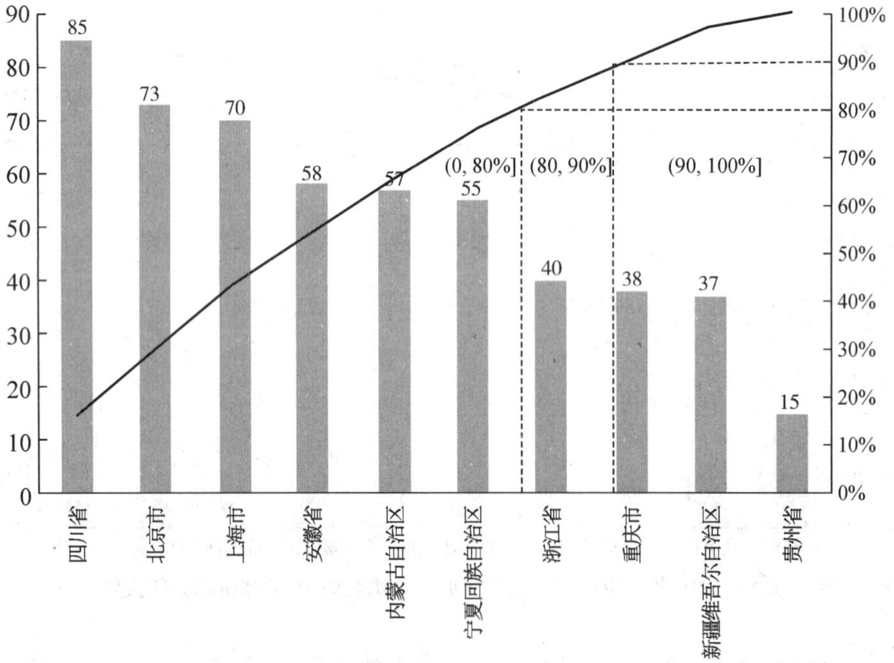

图 1-183　2019 年文史类本科二批录取人数排名后 10 的省(自治区、直辖市)的录取人数情况

治区、直辖市)、不同批次的文史类考生的录取情况进行可视化研究,分析不同情况下各省(自治区、直辖市)录取变化情况。

根据吉林省 2016～2019 年生源分省(自治区、直辖市)录取情况统计,针对本科一批,通过历年人数变化趋势，分析不同省(自治区、直辖市)对吉林省考生的录取变化情况。

针对吉林省招生进行分析，如图1-184 所示，2016～2017 年录取人数呈下降趋势，2017～2019 年呈递增趋势。其中 2019 年录取人数达到四年中的最高值。如图1-185 所示，只有天津市发生了变化，在 2017 年天津市被上海市取代，挤出前 10 榜单。如图1-186 所示，有 2 个省份出现了变化，2016～2017 年，福建省进入榜单，内蒙古自治区被挤出榜单。2018～2019 年，安徽省被新疆维吾尔自治区挤出后 10 榜单。

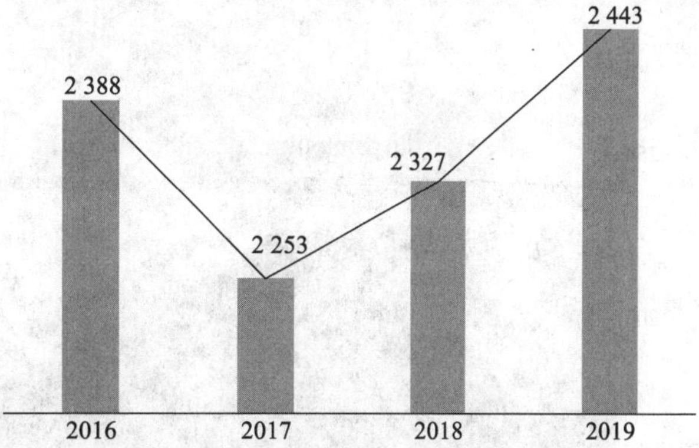

图 1-184　2016～2019 年吉林省本科一批文史类考生录取人数变化

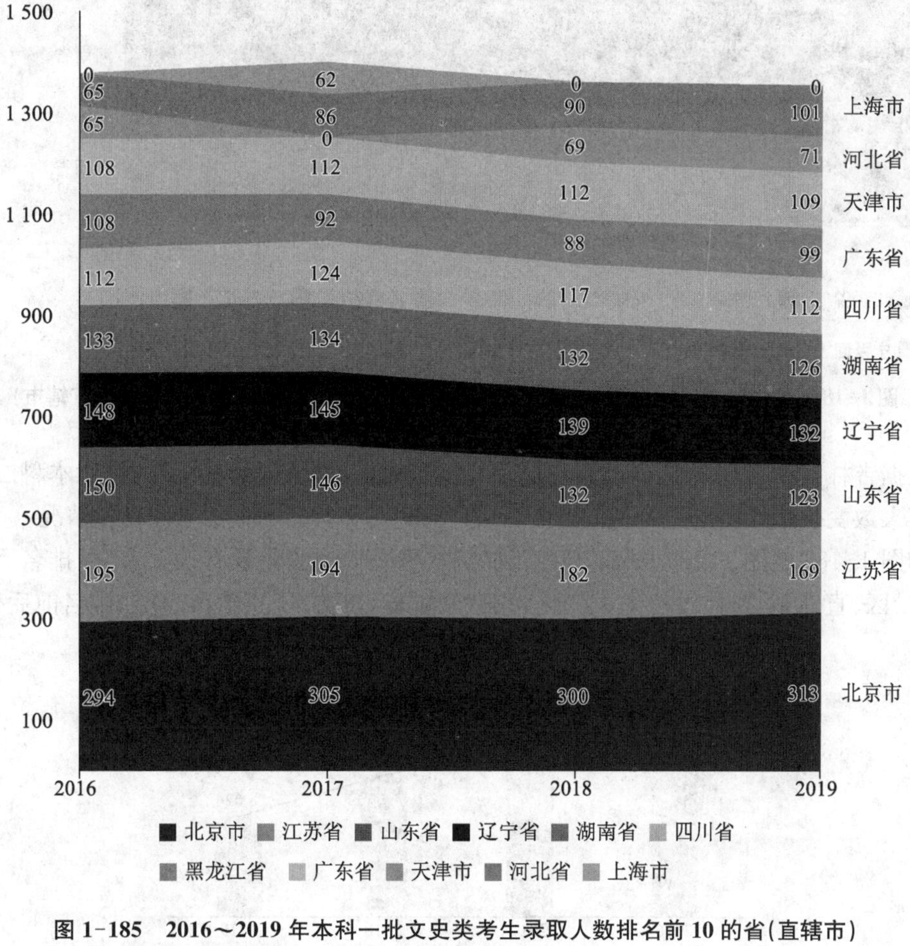

图 1-185　2016～2019 年本科一批文史类考生录取人数排名前 10 的省(直辖市)

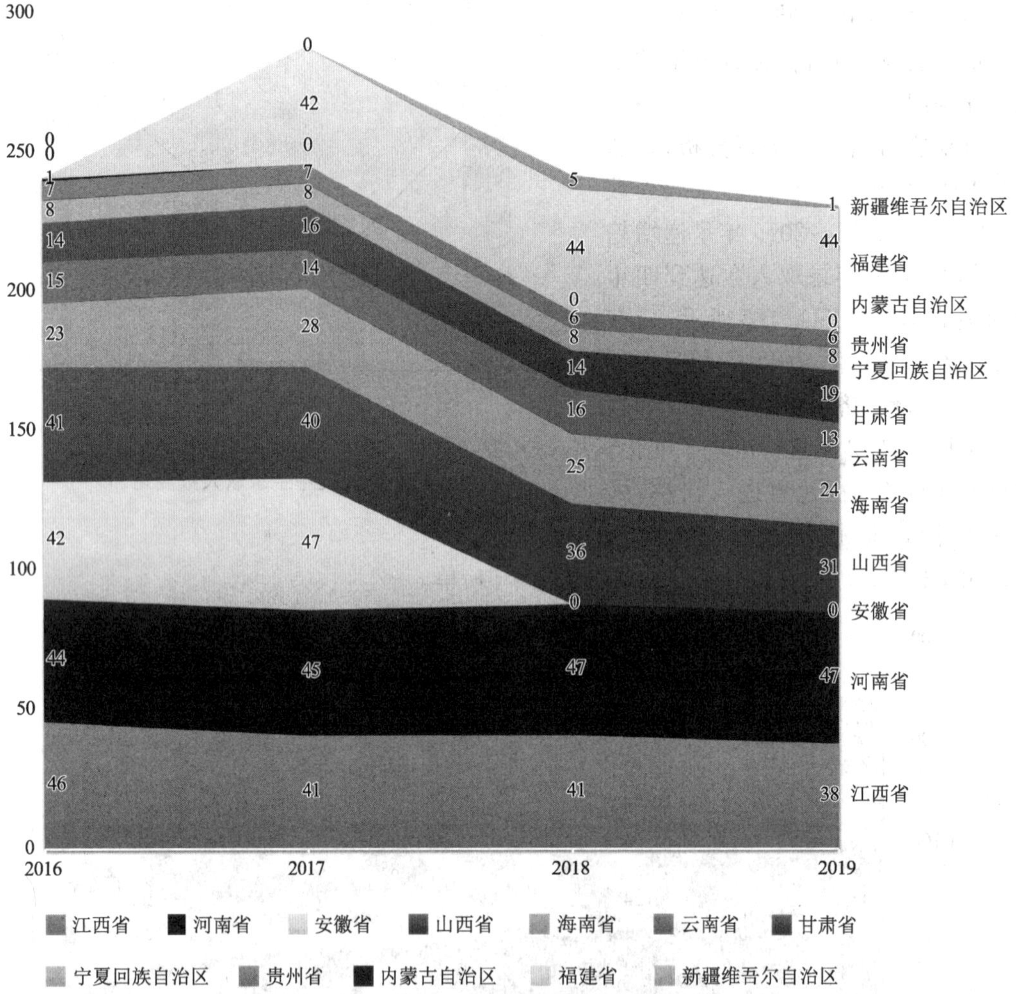

图 1-186　2016～2019 年本科一批文史类考生录取人数排名后 10 的省(自治区、直辖市)

根据吉林省 2016～2019 年生源分省(自治区、直辖市)录取情况统计,针对本科二批,通过历年人数变化趋势,分析不同省(自治区、直辖市)对吉林省考生的录取变化情况。

如图 1-187 至图 1-189 所示,本科二批与本科一批的变化没有太大差异,排名后 10 的省(自治区、直辖市)整体没有太大变化,只有个别省(自治区、直辖市)存在排名前后变化的波动。

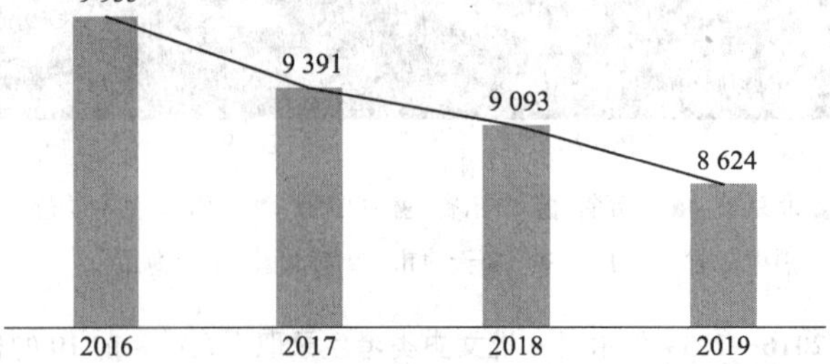

图 1-187　2016～2019 年吉林省本科二批文史类考生录取人数变化

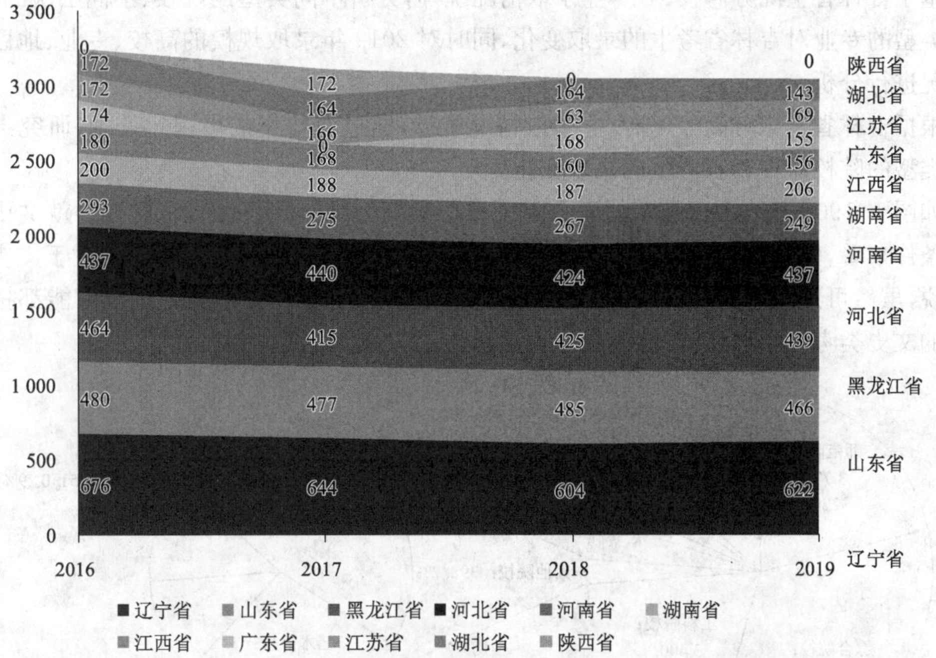

图 1-188　2016～2019 年本科二批文史类考生录取人数排名前 10 的省份

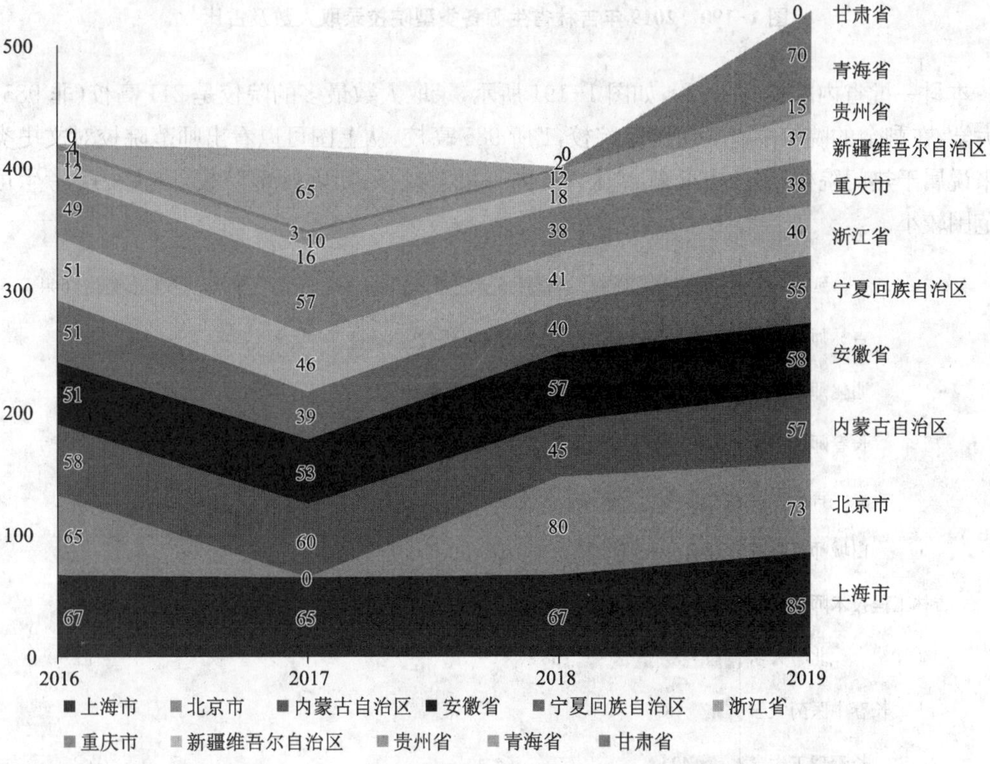

图 1-189　2016～2019 年本科二批文史类考生录取人数排名后 10 的省(自治区、直辖市)

基于吉林省生源分高校、分专业录取情况统计，分析不同类型的院校、不同层次的高校、不同类型的专业对吉林省考生的录取变化，同时对 2019 年录取规模的高校、专业、地区的冷热情况进行分析。

根据吉林省生源分高校、分专业录取情况统计，通过对数据的可视化处理，研究吉林省不同类型的院校对吉林省考生的录取变化。

如图 1-190 所示，占比最多的两个院校类型分别为综合院校和师范院校。就文史类这个大条件来看，师范院校、财经院校占比高是很正常的，像综合院校、工科院校对于文史类考生来说，虽然可选择的专业很少，但是基数大，学校多。或者说各种类型院校可能都招一定数量的文史类考生，但是针对性不强。

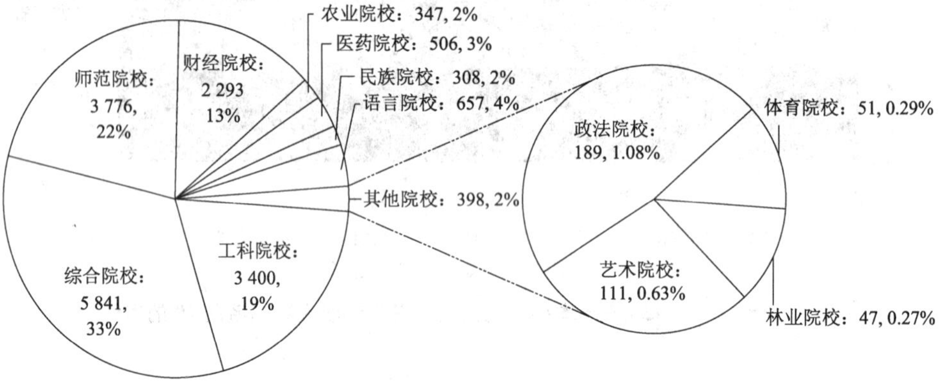

图 1-190　2019 年吉林省生源各类型院校录取人数及占比

本科一批省内院校共 11 所，如图 1-191 所示，录取人数最多的院校是 211 高校(非 985)延边大学，在剩余的院校中有 5 所师范院校，1 所 985 高校，从上图可以看出师范院校对文史类考生来说属于热门院校，另一方面就吉林省省内一批院校来说，除师范院校外，文史类考生可选择范围较小。

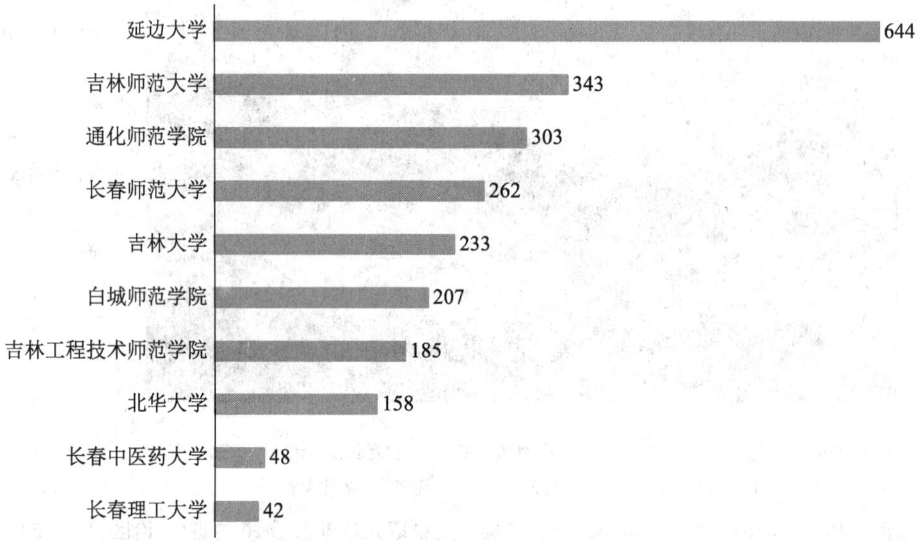

图 1-191　2019 年吉林省生源本科一批文史类省内前 10 所院校

如图 1-192 所示，除燕山大学外，其余 9 所都是 985 高校或者 211 高校（非 985）。而燕山大学始于哈尔滨工业大学，有一定的办学实力。图中民族院校有 3 所，除东北财经大学、西南政法大学专业针对性较强外，其他院校都是综合院校。省外前 10 中 985 高校与 211 高校（非 985）各占一半左右。

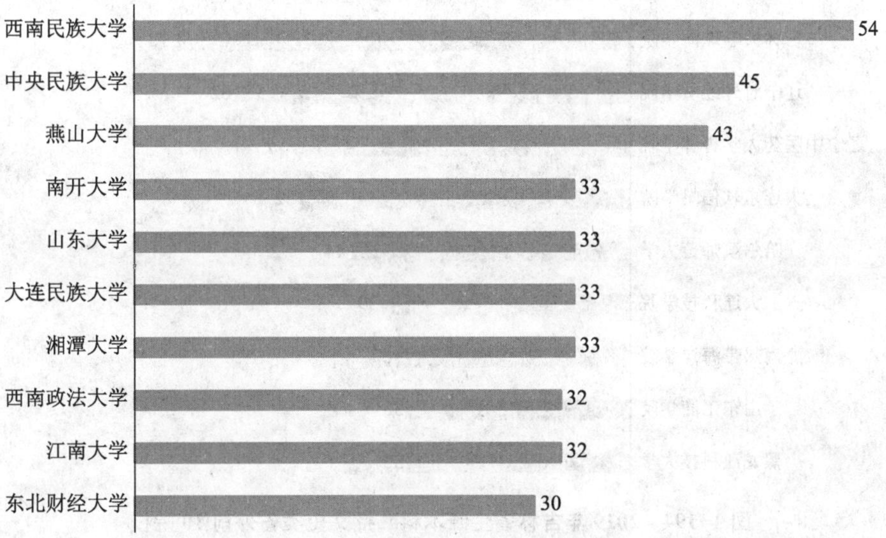

图 1-192 2019 年吉林省生源本科一批文史类省外前 10 所院校

如图 1-193 所示，省内前 10 所院校录取人数平均在 500 人左右，其中最高与最低相差 135 人。前 10 院校中有 6 所高校为民办本科院校，4 所为公办院校。从院校类型来看，前 10 所中有 3 所师范院校、3 所财经院校、1 所语言院校。

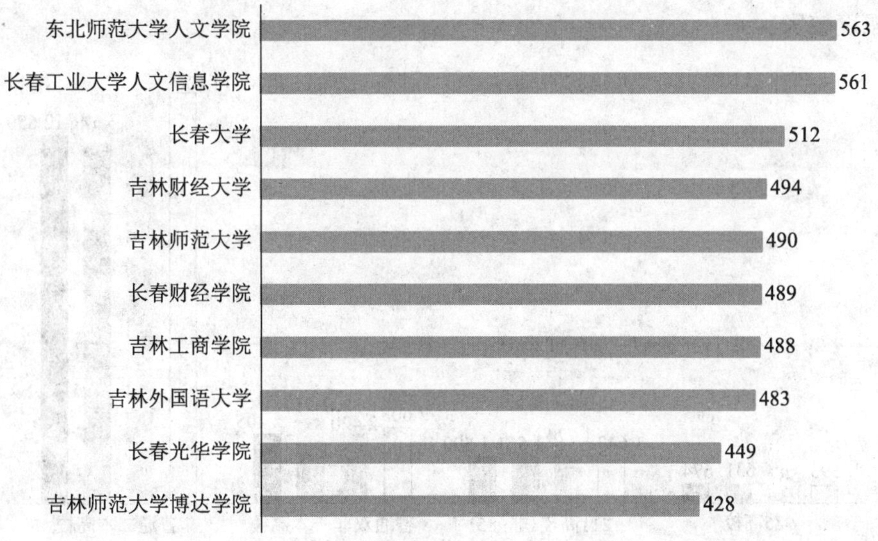

图 1-193 2019 年吉林省生源本科二批文史类省内前 10 所院校

如图 1-194 所示，在省外本科二批录取前 10 院校中，录取人数最多的是大连民族大学，前 10 院校中有 5 所民办本科院校，分别为辽宁对外经贸学院、辽宁中医药大学杏林学院、大连科技学院、大连东软信息学院、吉林大学珠海学院，其余均是公办院校。

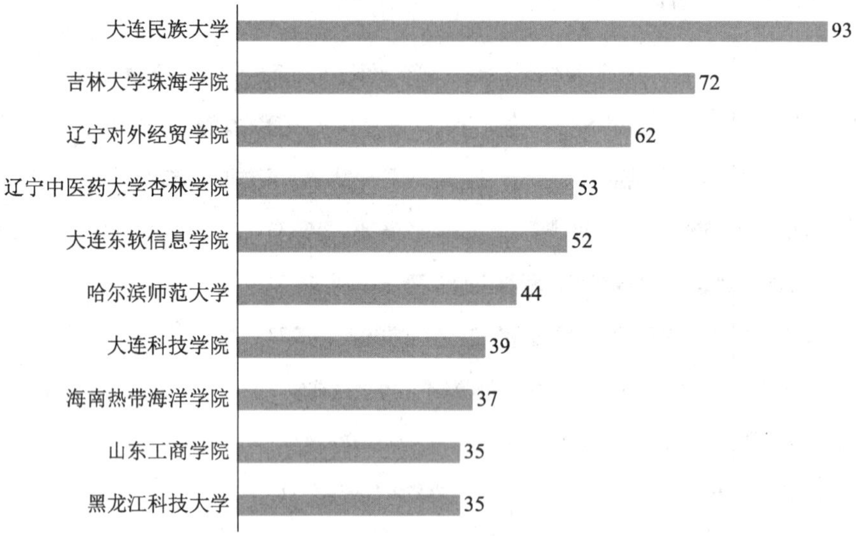

图 1-194　2019 年吉林省生源本科二批文史类省外前 10 院校

根据吉林省 2016～2019 年生源各批次分高校层次录取数据，对不同层次的高校录取人数进行可视化分析，研究近四年不同层次高校的录取变化情况。

如图 1-195 所示，985 高校从 2016～2019 年计划人数呈小幅增长趋势，211 高校（非985）则呈小幅递减趋势，普通双非一本高校则有些上下浮动变化，普通二本高校变化幅度较大。除 2019 年因高考政策导致人数暴增外，2016～2018 年录取人数均呈减少趋势，有些年份减少幅度较大。

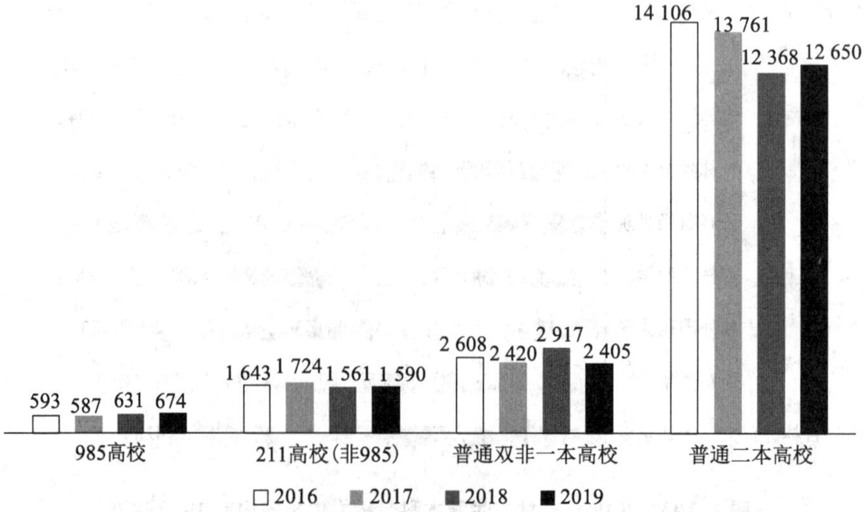

图 1-195　2016～2019 年吉林省生源文史类各层次高校计划人数分类型情况

如图 1-196 和图 1-197 所示，历年招生计划比例没有太大变化，2016～2019 年走势基本一致。到了 2019 年，由于二三本合并，导致数据发生变化。如果把这部分三本人数去掉，与前三年基本一致。

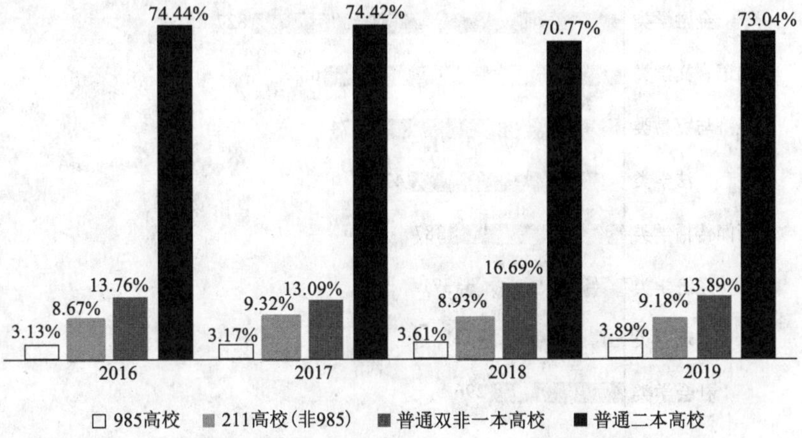

图 1-196　2016～2019 年各层次高校同年招生人数占比

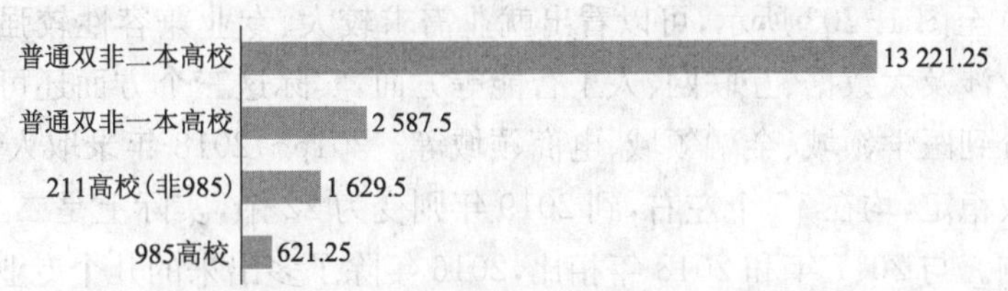

图 1-197　2016～2019 年各层次高校平均计划人数

根据 2016～2019 年吉林省生源分专业录取情况，分析得出需求量大、录取人数多的专业。

根据图 1-198 和图 1-199 所示，省内外有 5 个专业类别相同，分别是工商管理类、外国语言文学类、中国语言文学类、新闻传播学类和法学类。另外五种之所以不同，一方面是文史类招生专业本身就不多，另一方面是省内文史类招生院校相对较少，类型分布不够广泛。

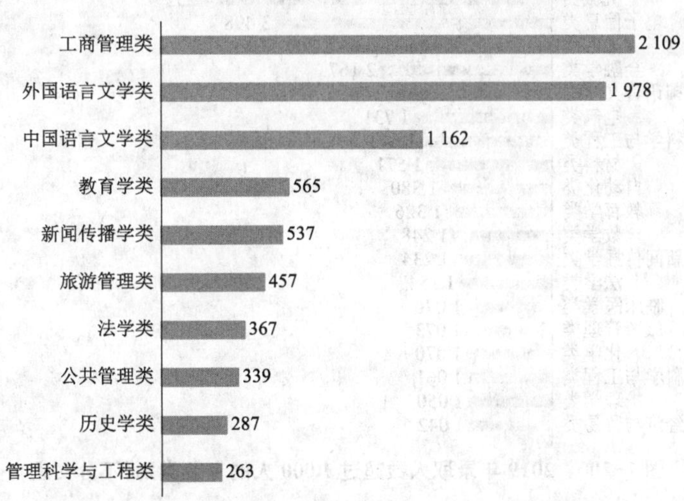

图 1-198　2019 年省内高校对吉林省考生录取总量分专业前 10

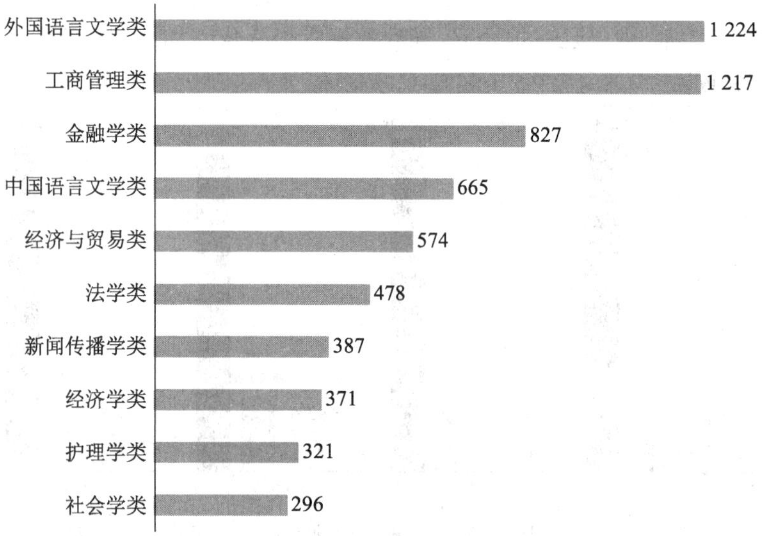

图 1-199　2019 年省外高校对吉林省考生录取总量分专业前 10

如图 1-200 至图 1-203 所示，可以看出就业需求较大、专业兼容性较强的专业类别，比如计算机类专业涉及大数据、互联网、人工智能等方面，实际这三个方面还可以向下细分，如大数据可再细分到医学领域、金融领域、电商领域等。2016～2018 年录取人数超过 1 000 人的专业类别比较稳定，均在 15 个左右，到 2019 年则变为 22 个，实际上是二三本合并对录取人数带来了影响。与 2017 年和 2018 年相比，2016 年除了多出来的几个专业类别外，其他专业类别相同。在前 15 个专业类别中，新闻传播学类只在 2019 年专业类别中出现过，其余专业类别与 2016～2018 年相同，说明这些专业一直以来市场需求量大，专业热度较高，所以招生人数较多。

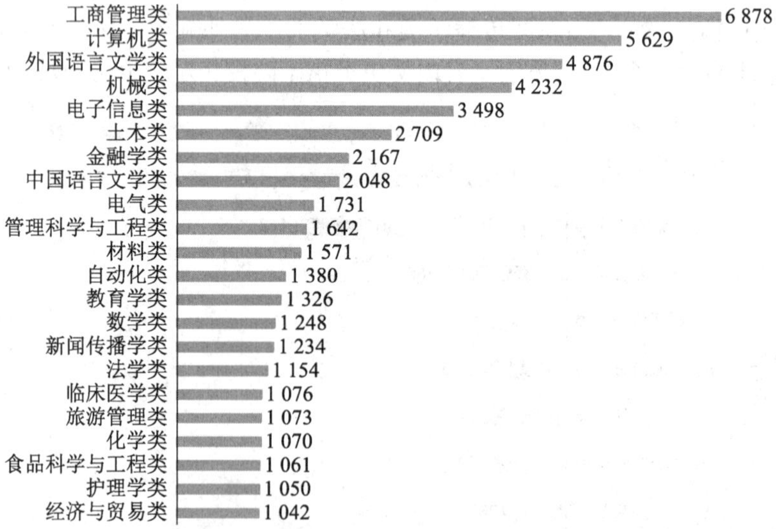

图 1-200　2019 年录取人数超过 1 000 人的专业类别(不分文理)

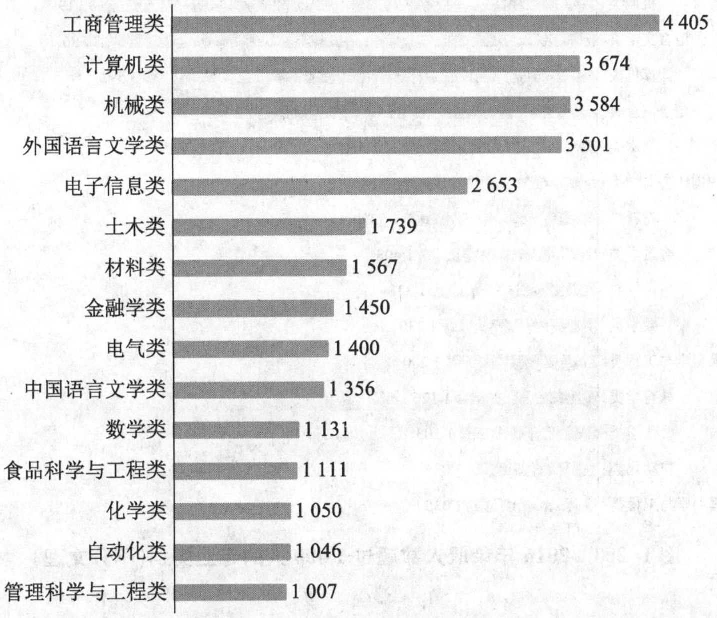

图 1-201　2018 年录取人数超过 1 000 人的专业类别(不分文理)

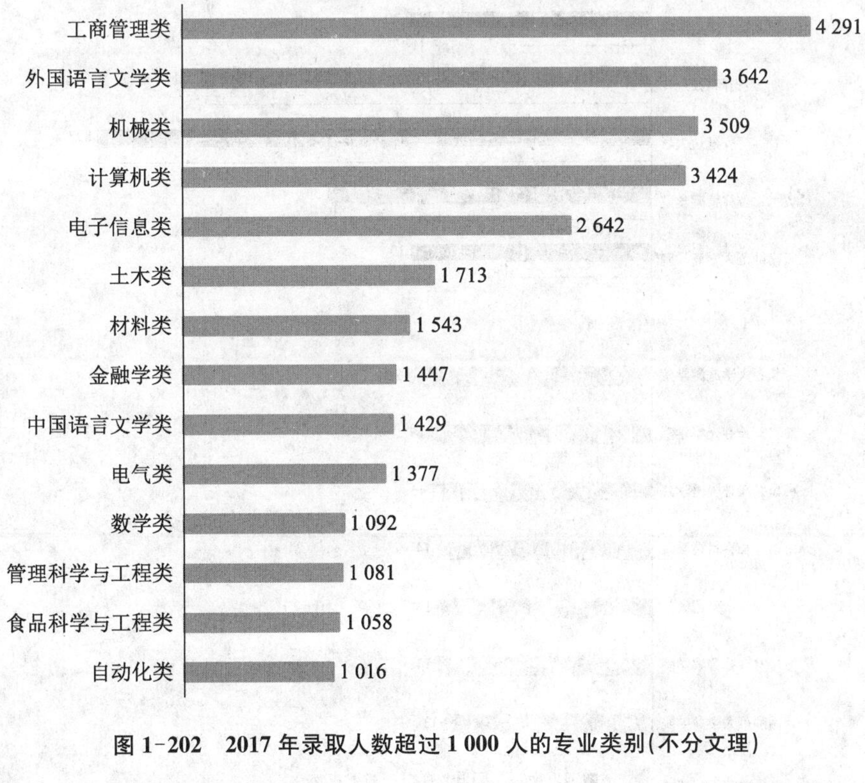

图 1-202　2017 年录取人数超过 1 000 人的专业类别(不分文理)

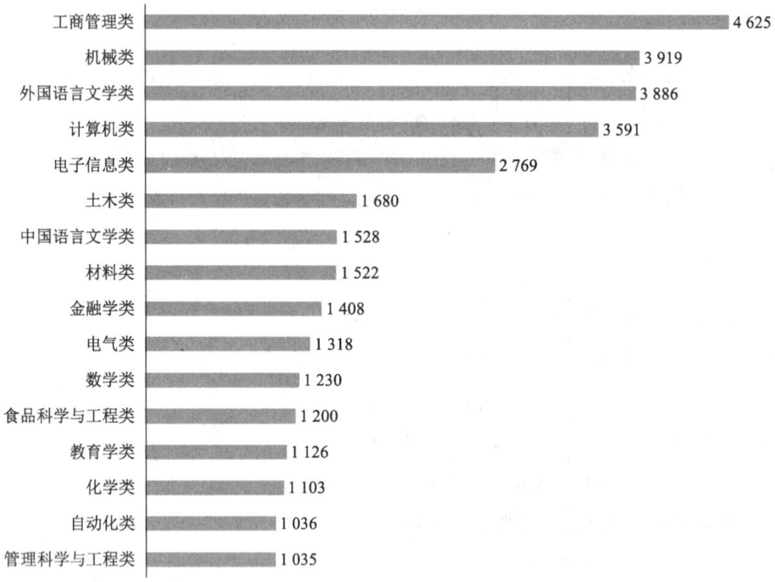

图 1-203　2016 年录取人数超过 1 000 人的专业类别(不分文理)

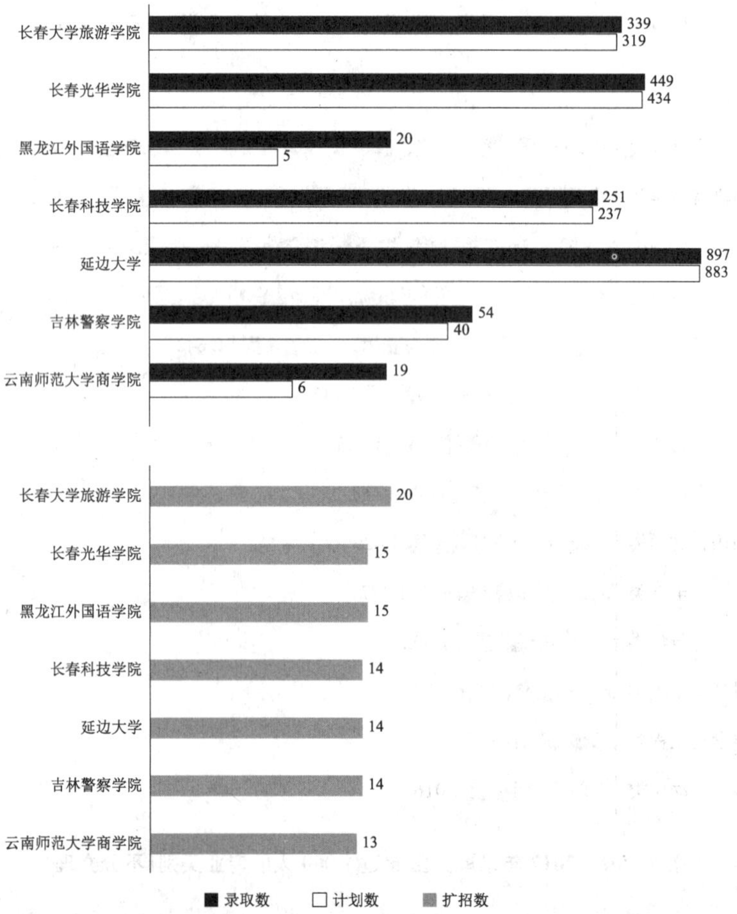

图 1-204　2019 年热门高校计划数与录取数

根据 2019 年录取高校、专业、地区的计划数与录取数，分析得出高校、专业、地区的冷热情况。

通过对 2019 年各高校计划数与录取数情况分析，得出属于热门/冷门院校的类型。

2019 年文史类院校录取人数大于计划人数的高校共 257 所，2019 年文史类院校未录满的高校共 14 所，其中扩招人数超过 10 人的院校共 7 所，民办院校有 5 所，公办院校有 2 所，如图 1-204 所示。

如图 1-205 所示，2019 年招生冷门高校共 3 所，且未录满人数均是大于 5 的院校。东北师范大学属于师范院校，西安财经大学行知学院属于财经院校，而辽宁工程技术大学属于综合院校。从另一方面来看，东北师范大学属于 211 高校（非 985），录取分数偏高，而西安财经大学行知学院属于民办院校，所属地区相对来说比较偏远。

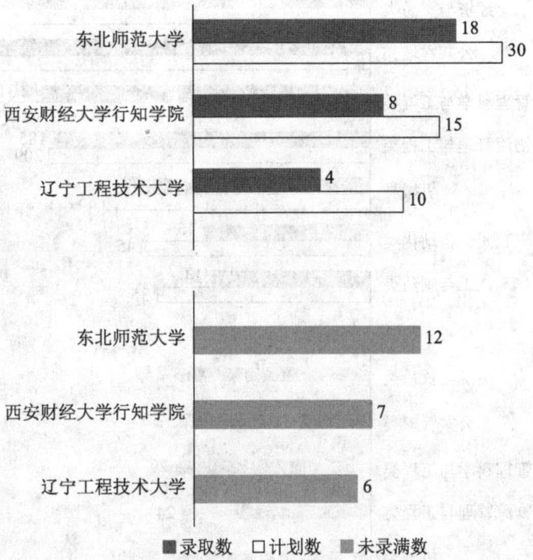

图 1-205　2019 年冷门高校计划数与录取数

通过对 2019 年各专业类计划数与录取数情况分析，可得出属于热门和冷门的专业。

2019 年文史类招生专业类别共 60 个，19 个专业类别录取人数比计划人数要多，其中 5 个专业类别录取数大于计划数 40 人，如图 1-206 所示。大致可把专业类别划分为 4 个：语言类、政法类、医护类以及教育类，均属于文史类专业中考生较为倾向的选择。

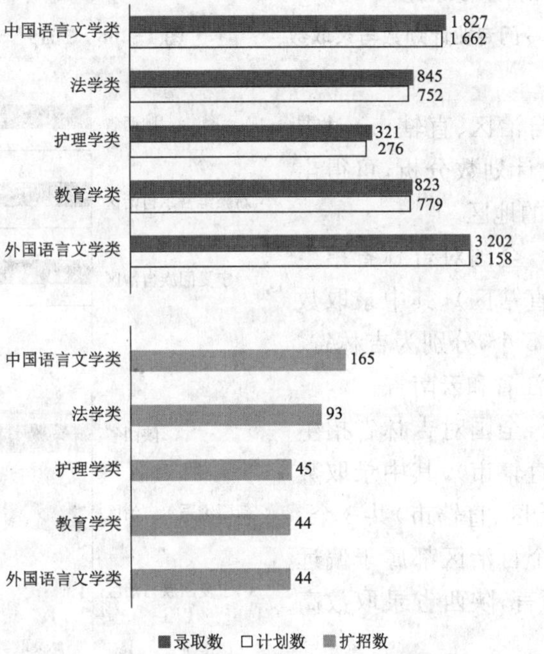

图 1-206　2019 年热门专业计划数与录取数

2019年文史类招生专业类别共60个，未录满专业类别共有28个，未录满人数大于20的共7个。如图1-207所示，其中机械类、自动化类、化工与制药类、物流管理与工程类为偏理科重实践的专业，公共管理类、管理科学与工程类、经济与贸易类属于偏管理、经营类的专业，都存在专业要求较高，就业难度较大的问题。

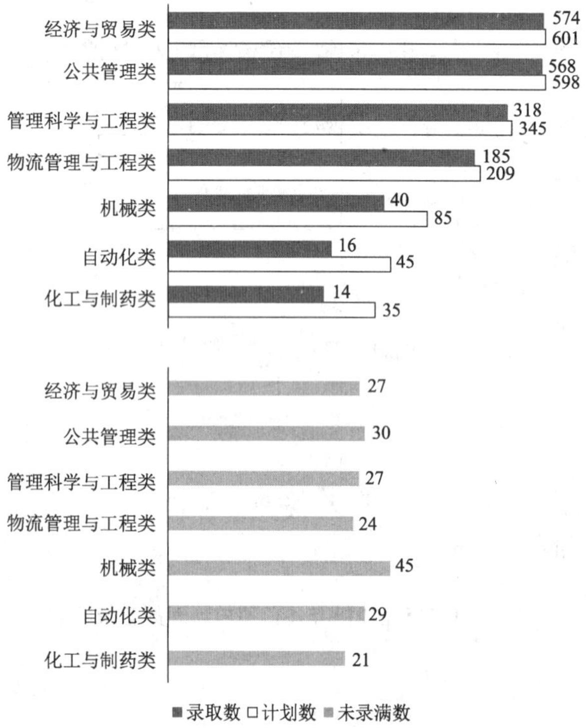

图1-207　2019年冷门专业计划数与录取数

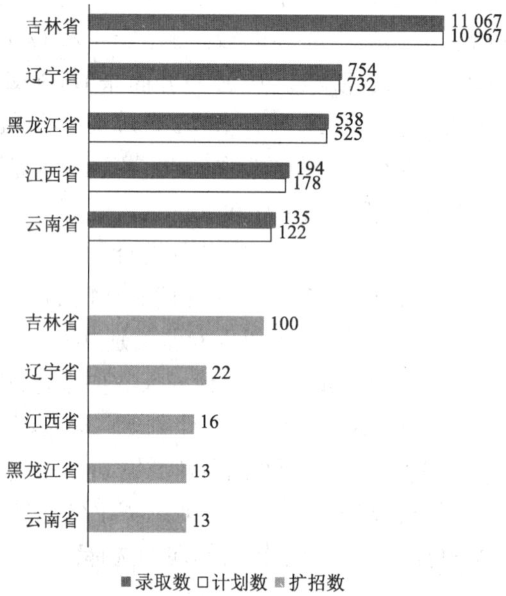

图1-208　2019年热门地区计划数与录取数

通过全国各省(自治区、直辖市)对吉林省的招生录取数及计划数分析，可得出属于报考热门和冷门的地区。

如图1-208所示，全国对吉林省招生共29个省(自治区、直辖区)，其中录取数大于计划数的省份共5个，分别为吉林省、辽宁省、江西省、黑龙江省和云南省。

如图1-209所示，全国对吉林省招生共29个省(自治区、直辖市)，其中录取数小于计划数的省(自治区、直辖市)共3个。除陕西省外，其余两个自治区都属于偏远地区。就录取人数而言，陕西省录取数高于另外两个自治区。

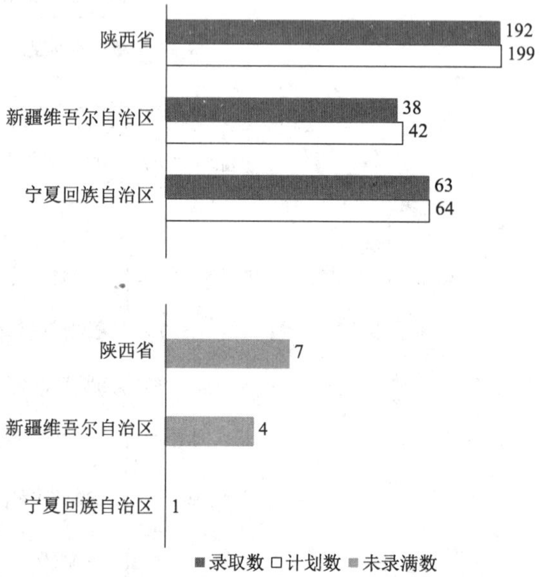

图1-209　2019年冷门地区计划数与录取数

二、时政热点:硕士扩招对 2020 年高考考生的深远影响

国家每次采取大学扩招政策,都顺应着时代变化趋势,契合着国家的发展脉络。在社会层面上,大学扩招缘于我国经济高速腾飞背景下对人才的需求。在人文层面上,大学扩招当然也影响着个人职业发展的规划与定位。

(一) 中国高等教育扩招史简述

1998 年 11 月,著名经济学家汤敏向中央提交建议书《关于启动中国经济有效途径——扩大招生量一倍》。建议被中央采纳之后,很快制订了以“拉动内需、刺激消费、促进经济增长、缓解就业压力”为目标的扩招计划。1999 年本科扩招比例高达 43.41%。直至 2003 年,中国普通高校本专科生在校人数超过了 1 000 万。

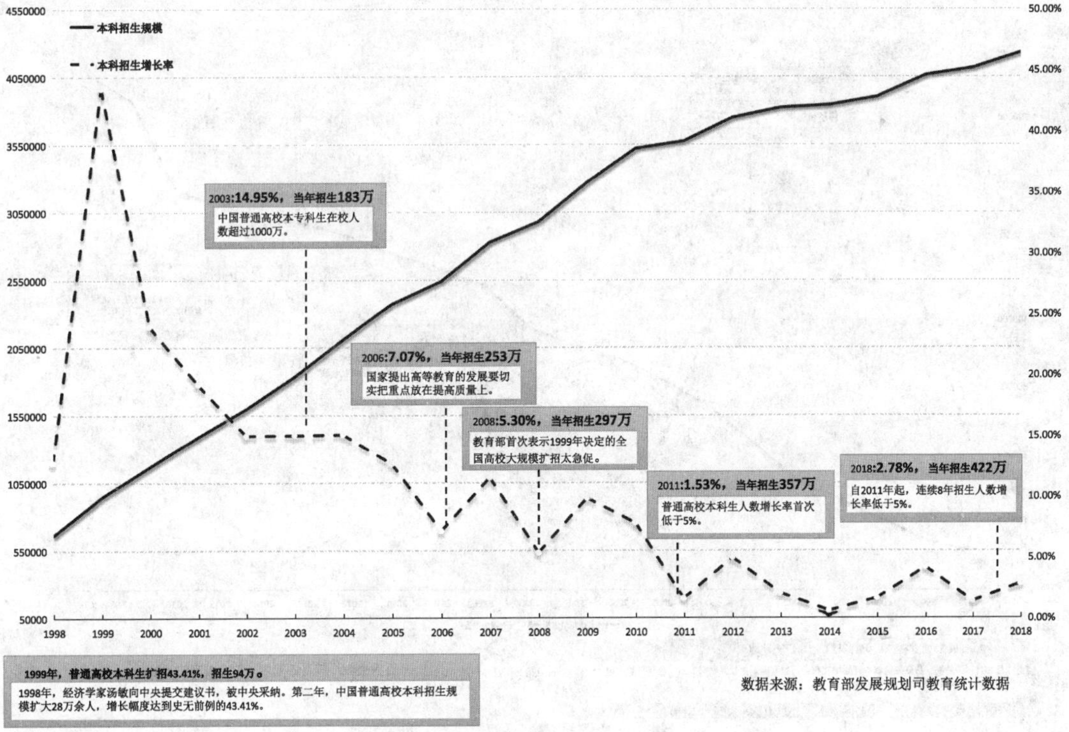

图 1-210　全国普通高校本科招生规模及增长率

(二) 中国高等教育扩招带来的影响

首先,扩招虽然提升了整体国民素质,拉动了经济发展,但高校人才培养质量下降及大学生就业难等问题日渐凸显,中国高校人才培养体系也因此受到了空前挑战。基于扩招中出现的新情况,教育主管部门不断调整新思路。2006 年,国家停止高校的大规模超常规扩招。2006 年 5 月 10 日,国务院常务会议提出,高等教育的发展要切实把重点放在提高质量

上，同时表达应适当控制招生增长幅度，稳定招生规模。2008 年 10 月，教育部首次表示：1999 年决定的全国高校大规模扩招太急促，今后高校扩招步伐将放缓。直到 2011 年，中国普通高校本科招生人数增长率方才降至 5%以下。近十几年来，本科扩招已经趋于平缓，然而研究生的扩招却拉开了帷幕。

(三) 硕士研究生扩招情况

1999～2002 年，硕士研究生每年的扩招幅度都保持在 20%以上。其中 2000 年就扩招了 43.25%。1999 年第一次大扩招的本科生在 2003 年毕业时赶上“非典”疫情。疫情令毕业生的就业雪上加霜。当年硕士研究生招生 22 万人，增幅 34.02%。博士研究生招生 4.87 万人，增幅 27.12%。近十几年，硕士研究生招生人数的增长逐渐趋于平稳。但值得注意的是几个研究生扩招的关键时间节点。无论是 2003 年，还是 2009 年和 2020 年，扩招并不是由社会需求引发的，而是本科扩招后高校人才培养与社会人才需求之间存在落差，进而推动硕士研究生扩招。所以，提高人才质量，才是解决学生就业的关键所在。

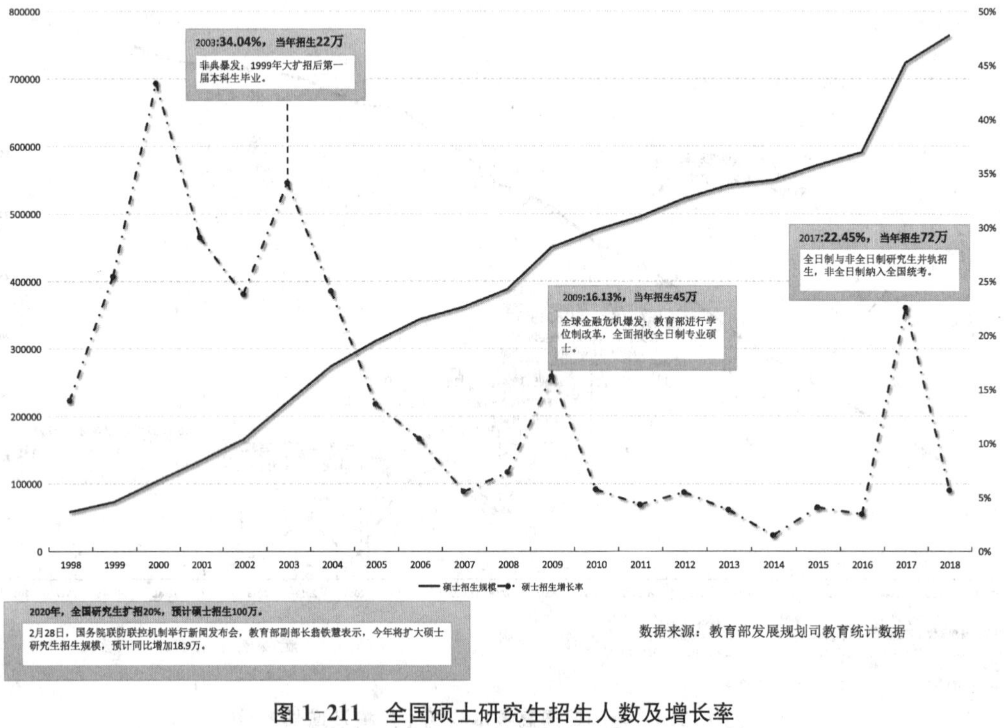

图 1-211　全国硕士研究生招生人数及增长率

2020 年 2 月 28 日，教育部副部长翁铁慧表示，今年将扩大硕士研究生招生，预计同比增加 18.9 万，扩招增幅超过 20%。硕士扩招政策公布两个月后，全国各大高校纷纷公布了 2020 年硕士研究生的招生计划，其中多所高校增加超过 1 000 人，增幅超过 50%。

翁铁慧表示，2020 年硕士研究生招生计划增量，将重点投向临床医学、公共卫生、集成电路、人工智能等专业，而且以专业学位培养为主，以高层次的应用型人才专业学位为主。

2020 年 3 月，教育部等有关部门提出加快人工智能领域研究生培养方案。面对研究生迅速扩招及培养要求不断提高，高校要做的事情还有很多。

博士研究生扩招人数已经连续 3 年增长。2020 年，预计博士研究生招生人数将突破 10 万大关。

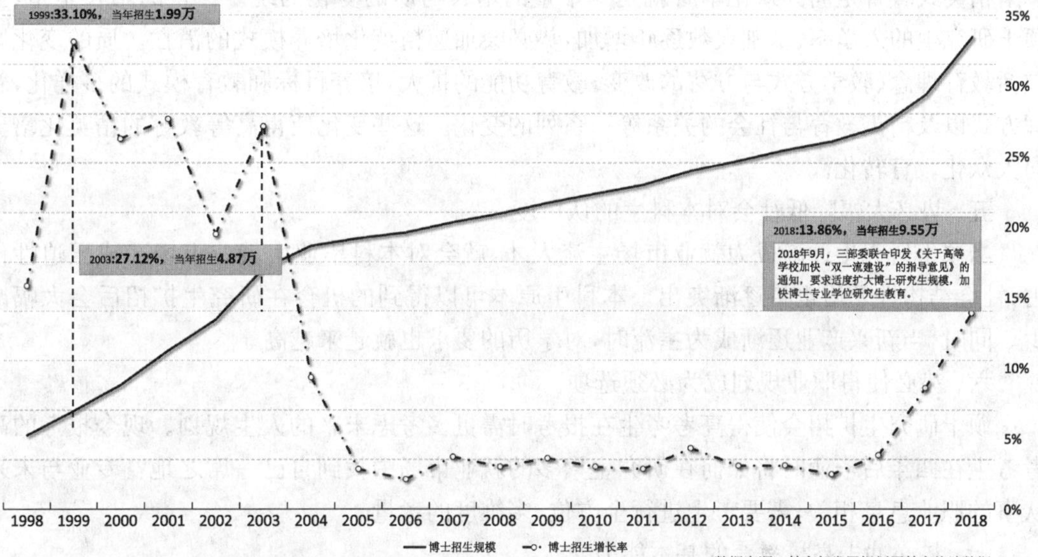

数据来源：教育部发展规划司教育统计数据

图 1-212 全国博士研究生招生人数及增长率

(四) 硕士研究生扩招或将改变 2020 年高考考生的命运

中国高等教育扩招的这二十余年来，随着中国社会“后发优势”的不断发展，人们对本科生、硕士研究生甚至博士研究生的看法悄然发生了转变。随着硕士研究生的逐年扩招，2020 年普通高考招生考试会如何变化？每个学子最后都要进入社会，但以什么样的能力与状态进入社会，是学子们检验教育过程是否有价值的关键。硕士研究生的扩招，对 2020 年入学、2024 年本科毕业的学生来说，又有了新的考验。

一、势必会增加本科毕业生的就业难度。

硕士研究生扩招势必会使得本就不是用人单位首选的本科毕业生就业形势更为严峻。因为当硕士毕业生就业人数逐渐向本科毕业生趋近时，必将会引发本科学历贬值、社会认可度降低等问题。当硕士毕业生与本科毕业生在同一市场进行较量时，用人单位很大程度会产生学历倾斜。

二、势必降低本科毕业生的学历含金量。

同等市场下，硕士毕业生的富余必然会对本科毕业生产生冲击。首先，当研究生学历逐渐成为用人单位招聘时默认的普遍要求及标准时，本科毕业生的职场生存将更为艰难。其次，当硕士研究生就业群体因为扩招逐渐充斥市场时，本科生的竞争力就会随之下降，其学历含金量随之降低。

三、势必增加专业选择难度。

当就业市场风向由本科生转为研究生时，考生在报考时就应该考虑多方面因素，该院校的硕士点数量是多少、是否有可发展空间、社会对其研究生的认可程度等。这就需要高考考生转换其报考视角，其专业选择难度自然也就增加了。

四、势必使得高等教育的精英化培养向大众化教育转化。

精英式教育走向大众化本身就是一个量的增长与质的变化的统一。量的增长是指，当硕士研究生的入学率、基础人数逐年增加，势必会加速精英化培养模式的消亡。质的变化则包括教育理念、教学方式与方法的改变，教育功能的扩大，培养目标和教育模式的多样化，管理方式以及精英教育与社会的关系等一系列的变化。这些变化使得高等教育的精英化培养向大众化教育转化。

五、势必大幅降低社会对本科生的认可度。

当硕士研究生逐渐成为就业市场主流人才，就会对本科毕业生就业市场造成压迫性侵占，社会结构性矛盾也将逐渐突出。本科生原本可以得到的机会在研究生扩招后会大幅减少。同时，当新兴产业逐渐成为主流时，对学历的要求也就越来越高。

六、势必使得职业规划成为必须选项。

硕士研究生扩招会使得高考考生在报考时需更多考虑未来的人生规划。现今报考的高考考生在四年后毕业时将如何在研究生繁多的就业市场中找到自己一席之地？专业与未来从事的职业息息相关，需要考生进行全方位、多维度的考量。

七、势必冲击高校教育的基本能力。

首先，硕士研究生招生院校惯用标准是考生所关注的重要条件之一，学校必须有与之相对的培养能力才能更加吸引考生报考。其次，研究生的扩招导致学校的硬性条件也会成为考生关注的焦点。

八、势必影响高校学科发展的未来走势。

2020年研究生计划增量将重点投向临床医学、公共卫生、集成电路、人工智能等专业，并且以专业学位培养为主，以高层次的应用型人才专业学位为主。这也就意味着高校学科发展的未来走势要向其靠拢。

九、势必改变高考报考的专业选择。

首先，以理工类为主的研究生扩招已成为必然发展方向，人工智能等新兴产业也逐渐成为主流，所以在考生专业报考时需提高自己的前瞻性。其次，专业选择也应将地域发展考虑在内，譬如人工智能一般布局在发达地区。对于考生来说，选择在适合的环境中就读适合的专业更有利于就业。

越来越多的本科毕业生怀抱着“研究生出来，也许能找到一份更好的工作吧”的想法，投身到了考研大军中。那么，从2020年报考开始，考生就要在专业选择、职业规划等方面做好全新的准备。

一、应与社会行业分类需求挂钩。

所有专业的选择必将面临社会的考验。选择专业很大程度上是在选择职业，专业是职业与行业最主要的载体，也是社会行业需求最重要的分支。基于行业本身去培养能力也是高考考生报考的重中之重。

现可根据职业本身特性将行业归为32类。考生需要从社会行业分类需求角度，考虑当年国家政策的支撑程度、薪资增长速度、未来发展趋势、科技机遇以及开办院校发展势头等因素。部分专业的学生学历达至本科就可以得到很好的就业机会，但是也有一些专业的学生需要研究生学历才能找到满意的工作，如人工智能、医学等知识体系庞杂的专业，若学生没有多年的积累，只能学个皮毛，本科毕业并不是就业的最佳时机。

高考考生应搜集行业政策信息及学校信息，了解报考专业对应行业的状况，如朝阳型产业生命力强大，它能够通过科技推动产业发展因而其所对应的专业成为报考的热门。该类型产业市场前景广阔，从某种程度上来说，这些产业也代表未来发展的趋势，一定条件下它们可演变为主导产业甚至支柱产业。

传统产业则是劳动力密集型的、以制造加工为主的产业，这类产业中部分行业未来必然面临生存问题。人工智能的崛起将会替代部分传统产业。所以考生报考时需要将这些问题考虑在内，选择一个未来发展前景广阔的行业。

二、应与高校学科培养能力挂钩。

学科代表着相对独立的知识体系，它实际上是能力与技能的体现，其本质是指高等学校本科教育专业设置的学科分类。我国高等教育共有13个学科门类：哲学、经济学、法学、教育学、文学、历史学、理学、工学、农学、医学、军事学、管理学、艺术学。其中共包含92个一级学科。高校的学科培养能力不仅是该院校实力的体现，还是学生未来达成学业成就的重要组成部分。学科能力及教学水平也是高校培养能力的重要组成维度。

高校学科培养能力实际上从侧面体现了院校的基本实力。学科培养能力强的院校师资队伍与资源、科研水平、人才培养质量和学科声誉都具有一定的优势。师资质量包括师资队伍的整体质量和结构质量。人才培养质量则是高校的核心任务，包括培养过程质量、在校生质量、学位论文质量等，其中导师指导质量、学位论文质量和优秀毕业生是考生应该重点关注的指标。由此高考考生要以了解院校基本情况为前提，理清该院校的隶属关系、院校性质、办学层次、学校规模、收费标准、奖助学措施等重点指标。从而了解该院校的学科培养能力。

同时，不同类型院校之间也有很大的差异。对于同样的专业，综合院校与专业院校的培养方式必然是存在差异的。综合院校更注重培养均衡能力，专业院校重在培养某一部分技能。理论型院校与应用型院校也存在差异。这就需要考生全方位衡量其中利弊。

三、应与人生职业发展规划挂钩。

人生职业发展规划就是对自己的职业发展生涯进行持续系统的规划。现今在研究生的社会需求量持续走高的现状下，考生对于日后所学专业及行业要有一个前瞻性的考虑，如报考的专业与行业是否能够带来一定的社会认可度、是否能够培养某种能力、成为报考热点的新兴产业是否会对学历有更为严苛的标准与要求等都是需要考生在报考之时就结合自身发展才能，考虑未来人生职业发展规划。

外在的政策、行业等信息是报考的"软件"，内在的自身条件、能力才是报考的"硬件"。若自身条件与能力仅能达到本科，本科毕业后就尽自己所能在社会中占据一席之地。若自身条件及能力能够冲刺研究生，就可以继续在校园内丰富自身知识储备。

有时职业工作内容与专业学习内容并不完全对等。比如土木工程专业，主要学习力学知识、数学知识，并对几何绘图能力有一定要求，但实际上专业学习内容与职业内容有很大差异，土木工程需要去房屋建筑工地、道桥施工工地跑现场，单独看专业内容考生可能会喜欢该专业，但是却未必接受这样的工作形式与内容。此时就需要考生客观衡量自身条件以及社会现状，做出既能发挥自身优势，又能适应社会发展的选择。

四、应与地域经济发展趋势挂钩。

新兴产业逐渐成为主流的形势下也带动着其地域的发展。譬如人工智能发展一般都在经济高度发达的地区，大数据行业一般优选贵州，贸易去广、深，金融就去苏、杭等。专业与职业的发展实际上离不开产业对地域的牵引。那么，考生报考时就不能局限于报考本身，要把地域因素考虑在内，为后续升学与就业做好充足的考虑与准备。与此同时，考生还要了解招生院校所处的地区与录取分数线的关系，如一般内陆等经济欠发达地区的院校的录取线相对较低，沿海城市等经济发达地区的院校的录取线相对较高。

同等分数下，地域有时决定着报考的梯度与层次。如 2019 年，哈尔滨工业大学在山东省的提档线是 640 分，而北京理工大学则是 654 分，整整高出了 14 分，实际上哈尔滨工业大学本身与北京理工大学各方面优势是可以抗衡的，但因地域差异使两校提档线有所区别。再如广东外语外贸大学，本身是一所非常不错的本科院校，但是其影响力小，辐射范围仅在广东省周边。所以，高校的名气辐射范围也是应当考虑的因素之一。地域可以影响院校的提档线和知名度，所以考生在扩招的形势下更应该考虑周全。

五、应与自我兴趣天赋挂钩。

“知人者智，自知者明”，了解自身才是报考的捷径。个人特质与学校特质的完美结合是高考志愿选择的最优结果。如常规型的孩子踏实、稳重、平和，却缺乏竞争意识，适合稳定的专业；艺术型的孩子通常内心活动比较敏感，善于表达且富有想象力，适合与艺术相关的专业；条理性较好的孩子，适合选取与研究相关的专业。

根据自身擅长特质进行报考实际上是寻求自身能动力最大化的过程，自身适合什么，擅长什么，决定着一个人未来的发展方向。高考报考时考生掌握着大部分主动权，应了解自身强项及爱好，规避自身弱项与短板，选择心仪的院校与专业。

六、应与能力培养挂钩。

硕士研究生扩招势必会改变社会人才需求构架，想要与之进行适配，就需要提升自身能力，但能力也要与自身优缺点相结合。能力实际上是完成一项目标或者任务所体现出来的综合素质，是一种创造力，决定着能做什么，是干事的基础，也决定着干得好不好，能力是就业市场的主要衡量标准。本科生在硕士研究生扩招的情况下，就业竞争压力加大，但可以提前进入社会占据工作资源，在实践中培养自身的能力。

能力各有不同，主要可分为基础性能力、学科素养性能力等不同类型。基础性能力是指考生的个人基本能力，基础性能力也是认知能力在日常生活中的具体性表现。学科素养能力是学科核心能力的最终表现，包括思维能力、文化理解能力、价值观判断力与实践能力。

面对硕士研究生扩招的现状，2020 年高考考生面临空前挑战，但仍需保持客观、理智才能明晰自身的发展方向，结合时下发展方向，寻求真正属于自己的报考之路。

三、数据示警：二三本合并向 2020 年高考考生敲响警钟

一本、二本、三本是民间说法，官方说法是本科第一批次、第二批次、第三批次。所以二

三本合并就是本科第二批次与第三批次合并录取。这一政策是国家为高校发展所做的重大战略设计，对广大考生与家长产生了较大的影响。

(一) 考生可选院校增加

2018 年全国二本院校共 495 所，三本院校共 198 所，2019 年二三本合并后二本院校变为 693 所。三本院校单独批次录取的取消，使得当年第二批次的分数线降低，考生可选择的院校增多，被录取的概率也随之增大。

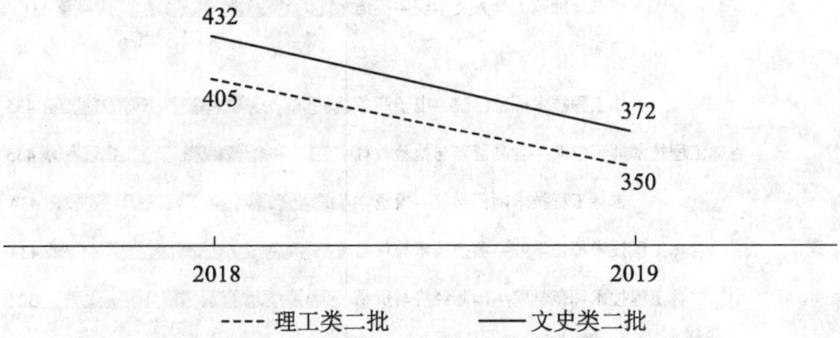

图 1-213 2019 年二三本合并后二本批次线

例如：吉林省 2018 年某理工类考生分数为 405 分，根据 2018 年录取结果统计来看，该考生当年可上院校数量为 58 所。2019 年二三本合并后，该省某理工类考生同样考取 405 分，其可选择的院校数量达到了 178 所，比 2018 年增加了 120 所，故二三本合并后考生可选院校数量大大增加。图 1-214 列举出了二三本合并前后(2018 年和 2019 年)，379～405 分的理工类考生可选择院校数量对比。

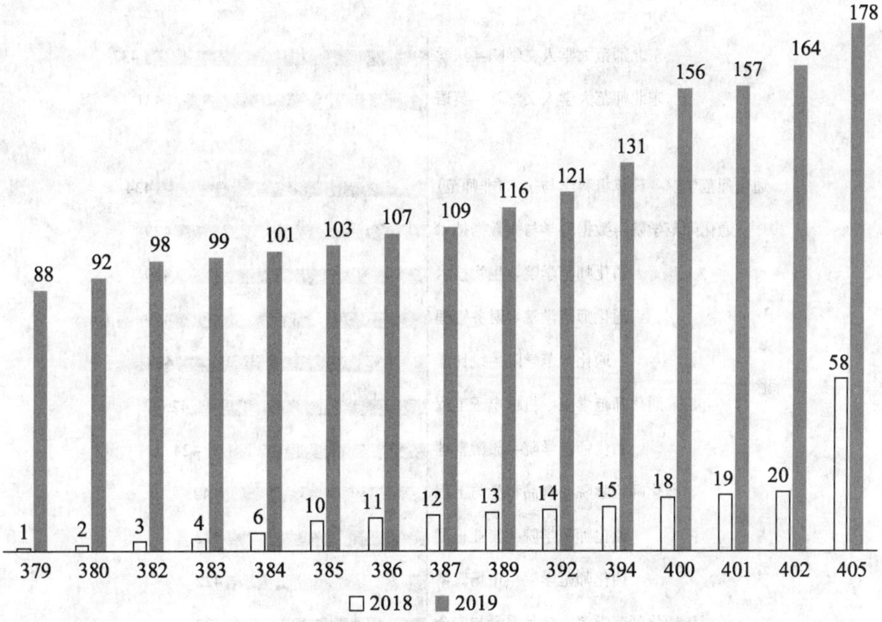

图 1-214 2018～2019 年吉林省理工类本科二批同分可选择院校数量对比

（二）志愿填报难度增大

对于三本高分段的考生而言，二三本合并无疑是一次“逆袭”的机会。二三本合并弱化了原本的批次界限，使得原来只能上三本院校的高分考生有机会选择更上一阶的公办二本院校。如2019年选择三本院校东北师范大学人文学院的法学、英语两个专业的第三批次的考生完全有机会选择以下两个二本院校中的部分专业，如图所示。

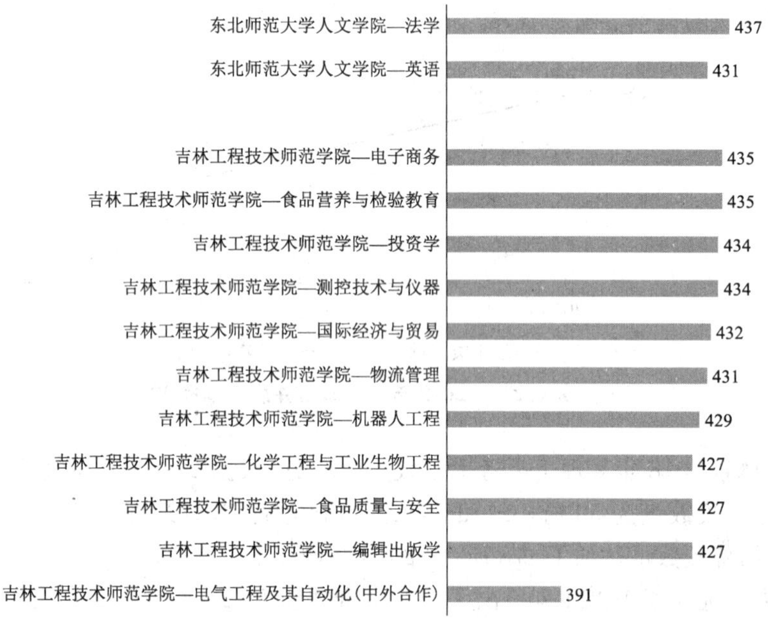

图1-215　二三本合并后部分院校专业录取分数线

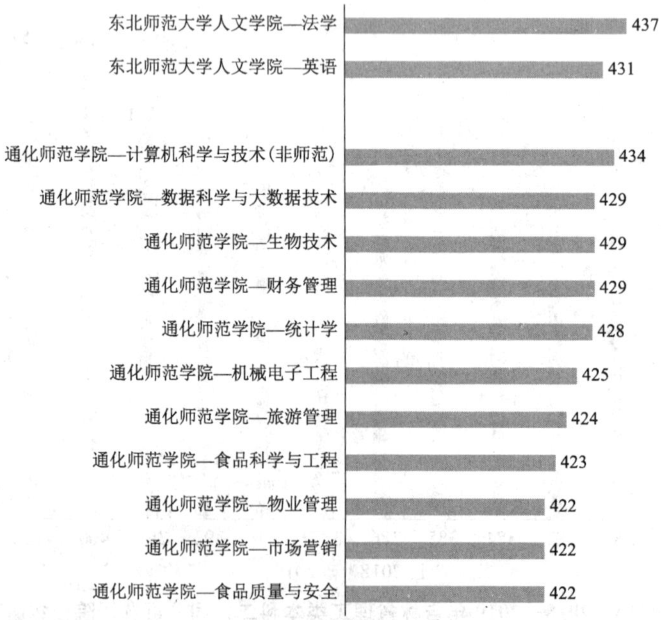

图1-216　二三本合并后部分院校专业录取分数线

如图 1-217 所示，该图为辽宁省三本院校大连财经学院 2019 年对吉林省招生最低录取分数，实际上该分数段的考生也可以选择河南省的二本院校。

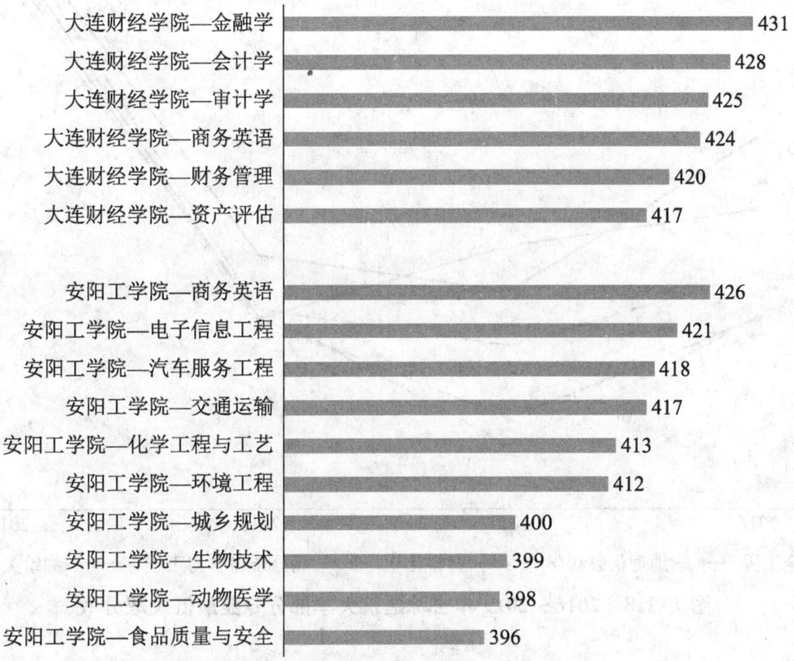

图 1-217　二三本合并后部分院校专业录取分数线

二三本合并前，一些刚过二批线的考生有很大概率被录取到二本院校，但二三本合并后，冲刺二批线的考生数量瞬间增多，原来属三本高分段考生开始有机会冲刺二本院校，使得原本能够上二本院校的考生反而有了滑档的可能。这些考生即便放弃二本院校，也很难在三本院校中选择到好学校、好专业。如前文所述的东北师范大学人文学院法学专业录取最低分的考生，原本踩线过的他在合并后因无往年分数可参考，有可能失去基本的报考判断力，明明可以报考普通本科，最终却被民办院校所录取。

家长及考生在报考时通常会以往年录取分数线作为报考参考，录取线虽会受到招生计划及招生人数的影响，却还是具备极大的报考参考价值。二三本合并后，录取分数线参考价值下降，出现报考扎堆以及录取分数线水涨船高的现象，志愿填报的难度及风险均增加。

图 1-218 为吉林建筑大学部分专业的历年最低录取分数，2019 年二三本合并导致该年最低录取分数比历年高出许多。

图 1-219 是厦门大学嘉庚学院部分专业的历年最低录取分数。

综合以上几个三本院校的数据，基本可以看到二三本合并对原来刚过二批线的考生影响很大。

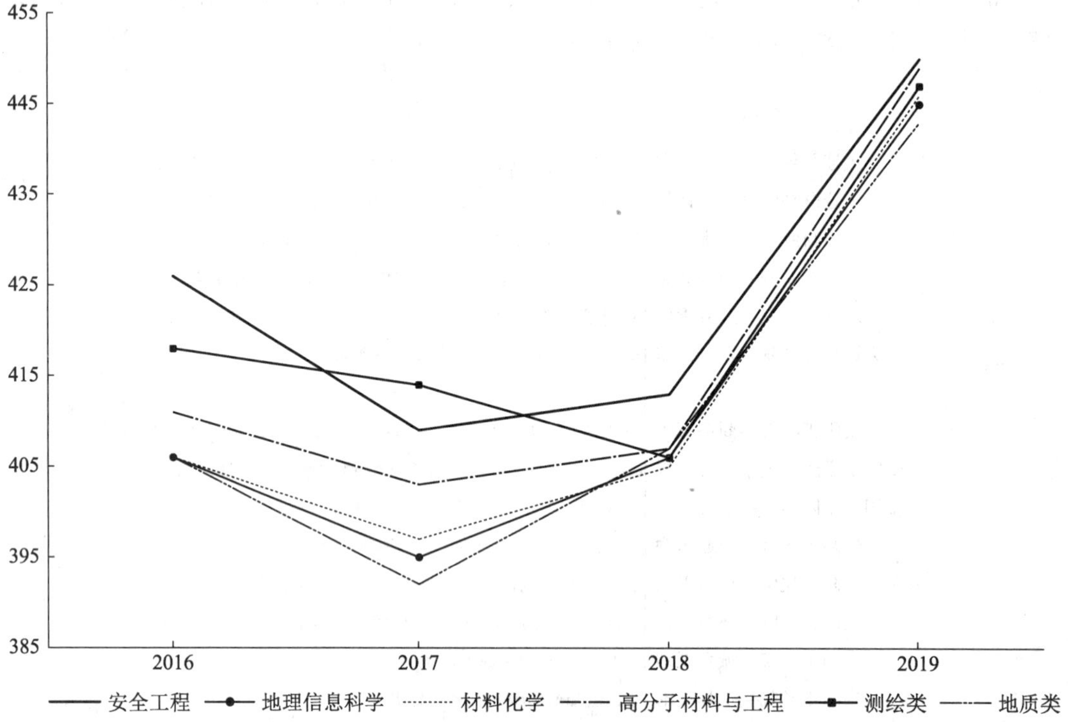

图 1-218　2016～2019 年吉林建筑大学部分专业最低录取分数

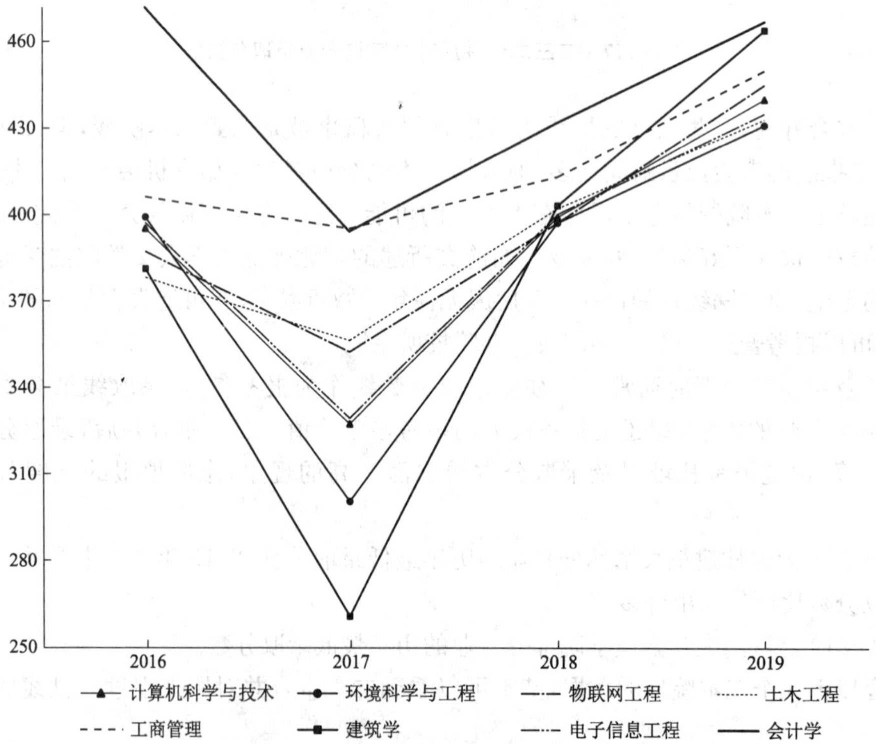

图 1-219　2016～2019 年厦门大学嘉庚学院部分专业最低录取分数

（三）引导高校回归办学实力的竞争

二三本合并加快了公办院校与民办院校教育一体化的脚步，使公办院校与民办院校平等招生成为未来主要趋势。在此形式下，传统的二三本院校都面临重新洗牌，没有特色的高校将会被淘汰，而高校实力的竞争实际就是其办学实力的竞争。

图 1-220 为东北师范大学人文学院和通化师范学院 2019 年部分专业最低录取分数。图1-221为三本院校厦门大学嘉庚学院以及天津医科大学临床医学院和二本院校长春工程学院 2019 年部分专业最低录取分数。实际上它们的最低录取分数相差无几，那么随着二三本合并的发展，公办院校和民办院校的界限淡化，本身在声誉、地理位置、生源质量和办学水平都占优势的东北师范大学人文学院、厦门大学嘉庚学院、天津医科大学临床医学院就将超越通化师范学院成为吉林省考生的较优选择。

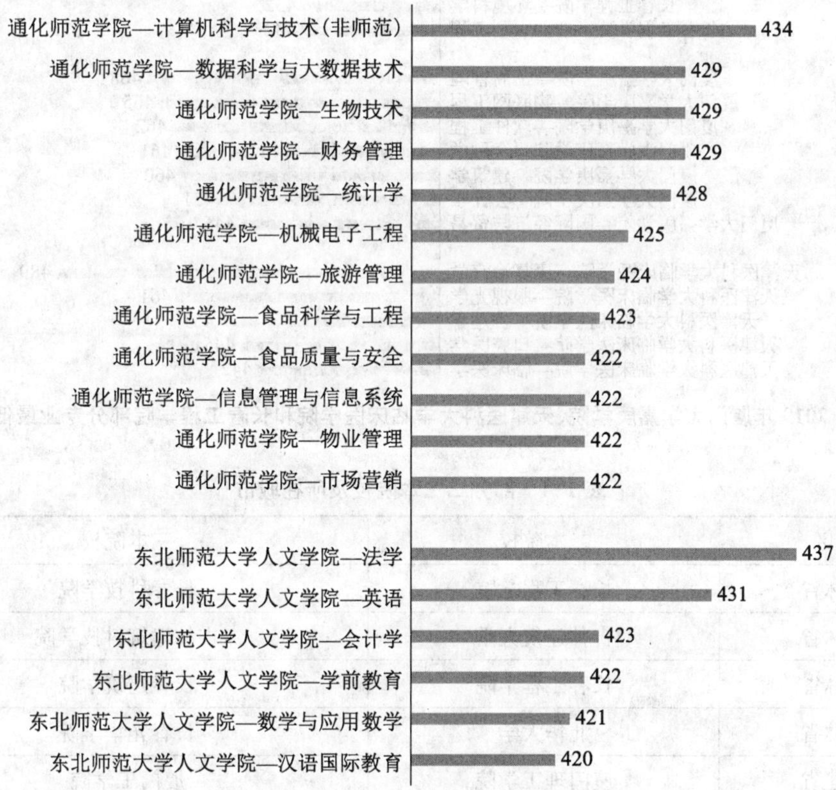

图 1-220 2019 年东北师范大学人文学院和通化师范学院部分专业最低录取分数

二三本合并实际上给予了三本院校一个与二本院校平等的机会，因为在我们的固有观念中，三本总是比二本低一个档次。但二三本合并实行多个平行志愿填报，打破了原本的壁垒，二三本院校逐渐趋于平等，三本院校可以招录到更优质的生源，同时，三本院校的毕业生也能够在就业时，不再受到歧视。

但二三本合并后因院校范围扩大，体系建设庞杂，地域分布广泛，办学特色各异，众多院校若单单只看名字难以区分。例如：

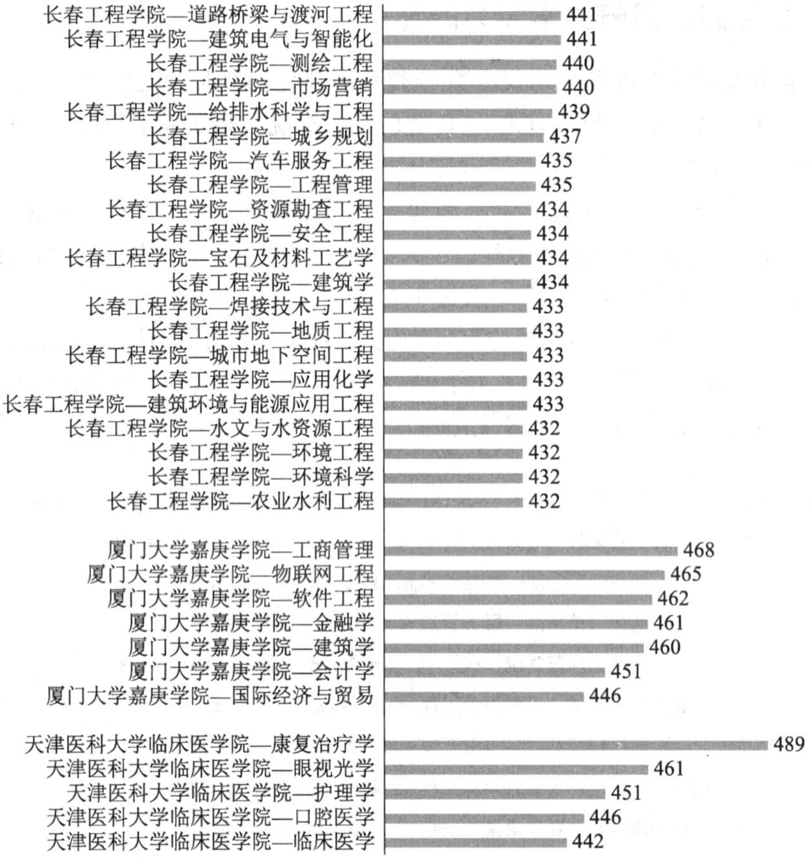

图 1-221　2019 年厦门大学嘉庚学院、天津医科大学临床医学院和长春工程学院部分专业最低录取分数

表 1-1　部分二三本院校及所在城市

地区	二本院校	三本院校
吉林省	长春工程学院	长春科技学院
吉林省	吉林建筑大学	吉林建筑科技学院
吉林省	长春工程学院	长春建筑学院
吉林省	北华大学	长春光华学院
福建省	厦门理工学院	厦门工学院
江西省	南昌工程学院	南昌工学院
四川省	四川文理学院	成都文理学院
上海市	上海商学院	上海立信金融学院
黑龙江省	黑龙江工业学院	黑龙江工商学院
黑龙江省	黑龙江工程学院	黑龙江工商学院
辽宁省	沈阳医学院	辽宁何氏医学院

（四）造成学生滑档现象

二三本合并使得批次线发生变化，导致院校录取分数线波动，从而造成大量学生滑档，这是二三本合并造成的另外一个重要影响。

1. 批次线改变

2018 年，吉林省理工类本科三批线是 283 分，吉林省文史类本科三批线是 316 分，2019 年二三本合并之后，吉林省理工类本科二批线是 350 分，吉林省文史类本科二批线是 372 分。根据吉林省 2018～2019 年一分一段表显示，2018～2019 年批次线的分数位次如表 1-2 所示。

表 1-2　2018～2019 年本科二批与三批线、位次及考生人数对照表

批次名称	理工类	位次	当年考生人数	文史类	位次	当年考生人数
2018 年本科三批	283	66 430	72 180	316	24 073	27 955
2019 年本科二批	350	60 967	73 702	372	22 483	29 736

从表中我们可以看出，2018 年理工类本科三批线上考生占比 92.0%，文史类本科三批线上考生占比 86.1%，也就是 2018 年吉林省理工类考生 92.0%可报本科院校，文史类考生 86.1%可报本科院校，而 2019 年二三本合并后，理工类本科二批线上考生占比则为 82.7%，文史类本科二批线上考生占比则为 75.6%，也就是 2019 年吉林省理工类考生 82.7%可报本科院校，文史类考生 75.6%可报本科院校。

当二三本合并后，原本理工类本科上线率由 92.0%降为 82.7%，文史类本科上线率由 86.1%降为 75.6%。理工类 9.3%、文史类 10.5%的考生因二三本合并后，无法报考原本的三本本科院校，只能滑档去报考专科院校。

2. 院校录取分数上升

从已有数据可知，2018 年与 2019 年全部招生的原三本院校共有 188 所。对院校最低录取分数进行整理后，我们发现大部分三本院校的最低录取分数处于直线上升状态，仅有 2%的院校的最低录取分数降低。而最低录取分数升高的院校中，最低录取分数上升 31～40 分与 21～30 分分别占 17%与 15%。

如图 1-222 所示，原三本院校录取分数的上升也说明，二三本合并会造成考生滑档概率增加。

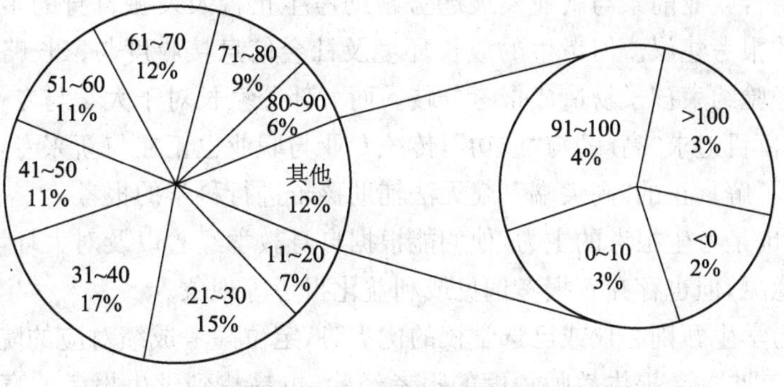

图 1-222　原三本院校 2019 年院校最低录取分数变化占比

四、科学解析:高考报考的市场化解决思路探究

现今虚假专家及劣质平台等因素使得高考报考市场混乱不堪。如何在此情况下辨别优质的报考平台成了亟待解决的问题。本章将在解析报考主体混乱、报考软件质量低劣、用户鉴别能力较差等高考报考市场乱象的基础上,结合当下数据、概率、分数等优质软件平台鉴别标准,去探寻高考报考行业的标准体系。

(一) 高考报考市场乱象全景

报考主体的不同必然会影响考生的报考。学生、家长、教师、报考专家及信息整合平台等多主体在其自身经验参差不齐的情况下,必然存在着报考差异与优劣势。

1. 报考主体依赖多元与各主体经验参差不齐的矛盾

高考报考在不同报考主体作用下会产生相应的选择差异,学生通常会在《报考指南》的指导下,根据自己的主观喜好与意愿进行志愿填报;家长、老师或具有相关经验的亲戚朋友们会在社会属性加持下,根据自己的经验指导考生进行报考;家长与考生拿不定主意时往往会依靠信息整合平台公布的信息及整合的电子版《报考指南》进行报考;一对一专家咨询是由市场催生出的报考业务,擅用低价吸引家长与考生,但全程咨询下来,价格仍是高昂;平台软件可摒弃一对一专家的形式,但是仍然存在收费高的现象。每个主体有其优势,必然存在其劣势。以下详细分析每一种报考主体的优劣势。

首先,学生是志愿填报的主体以及后果承受者,他们在报考时既存在着了解自己的优势,又存在着社会经验不足的劣势。

他们主观的喜好与意愿通常占据着不容忽视的地位。报考时他们应当掌握大部分主动权,因他们了解自身强项及爱好,故能规避自身弱项与短板,更易选择心仪的院校与专业。家长与学校可辅助填报,但不能代替他们做出最终志愿抉择。但学生报考也存在其劣势,他们足够了解自己,却不够了解社会,社会经验的缺乏会间接影响报考判断,容易做出不完全合理或不完全周详的报考决定。所以适时求助家长、学校及第三方报考平台,能够帮助他们做出相对正确的志愿选择。

其次,家长的社会属性是孩子报考的天然保护屏障,他们能够将自身经验化作考生报考的利器,但也会因其新兴信息接收不足而产生报考误区。

家长能够结合就业前景与就业发展趋势帮助考生正视及发掘自身的多重可能性,提供真正切实有用的报考建议。但考生的成长环境及社会信息接收度与家长略有差异,所以家长若一味地以经验约束孩子易造成报考分歧。而大部分家长对于大学与专业的认知有一定程度的偏差,常盲目追求“高薪”与“成功”,传统专业与职业也正在与新兴专业与职业产生碰撞,家长如果不了解真正的“高尖端”,就无法辅助孩子进行科学的报考。

再次,教师也是考生报考的主力,他们能根据自身教学经验以及对大环境的掌控予以考生较为优化的意见,但也存在着报考偏见或利益化报考等现象。

教师能够为学生甄别心仪或已选学校的优劣势,定位高考成绩对应的院校志愿,分析兴趣爱好对应的专业志愿,提供教师角度的报考经验,也易找到学生报考的盲点所在,及时进

行信息补救指导。但教师具有一定的报考偏见，未必能够客观地看待报考院校与专业，甚至有时会用主观意识左右学生的报考意向。部分教师还会利用自身独特的报考优势向家长与孩子适时地收取费用，进行有偿报考。更有甚者，有的教师会与各大高校合作，偏颇地为考生推荐学校。

此外，报考专家能通过自身经验为考生辨别报考方向，但又存在假报考专家、虚假报考信息的情况，风险较大。

报考专家通过将学生高考成绩与高考数据进行结合分析，根据学生的意愿提供精准的志愿方向，以最小分差帮助考生进入理想院校。报考专家对大学分布、专业设置、报考政策等有深入了解，同时对志愿填报工作也有相应的丰富经验，擅长为学生提供科学全面的报考方案，并为学生跟踪最新的高校招生变化，分析专业的优劣势，开展个性化的高考填报志愿工作，规避报考误区。但报考专家一对一的安全性有待商榷，假报考专家会利用家长与孩子报考心切的心理违法赚取费用。

最后，信息整合平台拥有强大的数据支撑，但无法给予具体的报考方案。

信息整合平台通常以信息资源序列化、共享化取胜，它拥有全方位的网上招生信息咨询服务，可提供强大工具支撑及结构化数据支撑，却没有实际的报考分析方案。既不能给予家长及考生报考意见，又不能进行相关的交互性测试，同时缺乏可视化表达，界面信息繁多，大多以文字形式呈现，缺少图片、视频等可视化内容。即便信息集成性很强，但交互性和可视化性仍较弱。

2. 软件辅助报考需求暴增与供给质量不足的矛盾

首先，第三方报考软件因其多维度辅助功能成为报考主流。

第三方报考软件本着为广大考生和家长提供高质量服务为目的，具备分析考生性格、兴趣、职业潜力、高考志愿填报、分析意向志愿理念数据、普通高校招生计划信息交互等方面的集成能力。可利用科技与互联网第一时间提供精准的信息查询、权威的考试政策解读、最新的考试公告、最全面的报考志愿分析以及意愿就业专业的未来发展趋势等服务。

其次，第三方软件在新高考形势下成为了考生报考不可或缺的得力助手。

新高考形势下报考方式变换导致第三方报考辅助软件平台需求暴增。并且该政策实施后报考志愿数量增多，浙江省招生录取规则转变为一个考生可以填报80个志愿，山东省招生录取规则转变为一个考生可以填报96个志愿；成绩加成复杂，两依据一参考“统考科目＋综合素质评价＋学业水平测试”模式施行。院校专业众多，同一专业不同院校侧重点不同，如吉林财经大学法学专业侧重于经济法学，但东北师范大学的法学专业侧重于学科均衡发展。在该形势及政策变化下家长与孩子易产生报考盲区，通常需要求助于第三方报考软件进行辅助报考。

最后，鉴别劣质第三方软件平台是重中之重。

因为现今劣质平台成了扰乱家长、考生以及行业的毒瘤。现今有大量数据错乱、报考无意义的劣质平台扰乱家长及考生报考计划。优质软件则与其泾渭分明，成了考生及家长的最强辅助。据统计，最优报考软件数据准确率可达99.14%，而最劣的软件数据准确率仅有64.71%，甚至一些软件会出现数据缺失或出现重大错误的现象。由于报考的特殊性，该类行为对孩子未来造成的伤害或可持续一生，不仅影响学习，更有可能影响其未来就业及职业发展。

3. 低价低质平台与用户鉴别力之间的矛盾

劣质平台善用低廉价格迎合大众心理。

软件平台市场售价不等,各项服务市场定价不一,普通用户与VIP用户也各有不同。普通用户几十元即可预估分数线,根据名次查询录取学校的可能性,实现专业测评;几百元可预估高校录取的最低线和安全线,个性化预测考生的录取概率,实时更新考生志愿的录取情况,甚至还能使用专业测评+预测分数线、名次推荐高校+志愿预测等功能。VIP用户则几十元就可开通录取概率分析、做测评选专业、智能填志愿、志愿表分析、按职业选专业和详尽高校数据、测录取概率、一键填报、同分位次去向、查志愿录取状态等功能。

劣质平台还擅用简单信息填充网络页面。

信息整合是依据信息化发展趋势,实现对信息资源序列化、共享化,进而实现信息资源配置最优化、拓宽信息资源应用领域和最大化挖掘信息价值的过程。一些劣质软件平台热衷于依靠信息整合的伪权威性来获取家长与考生的信任,但是实际上信息整合并不能形成任何实际的报考方案,只能够作为一个参考。并且它们具有指标不完整、界面混乱、信息覆盖面小等弊病。报考需要完整的指标分析,优质平台及软件应涵盖学校与专业两大系统,具有省份、城市、教学资源、培养过程、学生发展、校友资源、专业实力、就业前景等完整指标,但劣质平台只具备“东拼西凑”的部分指标及部分数据。当指标不足时,其信息覆盖范围就会大大缩小,同时数据量迅速缩减,导致平台界面只能用整合信息填充,制造伪专业界面,蒙骗考生与家长。

劣质平台还无法完全实现基于大数据算法推荐大学。

概率统计是报考可行性依托的表现形式,数据集合则是概率统计基础的成形元素。数据的准确性影响着考生的命运,利用优质数据进行概率统计的第三方平台软件可以为考生推荐报考至专业,而利用劣质数据进行概率统计的第三方平台软件只能为考生推荐报考至院校。推荐至院校易选到该院校优势专业,也易选到该校弱势专业,风险极大。所以推荐至专业,才能帮助考生迅速定位优势专业,规避优势院校的弱势专业。

除此之外,劣质平台还惯用一年级差方式加大风险。

志愿级差是指录取非第一院校志愿考生时的分数差额。志愿之间要有级差并非硬性规定,但为了不浪费每一个志愿,填报高考志愿时在同一批的不同志愿之间留有级差非常必要,这是由高考录取的方式决定的。

根据志愿级差报考会生出许多弊端,如2019年某专业名为A1,是以小专业招生,2018年其专业名为A2,是以大类招生,2017年其专业名为A3,也是以大类招生,但这一年大类招生包含的小专业与2018年有所异同,所以此时应运用数据对标技术对数据进行适时的合并与拆分,从而得到该专业在不同名称下的全部历年数据,用充分的数据为考生提供客观的报考意见。

一般劣质报考平台只有一年的专业数据,在没有数据对标的情况下,往往会以级差作为推荐报考的依据,但是一年数据下的级差推荐报考是存在巨大漏洞的。假设去年甲考生考了560分,本科录取线为540分,级差为20分,在这个情况下该考生想要报考心仪的院校是非常有希望的,今年该平台拿甲考生的经验与数据推荐乙考生报考,但是政策及报考情况有变化，乙考生考了568分，但本科线为558分，级差为10分，他被心仪院校录取的概率就会大幅降低。

（二）优质软件平台鉴别标准

优质软件平台的数据往往是根据官方数据而来，真实有效，在报考时能够给予考生精准的报考概率分析。

标准1：对比官方媒体，多年数据精准对标。

想要应对因数据产生的各类问题，就需要数据对标技术作为支撑。某院校或某专业今年的报考名称与往年有所差异，在报考时容易出现数据缺失或概率不精准的情况，需要在计算概率时应用数据对标技术对有变化的院校以及专业进行合理的合并或者拆分，以便在计算时尽量保证该专业报考概率的正确性。

其实，用到数据对标的部分还有很多，招生名称发生变化，或发生变化但是与往年名称有联系，不仅不好找寻历年的数据，还会影响平台分析计算报考概率。如湖南商学院更名为湖南工商大学，浙江大学城市学院更名为浙大城市学院，名称与以往名称相关联，但是有变化。当年招生变为大类招生，历年为小专业招生，或当年招生变为小专业招生，历年为大类招生，如“数学类(数学与应用数学、信息与计算科学、应用统计学)”专业以往的招生名称为“数学与应用数学”，当年是以数学类大类招生，但是历年是以小专业数学与应用数学招生。新设专业无历年数据或者同一专业招生文理发生变化，如护理学，当年招生专业为理工类招生，历年数据为文史类招生。同一专业当年与往年录取批次不同，如当年该专业招生批次为一、二批，历年数据为二、三批；或当年该学校为提前批或特殊批招生，历年数据为一批或二批次招生；当年该学校为一批次或二批次招生，历年数据为提前批或特殊批招生。专业大类混乱，历年专业为计算机类(计算机科学与技术、物联网工程)，当年专业为计算机类(计算机科学与技术、物联网工程、数据科学与大数据技术)。学校内专业被拆分为多个学校，如吉林大学历年以护理学(与工业大学合作办学)、护理学专业招生，当年由吉林大学更为吉林大学(中外合作办学)，专业名称也由护理学变为护理学(中外合作办学)。这些情况都需要数据对标技术对其进行数据拆分与合并，以确保报考精准率。

标准2：推荐专业数量与招生计划专业数量对标。

专业数量并不等于招生数量，部分院校在招生时出现了新增专业，或历年数据跨度久远，较少数据核算出的概率结果不具备任何参考意义，这些情况都会影响招生数量。

标准3：专业引领学校的志愿推荐。

专业引领学校是指软件平台在提供报考概率时可推荐至专业概率，学院引领专业则是指软件平台在提供报考概率时可推荐至院校概率。

首先，优质软件平台可在专业概率的基础上进行精准报考。推荐至专业概率可以全面分析历年数据，预测其冲稳保发生概率及录取概率，从根源上避免录取风险，精准报考。而推荐至院校概率则具备较大风险，因为每个专业录取概率皆不同，有的专业录取概率较高，有的专业录取概率较低，若选到了录取概率较低的专业，会产生滑档的风险。

其次，优质软件平台可在专业概率的基础上完成定向报考。优质平台可在提供专业录取概率的基础上定向适配考生特质及能力，最大化的减少冲稳保的容错率。而劣质平台则无法定向，即便它可以同时提供院校概率及专业概率，但通常是以该院校所有专业里最高的专业概率来推荐考生进行报考，如该院校A专业录取概率为99%，其他专业概率不等，但没有A概率高，若以最高专业概率99%为考生提供报考建议，考生会误以为自己报考该院校该专业时是“保一保”，但实际上如果选到其他概率不高的专业，则会成为“冲一冲”，降低考生被录取的概率，误导考生进行错误报考，使考生错失珍贵的报考机会。

标准4：概率是整数推荐还是小数推荐。

概率后的小数位数是衡量算法精确程度的标准，概率的整数推荐无疑会使推荐结果变得粗糙，比如两所学校的历年最低录取分数相差不大，那么计算同一分数被两所大学录取的概率结果很可能是相同的，而概率的小数推荐则会更直观地区分两所大学的不同的录取结果，所以小数推荐无疑会给报考提供一个更合理的科学的客观的依据。

标准5：分数保值。

分数保值是指报考时最大化地利用考生分数压线报考，理想化状态则是以最后一名录取。大学中存在一个通泛现象，同一院校与专业录取考生分数不同，620分的考生与600分的考生存在于同一班级。若600分即可上该专业，则620分的考生浪费了利用20分冲击更好专业的可能，这也是分数无法保值的后果。优质平台会规避该现象，最大化地减少分数浪费差值，利用精准数据实现最优化的报考“倒数第一”。而劣质软件平台则无法为考生实现分数保值，因其在数据支撑缺失下大多会出于利益因素为考生选择保底专业。如A考生高考分数为580分，本可以冲刺985高校，但劣质软件平台一般会为了利益向其推荐540分就可以录取的保底专业，直接让A考生失去了报考更优院校的机会。

（三）信息对称是检验报考专家的唯一标准

报考专家掌握的信息若与高考报考本身信息缺乏对称则会影响报考的全面性及精准性。所以信息对称需要在熟谙教育、高考、报考本源的基础上，掌握相关原理及信息，从而能以考生本体出发去捕捉其兴趣特质。

一是熟谙教育、高考以及报考本源。

高考是考生面向省内的竞赛，确定性易丧失，报考是学生面向全国的竞争。好的报考会对高考起到正向作用，报考的核心意义是结合自身努力实现分数保值，能够帮助考生最大化地利用分数，在一分都不浪费的情况下获得去往心仪院校学习的机会。所以实际上成功的报考就是实现“倒数第一”，将分数保值放大到极限。

二是熟谙基本报考原理。

家长除了要知道教育、高考本身是什么，还需了解高考报考专业术语及升学原理。专业术语包括志愿、院校志愿、专业志愿、高考志愿、无效志愿、投档、院校调档线（也叫投档线或校线）、模拟投档线等详细概念。升学原理一般分为理性选择原理、不确定性原理、波动原理、风险控制原理、博弈论原理等。

理性选择原理包括行为系统、行为结构、行为权利以及社会最优等四组基本概念，家长及考生是自身最大利益的追求者，所以其可根据环境的变换选择不同的报考策略，将理性报考目标放到最大化，这也使得家长需要竭力采取报考最优政策。

不确定性原理是指报考的不确定性蕴含着规律性，但规律性仍然以不确定性作为表现形式。一旦选择有偏颇，后悔莫及。

波动原理是指一个事件有无穷多个扰动因素，所以无法确定事物发展的轨迹。大学、专业、分数的波动性变化促使家长寻求方法去解决干扰性因子带来的变化，合理的干扰性因子能够帮助家长找到合理的报考依据。

风险控制原理即家长需要把风险预期发生量降到最低，增加未来选择的风险意识，报考或将面临留档、退档、滑档等不可预期现象，究其原因在于报考信息极度不对称。想要规避风险就需要家长具备底线的基本思维逻辑，科学预判报考可能出现的所有可能。

博弈论原理，高考充斥不确定性因素，家长兼具"博"的概念以及基本的风控能力，以考生基本特质造就报考的基本界定，以科学依据给予考生基本数据。

三是熟谙相关信息。

信息是高考报考的里子工程，所以在填报志愿前，分类提取有效的报考信息是非常重要的。高考政策信息及报考学校信息是基本。家长应了解招生的条件、招生计划、体检标准、照顾政策、助学政策、保送生政策、自主招生政策、填报志愿的细则和投档的原则。同时要深谙招生院校所处的地区与录取分数线的关系，一般内陆及西北等经济欠发达地区的院校的录取线相对较低；沿海城市等经济发达的地区的院校录取线相对较高。

专业相关信息是本源，专业课程设置、就业前景、未来发展趋势以及该专业是否涉及国家最新政策变化十分重要。同时专业的"冷热"信息是重中之重，热门专业就业率不一定高，而就业率高的专业，有时多为报考时的冷门专业，甚至在一些专业中，90%以上为调剂生，所以不要因为暂时的冷热而盲目报考。

行业相关信息是根基。职业工作内容与专业学习内容有时并不完全对等。比如土木工程专业，主要学习力学知识和数学知识，并对几何绘图能力有一定要求，但实际上专业学习内容与职业内容有很大差异，土木工程需要去房屋建筑工地、道桥施工工地跑现场，单独看专业内容考生可能会喜欢该专业，但是看职业内容却未必会接受工作形式与内容。但从就业发展的角度来说，该专业学生就业很少偏离本专业，是对口就业率最高的几个专业之一，并且很多高校的土木工程专业满意度都在80%以上，推荐人数更是排在本校专业的前列，口碑较好，就业覆盖面广，工作技术含量高。社会对不同专业毕业生的需求并不平衡，这些专业的供求状况，在不同学校、不同学历层次的表现也不一样，所以考生家长需要对某专业社会需求情况有一个前瞻性的了解。

四是熟谙考生兴趣特质捕捉与分析。

填报志愿时如果考生选择其感兴趣的专业，并明确专业的就业方向，那么，在考生未来的学习、工作中无疑可以扬长避短。考生的性格特质也在报考中占据了重要地位，性格外向的孩子适合政治学类、社会学类、民族学类、马克思主义理论类、管理科学与工程类、工商管理类、农业经济管理类、公共管理类、法学类、公安学类、心理学类、体育学类、音乐与舞蹈学类、戏剧与影视学类、语言类、新闻传媒类、医学类、教育类的工作。性格内向的孩子适合计算机、电子信息工程、自动化、医学检验、会计学、小语种等专业。

（四）报考行业标准体系探微

在劣质平台称“王”、报考行业乱象丛生的现今，探寻能够在考生高考报考过程中起到关键作用的报考行业标准才是重中之重。本章主要是在数据获取与数据对标技术操作保障的基础上，实现推荐专业数量与招生计划专业数量对标，同时规范报考行业标准，实现多功能辅助报考。

一是数据获取必须为官方途径。

数据完整度决定着报考的准确性。截止至 2019 年 6 月，教育部公布中国大学数量总数为 2 956 所，其中，普通高等学校 2 688 所，包含独立学院 266 所，成人高等学校 268 所。高考志愿辅助填报服务应涵盖所有院校及其各个专业的完整信息，并对每年新增院校及专业进行信息补充，以确保报考辅助的精确度与完整性。

数据精准率决定着报考的可靠性。高考志愿辅助填报全国及分省一体化在线服务平台发布的数据应来源于各个高校招生官网、招生考试院等官方发布的数据，并经过数字认证中心认证。高校信息（包括历年录取分数线，专业及地理区位信息等）的准确率应达到或高于 99%，专业信息（包括专业排名、专业就业率等）的准确率应达到或高于 99%。

二是必须实现跨年数据精准对标。

数据年份与数据对标是保证数据准确性与完整性的重要手段。数据对标是指某院校或某专业当年的报考名称与往年有所差异，在报考时容易出现数据缺失或概率不精准的情况，所以需要在计算概率时应用数据对标技术，对有变化的院校以及专业进行合理的合并或拆分，以便在计算时尽量保证该专业报考概率的准确性。

三是推荐专业数量与招生计划专业数量必须严格一致。

部分院校在招生时出现新增专业，或历年数据跨度久远，较少数据核算出的概率结果不具备参考意义。这些情况下，专业数量并不等于招生数量。高考志愿辅助填报软件应对推荐专业数量与招生计划专业数量进行对标，以志愿辅助填报的精确程度。

四是必须有严格的推荐规范。

院校与专业结合推荐、小数推荐与分数保值才是报考推荐应该必备的规范。高考志愿辅助填报软件应综合计算学校及专业的录取概率。高校的每个专业录取概率不同，若选择录取概率较低的专业，则会有滑档的风险。填报辅助软件在进行高校推荐时不应以某学校录取概率最高的专业的概率作为该学校的录取概率。为确保报考辅助的针对性以及专业性，应在计算学校录取概率的同时计算各个专业录取概率，以实现院校和专业互为引领。

高考志愿辅助填报软件以近 3～5 年的数据计算录取概率，所得各院校录取概率精确至小数点后 5 位，所得各专业录取概率精确至小数点后 5 位。以报考成功率为第一出发点而进行保底推荐虽然一定程度降低了退档、滑档概率，但实际降低了考生分数的有效性。高考志愿辅助填报软件应实现最大化的“分数保值”，尽可能缩小考试分数与实际专业录取分数的差值。理想化状态为 0 分差值，即该分数为某大学某专业在该省（自治区、直辖市）招生录取的最后一名。

五是功能体系必须完备。

高考志愿辅助填报软件应实现但不限于以下功能：能够精准预测各个高校及高校内专

业录取概率，并结合考生成绩精准测算录取的发生概率，实现智能化推送和个性化定制推荐的高考志愿推荐；能够根据各省（自治区、直辖市）考试科目、试卷类型、标准答案、结合阅卷规则和阅卷经验，科学化、分步骤、低误差预估考生的高考分数；能够在专业填报中，不只看录取概率，还要考虑到报考该专业的人数的问题；能够集成全国各个高校及普通院校学校信息和专业信息，为用户提供国内高校与专业的信息查询；能够依据一系列对比指标（地理位置、高校排名、国内认可度、治安指数、毕业生竞争力、学费等）来对比国内外高校；能够精准化预估因地理位置带来的高考分数（考生报考省内高校与报考同级别省外高校的分数差值）的地域分差；能实现用户对高考政策、知识、热点问题、全球高校与专业信息相关的文字、图片、视频资料的有效获取，保证用户对考试、报考、入学各流程的信息掌握。

此外，还要有面向未来的一键智能报考功能。通过人工智能技术方法，根据考生分数、城市与大学兴趣、职业与专业倾向，保证报考成功率的前提下，为考生提供志愿填报方案，实现考生个人意向、自身特质与其分数竞争力的最优拟合。结合考生分数、个人兴趣、性格特质提供智能化志愿填报方案的 AI 填报志愿功能；能够实现通过人工智能技术方法，通过用户输入的志愿填报信息，智能检测考生在平台上填报志愿是否合理，发现填报中相关问题，并以可视化方式呈现，提供解决方法的 AI 检测志愿功能。

第二部分

新时代背景下的高等教育辨析

新时代背景下，高等教育作为培养人才的通用途径经历了许多变革，在办学类型与办学层次方面不断进行着丰富，发展战略方面也有了新的规划。面对着社会对人才需求量的持续扩大，全国各省(自治区、直辖市)、各高校也在大力发展优势高校与专业。

一、基本属性:新时代中国高校办学类型与办学层次的解读

中国高等院校可按照多种方式进行划分,办学类型与办学层次是从办学角度进行归类,具有一定的代表性。本排名参照"艾瑞深校友会网"最新发布的 2020 年中国大学排名榜单。艾瑞深中国校友会自 2003 年起,已连续 18 年发布校友会中国大学排名、中国一流学科排名、中国一流专业排名和中国大学教学质量排名等榜单,是目前中国大学评价体系中最为系统全面、评价指标与参评高校数量最多的大学排名之一,具有较强的参考价值。

(一)办学类型:公办到中外合作办学

办学类型是指中国教育制度中学校的财产归属。在学校的办学中,可以分为公办高校、民办高校、独立学院以及中外合作办学。

1. 办学类型

公办高校,指以国家政府或地方政府资助创立维持的高等院校。公办高校区别于以民间资本为主的私立高校。

表 2-1 2020 年校友会排名中国公办高校前 10

名次	学校名称	办学层次
1	北京大学	世界一流大学
2	清华大学	世界一流大学
3	复旦大学	世界一流大学
4	浙江大学	世界一流大学
5	南京大学	世界一流大学
6	上海交通大学	世界一流大学
7	华中科技大学	世界知名高水平大学
8	中国科学技术大学	世界一流大学
9	中国人民大学	世界一流大学
10	天津大学	世界知名高水平大学
10	武汉大学	世界知名高水平大学

民办高校是指企业事业组织、社会团体及其他社会组织和公民个人利用非国家财政性教育经费,面向社会举办的高等院校及其他教育机构,其办学层次分为专科和本科。

表 2-2 2020 年校友会排名中国民办高校前 10

名次	学校名称	办学层次
1	武昌首义学院	中国顶尖民办大学
2	文华学院	中国顶尖民办大学

（续表）

名次	学校名称	办学层次
3	山东英才学院	中国顶尖民办大学
4	西安欧亚学院	中国顶尖民办大学
5	三亚学院	中国顶尖民办大学
6	山东协和学院	中国顶尖民办大学
7	郑州工商学院	中国顶尖民办大学
8	武汉学院	中国顶尖民办大学
9	西安培华学院	中国顶尖民办大学
10	齐鲁理工学院	中国顶尖民办大学
10	湖南涉外经济学院	中国顶尖民办大学

独立学院是指实施本科以上学历教育的普通高等学校与国家机构以外的社会组织或者个人合作，利用非国家财政性经费举办的实施本科学历教育的高等院校。

表 2-3　2020 年校友会排名独立学院前 10

名次	学校名称	办学层次
1	吉林大学珠海学院	中国顶尖独立学院
2	云南师范大学商学院	中国顶尖独立学院
3	四川大学锦江学院	中国顶尖独立学院
4	武汉科技大学城市学院	中国顶尖独立学院
5	中山大学南方学院	中国顶尖独立学院
6	燕山大学里仁学院	中国顶尖独立学院
7	华南理工大学广州学院	中国顶尖独立学院
8	南京理工大学泰州科技学院	中国顶尖独立学院
9	天津大学仁爱学院	中国顶尖独立学院
10	同济大学浙江学院	中国顶尖独立学院

中外合作办学是指外国教育机构同中国教育机构在中国境内合作举办以中国公民为主要招生对象的教育机构（含内地与港澳台地区合作办学的机构和内地与港澳台地区合作办学项目）。

表 2-4　2020 年校友会中外合作办学前 10

名次	学校名称	办学层次
1	西交利物浦大学	中国顶尖民办大学
2	宁波诺丁汉大学	中国顶尖民办大学
3	北京师范大学—香港浸会大学联合国际学院	中国顶尖民办大学

（续表）

名次	学校名称	办学层次
3	深圳北理莫斯科大学	中国顶尖民办大学
5	香港中文大学（深圳）	中国一流民办大学
6	昆山杜克大学	中国一流民办大学
6	上海纽约大学	中国一流民办大学
8	广东以色列理工大学	中国高水平民办大学
9	温州肯恩大学	中国高水平民办大学

2. 办学层次

办学层次主要指办学级别，中国高等学校在学校的办学中，可以分为高等职业学院、高等专科学校和本科院校。

高等职业学院和高等专科学校是专科（大专）层次的普通高等学校。所谓高职，可以用三句话来概括：它是高等教育，也是职业技术教育，亦是职业技术教育的高等阶段。

因校友会并不涉及高职高专院校，编者这里采用“金平果排行榜”数据。“金平果排行榜”又称中评榜、邱均平大学排行榜、评价网大学排行榜，是由中国科教评价网与中国科教评价研究院、中国科学评价研究中心共同研发的最全面、最专业、最权威的科教排行榜，包括中国大学及学科专业排行榜、中国研究生教育及学科专业排行榜、世界一流大学及一流学科排行榜、中国学术期刊排行榜四大类。具有较强的参考价值。

表 2-5 2020 年金平果高职高专院校前 10

排名	学校名称	等级	地区	类型
1	深圳职业技术学院	5★+	广东	综合
2	南京工业职业技术学院	5★+	江苏	理工
3	金华职业技术学院	5★+	浙江	综合
4	无锡职业技术学院	5★+	江苏	理工
5	北京电子科技职业学院	5★+	北京	理工
6	山东商业职业技术学院	5★+	山东	财经
7	淄博职业学院	5★+	山东	综合
8	广东轻工职业技术学院	5★+	广东	理工
9	重庆工业职业技术学院	5★+	重庆	理工
10	浙江金融职业学院	5★+	浙江	财经

本科院校是指进行本科教育的院校，通常分一本、二本（包括公二本、民二本），学业结束后拿到相应专业的学士学位证书。其中，一本院校根据不同时期中国高等教育的发展战略又分为“211 工程”“985 工程”“双一流”。

表 2-6　2020 年校友会排名普通本科院校前 10①

名次	学校名称	全国排名	办学层次
1	昆明理工大学	61	中国一流大学
2	上海理工大学	79	中国高水平大学
3	浙江工业大学	84	中国高水平大学
4	浙江师范大学	86	中国高水平大学
5	河北大学	87	中国高水平大学
6	扬州大学	89	中国高水平大学
7	杭州电子科技大学	91	中国高水平大学
8	南京工业大学	94	中国高水平大学
8	山西大学	94	中国高水平大学
10	齐鲁工业大学	96	中国高水平大学

“211 工程”，即面向 21 世纪、重点建设 100 所左右的高等学校和一批重点学科的建设工程，于 1995 年 11 月经国务院批准后正式启动。“211 工程”是新中国成立以来由国家立项在高等教育领域进行的重点建设工作，是中国政府实施“科教兴国”战略的重大举措、中华民族面对世纪之交的中国国内外形势而做出的发展高等教育的重大决策。

表 2-7　2020 年校友会 211 高校(非 985)前 10

名次	学校名称	全国排名	办学层次
1	华中农业大学	36	世界高水平大学
2	河海大学	37	世界高水平大学
3	南京农业大学	38	中国一流大学
4	华中师范大学	39	中国一流大学
5	郑州大学	40	中国一流大学
6	西安电子科技大学	41	中国一流大学
7	北京科技大学	43	中国一流大学
7	南京理工大学	43	中国一流大学
9	北京交通大学	45	中国一流大学
10	华东理工大学	46	中国一流大学

“985 工程”是中国共产党和中华人民共和国国务院在世纪之交为建设具有世界先进水平的一流大学而做出的重大决策。该工程以建设若干所世界一流大学和一批国际知名的高水平研究型大学为目标，建立高等学校新的管理体制和运行机制，牢牢抓住 21 世纪头 20 年的重要战略机遇期，集中资源，突出重点，体现特色，发挥优势，坚持跨越式发展，走有中国特

① 非“双一流”建设、非“211 工程”“985 工程”和非全国重点高等学校

色的建设世界一流大学之路。

表 2-8 2020 年校友会排名 985 高校前 10

名次	学校名称	全国排名	办学层次
1	北京大学	1	世界一流大学
2	清华大学	2	世界一流大学
3	复旦大学	3	世界一流大学
4	浙江大学	4	世界一流大学
5	南京大学	5	世界一流大学
6	上海交通大学	6	世界一流大学
7	华中科技大学	7	世界知名高水平大学
8	中国科学技术大学	8	世界一流大学
9	中国人民大学	9	世界一流大学
10	天津大学	10	世界知名高水平大学
10	武汉大学	10	世界知名高水平大学

世界一流大学和一流学科，简称“双一流”。建设世界一流大学和一流学科，是中共中央、国务院作出的重大战略决策，也是中国高等教育领域继“211 工程”“985 工程”之后的又一国家战略，有利于提升中国高等教育综合实力和国际竞争力，为实现“两个一百年”奋斗目标和中华民族实现伟大复兴的中国梦提供有力支持。

表 2-9 2020 年校友会排名“双一流”大学前 10

名次	学校名称	全国排名	办学层次
1	北京大学	1	世界一流大学
2	清华大学	2	世界一流大学
3	复旦大学	3	世界一流大学
4	浙江大学	4	世界一流大学
5	南京大学	5	世界一流大学
6	上海交通大学	6	世界一流大学
7	华中科技大学	7	世界知名高水平大学
8	中国科学技术大学	8	世界一流大学
9	中国人民大学	9	世界一流大学
10	天津大学	10	世界知名高水平大学
10	武汉大学	10	世界知名高水平大学

（二）发展战略：从“211 工程”“985 工程”到“双一流”

国家高等教育发展战略是培养人才的基础，国家现行的高等教育发展战略有“211 工程”“985 工程”“双一流”等。

1. “211 工程”战略解读

“211 工程”，即面向 21 世纪、重点建设 100 所左右的高等学校和一批重点学科的建设工程，于 1995 年 11 月经国务院批准后正式启动，现有 112 所高校。中国石油大学、中国地质大学、中国矿业大学 3 所 211 高校后因两地办学，其北京校区成为实质性的学校，即中国石油大学（北京），中国地质大学（北京）、中国矿业大学（北京）。尽管“211 工程”现已统筹为“双一流”建设，但是否是 211 高校依然是衡量高校实力的重要指标。

表 2-10　211 高校分布

省份	高校名称
北京市	清华大学、北京大学、中国人民大学、北京航空航天大学、中央财经大学、北京师范大学、对外经济贸易大学、北京理工大学、北京外国语大学、中国政法大学、北京邮电大学、中国传媒大学、北京科技大学、北京交通大学、中国农业大学、中央民族大学、华北电力大学、北京中医药大学、北京林业大学、北京工业大学、北京化工大学、中国地质大学（北京）、中国矿业大学（北京）、北京体育大学、中国石油大学（北京）、中央音乐学院
江苏省	南京大学、东南大学、南京航空航天大学、南京理工大学、苏州大学、中国药科大学、河海大学、江南大学、南京师范大学、南京农业大学、中国矿业大学
上海市	复旦大学、上海交通大学、同济大学、上海财经大学、华东师范大学、上海外国语大学、华东理工大学、东华大学、上海大学、第二军医大学
陕西省	西安交通大学、西北工业大学、西安电子科技大学、西北大学、长安大学、陕西师范大学、西北农林科技大学、第四军医大学
湖北省	武汉大学、华中科技大学、中南财经政法大学、华中师范大学、武汉理工大学、中国地质大学、华中农业大学
四川省	西南财经大学、四川大学、电子科技大学、西南交通大学、四川农业大学
广东省	中山大学、华南理工大学、暨南大学、华南师范大学
黑龙江省	哈尔滨工业大学、哈尔滨工程大学、东北林业大学、东北农业大学
湖南省	中南大学、湖南大学、湖南师范大学、国防科技大学
辽宁省	大连理工大学、东北大学、大连海事大学、辽宁大学
安徽省	中国科学技术大学、合肥工业大学、安徽大学
山东省	山东大学、中国海洋大学、中国石油大学（华东）
天津市	南开大学、天津大学、天津医科大学
吉林省	吉林大学、东北师范大学、延边大学
福建省	厦门大学、福州大学

（续表）

省份	高校名称
新疆维吾尔自治区	新疆大学、石河子大学
重庆市	重庆大学、西南大学
甘肃省	兰州大学
广西壮族自治区	广西大学
贵州省	贵州大学
海南省	海南大学
河北省	河北工业大学
河南省	郑州大学
江西省	南昌大学
内蒙古自治区	内蒙古大学
宁夏回族自治区	宁夏大学
青海省	青海大学
山西省	太原理工大学
西藏自治区	西藏大学
云南省	云南大学
浙江省	浙江大学

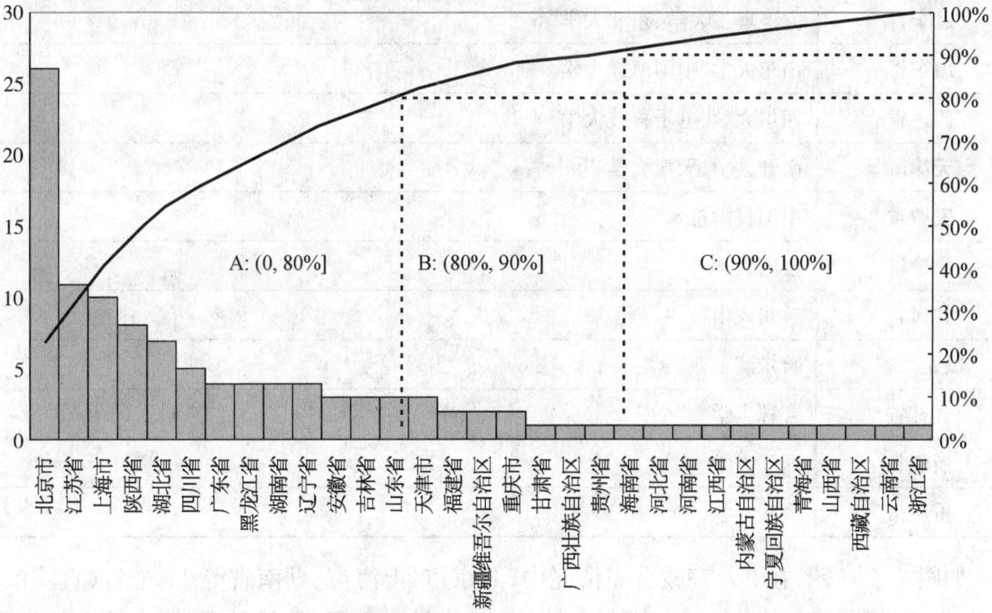

图 2-1　211 高校各省份分布情况

如图 2-1 所示，在 211 高校分布情况中，北京市、江苏省、上海市等 14 个省（直辖市）占全国 211 高校数量的 80%以上，其中北京市 211 高校有 26 所，数量最多，拥有较多的优质教育资源。福建省、新疆维吾尔自治区、重庆市等17个省(自治区、直辖市),不足全国211高校数量的20%,教育资源相对较少。

尽管"211"已成为历史,但"211"中的大学依然实力强劲。

2. "985工程"战略解读

985工程是指中国共产党和中华人民共和国国务院在世纪之交为建设具有世界先进水平的一流大学而做出的重大决策。于1999年经国务院批准后正式启动,现有39所高校。尽管"985工程"与"211工程"等项目现已统筹为"双一流"建设,但是否是985高校依然是衡量一所学校实力的重要指标。

表2-11 985高校分布

省份	高校名称
北京市	清华大学、北京大学、中国人民大学、北京航空航天大学、北京师范大学、北京理工大学、中国农业大学、中央民族大学
上海市	复旦大学、上海交通大学、同济大学、华东师范大学
湖南省	中南大学、湖南大学、国防科技大学
陕西省	西安交通大学、西北工业大学、西北农林科技大学
广东省	中山大学、华南理工大学
湖北省	武汉大学、华中科技大学
江苏省	南京大学、东南大学
辽宁省	大连理工大学、东北大学
山东省	山东大学、中国海洋大学
四川省	四川大学、电子科技大学
天津市	南开大学、天津大学
安徽省	中国科学技术大学
福建省	厦门大学
甘肃省	兰州大学
黑龙江省	哈尔滨工业大学
吉林省	吉林大学
浙江省	浙江大学
重庆市	重庆大学

如图2-2所示,在985高校分布情况中,北京市、上海市、湖南省等11个省(直辖市)占全国985高校数量的80%以上,其中北京市985高校有8所,数量最多,拥有较多的优质教育资源。安徽省、福建省等7个省(直辖市),不足全国985高校数量的20%,教育资源相对较少。"985工程"开展至今,不断完善自身发展,历经多次变革。

尽管"985工程"现已成为历史,但"985工程"中的大学依然实力强劲。

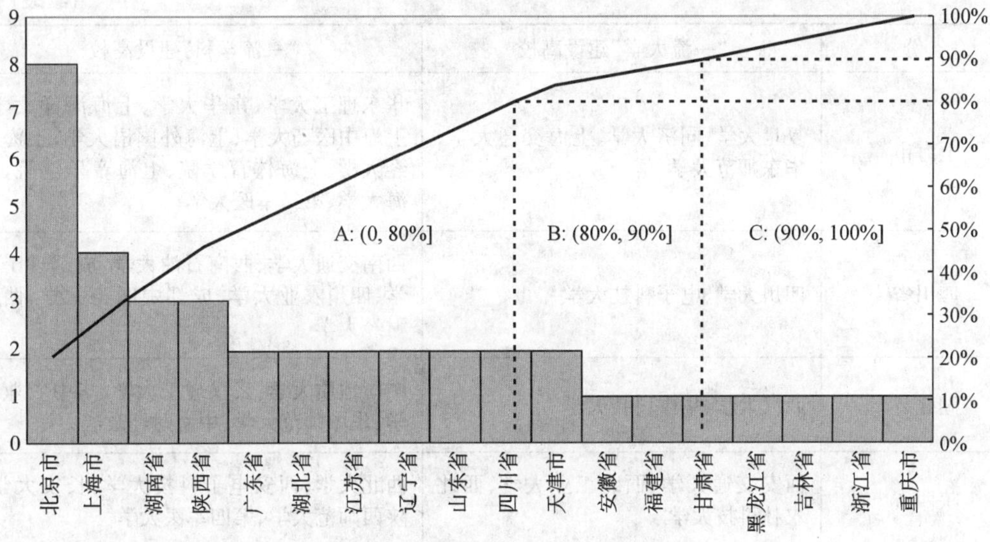

图 2-2　985 高校各省份分布情况

3. "双一流"战略解读

世界一流大学和一流学科建设，简称"双一流"。建设世界一流大学和一流学科，是中共中央、国务院做出的重大战略决策，也是中国高等教育领域继"211 工程""985 工程"之后的又一国家战略，有利于提升中国高等教育综合实力和国际竞争力，为实现"两个一百年"奋斗目标和中华民族实现伟大复兴的中国梦提供有力支持。"双一流"是国家制定的新发展战略，是衡量一所学校实力的重要指标，具有可参考性。

表 2-12　双一流高校分布

省份	"一流大学"建设高校	"一流学科"建设高校
北京市	北京大学、中国人民大学、清华大学、北京航空航天大学、北京理工大学、中国农业大学、北京师范大学、中央民族大学	北京交通大学、北京工业大学、北京科技大学、北京化工大学、北京邮电大学、北京林业大学、北京协和医学院、北京中医药大学、首都师范大学、北京外国语大学、中国传媒大学、中央财经大学、对外经济贸易大学、外交学院、中国人民公安大学、北京体育大学、中央音乐学院、中国音乐学院、中央美术学院、中央戏剧学院、中国政法大学、中国科学院大学、华北电力大学
江苏省	南京大学、东南大学	苏州大学、南京航空航天大学、南京理工大学、中国矿业大学、南京邮电大学、河海大学、江南大学、南京林业大学、南京信息工程大学、南京农业大学、南京中医药大学、中国药科大学、南京师范大学

（续表）

省份	“一流大学”建设高校	“一流学科”建设高校
上海市	复旦大学、同济大学、上海交通大学、华东师范大学	华东理工大学、东华大学、上海海洋大学、上海中医药大学、上海外国语大学、上海财经大学、上海体育学院、上海音乐学院、上海大学、第二军医大学
四川省	四川大学、电子科技大学	西南交通大学、西南石油大学、成都理工大学、四川农业大学、成都中医药大学、西南财经大学
湖北省	武汉大学、华中科技大学	中国地质大学、武汉理工大学、华中农业大学、华中师范大学、中南财经政法大学
陕西省	西安交通大学、西北工业大学、西北农林科技大学	西北大学、西安电子科技大学、长安大学、陕西师范大学、第四军医大学
天津市	南开大学、天津大学	天津工业大学、天津医科大学、天津中医药大学
广东省	中山大学、华南理工大学	暨南大学、广州中医药大学、华南师范大学
辽宁省	大连理工大学、东北大学	辽宁大学、大连海事大学
黑龙江省	哈尔滨工业大学	哈尔滨工程大学、东北农业大学、东北林业大学
吉林省	吉林大学	延边大学、东北师范大学
浙江省	浙江大学	中国美术学院、宁波大学
安徽省	中国科学技术大学	安徽大学、合肥工业大学
山东省	山东大学、中国海洋大学	中国石油大学
湖南省	中南大学、国防科技大学、湖南大学	湖南师范大学
福建省	厦门大学	福州大学
河南省	郑州大学	河南大学
重庆市	重庆大学	西南大学
新疆维吾尔自治区	新疆大学	石河子大学
河北省		河北工业大学
云南省	云南大学	
甘肃省	兰州大学	
山西省		太原理工大学
内蒙古自治区		内蒙古大学

（续表）

省份	“一流大学”建设高校	“一流学科”建设高校
江西省		南昌大学
广西壮族自治区		广西大学
海南省		海南大学
贵州省		贵州大学
西藏自治区		西藏大学
青海省		青海大学
宁夏回族自治区		宁夏大学

如图 2-3 所示，在“一流大学”建设高校分布情况中，北京市、上海市、陕西省等 12 个省（直辖市）占全国“一流大学”建设高校数量的 76%，其中北京市“一流大学”建设高校有 8 所，数量最多，拥有较多的优质教育资源。黑龙江省、吉林省、安徽省等 10 个省（自治区、直辖市）占全国“一流大学”建设高校数量的 24%，教育资源相对较少。“双一流”战略尽管发展时间不长，却是我国重要的教育发展规划。

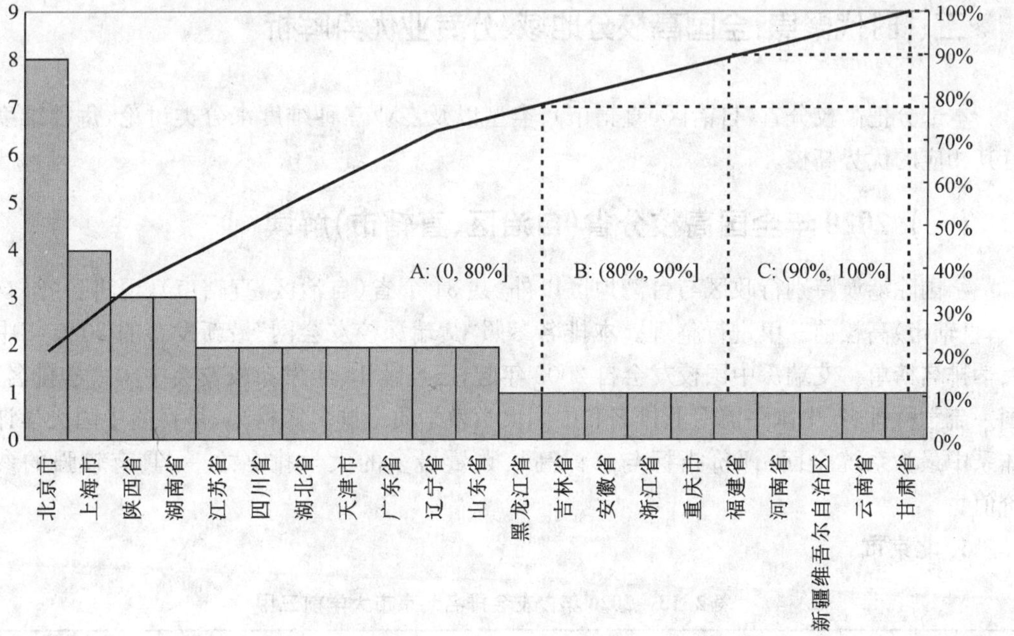

图 2-3 一流大学建设高校各省（自治区、直辖市）分布分析图

如图 2-4 所示，在“一流学科”建设高校分布情况中，北京市、江苏省、上海市等 12 个省（直辖市）占全国“一流学科”建设高校数量的 80%，其中北京市“一流学科建设”高校有 26 所，数量最多，拥有较多的优质教育资源。安徽省、浙江省、湖南省等 18 个省（自治区、直辖市），占全国“一流学科建设”高校数量的 20%，教育资源相对较少。

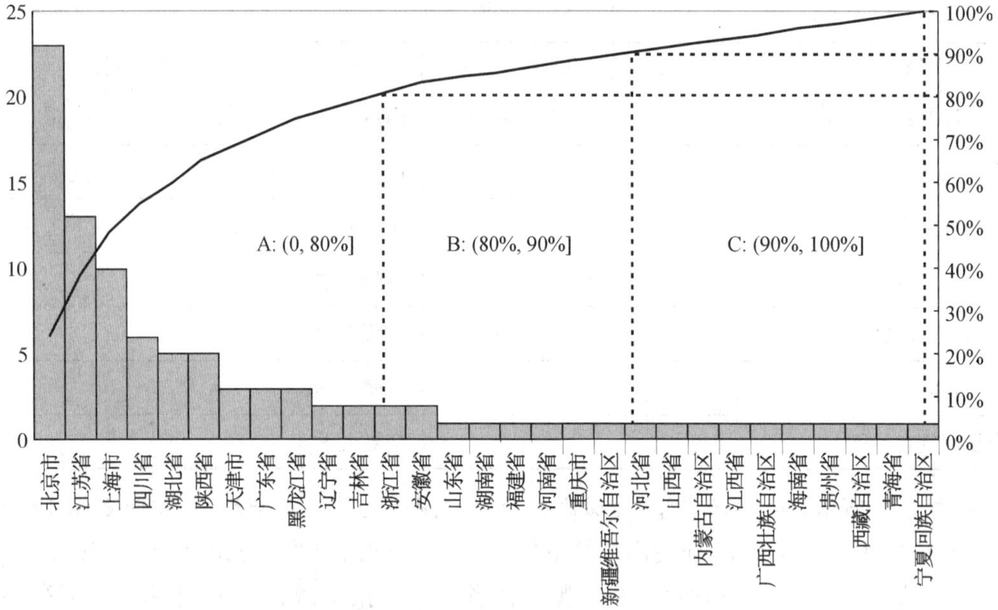

图 2-4　一流学科建设高校各省(自治区、直辖市)分布分析图

二、时代聚焦:全国高校分地域、分专业优势解析

本部分把高校分省(自治区、直辖市)、类型以及专业三种维度来分类讨论,每种维度都有其相应的优势高校。

(一) 2020 年全国高校分省(自治区、直辖市)解读

全国除港澳特别行政区与台湾地区以外,共 31 个省(自治区、直辖市),现将各省(自治区、直辖市)高校前三甲进行整理。本排名参照“艾瑞深校友会网”最新发布的 2020 年中国大学排名榜单。艾瑞深中国校友会自 2003 年起,已连续 18 年发布校友会中国大学排名、中国一流学科排名、中国一流专业排名和中国大学教学质量排名等榜单,是目前中国大学评价体系中最为系统全面、评价指标与参评高校数量最多的大学排名之一,具有较强的参考价值。

1. 北京市

表 2-13　2020 年校友会排名北京市大学前三甲

名次	学校名称	全国排名	办学层次
1	北京大学	1	世界一流大学
2	清华大学	2	世界一流大学
3	中国人民大学	9	世界一流大学

2. 天津市

表 2-14 2020 年校友会排名天津市大学前三甲

名次	学校名称	全国排名	办学层次
1	天津大学	10	世界知名高水平大学
2	南开大学	12	世界知名高水平大学
3	天津师范大学	103	中国高水平大学

3. 河北省

表 2-15 2020 年校友会排名河北省大学前三甲

名次	学校名称	全国排名	办学层次
1	燕山大学	76	中国一流大学
2	河北大学	87	中国高水平大学
3	河北工业大学	100	中国高水平大学

4. 山西省

表 2-16 2020 年校友会排名山西省大学前三甲

名次	学校名称	全国排名	办学层次
1	太原理工大学	78	中国一流大学
2	山西大学	94	中国高水平大学
3	山西医科大学	195	中国高水平大学

5. 内蒙古自治区

表 2-17 2020 年校友会排名内蒙古自治区大学前三甲

名次	学校名称	全国排名	办学层次
1	内蒙古大学	131	中国高水平大学
2	内蒙古农业大学	227	区域一流大学
3	内蒙古师范大学	247	区域高水平大学

6. 辽宁省

表 2-18 2020 年校友会排名辽宁省大学前三甲

名次	学校名称	全国排名	办学层次
1	东北大学	26	世界高水平大学
2	大连理工大学	27	世界高水平大学
3	辽宁大学	91	中国高水平大学

7. 吉林省

表 2-19　2020 年校友会排名吉林省大学前三甲

名次	学校名称	全国排名	办学层次
1	吉林大学	19	世界知名高水平大学
2	东北师范大学	71	中国一流大学
3	长春理工大学	151	区域一流大学

8. 黑龙江省

表 2-20　2020 年校友会排名黑龙江省大学前三甲

名次	学校名称	全国排名	办学层次
1	哈尔滨工业大学	16	世界知名高水平大学
2	哈尔滨工程大学	67	中国一流大学
3	哈尔滨医科大学	105	中国一流大学

9. 上海市

表 2-21　2020 年校友会排名上海市大学前三甲

名次	学校名称	全国排名	办学层次
1	复旦大学	3	世界一流大学
2	上海交通大学	6	世界一流大学
3	同济大学	20	世界知名高水平大学

10. 江苏省

表 2-22　2020 年校友会排名江苏省大学前三甲

名次	学校名称	全国排名	办学层次
1	南京大学	5	世界一流大学
2	东南大学	17	世界知名高水平大学
3	河海大学	37	世界高水平大学

11. 浙江省

表 2-23　2020 年校友会排名浙江省大学前三甲

名次	学校名称	全国排名	办学层次
1	浙江大学	4	世界一流大学
2	宁波大学	75	中国高水平大学
3	浙江工业大学	84	中国高水平大学

12. 安徽省

表 2-24 2020 年校友会排名安徽省大学前三甲

名次	学校名称	全国排名	办学层次
1	中国科学技术大学	8	世界一流大学
2	合肥工业大学	48	中国一流大学
3	安徽大学	117	中国高水平大学

13. 福建省

表 2-25 2020 年校友会排名福建省大学前三甲

名次	学校名称	全国排名	办学层次
1	厦门大学	23	世界知名高水平大学
2	福州大学	68	中国高水平大学
3	福建农林大学	103	中国高水平大学

14. 江西省

表 2-26 2020 年校友会排名江西省大学前三甲

名次	学校名称	全国排名	办学层次
1	南昌大学	49	中国一流大学
2	江西师范大学	109	中国高水平大学
3	江西财经大学	114	中国一流大学

15. 山东省

表 2-27 2020 年校友会排名山东省大学前三甲

名次	学校名称	全国排名	办学层次
1	山东大学	13	世界知名高水平大学
2	中国海洋大学	41	世界高水平大学
3	中国石油大学(华东)	85	世界高水平大学

16. 河南省

表 2-28 2020 年校友会排名河南省大学前三甲

名次	学校名称	全国排名	办学层次
1	郑州大学	40	中国一流大学
2	河南大学	69	中国高水平大学
3	河南科技大学	98	中国高水平大学

17. 湖北省

表 2-29　2020 年校友会排名湖北省大学前三甲

名次	学校名称	全国排名	办学层次
1	华中科技大学	7	世界知名高水平大学
2	武汉大学	10	世界知名高水平大学
3	华中农业大学	36	世界高水平大学

18. 湖南省

表 2-30　2020 年校友会排名湖南省大学前三甲

名次	学校名称	全国排名	办学层次
1	中南大学	25	世界知名高水平大学
2	湖南大学	27	世界高水平大学
3	湖南师范大学	64	中国一流大学

19. 广东省

表 2-31　2020 年校友会排名广东省大学前三甲

名次	学校名称	全国排名	办学层次
1	中山大学	14	世界知名高水平大学
2	华南理工大学	29	世界高水平大学
3	暨南大学	53	中国一流大学

20. 广西壮族自治区

表 2-32　2020 年校友会排名广西壮族自治区大学前三甲

名次	学校名称	全国排名	办学层次
1	广西大学	127	中国高水平大学
2	广西师范大学	140	区域一流大学
3	桂林理工大学	192	区域一流大学

21. 海南省

表 2-33　2020 年校友会排名海南省大学前三甲

名次	学校名称	全国排名	办学层次
1	海南大学	148	区域一流大学
2	海南师范大学	222	区域高水平大学
3	海南医学院	350	区域高水平大学

22. 重庆市

表 2-34 2020 年校友会排名重庆市大学前三甲

名次	学校名称	全国排名	办学层次
1	重庆大学	35	世界高水平大学
2	西南大学	54	中国一流大学
3	西南政法大学	115	中国一流大学

23. 四川省

表 2-35 2020 年校友会排名四川省大学前三甲

名次	学校名称	全国排名	办学层次
1	四川大学	18	世界知名高水平大学
2	电子科技大学	34	世界高水平大学
3	西南交通大学	52	中国一流大学

24. 贵州省

表 2-36 2020 年校友会排名贵州省大学前三甲

名次	学校名称	全国排名	办学层次
1	贵州大学	142	中国高水平大学
2	贵州师范大学	214	区域高水平大学
3	贵州民族大学	313	区域一流大学

25. 云南省

表 2-37 2020 年校友会排名云南省大学前三甲

名次	学校名称	全国排名	办学层次
1	昆明理工大学	61	中国一流大学
2	云南大学	65	中国一流大学
3	云南师范大学	155	区域一流大学

26. 西藏自治区

表 2-38 2020 年校友会排名西藏自治区大学前三甲

名次	学校名称	全国排名	办学层次
1	西藏大学	315	区域一流大学
2	西藏民族大学	376	区域高水平大学
3	西藏藏医药大学	530	区域一流大学

27. 陕西省

表 2-39　2020 年校友会排名陕西省大学前三甲

名次	学校名称	全国排名	办学层次
1	西安交通大学	15	世界知名高水平大学
2	西北工业大学	24	世界高水平大学
3	西安电子科技大学	41	中国一流大学

28. 甘肃省

表 2-40　2020 年校友会排名甘肃省大学前三甲

名次	学校名称	全国排名	办学层次
1	兰州大学	31	世界高水平大学
2	西北师范大学	138	中国高水平大学
3	兰州交通大学	166	区域一流大学

29. 青海省

表 2-41　2020 年校友会排名青海省大学前三甲

名次	学校名称	全国排名	办学层次
1	青海大学	269	区域一流大学
2	青海民族大学	310	区域高水平大学
2	青海师范大学	310	区域高水平大学

30. 宁夏回族自治区

表 2-42　2020 年校友会排名宁夏回族自治区大学前三甲

名次	学校名称	全国排名	办学层次
1	宁夏大学	256	区域一流大学
2	宁夏医科大学	255	区域高水平大学
3	北方民族大学	341	区域高水平大学

31. 新疆维吾尔自治区

表 2-43　2020 年校友会排名新疆维吾尔自治区大学前三甲

名次	学校名称	全国排名	办学层次
1	新疆大学	132	中国一流大学
2	石河子大学	211	区域一流大学
3	新疆师范大学	227	区域高水平大学

（二）2020 年全国高校分专业最新排名

本部分将参照全国第四轮学科评估结果，以一级学科分类对高校进行排名。学科评估是教育部学位与研究生教育发展中心（简称学位中心）按照国务院学位委员会和教育部颁布的《学位授予与人才培养学科目录》（简称学科目录）对全国具有博士或硕士学位授予权的一级学科开展整体水平评估。学科评估是学位中心以第三方形式开展的非行政性、服务性评估项目，2002 年首次开展，截至 2017 年完成了四轮。

1. 人文社科类——哲学

哲学专业是培养具有一定马克思主义哲学理论素养和系统的专业基础知识，能运用科学的世界观和方法论分析当代世界与中国的现实问题的应用型、复合型高级专门人才的学科。

表 2-44 哲学学科排名前 10

序号	学校代码	学校名称	评选结果
1	10001	北京大学	A+
2	10246	复旦大学	A+
3	10002	中国人民大学	A
4	10284	南京大学	A
5	10027	北京师范大学	A-
6	10183	吉林大学	A-
7	10486	武汉大学	A-
8	10558	中山大学	A-
9	10003	清华大学	B+
10	10055	南开大学	B+

2. 人文社科类—理论经济学

理论经济学是由经济学基本概念、范畴与范畴体系组成的理论体系，包括一般的理论经济学与特殊的理论经济学。人类经济学、科学经济学是一般的理论经济学，政治经济学是特殊的理论经济学。

表 2-45 理论经济学学科排名前 10

序号	学校代码	学校名称	评选结果
1	10002	中国人民大学	A+
2	10246	复旦大学	A+
3	10001	北京大学	A
4	10055	南开大学	A
5	10027	北京师范大学	A-

（续表）

序号	学校代码	学校名称	评选结果
6	10284	南京大学	A－
7	10335	浙江大学	A－
8	10486	武汉大学	A－
9	10697	西北大学	A－
10	10003	清华大学	B＋

3. 人文社科类—应用经济学

应用经济学主要指应用理论经济学的基本原理，研究国民经济各个部门、各个专业领域的经济活动和经济关系的规律，或对非经济活动领域进行经济效益、社会效益的分析。

表 2-46　应用经济学学科排名前 10

序号	学校代码	学校名称	评选结果
1	10001	北京大学	A＋
2	10002	中国人民大学	A＋
3	10034	中央财经大学	A＋
4	10036	对外经济贸易大学	A
5	10173	东北财经大学	A
6	10272	上海财经大学	A
7	10384	厦门大学	A
8	10003	清华大学	A－
9	10055	南开大学	A－
10	10246	复旦大学	A－

4. 人文社科类—法学

法学，又称法律学、法律科学，是以法律、法律现象以及其规律为研究内容的科学，它是研究与法相关问题的学科，是关于法律问题的知识和理论体系。

表 2-47　法学学科排名前 10

序号	学校代码	学校名称	评选结果
1	10002	中国人民大学	A＋
2	10053	中国政法大学	A＋
3	10001	北京大学	A
4	10003	清华大学	A
5	10276	华东政法大学	A
6	10486	武汉大学	A

（续表）

序号	学校代码	学校名称	评选结果
7	10652	西南政法大学	A
8	10036	对外经济贸易大学	A－
9	10183	吉林大学	A－
10	10248	上海交通大学	A－

5. 人文社科类—政治学

政治学是一门以研究政治行为、政治体制以及政治相关领域为主的社会科学学科。狭义的政治学研究国家的活动、形式、关系及其发展规律；广义的政治学研究在一定经济基础之上的社会公共权力的活动、形式、关系及其发展规律。

表 2-48　政治学学科排名前 10

序号	学校代码	学校名称	评选结果
1	10001	北京大学	A＋
2	10246	复旦大学	A＋
3	10002	中国人民大学	A
4	10003	清华大学	A－
5	10055	南开大学	A－
6	10183	吉林大学	A－
7	10511	华中师范大学	A－
8	10053	中国政法大学	B＋
9	10065	天津师范大学	B＋
10	10269	华东师范大学	B＋

6. 人文社科类—社会学

社会学是系统地研究社会行为与人类群体的学科，主要涉及科学主义实证论的定量方法和人文主义的理解方法，它们相互对立、相互联系，共同发展及完善一套有关人类社会结构及活动的知识体系，并以运用这些知识去寻求或改善社会福利为主要目标。

表 2-49　社会学学科排名前 10

序号	学校代码	学校名称	评选结果
1	10001	北京大学	A＋
2	10002	中国人民大学	A＋
3	10284	南京大学	A
4	10003	清华大学	A－
5	10246	复旦大学	A－

（续表）

序号	学校代码	学校名称	评选结果
6	10280	上海大学	A−
7	10052	中央民族大学	B+
8	10055	南开大学	B+
9	10183	吉林大学	B+
10	10251	华东理工大学	B+

7. 人文社科类—民族学

民族学是以民族为研究对象的学科。它把民族这一族体作为整体进行全面的考察，研究民族的起源、发展以及消亡的过程，研究各族体的生产力和生产关系、经济基础和上层建筑。

表 2-50　民族学学科排名前 10

序号	学校代码	学校名称	评选结果
1	10052	中央民族大学	A+
2	10673	云南大学	A+
3	10524	中南民族大学	A−
4	10558	中山大学	B+
5	10656	西南民族大学	B+
6	10730	兰州大学	B+
7	10126	内蒙古大学	B
8	10608	广西民族大学	B
9	10691	云南民族大学	B
10	10384	厦门大学	B−

8. 人文社科类—马克思主义理论

马克思主义理论主要研究辩证唯物主义和历史唯物主义，主要培养具有一定马克思主义理论素养，具有科学社会主义和国际共产主义运动知识，能在党政机关、外事部门、高等院校从事理论宣传、教学研究和实际工作的高级专门人才。

表 2-51　马克思主义理论学科排名前 10

序号	学校代码	学校名称	评选结果
1	10002	中国人民大学	A+
2	10003	清华大学	A+
3	10200	东北师范大学	A+
4	10486	武汉大学	A+

（续表）

序号	学校代码	学校名称	评选结果
5	10001	北京大学	A
6	10183	吉林大学	A
7	10246	复旦大学	A
8	10319	南京师范大学	A
9	10422	山东大学	A
10	10511	华中师范大学	A

9. 人文社科类—教育学

教育学是一门研究人类的教育活动及其规律的社会科学。它广泛存在于人类生活中。通过对教育现象、教育问题的研究来揭示教育的一般规律。

表 2-52　教育学学科排名前 10

序号	学校代码	学校名称	评选结果
1	10027	北京师范大学	A+
2	10269	华东师范大学	A+
3	10200	东北师范大学	A
4	10319	南京师范大学	A
5	10511	华中师范大学	A
6	10001	北京大学	A-
7	10028	首都师范大学	A-
8	10335	浙江大学	A-
9	10574	华南师范大学	A-
10	10635	西南大学	A-

10. 人文社科类—心理学

心理学是一门研究人类心理现象及其影响下的精神功能和行为活动的科学，兼顾突出的理论性和应用（实践）性。

表 2-53　心理学学科排名前 10

序号	学校代码	学校名称	评选结果
1	10001	北京大学	A+
2	10027	北京师范大学	A+
3	10574	华南师范大学	A+
4	10269	华东师范大学	A-
5	10635	西南大学	A-

（续表）

序号	学校代码	学校名称	评选结果
6	10065	天津师范大学	B+
7	10319	南京师范大学	B+
8	10335	浙江大学	B+
9	10511	华中师范大学	B+
10	10718	陕西师范大学	B+

11. 人文社科类—体育学

体育学是研究体育科学体系及其发展方向的一门学科。其内容主要是研究体育科学体系的结构、层次及其演变，应设置的学科，各学科之间以及与相关学科之间的相互渗透与综合发展的关系。

表 2-54 体育学学科排名前 10

序号	学校代码	学校名称	评选结果
1	10043	北京体育大学	A+
2	10277	上海体育学院	A+
3	10269	华东师范大学	A
4	10071	天津体育学院	A−
5	10394	福建师范大学	A−
6	10522	武汉体育学院	A−
7	10574	华南师范大学	A−
8	10653	成都体育学院	A−
9	10003	清华大学	B+
10	10027	北京师范大学	B+

12. 人文社科类—中国语言文学

中国语言文学是指语言和文学两个大的专业。按照教育部对学科门类的划分，它主要包括语言学及应用语言学、汉语言文字学、对外汉语、文艺学、中国古典文献学、中国古代文学、中国现当代文学、中国少数民族语言文学、比较文学与世界文学等二级学科。主要培养具有汉语言文学基本理论、基础知识和基本技能，能够在高等和中等学校进行汉语言文学教学和教学研究的教师、教学研究人员及其他教育工作者。

表 2-55 中国语言文学学科排名前 10

序号	学校代码	学校名称	评选结果
1	10001	北京大学	A+
2	10027	北京师范大学	A+
3	10246	复旦大学	A

（续表）

序号	学校代码	学校名称	评选结果
4	10269	华东师范大学	A
5	10284	南京大学	A
6	10335	浙江大学	A
7	10422	山东大学	A
8	10610	四川大学	A
9	10002	中国人民大学	A−
10	10028	首都师范大学	A−

13. 人文社科类—外国语言文学

外国语言文学专业是专门学习某门外国语言，以其作为工具或内容，进行应用或研究。语言是文化的载体，通过学习外语，不仅可以掌握一个交流工具，还可以了解异国的文化与社会，开阔眼界，满足日益增长的精神文化需要。

表 2-56　外国语言文学学科排名前 10

序号	学校代码	学校名称	评选结果
1	10001	北京大学	A+
2	10030	北京外国语大学	A+
3	10271	上海外国语大学	A+
4	10212	黑龙江大学	A
5	10248	上海交通大学	A
6	10284	南京大学	A
7	10335	浙江大学	A
8	11846	广东外语外贸大学	A
9	10003	清华大学	A−
10	10006	北京航空航天大学	A−

14. 人文社科类—新闻传播学

新闻传播学是以文学、政治学和社会学为学科基础，以培养新闻传播、编辑出版、策划营销、媒介管理和文化创意人才为任务的专业。

表 2-57　新闻传播学学科排名前 10

序号	学校代码	学校名称	评选结果
1	10002	中国人民大学	A+
2	10033	中国传媒大学	A+
3	10246	复旦大学	A

（续表）

序号	学校代码	学校名称	评选结果
4	10487	华中科技大学	A
5	10003	清华大学	A−
6	10248	上海交通大学	A−
7	10486	武汉大学	A−
8	10559	暨南大学	A−
9	10001	北京大学	B+
10	10269	华东师范大学	B+

15. 人文社科类—考古学

考古学，即考究古代的学科，属于人文科学，在中国是历史学的分支，但在世界其他国家则多从属于人类学。考古学旨在根据古代人类活动遗留下来的物质资料，研究人类古代社会的历史。

表 2-58　考古学学科排名前 10

序号	学校代码	学校名称	评选结果
1	10001	北京大学	A+
2	10697	西北大学	A+
3	10183	吉林大学	A−
4	10284	南京大学	B+
5	10422	山东大学	B+
6	10459	郑州大学	B+
7	10610	四川大学	B+
8	10335	浙江大学	B
9	10486	武汉大学	B
10	10558	中山大学	B

16. 人文社科类—中国史

中国史是以探讨中国社会进程及其规律为要旨的综合性学科，它与哲学、政治学、民族学、考古学、社会学、法学、教育学、管理学和经济学等学科有着密切的联系。

表 2-59　中国史学科排名前 10

序号	学校代码	学校名称	评选结果
1	10027	北京师范大学	A+
2	10246	复旦大学	A+
3	10001	北京大学	A

（续表）

序号	学校代码	学校名称	评选结果
4	10284	南京大学	A
5	10002	中国人民大学	A−
6	10055	南开大学	A−
7	10511	华中师范大学	A−
8	10558	中山大学	A−
9	10003	清华大学	B+
10	10028	首都师范大学	B+

17. 人文社科类—世界史

世界史专业培养具有一定的马克思主义基本理论素养和系统的专业基本知识的人才，进一步培养有潜能的史学专门人才，培养能在国家机关、文教事业、新闻出版、文博档案及各类事业单位从事实际工作的应用型、复合型高级专门人才。

表 2-60　世界史学科排名前 10

序号	学校代码	学校名称	评选结果
1	10001	北京大学	A+
2	10269	华东师范大学	A+
3	10028	首都师范大学	A−
4	10055	南开大学	A−
5	10200	东北师范大学	A−
6	10027	北京师范大学	B+
7	10065	天津师范大学	B+
8	10246	复旦大学	B+
9	10284	南京大学	B+
10	10486	武汉大学	B+

18. 理学类—数学

数学是研究数量、结构、变化、空间以及信息等概念的一门学科，从某种角度看属于形式科学的一种。

表 2-61　数学学科排名前 10

序号	学校代码	学校名称	评选结果
1	10001	北京大学	A+
2	10246	复旦大学	A+
3	10422	山东大学	A+

（续表）

序号	学校代码	学校名称	评选结果
4	10003	清华大学	A
5	10027	北京师范大学	A
6	10055	南开大学	A
7	10248	上海交通大学	A
8	10358	中国科学技术大学	A
9	10698	西安交通大学	A
10	10183	吉林大学	A−

19. 理学类—物理学

物理学是研究物质运动一般规律和物质基本结构的学科。作为自然科学的带头学科，物理学研究大至宇宙、小至基本粒子等一切物质最基本的运动形式和规律，因此成为其他各自然科学学科的研究基础。

表 2-62　物理学学科排名前 10

序号	学校代码	学校名称	评选结果
1	10001	北京大学	A+
2	10358	中国科学技术大学	A+
3	10003	清华大学	A
4	10246	复旦大学	A
5	10248	上海交通大学	A
6	10284	南京大学	A
7	10055	南开大学	A−
8	10183	吉林大学	A−
9	10335	浙江大学	A−
10	10486	武汉大学	A−

20. 理学类—化学

化学是自然科学的一种，主要在分子、原子层面，研究物质的组成、性质、结构与变化规律，创造新物质。它是一门历史悠久而又富有活力的学科，它的成就是社会文明的重要标志。

表 2-63　化学学科排名前 10

序号	学校代码	学校名称	评选结果
1	10001	北京大学	A+
2	10003	清华大学	A+

（续表）

序号	学校代码	学校名称	评选结果
3	10358	中国科学技术大学	A+
4	10055	南开大学	A
5	10183	吉林大学	A
6	10246	复旦大学	A
7	10384	厦门大学	A
8	10248	上海交通大学	A—
9	10284	南京大学	A—
10	10335	浙江大学	A—

21. 理学类—天文学

天文学是研究宇宙空间天体、宇宙的结构和发展的学科。内容包括天体的构造、性质和运行规律等。天文学是一门古老的科学，自有人类文明史以来，天文学就占据重要地位。

表 2-64 天文学学科排名前 5

序号	学校代码	学校名称	评选结果
1	10284	南京大学	A+
2	10358	中国科学技术大学	A+
3	10001	北京大学	B—
4	10248	上海交通大学	C+
5	10027	北京师范大学	C—

22. 理学类—地理学

地理学是研究地理要素或者地理综合体空间分布规律、时间演变过程和区域特征的一门学科，是自然科学与人文科学的交叉，具有综合性、交叉性和区域性的特点。

表 2-65 地理学学科排名前 10

序号	学校代码	学校名称	评选结果
1	10001	北京大学	A+
2	10027	北京师范大学	A+
3	10269	华东师范大学	A
4	10284	南京大学	A—
5	10319	南京师范大学	A—
6	10486	武汉大学	A—
7	10028	首都师范大学	B+
8	10200	东北师范大学	B+

（续表）

序号	学校代码	学校名称	评选结果
9	10394	福建师范大学	B+
10	10475	河南大学	B+

23. 理学类—大气科学

大气科学是研究大气的各种现象（包括人类活动对它的影响）及其演变规律，以及如何利用这些规律为人类服务的一门学科。大气科学是地球科学的一个组成部分。

表 2-66　大气科学学科排名前 9

序号	学校代码	学校名称	评选结果
1	10001	北京大学	A+
2	10300	南京信息工程大学	A+
3	10284	南京大学	B
4	90006	解放军理工大学	B
5	10730	兰州大学	B−
6	10003	清华大学	C+
7	10423	中国海洋大学	C+
8	10558	中山大学	C
9	10358	中国科学技术大学	C−

24. 理学类—海洋科学

海洋科学是研究海洋的自然现象、性质及其变化规律，以及与开发利用海洋有关的知识体系。它的研究对象是占地球表面 71％的海洋，包括海水、溶解和悬浮于海水中的物质、生活于海洋中的生物、海底沉积和海底岩石圈，以及海面上的大气边界层和河口海岸带。

表 2-67　海洋科学学科排名前 10

序号	学校代码	学校名称	评选结果
1	10384	厦门大学	A+
2	10423	中国海洋大学	A+
3	10247	同济大学	B+
4	10558	中山大学	B+
5	10340	浙江海洋大学	B
6	10491	中国地质大学	B
7	10264	上海海洋大学	B−
8	10335	浙江大学	B−
9	10284	南京大学	C+
10	10294	河海大学	C+

25. 理学类—地球物理学

地球物理学是地球科学的主要学科之一，是通过定量的物理方法（如地震弹性波、重力、地磁、地电、地热和放射能等方法）研究地球以及寻找地球内部矿藏资源的一门综合性学科，研究范围包括地球的地壳、地幔、地核和大气层。

表 2-68 地球物理学学科排名前 9

序号	学校代码	学校名称	评选结果
1	10358	中国科学技术大学	A+
2	10486	武汉大学	A+
3	10001	北京大学	B
4	10491	中国地质大学	B-
5	11414	中国石油大学	B-
6	10247	同济大学	C+
7	10183	吉林大学	C
8	10489	长江大学	C-
9	10616	成都理工大学	C-

26. 理学类—地质学

地质学是研究地球的物质组成、内部构造、外部特征、各层圈之间的相互作用和演变历史，主要研究对象为地球的固体硬壳—地壳或岩石圈。作为研究地球及其演变的一门自然科学，地质学与数学、物理、化学、生物并列为自然科学五大基础学科。

表 2-69 地质学学科排名前 10

序号	学校代码	学校名称	评选结果
1	10284	南京大学	A+
2	10491	中国地质大学	A+
3	10001	北京大学	B+
4	10697	西北大学	B+
5	10183	吉林大学	B
6	10358	中国科学技术大学	B
7	10616	成都理工大学	B-
8	11414	中国石油大学	B-
9	10290	中国矿业大学	C+
10	10335	浙江大学	C+

27. 理学类—生物学

生物学是研究生物（包括植物、动物和微生物）的结构、功能、发生和发展规律的科学，是自然科学的一个部分。目的在于阐明和控制生命活动，改造自然，为农业、工业和医学等实践服务。

表 2-70　生物学学科排名前 10

序号	学校代码	学校名称	评选结果
1	10001	北京大学	A+
2	10003	清华大学	A+
3	10248	上海交通大学	A+
4	10019	中国农业大学	A
5	10284	南京大学	A
6	10358	中国科学技术大学	A
7	10486	武汉大学	A
8	10504	华中农业大学	A
9	10055	南开大学	A-
10	10200	东北师范大学	A-

28. 理学类—系统科学

系统科学是研究系统的结构与功能关系、演化和调控规律的科学，是一门新兴的综合性、交叉性学科，揭示各种系统的共性以及演化过程中所遵循的共同规律，发展优化和调控系统的方法，进而为系统科学在科学技术、社会、经济、军事、生物等领域的应用提供理论依据。

表 2-71　系统科学学科排名前 8

序号	学校代码	学校名称	评选结果
1	10004	北京交通大学	A+
2	90002	国防科技大学	A+
3	10252	上海理工大学	B
4	10027	北京师范大学	B-
5	10673	云南大学	C+
6	11065	青岛大学	C+
7	10610	四川大学	C
8	10637	重庆师范大学	C-

29. 理学类—科学技术史

科学技术史是关于科学技术的产生、发展及其规律的科学。科学技术史既要研究科学技术内在的逻辑联系和发展规律，又要探讨科学技术与整个社会中各种因素的相互联系和相互制约的辩证关系，是横跨于自然科学与社会科学之间的一门综合性学科。

表 2-72 科学技术史学科排名前 10

序号	学校代码	学校名称	评选结果
1	10008	北京科技大学	A+
2	10358	中国科学技术大学	A+
3	10135	内蒙古师范大学	B+
4	10248	上海交通大学	B+
5	10001	北京大学	B
6	10697	西北大学	B
7	10108	山西大学	B-
8	10300	南京信息工程大学	B-
9	10003	清华大学	C+
10	10608	广西民族大学	C+

30. 理学类—生态学

生态学是研究有机体与其周围环境(包括非生物环境和生物环境)相互关系的科学。目前已经发展为研究生物与其环境之间的相互关系的科学。它是一门有自己的研究对象、任务和方法的比较完整和独立的学科。

表 2-73 生态学学科排名前 10

序号	学校代码	学校名称	评选结果
1	10335	浙江大学	A+
2	10558	中山大学	A+
3	10001	北京大学	A
4	10200	东北师范大学	A
5	10730	兰州大学	A
6	10027	北京师范大学	A-
7	10246	复旦大学	A-
8	10269	华东师范大学	A-
9	10284	南京大学	A-
10	10673	云南大学	A-

31. 理学类—统计学

统计学是通过搜索、整理、分析、描述数据等手段,以达到推断所测对象的本质,甚至预测对象未来的一门综合性科学。统计学用到了大量的数学及其他学科的专业知识,其应用范围几乎覆盖了社会科学和自然科学的各个领域。

表 2-74 统计学学科排名前 10

序号	学校代码	学校名称	评选结果
1	10001	北京大学	A+
2	10002	中国人民大学	A+
3	10055	南开大学	A
4	10200	东北师范大学	A
5	10269	华东师范大学	A
6	10384	厦门大学	A
7	10027	北京师范大学	A-
8	10173	东北财经大学	A-
9	10272	上海财经大学	A-
10	10353	浙江工商大学	A-

32. 工学类—力学

力学专业培养具备力学基础理论知识、计算和试验能力，能在各种工程（如机械、土建、材料、能源、交通、航空、船舶、水利、化工等）中从事与力学有关的科研、技术开发、工程建设和力学教学工作的高级工程科学技术人才。

表 2-75 力学学科排名前 10

序号	学校代码	学校名称	评选结果
1	10001	北京大学	A+
2	10003	清华大学	A+
3	10213	哈尔滨工业大学	A
4	10698	西安交通大学	A
5	10006	北京航空航天大学	A-
6	10056	天津大学	A-
7	10141	大连理工大学	A-
8	10287	南京航空航天大学	A-
9	10007	北京理工大学	B+
10	10247	同济大学	B+

33. 工学类—机械工程

机械工程是一门利用物理定律为机械系统作分析、设计、制造及维修的工程学科。机械工程是以有关的自然科学和技术科学为理论基础，结合生产实践中的技术经验，研究和解决在开发、设计、制造、安装、运用和维修各种机械中的全部理论和实际问题的应用学科。

表 2-76 机械工程学科排名前 10

序号	学校代码	学校名称	评选结果
1	10003	清华大学	A+
2	10213	哈尔滨工业大学	A+
3	10248	上海交通大学	A+
4	10487	华中科技大学	A+
5	10007	北京理工大学	A
6	10056	天津大学	A
7	10141	大连理工大学	A
8	10335	浙江大学	A
9	10698	西安交通大学	A
10	10006	北京航空航天大学	A-

34. 工学类—光学工程

光学工程是指把光学理论应用到实际应用的一类工程学。光学工程设计光学仪器，例如镜头、显微镜和望远镜，也包括其他利用光学性质的设备。此外，光学工程还研究光传感器及相关测量系统，激光、光纤通信等。

表 2-77 光学工程学科排名前 10

序号	学校代码	学校名称	评选结果
1	10335	浙江大学	A+
2	10487	华中科技大学	A+
3	10056	天津大学	A
4	90002	国防科技大学	A
5	10007	北京理工大学	A-
6	10186	长春理工大学	A-
7	10213	哈尔滨工业大学	A-
8	10614	电子科技大学	A-
9	10003	清华大学	B+
10	10005	北京工业大学	B+

35. 工学类—仪器科学与技术

仪器科学与技术专业是有关仪器运行应用的理论研究的工程性学科，是为研究事物变化规律提供信息获取手段并加以控制的一门学科。

表 2-78　仪器科学与技术学科排名前 10

序号	学校代码	学校名称	评选结果
1	10003	清华大学	A+
2	10006	北京航空航天大学	A+
3	10056	天津大学	A
4	10213	哈尔滨工业大学	A-
5	10248	上海交通大学	A-
6	10286	东南大学	A-
7	10611	重庆大学	A-
8	10110	中北大学	B+
9	10183	吉林大学	B+
10	10358	中国科学技术大学	B+

36. 工学类—材料科学与工程

材料科学与工程专业以材料学、化学、物理学为基础，系统学习材料科学与工程专业的基础理论和实验技能，并将其应用于材料的合成、制备、结构、性能、应用等方面研究的学科。

表 2-79　材料科学与工程学科排名前 10

序号	学校代码	学校名称	评选结果
1	10003	清华大学	A+
2	10006	北京航空航天大学	A+
3	10497	武汉理工大学	A+
4	10008	北京科技大学	A
5	10213	哈尔滨工业大学	A
6	10248	上海交通大学	A
7	10335	浙江大学	A
8	10699	西北工业大学	A
9	10007	北京理工大学	A-
10	10010	北京化工大学	A-

37. 工学类—冶金工程

冶金工程专业是一门研究从矿石中提取有价金属或其化合物并进行加工成材料的应用性学科，培养的是冶金工程领域科学研究与开发应用、工程设计与实施、技术攻关与技术改造、新技术推广与应用、工程规划与冶金企业管理等方面的专门人才。

表 2-80 冶金工程学科排名前 10

序号	学校代码	学校名称	评选结果
1	10008	北京科技大学	A+
2	10533	中南大学	A+
3	10145	东北大学	B+
4	10674	昆明理工大学	B+
5	10280	上海大学	B
6	10488	武汉科技大学	B
7	10127	内蒙古科技大学	B-
8	10611	重庆大学	B-
9	10081	华北理工大学	C+
10	10407	江西理工大学	C+

38. 工学类—动力工程及工程热物理

动力工程及工程热物理专业主要学习动力工程及工程热物理的基础理论,各种能量转换及有效利用的理论和技术。该专业学生会受到现代动力工程师的基本训练,具有进行动力机械与热工设备设计、运行、实验研究的基本能力。

表 2-81 动力工程及工程热物理学科排名前 10

序号	学校代码	学校名称	评选结果
1	10003	清华大学	A+
2	10698	西安交通大学	A+
3	10248	上海交通大学	A
4	10335	浙江大学	A
5	10056	天津大学	A-
6	10079	华北电力大学	A-
7	10213	哈尔滨工业大学	A-
8	10487	华中科技大学	A-
9	10006	北京航空航天大学	B+
10	10007	北京理工大学	B+

39. 工学类—电气工程

电气工程定义为用于创造产生电气与电子系统的有关学科的总和。培养能够从事与电气工程有关的系统运行、自动控制、电力电子技术、信息处理、试验分析、研制开发、经济管理以及电子与计算机技术应用等领域工作的宽口径"复合型"高级工程技术人才。

表 2-82　电气工程学科排名前 10

序号	学校代码	学校名称	评选结果
1	10003	清华大学	A+
2	10698	西安交通大学	A+
3	10079	华北电力大学	A
4	10487	华中科技大学	A
5	10213	哈尔滨工业大学	A−
6	10335	浙江大学	A−
7	10611	重庆大学	A−
8	90038	海军工程大学	A−
9	10056	天津大学	B+
10	10142	沈阳工业大学	B+

40. 工学类—电子科学与技术

电子科学与技术学科属于工学学科门类，涉及广播、电视、电路、视频、音乐、图像、雷达、新媒体、微电子、人工智能等众多高科技领域。学生需拥有较好的数学、英语、物理、化学、计算机、逻辑分析、阅读理解的基础。

表 2-83　电子科学与技术学科排名前 10

序号	学校代码	学校名称	评选结果
1	10614	电子科技大学	A+
2	10701	西安电子科技大学	A+
3	10001	北京大学	A
4	10003	清华大学	A
5	10286	东南大学	A
6	10013	北京邮电大学	A−
7	10246	复旦大学	A−
8	10248	上海交通大学	A−
9	10284	南京大学	A−
10	10335	浙江大学	A−

41. 工学类—信息与通信工程

信息与通信工程是一个基础知识面宽、应用领域广阔的综合性专业，涉及无线通信、多媒体和图像处理、电磁场与微波、医用 X 线数字成像、阵列信号处理和相空间波传播与成像以及卫星移动视频等众多高技术领域。培养知识面非常广泛，不仅对数学、物理、电子技术、计算机、信息传输、信息采集和信息处理等基础知识有很高的要求，而且要求学生具备信号检测与估计、信号分析与处理、系统分析与设计等方面的专业知识和技能，使学生具有从事本学科领域科学研究的能力。

表 2-84　信息与通信工程学科排名前 10

序号	学校代码	学校名称	评选结果
1	10013	北京邮电大学	A+
2	10614	电子科技大学	A+
3	10003	清华大学	A
4	10248	上海交通大学	A
5	10701	西安电子科技大学	A
6	90002	国防科技大学	A
7	10004	北京交通大学	A-
8	10006	北京航空航天大学	A-
9	10007	北京理工大学	A-
10	10213	哈尔滨工业大学	A-

42. 工学类—控制科学与工程

控制科学与工程在本科阶段称为“自动化”，研究生阶段称为“控制科学与工程”。本学科是研究控制的理论、方法、技术及其工程应用的学科。以控制论、系统论、信息论为基础，研究各应用领域内的共性问题，即为了实现控制目标，应如何建立系统的模型，分析其内部与环境信息，采取何种控制与决策行为。其与各应用领域的密切结合，又形成了控制工程丰富多样的内容。

表 2-85　控制科学与工程学科排名前 10

序号	学校代码	学校名称	评选结果
1	10003	清华大学	A+
2	10213	哈尔滨工业大学	A+
3	10335	浙江大学	A+
4	10006	北京航空航天大学	A
5	10007	北京理工大学	A
6	10145	东北大学	A
7	10248	上海交通大学	A
8	90002	国防科技大学	A
9	10217	哈尔滨工程大学	A-
10	10286	东南大学	A-

43. 工学类—计算机科学与技术

计算机科学与技术是一个计算机系统与网络兼顾的计算机学科宽口径专业，旨在培养具有良好的科学素养，具有自主学习意识和创新意识，科学型和工程型相结合的计算机专业高水平工程技术人才。

表 2-86　计算机科学与技术学科排名前 10

序号	学校代码	学校名称	评选结果
1	10001	北京大学	A+
2	10003	清华大学	A+
3	10335	浙江大学	A+
4	90002	国防科技大学	A+
5	10006	北京航空航天大学	A
6	10013	北京邮电大学	A
7	10213	哈尔滨工业大学	A
8	10248	上海交通大学	A
9	10284	南京大学	A
10	10487	华中科技大学	A

44. 工学类—建筑学

建筑学，从广义上来说，是研究建筑及其环境的学科。建筑学是一门横跨工程技术和人文艺术的学科。建筑学所涉及的建筑艺术、建筑技术以及作为实用艺术的建筑艺术所包括的美学的一面和实用的一面，它们虽有明确的不同但又密切联系，并且其分量随具体情况和建筑物的不同而大不相同。

表 2-87　建筑学学科排名前 10

序号	学校代码	学校名称	评选结果
1	10003	清华大学	A+
2	10286	东南大学	A+
3	10056	天津大学	A−
4	10247	同济大学	A−
5	10561	华南理工大学	A−
6	10213	哈尔滨工业大学	B+
7	10335	浙江大学	B+
8	10487	华中科技大学	B+
9	10611	重庆大学	B+
10	10703	西安建筑科技大学	B+

45. 工学类—土木工程

土木工程是建造各类土地工程设施的科学技术的统称。它既指所应用的材料、设备和所进行的勘测、设计、施工、保养、维修等技术活动，也指工程建设的对象。

表 2-88 土木工程学科排名前 10

序号	学校代码	学校名称	评选结果
1	10247	同济大学	A+
2	10286	东南大学	A+
3	10003	清华大学	A
4	10005	北京工业大学	A
5	10213	哈尔滨工业大学	A
6	10335	浙江大学	A
7	10056	天津大学	A−
8	10141	大连理工大学	A−
9	10294	河海大学	A−
10	10532	湖南大学	A−

46. 工学类—水利工程

水利工程专业培养具有水利工程的勘测、规划、设计、施工、科研和管理等方面的知识，能在水利、水电、水保等部门从事规划、设计、施工、科研和管理等方面工作的高级工程技术人才。

表 2-89 水利工程学科排名前 10

序号	学校代码	学校名称	评选结果
1	10003	清华大学	A+
2	10294	河海大学	A+
3	10056	天津大学	A−
4	10486	武汉大学	A−
5	10019	中国农业大学	B+
6	10141	大连理工大学	B+
7	10459	郑州大学	B+
8	10610	四川大学	B+
9	10700	西安理工大学	B+
10	10078	华北水利水电大学	B

47. 工学类—测绘科学与技术

测绘科学与技术主要培养德智体美劳全面发展、具备扎实数理基础知识，熟练掌握遥感科学与技术基础理论、基本知识和基本技能，接受科学思维和工程实践训练，胜任国家基础测绘、城乡建设、国土资源、空间探测、气候变化、海洋开发与保护等领域空间信息的获取、处理、分析、应用及管理工作，具有较强的组织管理能力、创新能力、继续学习能力和国际视野的复合型工程技术人才。

表 2-90　测绘科学与技术学科排名前 10

序号	学校代码	学校名称	评选结果
1	10002	中国人民大学	A+
2	10246	复旦大学	A+
3	10001	北京大学	A
4	10055	南开大学	A
5	10027	北京师范大学	A−
6	10284	南京大学	A−
7	10335	浙江大学	A−
8	10486	武汉大学	A−
9	10697	西北大学	A−
10	10003	清华大学	B+

48. 工学类—化学工程与技术

化学工程与技术，简称化工，主要研究以化学工业为代表的，以及其他过程工业(如石油炼制工业、冶金工业、食品工业、印染工业等)生产过程中有关化学过程与物理过程的一般原理和规律，并应用这些规律来解决过程及装置的开发、设计、操作及优化问题。

表 2-91　化学工程与技术学科排名前 10

序号	学校代码	学校名称	评选结果
1	10056	天津大学	A+
2	10251	华东理工大学	A+
3	10003	清华大学	A
4	10010	北京化工大学	A
5	10141	大连理工大学	A
6	10291	南京工业大学	A
7	10335	浙江大学	A
8	10213	哈尔滨工业大学	A−
9	10288	南京理工大学	A−
10	10337	浙江工业大学	A−

49. 工学类—地质资源与地质工程

地质资源与地质工程主要研究固体矿产和能源矿产的形成机理、分布规律及复杂条件下资源的勘查、探测、开发和钻探工程新方法、新技术研究、岩土钻掘与防护工程、环境与工程探测技术和地质灾害防治。

表 2-92　地质资源与地质工程学科排名前 10

序号	学校代码	学校名称	评选结果
1	10491	中国地质大学	A+
2	11414	中国石油大学	A+
3	10290	中国矿业大学	A−
4	10183	吉林大学	B+
5	10533	中南大学	B+
6	10616	成都理工大学	B+
7	10710	长安大学	B+
8	10247	同济大学	B
9	10284	南京大学	B
10	10615	西南石油大学	B

50. 工学类—矿业工程

矿业工程主要包含采矿工程、矿物加工工程、安全技术及工程、矿山机电等二级学科。矿业工程学科既要按照矿井的地质、生产和经济特性来完善和发展传统的矿业工程科技，又要吸收和融汇现代科学技术的最新成就，使矿业工程科技不断提高和更新。矿业工程学科和地质资源与地质工程、能源工程、冶金工程、机械机电工程、材料科学与工程、力学、土木工程、化学等相邻学科有密切联系。

表 2-93　矿业工程学科排名前 10

序号	学校代码	学校名称	评选结果
1	10290	中国矿业大学	A+
2	10533	中南大学	A+
3	10008	北京科技大学	B+
4	10145	东北大学	B+
5	10611	重庆大学	B+
6	10112	太原理工大学	B
7	10424	山东科技大学	B
8	10460	河南理工大学	B
9	10147	辽宁工程技术大学	B−
10	10361	安徽理工大学	B−

51. 工学类—石油与天然气工程

石油与天然气工程是研究石油与天然气勘探、评估、开采、油气分离、输送理论和技术的工程学领域。其学科相关授权单位主要培养从事石油与天然气生成环境、勘探、油田地质工程、油气井工程、油气田开发工程、测井数据采集和处理、油气储运以及石油工程管理的高级科学技术人才。

表 2-94　石油与天然气工程学科排名前 7

序号	学校代码	学校名称	评选结果
1	10615	西南石油大学	A+
2	11414	中国石油大学	A+
3	10220	东北石油大学	B
4	10491	中国地质大学	B−
5	10489	长江大学	C+
6	10705	西安石油大学	C
7	10616	成都理工大学	C−

52. 工学类—纺织科学与工程

纺织科学与工程学科涵盖纺织工程、纺织材料与纺织品设计、纺织化学与染整工程等多个学科领域。主要研究如何用机械、物理、化学等高科技手段实现符合各个领域和各种功能要求的纺织品的加工及性能评价。随着高新技术产业的兴起和人类环境保护意识的提高，对高新技术纺织品的开发提出了更高的要求，纺织学科的研究内容发生明显的变化，与生物工程、环境保护工程、材料科学工程等学科的交叉和渗透越来越紧密，这将使纺织科学与工程学科得到更大的发展。

表 2-95　纺织科学与工程学科排名前 10

序号	学校代码	学校名称	评选结果
1	10058	天津工业大学	A+
2	10255	东华大学	A+
3	10285	苏州大学	B+
4	10295	江南大学	B
5	10338	浙江理工大学	B
6	10495	武汉纺织大学	B−
7	10709	西安工程大学	C+
8	11065	青岛大学	C+
9	10152	大连工业大学	C
10	10465	中原工学院	C

53. 工学类—轻工技术与工程

轻工技术与工程是研究制浆与造纸工程、制糖工程、发酵工程和皮革化学工程等四个方面的理论、技术革新与方法的工程领域。主要培养轻工技术与工程领域科学研究与开发应用,工程设计与实施,技术攻关与技术改造,新技术推广与应用、工程规划与管理等方面,能紧密联系轻工业领域的生产和研究开发涉及的技术与工程实际的高级工程技术人才。

表 2-96 轻工技术与工程学科排名前 10

序号	学校代码	学校名称	评选结果
1	10295	江南大学	A+
2	10561	华南理工大学	A+
3	10057	天津科技大学	B+
4	10708	陕西科技大学	B+
5	10152	大连工业大学	B
6	10291	南京工业大学	B
7	10610	四川大学	B
8	10431	齐鲁工业大学	B-
9	10500	湖北工业大学	B-
10	10298	南京林业大学	C+

54. 工学类—交通运输工程

交通运输工程是研究铁路、公路、水路及航空运输基础设施的布局及修建、载运工具运用工程、交通信息工程及控制、交通运输经营和管理的工程领域。

表 2-97 交通运输工程学科排名前 10

序号	学校代码	学校名称	评选结果
1	10286	东南大学	A+
2	10613	西南交通大学	A+
3	10004	北京交通大学	A-
4	10006	北京航空航天大学	A-
5	10247	同济大学	A-
6	10151	大连海事大学	B+
7	10213	哈尔滨工业大学	B+
8	10497	武汉理工大学	B+
9	10533	中南大学	B+
10	10710	长安大学	B+

55. 工学类—船舶与海洋工程

船舶与海洋工程专业主要研究船舶轮机的工作原理。主要学习船舶的构造、航行原理、安全性设计及建造法规和国内外重要船级社的规范等知识，研究船舶的设计方法及如何保证航行的快速性、良好的操纵性和抗风浪能力等问题。学习船舶试验的方法和原理，解决船舶设计、建造、使用和管理中的问题。船舶与海洋工程专业是船舶建造、使用及海运行业的重要支撑学科。

表 2-98 船舶与海洋工程学科排名前 10

序号	学校代码	学校名称	评选结果
1	10217	哈尔滨工程大学	A+
2	10248	上海交通大学	A+
3	90038	海军工程大学	B+
4	10056	天津大学	B
5	10151	大连海事大学	B
6	10497	武汉理工大学	B−
7	10699	西北工业大学	B−
8	10141	大连理工大学	C+
9	10487	华中科技大学	C+
10	10289	江苏科技大学	C

56. 工学类—航空宇航科学与技术

航空宇航科学与技术于20世纪初期和中期先后创建并迅速发展，它是以数学、物理学以及现代技术科学为基础，以飞行器设计、推进理论与工程、制造工程、人机与环境工程等专业为主干的高度综合的学科体系。航空宇航科学与技术综合应用许多其他学科和工程技术的最新成果。

表 2-99 航空宇航科学与技术学科排名前 10

序号	学校代码	学校名称	评选结果
1	10006	北京航空航天大学	A+
2	10699	西北工业大学	A+
3	10213	哈尔滨工业大学	B+
4	10287	南京航空航天大学	B+
5	90002	国防科技大学	B+
6	10007	北京理工大学	B
7	90045	空军工程大学	B
8	10003	清华大学	B−
9	10143	沈阳航空航天大学	B−
10	90039	海军航空工程学院	B−

57. 工学类—兵器科学与技术

兵器科学与技术研究军事对抗中所使用的武器系统和军事技术器材的科学技术，研究内容涉及武器系统及军事技术器材的科学原理、技术手段、系统分析、工程设计、技术运用、工程保障及效能评估等，是一门综合性的工程技术学科。

表 2-100 兵器科学与技术学科排名前 9

序号	学校代码	学校名称	评选结果
1	10007	北京理工大学	A+
2	10288	南京理工大学	A+
3	10699	西北工业大学	B
4	90045	空军工程大学	B−
5	90059	火箭军工程大学	B−
6	90006	解放军理工大学	C+
7	90033	装备学院	C
8	10110	中北大学	C−
9	90038	海军工程大学	C−

58. 工学类—核科学与技术

核科学与技术是一门由基础科学、技术科学及工程科学组成的综合性很强的尖端学科。本学科主要研究核能科学与工程、核燃料循环与材料、核技术及应用、辐射防护及环境保护。

表 2-101 核科学与技术学科排名前 10

序号	学校代码	学校名称	评选结果
1	10003	清华大学	A+
2	10358	中国科学技术大学	A+
3	10001	北京大学	B+
4	10217	哈尔滨工程大学	B+
5	10698	西安交通大学	B+
6	10248	上海交通大学	B
7	10555	南华大学	B−
8	10610	四川大学	B−
9	90038	海军工程大学	C+
10	10730	兰州大学	C+

59. 工学类—农业工程

农业工程是一个综合性的交叉学科，是现代科学技术与农业产业化、现代化的有机结合。是教育部为探索新世纪复合型工程技术人才培养的模式专门立项研究而设立的以一级学科招生的专业，培养的人才将具有良好的综合素质能力、适应现代科技发展，特别是工程领域技术集成与创新的需求。学生主要学习水利、土木工程学科的基本知识、基本理论，受到水利工程设计方法、科学研究方法及施工与管理的基本训练，具有水利工程的勘测、规划、设计、施工、管理等基本能力。

表 2-102　农业工程学科排名前 10

序号	学校代码	学校名称	评选结果
1	10019	中国农业大学	A+
2	10335	浙江大学	A+
3	10299	江苏大学	A−
4	10183	吉林大学	B+
5	10224	东北农业大学	B+
6	10564	华南农业大学	B+
7	10712	西北农林科技大学	B+
8	10294	河海大学	B
9	10307	南京农业大学	B
10	10466	河南农业大学	B

60. 工学类—林业工程

林业工程，是指以森林资源的高效利用和可持续发展为原则，将各种工程技术应用于森林资源培育、开发利用及林产品加工的活动。林业工程包括林区规划、森林培育、森林保护、森林开采、木制品设计加工、开采设备的设计制造、木制品加工设备的设计制造、林区防火技术和装备等。

表 2-103　林业工程学科排名前 9

序号	学校代码	学校名称	评选结果
1	10225	东北林业大学	A+
2	10298	南京林业大学	A+
3	10022	北京林业大学	B
4	10389	福建农林大学	B−
5	10538	中南林业科技大学	B−
6	10341	浙江农林大学	C+
7	10677	西南林业大学	C
8	10129	内蒙古农业大学	C−
9	10201	北华大学	C−

61. 工学类—环境科学与工程

环境科学与工程专业主要学习普通化学、工程力学、测量学、工程制图、微生物学、水力学、电工学、环境监测、环境工程学科的基本理论和基本知识，受到外语、计算机技术及绘图、污染物监测和分析、工程设计、管理及规划方面的基本训练，具有环境科学技术和给水排水工程领域的科学研究、工程设计和管理规划方面的基本能力。

表 2-104 环境科学与工程学科排名前 10

序号	学校代码	学校名称	评选结果
1	10003	清华大学	A+
2	10213	哈尔滨工业大学	A+
3	10247	同济大学	A+
4	10001	北京大学	A
5	10027	北京师范大学	A
6	10284	南京大学	A
7	10335	浙江大学	A
8	10005	北京工业大学	A−
9	10055	南开大学	A−
10	10056	天津大学	A−

62. 工学类—生物医学工程

生物医学工程是以解决医学中的有关问题，保障人类健康，为疾病的预防、诊断、治疗和康复服务的一门学科，也是具有高度综合的交叉学科。其主要培养具备良好的人文素养和团队合作精神，系统地掌握生物医学工程的基础理论、基本知识和基本技能，能在医疗器械、医疗卫生等相关行业的企事业单位从事工程技术开发、服务、管理和教育等工作或攻读研究生，具有较强的知识更新能力和创新能力的生物医学与工程科学相结合的复合型高级专业人才。

表 2-105 生物医学工程学科排名前 10

序号	学校代码	学校名称	评选结果
1	10286	东南大学	A+
2	10487	华中科技大学	A+
3	10248	上海交通大学	A
4	10003	清华大学	A−
5	10006	北京航空航天大学	A−
6	10335	浙江大学	A−
7	10610	四川大学	A−
8	10001	北京大学	B+
9	10056	天津大学	B+
10	10246	复旦大学	B+

63. 工学类—食品科学与工程

食品科学与工程专业是以食品科学和工程科学为基础，研究食品的营养健康、工艺设计与社会生产、加工贮藏与安全卫生。它是生命科学与工程科学的重要组成部分，是连接食品科学与工业工程的重要桥梁。

表 2-106　食品科学与工程学科排名前 10

序号	学校代码	学校名称	评选结果
1	10019	中国农业大学	A+
2	10295	江南大学	A+
3	10403	南昌大学	A
4	10307	南京农业大学	A−
5	10335	浙江大学	A−
6	10504	华中农业大学	A−
7	10561	华南理工大学	A−
8	10057	天津科技大学	B+
9	10152	大连工业大学	B+
10	10224	东北农业大学	B+

64. 工学类—城乡规划学

城乡规划是支撑我国国民经济与社会发展、保护生态环境、继承和创新中华优秀文化、营造美好人居的重要领域。城乡规划专业培养德智体美全面发展，具备坚实的城乡规划基础理论知识和实践应用能力，具有社会责任感、团队精神、创新思维和可持续发展理念，能够在专业规划设计机构、管理机构、研究机构从事城乡规划设计及其相关开发管理、研究教育等工作的高级专门人才。

表 2-107　城乡规划学学科排名前 10

序号	学校代码	学校名称	评选结果
1	10003	清华大学	A+
2	10247	同济大学	A+
3	10056	天津大学	A−
4	10213	哈尔滨工业大学	A−
5	10286	东南大学	A−
6	10284	南京大学	B+
7	10487	华中科技大学	B+
8	10561	华南理工大学	B+
9	10611	重庆大学	B+
10	10703	西安建筑科技大学	B+

65. 工学类—风景园林学

风景园林学（又称景观学）是关于土地和户外空间设计的科学和艺术，是一门建立在广泛的自然科学和人文艺术学科基础上的应用学科。它通过科学理性的分析、规划布局、设计改造、管理、保护和恢复的方法得以实践，其核心是协调人与自然的关系。它涉及气候、地理、水文等自然要素，同时也包含了人工构筑物、历史文化、传统风俗习惯、地方色彩等人文元素，是一个地域综合情况的反映。因此，风景园林学是一个涉及多学科的、多知识的相对复杂的应用科学。

表 2-108 风景园林学学科排名前 10

序号	学校代码	学校名称	评选结果
1	10003	清华大学	A+
2	10022	北京林业大学	A+
3	10247	同济大学	A−
4	10286	东南大学	A−
5	10298	南京林业大学	A−
6	10056	天津大学	B+
7	10225	东北林业大学	B+
8	10389	福建农林大学	B+
9	10504	华中农业大学	B+
10	10561	华南理工大学	B+

66. 工学类—软件工程

软件工程是一门研究用工程化方法构建和维护有效的、实用的和高质量的软件的学科。它涉及程序设计语言、数据库、软件开发工具、系统平台、标准、设计模式等方面。

表 2-109 软件工程学科排名前 10

序号	学校代码	学校名称	评选结果
1	10006	北京航空航天大学	A+
2	10335	浙江大学	A+
3	90002	国防科技大学	A+
4	10001	北京大学	A
5	10003	清华大学	A
6	10269	华东师范大学	A
7	10284	南京大学	A
8	10486	武汉大学	A
9	10056	天津大学	A−
10	10145	东北大学	A−

67. 工学类—安全科学与工程

安全科学与工程专业注重培养能从事安全技术及工程、安全科学与研究、安全监察与管理、安全健康环境检测与监测、安全设计与生产、安全教育与培训等方面的复合型的高级工程技术人才，是一个涉及面极广的综合交叉学科。

表 2-110　安全科学与工程学科排名前 10

序号	学校代码	学校名称	评选结果
1	10290	中国矿业大学	A+
2	10358	中国科学技术大学	A+
3	10460	河南理工大学	A−
4	10533	中南大学	A−
5	10704	西安科技大学	A−
6	10003	清华大学	B+
7	10007	北京理工大学	B+
8	10008	北京科技大学	B+
9	10291	南京工业大学	B+
10	11414	中国石油大学	B+

68. 农学类—作物学

作物学的根本任务是研究作物重要性状的遗传规律和育种技术，培育优良品种，实现良种化、种子标准化；同时揭示作物生长发育和产量、品质形成规律及其与环境关系，采取农艺措施将良种的遗传功能转化为现实生产力，实现高产、优质、高效、生态、安全的生产目标，为保障我国粮食安全和农产品有效供给、生态安全、现代农业可持续发展提供可靠的技术支撑。

表 2-111　作物学学科排名前 10

序号	学校代码	学校名称	评选结果
1	10019	中国农业大学	A+
2	10307	南京农业大学	A+
3	10335	浙江大学	A−
4	10504	华中农业大学	A−
5	10434	山东农业大学	B+
6	10537	湖南农业大学	B+
7	10626	四川农业大学	B+
8	10712	西北农林科技大学	B+
9	10157	沈阳农业大学	B
10	10466	河南农业大学	B

69. 农学类—园艺学

园艺是农业的一个组成部分，是指果树、蔬菜、花卉及观赏树木等经济作物群的栽培与繁育技术。园艺学科属于应用基础和应用型研究学科，是以农业生物学为主要理论基础，研究园艺作物生长发育和遗传规律的一门学科，也是研究园艺作物起源与分类、种质资源、遗传育种、栽培、病虫害防治及采后处理、贮藏加工等应用技术与原理的综合性学科。

表 2-112 园艺学学科排名前 10

序号	学校代码	学校名称	评选结果
1	10504	华中农业大学	A+
2	10335	浙江大学	A+
3	10307	南京农业大学	A−
4	10019	中国农业大学	B+
5	10157	沈阳农业大学	B+
6	10434	山东农业大学	B+
7	10537	湖南农业大学	B+
8	10712	西北农林科技大学	B+
9	10248	上海交通大学	B
10	10564	华南农业大学	B

70. 农学类—农业资源与环境

农业资源与环境主要培养适应社会主义现代化建设和社会发展需要，德、智、体等方面全面发展，具备农业资源与环境的基本理论、基本知识和基本技能，能够进行农业资源与环境质量的定性与定量分析及评价，掌握提高水分、养分、土壤、生物等资源利用效率的技术与方法，具有利用信息技术实现对农业资源与环境的开发、利用与保护及退化防治等宏观管理与决策的能力，能在政府部门、农业管理部门、企事业、科研、教育和规划等单位从事农业资源与环境的保护、开发、管理等方面工作的农业资源与环境学科的高级人才。

表 2-113 农业资源与环境学科排名前 10

序号	学校代码	学校名称	评选结果
1	10307	南京农业大学	A+
2	10335	浙江大学	A+
3	10019	中国农业大学	A−
4	10504	华中农业大学	B+
5	10635	西南大学	B+
6	10712	西北农林科技大学	B+
7	10157	沈阳农业大学	B
8	10537	湖南农业大学	B
9	10564	华南农业大学	B
10	10626	四川农业大学	B

71. 农学类—植物保护

植物保护专业培养具备植物保护科学基本知识和基本技能，能从事植物病虫、杂草、鸟兽害的预测预报和防治的高级技术应用性专门人才。

表 2-114　植物保护学科排名前 10

序号	学校代码	学校名称	评选结果
1	10307	南京农业大学	A+
2	10335	浙江大学	A+
3	10019	中国农业大学	A−
4	10389	福建农林大学	B+
5	10504	华中农业大学	B+
6	10657	贵州大学	B+
7	10712	西北农林科技大学	B+
8	10434	山东农业大学	B
9	10564	华南农业大学	B
10	10635	西南大学	B

72. 农学类—畜牧学

畜牧学是研究家畜的饲养、管理、繁育以及其制品利用的科学，是畜牧业的基础学科。家畜是指人工饲养的动物，以前只集中在“六畜”(马、牛、羊、鸡、犬、猪)，人工饲养的范围在不断扩大，目前畜牧学研究范围广义的还包括饲养蜜蜂、蚕和观赏动物(如鸟类)。

表 2-115　畜牧学学科排名前 10

序号	学校代码	学校名称	评选结果
1	10019	中国农业大学	A+
2	10504	华中农业大学	A+
3	10335	浙江大学	A−
4	10626	四川农业大学	A−
5	10307	南京农业大学	B+
6	10564	华南农业大学	B+
7	10635	西南大学	B+
8	10712	西北农林科技大学	B+
9	10129	内蒙古农业大学	B
10	10224	东北农业大学	B

73. 农学类—兽医学

兽医学是研究预防和治疗家畜疾病的科学。家畜、伴随动物(如犬、猫等)、经济野生动物、实验动物、观赏动物、经济昆虫(如蜜蜂、蚕等)和鱼类的保健和疾病防治工作均属兽医学范畴。

表 2-116　兽医学学科排名前 10

序号	学校代码	学校名称	评选结果
1	10019	中国农业大学	A+
2	10504	华中农业大学	A+
3	10564	华南农业大学	A−
4	11117	扬州大学	A−
5	10183	吉林大学	B+
6	10224	东北农业大学	B+
7	10307	南京农业大学	B+
8	10712	西北农林科技大学	B+
9	10193	吉林农业大学	B
10	10335	浙江大学	B

74. 农学类—林学

林学是一门研究如何认识森林、培育森林、经营森林、保护森林和合理利用森林的学科，它是在其他自然学科发展的基础上，形成和发展起来的综合性的应用学科。

表 2-117　林学学科排名前 10

序号	学校代码	学校名称	评选结果
1	10022	北京林业大学	A+
2	10298	南京林业大学	A+
3	10712	西北农林科技大学	A−
4	10225	东北林业大学	B+
5	10341	浙江农林大学	B+
6	10389	福建农林大学	B+
7	10538	中南林业科技大学	B
8	10626	四川农业大学	B
9	10677	西南林业大学	B
10	10086	河北农业大学	B−

75. 农学类—水产

水产类专业主要培养掌握水产动物的养殖、鱼病防治、渔业资源、渔场学、观赏水族的养殖等方面的理论知识，掌握水产养殖、病害防治等方面的技术。能够在水产养殖生产、教育、科研及管理等相关部门，从事水产养殖技术开发、教学科研、经营管理等工作的高级复合型人才。

表 2-118　水产学科排名前 10

序号	学校代码	学校名称	评选结果
1	10264	上海海洋大学	A+
2	10423	中国海洋大学	A+
3	10504	华中农业大学	B+
4	10158	大连海洋大学	B
5	11646	宁波大学	B
6	10307	南京农业大学	B−
7	10566	广东海洋大学	B−
8	10340	浙江海洋大学	C+
9	10390	集美大学	C+
10	10061	天津农学院	C

76. 农学类—草学

草学专业是以植物生命科学为基础，面向草食动物饲草料生产、生态环境治理和景观及运动场绿化等行业产业，集生物学基础研究、植物生产应用和草地工程技术于一体，涉及农学、畜牧学、生态学、景观学等多个学科专业的新兴交叉性专业。

表 2-119　草学学科排名前 10

序号	学校代码	学校名称	评选结果
1	10019	中国农业大学	A+
2	10730	兰州大学	A+
3	10129	内蒙古农业大学	B+
4	10712	西北农林科技大学	B+
5	10733	甘肃农业大学	B+
6	10626	四川农业大学	B
7	10758	新疆农业大学	B
8	10564	华南农业大学	B−
9	10743	青海大学	B−
10	10749	宁夏大学	B−

77. 医学类—基础医学

基础医学属于基础学科，是现代医学的基础。基础医学是研究人的生命和疾病现象的本质及其规律的自然科学。其所研究的关于人体的健康与疾病的本质及其规律为其他所有应用医学所遵循。

表 2-120　基础医学学科排名前 10

序号	学校代码	学校名称	评选结果
1	10001	北京大学	A+
2	10023	北京协和医学院	A+
3	10246	复旦大学	A
4	10248	上海交通大学	A−
5	10335	浙江大学	A−
6	10558	中山大学	A−
7	90030	第二军医大学	A−
8	10062	天津医科大学	B+
9	10285	苏州大学	B+
10	10312	南京医科大学	B+

78. 医学类—临床医学

临床医学主要研究疾病的病因、诊断、治疗和预后，致力于提高临床治疗水平，促进人体健康。临床医学根据病人的临床表现，从整体出发结合研究疾病的病因、发病机理和病理过程，进而确定诊断，通过预防和治疗以最大程度减弱疾病、减轻病人痛苦、恢复病人健康、保护劳动力。

表 2-121　临床医学学科排名前 10

序号	学校代码	学校名称	评选结果
1	10248	上海交通大学	A+
2	10335	浙江大学	A+
3	10023	北京协和医学院	A
4	10246	复旦大学	A
5	10001	北京大学	A−
6	10025	首都医科大学	A−
7	10487	华中科技大学	A−
8	10533	中南大学	A−
9	10558	中山大学	A−
10	10610	四川大学	A−

79. 医学类—口腔医学

口腔医学专业学生主要学习口腔医学的基本理论和基本知识，受到口腔及颌面部疾病的诊断、治疗、预防方面的训练，具有口腔常见病、多发病的诊断、修复和预防保健的基本能力。

表 2-122　口腔医学学科排名前 10

序号	学校代码	学校名称	评选结果
1	10001	北京大学	A+
2	10610	四川大学	A+
3	90032	第四军医大学	A+
4	10248	上海交通大学	B+
5	10312	南京医科大学	B+
6	10486	武汉大学	B+
7	10558	中山大学	B+
8	10025	首都医科大学	B
9	10159	中国医科大学	B
10	10335	浙江大学	B

80. 医学类—公共卫生与预防医学

公共卫生是组织社会共同努力，改善环境卫生条件，预防控制传染病和其他疾病流行，培养公民良好卫生习惯和文明生活方式，提供医疗服务，达到预防疾病，促进人民身体健康的目的。预防医学是从医学中分化出来的一个独立的学科群。它以人类群体为研究对象，应用生物医学、环境医学和社会医学的理论，宏观与微观相结合的方法，研究疾病发生与分布规律以及影响健康的各种因素，制定预防对策和措施，达到预防疾病、促进健康和提高生命质量的目的。作为医学的重要组成部分，预防医学是在人类为求生存和发展与危害健康的各种因素斗争的过程中产生和发展起来的。

表 2-123　公共卫生与预防医学学科排名前 10

序号	学校代码	学校名称	评选结果
1	10312	南京医科大学	A+
2	10487	华中科技大学	A+
3	10001	北京大学	A−
4	10226	哈尔滨医科大学	A−
5	10246	复旦大学	A−
6	10025	首都医科大学	B+
7	10558	中山大学	B+
8	12121	南方医科大学	B+
9	90030	第二军医大学	B+
10	90032	第四军医大学	B+

81. 医学类—中医学

中医学是研究人体生理病理、疾病诊断与防治以及摄生康复的一门医学科学，至今已有数千年的历史。中医学是以中医药理论与实践经验为主体，研究人类生命活动中医学中健康与疾病转化规律及其预防、诊断、治疗、康复和保健的综合性科学。

表 2-124 中医学学科排名前 10

序号	学校代码	学校名称	评选结果
1	10026	北京中医药大学	A+
2	10268	上海中医药大学	A+
3	10315	南京中医药大学	A−
4	10063	天津中医药大学	B+
5	10228	黑龙江中医药大学	B+
6	10572	广州中医药大学	B+
7	10633	成都中医药大学	B+
8	10162	辽宁中医药大学	B
9	10344	浙江中医药大学	B
10	10441	山东中医药大学	B

82. 医学类—中西医结合

将传统的中医中药知识和方法与西医西药的知识和方法结合起来，在提高临床疗效的基础上，阐明机理进而获得新的医学认识的一种途径。中西医结合是我国建立后政府长期实行的方针。中西医结合是中、西医学的交叉领域，也是我国医疗卫生事业的一项工作方针。中西医结合发轫于临床实践，之后逐渐演进为有明确发展目标和独特方法论的学术体系。

表 2-125 中西医结合学科排名前 10

序号	学校代码	学校名称	评选结果
1	10026	北京中医药大学	A+
2	10268	上海中医药大学	A+
3	10246	复旦大学	A−
4	10315	南京中医药大学	A−
5	10572	广州中医药大学	A−
6	10063	天津中医药大学	B+
7	10161	大连医科大学	B+
8	10162	辽宁中医药大学	B+
9	10610	四川大学	B+
10	12121	南方医科大学	B+

83. 医学类—药学

药学主要研究药物的来源、炮制、性状、作用、分析、鉴定、调配、生产、保管和寻找(包括合成)新药等。主要任务是不断提供更有效的药物和提高药物质量,保证用药安全,使病患以伤害最小、疗效最大的方式治疗或治愈疾病。

表 2-126 药学学科排名前 10

序号	学校代码	学校名称	评选结果
1	10023	北京协和医学院	A+
2	10316	中国药科大学	A+
3	10001	北京大学	A
4	10163	沈阳药科大学	A
5	10335	浙江大学	A
6	10246	复旦大学	A-
7	10248	上海交通大学	A-
8	10422	山东大学	A-
9	10558	中山大学	A-
10	10610	四川大学	A-

84. 医学类—中药学

中药学是研究中药的基本理论和临床应用的学科,是中医药各专业的基础学科之一。内容包括中药与中药学的概念;中药的起源和发展;中药的产地与采集;药材的概念;在保证药效的前提下,如何发展道地药材;中药炮制的概念、目的与方法;中药药性的概念、中药治病的机理,中药配伍的目的、原则及药物“七情”的概念、中药配合应用规律;用药禁忌的概念及主要内容;用药剂量与用法,剂量与疗效的关系,确定剂量的依据及中药煎服法等内容。

表 2-127 中药学学科排名前 10

序号	学校代码	学校名称	评选结果
1	10228	黑龙江中医药大学	A+
2	10268	上海中医药大学	A+
3	10063	天津中医药大学	A-
4	10315	南京中医药大学	A-
5	10026	北京中医药大学	B+
6	10316	中国药科大学	B+
7	10412	江西中医药大学	B+
8	10633	成都中医药大学	B+
9	10163	沈阳药科大学	B
10	10344	浙江中医药大学	B

85. 医学类—护理学

护理学是以自然科学和社会科学理论为基础的研究维护、促进、恢复人类健康的护理理论、知识、技能及其发展规律的综合性应用科学，是医学科学中的一门独立学科。护理学包含了自然科学，如生物学、物理学、化学、解剖学、生理学等知识。

表 2-128　护理学学科排名前 10

序号	学校代码	学校名称	评选结果
1	10533	中南大学	A+
2	90030	第二军医大学	A+
3	10023	北京协和医学院	A−
4	10025	首都医科大学	A−
5	10610	四川大学	A−
6	10001	北京大学	B+
7	10248	上海交通大学	B+
8	10312	南京医科大学	B+
9	10315	南京中医药大学	B+
10	10335	浙江大学	B+

86. 管理学—管理科学与工程

管理科学与工程是综合运用系统科学、管理科学、数学、经济和行为科学及工程方法，结合信息技术研究解决社会、经济、工程等方面的管理问题的一门学科。这一学科是我国管理学门类中唯一按一级学科招生的学科，覆盖面广，包含了资源优化管理、公共工程组织与管理、不确定性决策研究和项目管理等众多研究领域，是国内外研究的热点。

表 2-129　管理科学与工程学科排名前 10

序号	学校代码	学校名称	评选结果
1	10003	清华大学	A+
2	10247	同济大学	A+
3	90002	国防科技大学	A+
4	10006	北京航空航天大学	A
5	10056	天津大学	A
6	10213	哈尔滨工业大学	A
7	10248	上海交通大学	A
8	10335	浙江大学	A
9	10359	合肥工业大学	A
10	10007	北京理工大学	A−

87. 管理学—工商管理

市场经济中最常见的一种管理专业一般指工商企业管理。工商管理是研究工商企业经济管理基本理论和一般方法的学科，主要包括企业的经营战略制定和内部行为管理两个方面。工商管理专业的应用性很强，它的目标是依据管理学、经济学、会计学等基本理论，通过运用现代管理的方法和手段来进行有效的企业管理和经营决策，保证企业的生存和发展。

表 2-130 工商管理学科排名前 10

序号	学校代码	学校名称	评选结果
1	10002	中国人民大学	A+
2	10003	清华大学	A+
3	10248	上海交通大学	A+
4	10558	中山大学	A+
5	10001	北京大学	A
6	10036	对外经济贸易大学	A
7	10055	南开大学	A
8	10246	复旦大学	A
9	10272	上海财经大学	A
10	10284	南京大学	A

88. 管理学—农林经济管理

农林经济管理专业培养具有系统的经济科学与管理科学的基础理论，掌握农（林）业经济管理的基本知识和技能，能在各类涉农（林）企业、各级政府部门、教育科研单位从事经营管理、市场营销、行政管理、金融、财会、教学、科研等工作的应用型、复合型高级专门人才。

表 2-131 农林经济管理学科排名前 10

序号	学校代码	学校名称	评选结果
1	10307	南京农业大学	A+
2	10335	浙江大学	A+
3	10504	华中农业大学	A−
4	10002	中国人民大学	B+
5	10019	中国农业大学	B+
6	10564	华南农业大学	B+
7	10712	西北农林科技大学	B+
8	10022	北京林业大学	B
9	10224	东北农业大学	B
10	10225	东北林业大学	B

89. 管理学—公共管理

公共管理专业旨在为政府部门和非政府机构以及企事业单位的人事和行政机构培养宽口径、复合型、应用型的公共管理高层次专门人才。通过综合运用经济学、政治学、社会学等学科的知识培养学生对当前政府事务的综合分析能力。

表 2-132 公共管理学科排名前 10

序号	学校代码	学校名称	评选结果
1	10002	中国人民大学	A+
2	10003	清华大学	A+
3	10001	北京大学	A
4	10307	南京农业大学	A
5	10335	浙江大学	A
6	10486	武汉大学	A
7	10558	中山大学	A
8	10006	北京航空航天大学	A-
9	10027	北京师范大学	A-
10	10246	复旦大学	A-

90. 管理学—图书情报与档案管理

图书情报与档案管理专业是研究和开发文献信息资源的，主要为各类图书馆、科研单位和情报机构培养具有图书馆学和情报学的基本理论，掌握图书资料与情报信息的收集、分类、编目、流通、参考咨询、文献检索、情报服务等方面知识与技能的专门人才。

表 2-133 图书情报与档案管理学科排名前 10

序号	学校代码	学校名称	评选结果
1	10002	中国人民大学	A+
2	10003	清华大学	A+
3	10001	北京大学	A
4	10307	南京农业大学	A
5	10335	浙江大学	A
6	10486	武汉大学	A
7	10558	中山大学	A
8	10006	北京航空航天大学	A-
9	10027	北京师范大学	A-
10	10246	复旦大学	A-

91. 艺术学—艺术学理论

艺术学理论是对艺术理论的综合性论述。艺术的门类很多，形式、题材的纷繁决定了它的多样性，并不断地推陈出新。在美术、音乐、舞蹈、戏剧与戏曲、电影与电视等艺术门类中，如何对创作、表演的纷繁现象作整体性的观照，区别其个性与共性，将其共性归纳和构建完整的体系，解释艺术的性质与特点，艺术的发生与发展，艺术的功能和社会作用，艺术在文化中的定位，以及艺术自身的种种问题，使之纳入人文科学和社会科学的轨道，是艺术学科的主要任务。

表 2-134　艺术学理论学科排名前 10

序号	学校代码	学校名称	评选结果
1	10001	北京大学	A+
2	10286	东南大学	A+
3	10003	清华大学	A−
4	10033	中国传媒大学	A−
5	10355	中国美术学院	A−
6	10027	北京师范大学	B+
7	10047	中央美术学院	B+
8	10048	中央戏剧学院	B+
9	10278	上海音乐学院	B+
10	10331	南京艺术学院	B+

92. 艺术学—音乐与舞蹈学

音乐与舞蹈学一级学科旨在培养具有较高学术研究能力和具有创新性、开拓性、时代性创作能力的高素质复合型人才，本学科在强调对艺术本体进行较高层次的学术探索和理论研究的同时还注重培养学生艺术创作过程中的开拓性思维和创新理念，并能够从哲学层面掌握音乐、舞蹈艺术的文化学理念和创造性思维方式。

表 2-135　音乐与舞蹈学学科排名前 10

序号	学校代码	学校名称	评选结果
1	10045	中央音乐学院	A+
2	10278	上海音乐学院	A+
3	10046	中国音乐学院	A
4	10051	北京舞蹈学院	A−
5	10331	南京艺术学院	A−
6	10394	福建师范大学	A−
7	10028	首都师范大学	B+
8	10072	天津音乐学院	B+
9	10177	沈阳音乐学院	B+
10	10200	东北师范大学	B+

93. 艺术学—戏剧与影视学

戏剧与影视学是国家一级学科，下设的二级专业有表演、广播电视编导、戏剧影视导演、播音与主持艺术、戏剧影视文学、影视摄影与制作、戏剧影视美术设计、录音艺术、视觉传达设计、动画、数字媒体艺术等。

表 2-136 戏剧与影视学学科排名前 10

序号	学校代码	学校名称	评选结果
1	10027	北京师范大学	A+
2	10033	中国传媒大学	A+
3	10048	中央戏剧学院	A−
4	10050	北京电影学院	A−
5	10279	上海戏剧学院	A−
6	10049	中国戏曲学院	B+
7	10280	上海大学	B+
8	10331	南京艺术学院	B+
9	10355	中国美术学院	B+
10	10384	厦门大学	B+

94. 艺术学—美术学

美术学专业为美术史论、美术教育领域培养教学和科研、美术评论和编辑、艺术管理和博物馆等方面的高级专门人才，学生毕业后能从事美术教育、美术研究、文博艺术管理、新闻出版等方面的工作。

表 2-137 美术学学科排名前 10

序号	学校代码	学校名称	评选结果
1	10047	中央美术学院	A+
2	10355	中国美术学院	A+
3	10331	南京艺术学院	A
4	10729	西安美术学院	A
5	10003	清华大学	A−
6	10028	首都师范大学	A−
7	10280	上海大学	A−
8	10319	南京师范大学	A−
9	10655	四川美术学院	A−
10	10050	北京电影学院	B+

95. 艺术学—设计学

设计学是一门理、工、文相结合，融机电工程、艺术学、人机工效学和计算机辅助设计于一体的科技与艺术相融合的新型交叉学科。

表 2-138　设计学学科排名前 10

序号	学校代码	学校名称	评选结果
1	10003	清华大学	A+
2	10355	中国美术学院	A+
3	10047	中央美术学院	A
4	10247	同济大学	A
5	10285	苏州大学	A−
6	10295	江南大学	A−
7	10331	南京艺术学院	A−
8	10335	浙江大学	A−
9	10532	湖南大学	A−
10	10012	北京服装学院	B+

（三）2020 年国家“强基计划”多维度解读

2020 年 1 月，《教育部关于在部分高校开展基础学科招生改革试点工作的意见》印发，决定自 2020 年起，在部分高校开展基础学科招生改革试点（也称“强基计划”）。

1. 学科建设

“强基计划”主要选拔培养有志于服务国家重大战略需求且综合素质优秀或基础学科拔尖的学生。聚焦高端芯片与软件、智能科技、新材料、先进制造和国家安全等关键领域以及国家人才紧缺的人文社科领域，由有关高校结合自身办学特色，合理安排招生专业。突出基础学科的支撑引领作用，重点在数学、物理、化学、生物及历史、哲学、古文字学等相关专业招生。

表 2-139　“强基计划”学校名单 36 所（试点）

所在地	学校名称
北京市	北京大学、中国人民大学、清华大学、北京航空航天大学、北京理工大学、中国农业大学、北京师范大学、中央民族大学
天津市	南开大学、天津大学
辽宁省	大连理工大学
吉林省	吉林大学
黑龙江省	哈尔滨工业大学
上海市	复旦大学、同济大学、上海交通大学、华东师范大学

（续表）

所在地	学校名称
江苏省	南京大学、东南大学
浙江省	浙江大学
安徽省	中国科学技术大学
福建省	厦门大学
山东省	山东大学、中国海洋大学
湖北省	武汉大学、华中科技大学
湖南省	中南大学、国防科技大学
广东省	中山大学、华南理工大学
四川省	四川大学、电子科技大学
重庆市	重庆大学
陕西省	西安交通大学、西北工业大学
甘肃省	兰州大学

2. “强基计划”与“自主招生”的区别

强基计划是教育部在深入调研、总结高校自主招生十六年试点经验，充分借上海等地高考综合改革试点成果的基础上制定出台的。与以往自主招生相比，“强基计划”取消论文、专利等作为入围高校考核条件的做法，将以往自主招生的“降分录取”改为“基于统一高考的多维度考核评价”，按综合成绩重新排序、择优录取。

对此，教育部高校学生司负责人解释，“强基计划”和原“自主招生”计划有五个方面的区别：

一是选拔定位不同。“自主招生”主要选拔“具有学科特长和创新潜质的学生”，而“强基计划”主要选拔“有志于服务国家重大战略需求且综合素质优秀或基础学科拔尖的学生”。

二是招生专业不同。“自主招生”未限定高校招生专业范围；“强基计划”突出基础学科的支撑引领作用，重点在数学、物理、化学、生物及历史、哲学、古文字学等相关专业安排招生。

三是入围校考的依据不同。“自主招生”的入围依据主要是考生的申请材料；“强基计划”的入围依据是考生高考成绩，极少数在相关学科领域具有突出才能和表现的考生，有关高校可制定破格入围高校考核的条件和办法，并提前向社会公布。

四是录取方式不同。“自主招生”采取降分录取的方式，最低可降至一本线；“强基计划”将考生高考成绩（不低于85％）、高校综合考核结果和综合素质评价等折算成综合成绩，从高到低顺序录取，体现对学生更加全面的考查。

五是培养模式不同。相关高校对“自主招生”录取的学生在培养方式上未做特殊安排；“强基计划”录取学生将实行小班化、导师制，并探索本—硕—博衔接的培养模式，畅通学生成长发展通道，实现招生培养良性互动。

第三部分

新科技趋势下专业及行业全解

从《普通高等学校本科专业目录》、应用理论型和应用实践型分类、冷门专业、热门专业、国民经济主要行业几个维度分别对专业进行介绍与分析。

一、专业分析:解读教育部 2020 年本科专业目录

随着社会的不断进步与科技的发展,出现了许多新兴的行业与职业,人才需求量也随之增多,开设相关专业培养储备人才势在必行。如图 3-1 为 2014～2019 年新增专业数量。

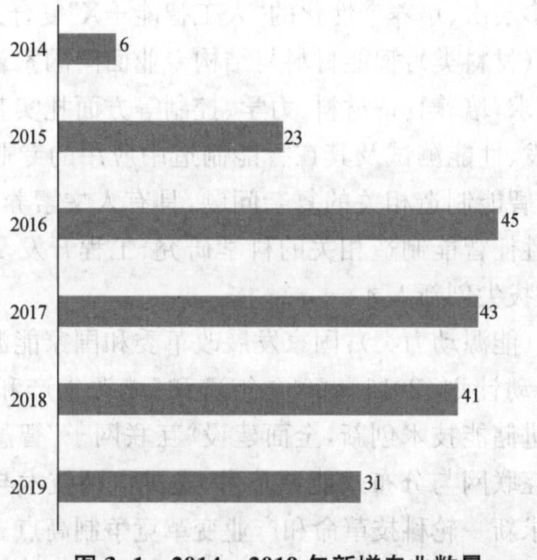

图 3-1 2014～2019 年新增专业数量

(一) 2019 年国家新增专业分析

如图 3-2 所示,2019 年,全国普通本科专业新增 31 个,工学门类 20 个;管理学门类 4 个;农学门类 4 个;文学门类 1 个;法学门类 1 个;教育学门类 1 个。

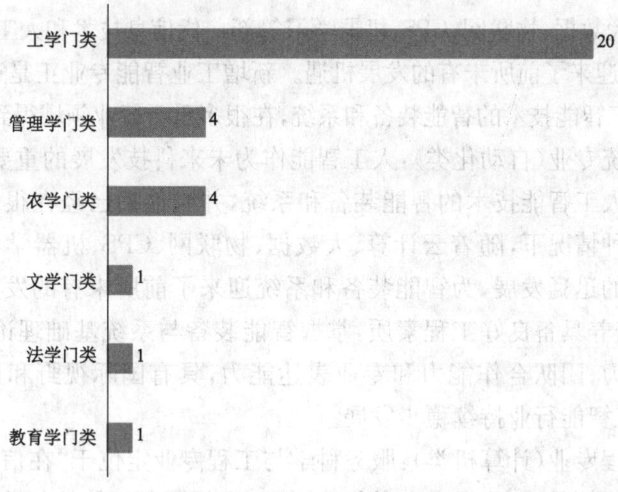

图 3-2 2019 年新增专业

1. 工学门类

2019 年,围绕工学门类下仪器类、材料类、能源动力类、电子信息类、自动化类、计算机

类、土木类、地质类、兵器类、农业工程类、生物医学工程类、食品科学与工程类、建筑类、生物工程类等 14 个一级学科新增 20 个专业。

智能感知工程专业（仪器类）：在国家战略规划背景下，人工智能、物联网、大数据、云计算、智能传感等新兴技术得到了极大重视，成为引领未来产业技术革命的核心技术环节。根据国家重大战略在人工智能与多学科交叉融合领域的发展要求和人才需求，增设智能感知工程专业，以便积极探索多层次、培养个性化的“人工智能＋X”复合人才。

智能材料与结构专业（材料类）：智能材料与结构专业面向国家智能制造强国战略，面向地方经济新旧动能转换需求，培养具备材料、力学、控制等方面扎实基础理论，系统掌握智能材料的设计原理、工艺开发、性能测试及其在智能制造中应用的专业知识和实践技能，能够综合运用所学知识解决与智能制造相关的复杂问题，具有人文素养、社会责任感、团队合作精神和国际化视野，能够胜任智能制造相关的科学研究、工程开发及管理等方面工作，能在智能材料领域引领未来的拔尖创新人才。

储能科学与工程专业（能源动力类）：国家发展改革委和国家能源局于 2016 年联合发布了《能源技术革命创新行动计划（2016～2030 年）》和《能源生产和消费革命战略（2016～2030）》，明确指出加强先进储能技术创新，全面建设“互联网＋”智慧能源，促进能源与现代信息技术深度融合，推动互联网与分布式能源技术、先进电网技术与储能技术深度融合，抢占能源技术进步先机，谋求新一轮科技革命和产业变革竞争制高点。

海洋信息工程专业（电子信息类）：海洋是世界经济社会可持续发展的重要资源和战略空间，认识海洋、开发海洋和保护海洋均离不开海洋观测、海洋探测和海洋监测。海洋资源的勘探与开发、海洋环境监测、军事对抗等现代海洋高新科学技术已成为海洋大国的重要竞争和研究领域，新增海洋信息工程专业在国民经济与国防建设领域具有不可替代性和迫切性。

工业智能专业（自动化类）：人工智能是新一轮科技革命和产业变革的重要驱动力量，加快发展新一代人工智能是事关我国能否抓住新一轮科技革命和产业变革机遇的战略问题。目前，随着云计算、大数据、物联网、CPS、机器学习等新一代信息技术和人工智能技术的迅猛发展，智能装备和系统迎来了前所未有的发展机遇。新增工业智能专业正是适应国情的举措，融合新信息技术和人工智能技术的智能装备和系统，在很多重要行业领域得到广泛应用。

智能装备与系统专业（自动化类）：人工智能作为未来科技发展的重要驱动力，需要融合基于新信息技术和人工智能技术的智能装备和系统，并且他们已经在很多重要行业领域得到广泛应用。在这种情况下，随着云计算、大数据、物联网、CPS、机器学习等新一代信息技术和人工智能技术的迅猛发展，为智能装备和系统迎来了前所未有的发展机遇。增设智能装备与系统专业，培养具备良好工程素质，掌握智能装备与系统基础理论和专业知识，具有较强的工程实践能力、团队合作能力和专业表达能力，具有国际视野和创新意识的专业人才，有利于我国人工智能行业持续稳步发展。

服务科学与工程专业（计算机类）：服务科学与工程专业定位于“在信息技术和互联网支撑下的现代服务业”，侧重于 IT 与业务的结合，把与现代服务相关的各学科知识进行有机集成，使学生熟悉并获取现代服务业相关的新知识与新技术，并培养学生运用相关知识求解问题和提升自身技能的能力。

区块链工程专业（计算机类）：从科技层面来看，区块链涉及数学、密码学、互联网和计算机编程等很多科学技术问题，具有广阔的运用前景。新增区块链工程专业是为了培养相关人才，使国家区块链技术得以快速发展。

虚拟现实技术专业（计算机类）：虚拟现实技术（VR），又称灵境技术，是20世纪发展起来的一项全新的实用技术，对生活生产起着重要作用。在人社部新增16个新职业中，虚拟现实工程技术人员占其中一席。目前中国VR产业正处在起步阶段，行业内高质量、专业的VR人才储备并不完善，新增虚拟现实技术专业预示着国内VR人才教育开始起步，为国家VR产业提供可用人才。

土木、水利与交通工程专业（土木类）：为适应我国工程建设领域的发展、迎接新工业革命的挑战，未来工程专业的人才应当具有更宽的领域基础和更强的跨界发展潜力。在"一带一路"的背景下，宽口径的工程专业设置将有助于我国培养的工程技术人才的全球流动，更好地服务国家和人类命运共同体。

旅游地学与规划工程专业（地质类）：为了实现旅游业高效率发展的目标，对旅游资源与相关社会资源进行最优配置，并对旅游产业系统进行架构筹划，以求在整个旅游市场体系中实现主体利益最大化和持续发展的目的。新增旅游地学与规划工程专业就是要发挥地质科学本身具有的巨大优势，把地质文化创意与旅游等产业相结合，形成泛博物馆大旅游的新概念。

智能无人系统技术专业（兵器类）：习近平主席在党的十九大报告中提出"加强军事力量运用，加快军事智能化发展，提高基于网络信息体系的联合作战能力、全域作战能力"。新一代人工智能技术和自主技术应用于军事领域，可增强我国国防军事力量。

农业智能装备工程专业（农业工程类）：随着农村劳动力转移和农村城镇化的发展，谁来养猪、谁来养鸡、谁来种地，这是中国未来农业面临的问题。从国际发展趋势来看，现代农业生产主要是靠设备和装备而不是人力。农业智能装备工程专业的新增可以推动信息技术、工程技术、生物技术与传统农业的深入融合，是新农科建设理念的有效实践，高度契合国家卓越农林人才教育培养计划2.0要求，在新农科建设领域具有重要的引领意义。

康复工程专业（生物医学工程类）：康复工程是康复医学与工程技术的交叉学科，对功能障碍者的康复具有不可替代的重要作用。不仅医院临床康复中康复工程产品（康复器械）是康复治疗不可或缺的重要支撑，甚至是永久性功能障碍者的康复唯一的手段。康复工程专业的设立是在我国社会老龄化背景下适应康复事业人才培养需求的重大突破，对我国康复医学及康复事业的发展具有重要促进作用。

食品营养与健康专业（食品科学与工程类）：在全国实施"健康中国"发展战略的时代背景下，营养健康食品产业的发展已成为必然趋势。食品营养与食物和食品生产有着极其密切的关系，增设食品营养与健康专业，可以充分发挥农业高等院校现有食物营养与人类健康领域研究优势，不仅可培养从事食物与营养科学研究的高级专业人员，还可满足国家对饮食健康管理和营养健康食品研发专业人才的需求，缓解我国营养师、食品与健康管理企业和公共营养部门人才紧缺的现状。

食用菌科学与工程专业（食品科学与工程类）：近年来，我国食用菌产业发展迅速，2018年全国食用菌总产量已达3 792万吨，产值2 809亿元，已成为继粮、菜、果、油后的第五大农业种植产业，在农业供给侧改革、国家精准扶贫、乡村振兴战略实施和大健康产业等方面发挥了重要作用。食用菌科学与工程专业的设立，将加速我国食用菌科学与工程人才培养进程，培养更多服务于食用菌科学研究和产业发展的专业人才。

白酒酿造工程专业（食品科学与工程类）：为了茅台学院的产业发展，茅台学院新增设白酒酿造工程专业，成为目前全国唯一拥有白酒酿造工程本科专业的高等院校。至此，茅台学院已拥有白酒酿造工程、葡萄与葡萄酒工程、食品质量与安全、市场营销等 13 个专业，逐步形成了围绕酿酒产业链设置的专业结构布局。

城市设计专业（建筑类）：在经历了改革开放 30 多年来的城市快速发展阶段后，许多城市都已从增量发展进入到存量盘活的城市更新阶段。社会对于城市设计的专业人才求之若渴。同时，为了更好地落实城市设计的实施和管理，城市规划管理部门也急需具备城市设计相应专业知识的城市建设管理人才。新增城市设计专业可以解决城市设计专业人才急缺的问题。

智慧建筑与建造专业（建筑类）：面向国家智慧建筑与建造人才培养需求，契合当下建筑工业化发展契机，设立智慧建筑与建造专业，主要培养掌握智慧建筑与建造基础与前沿理论方法和技术工具，具备开放兼容的知识结构、扎实求精的工程能力，引领智慧建筑设计与建造及其相关领域未来发展的创新人才。

合成生物学专业（生物工程类）：进入 21 世纪以来，全球科技创新进入空前密集的活跃时期，新一轮科技革命和产业变革正在重构全球创新版图、重塑全球经济结构。2018 年，习近平总书记在两院院士大会上指出，以合成生物学、基因编辑、脑科学、再生医学等为代表的生命科学领域孕育新的变革。这些原创突破为前沿技术、颠覆性技术提供了更多创新源泉。新增合成生物学专业不仅将人类对于生命的认识和改造能力提升到了一个全新的层次，也为解决人类社会相关的全球性重大问题提供了重要途径。

2. 管理学门类

2019 年，围绕管理学门类下管理科学与工程类、公共管理类、电子商务类等 3 个一级学科新增 4 个专业。

应急管理专业（管理科学与工程类）：应急管理专业贯彻落实总体国家安全观，响应党中央对应急管理的高度重视和战略布局，服务国家公共安全体系建设和应急产业发展的重大需求，为培养实现国家应急管理体系和能力现代化的急缺人才提供保障。

医疗保险专业（公共管理类）：现今社会，人们对医疗保险的重视程度增加，参保人数也越来越多，开设医疗保险专业可为我国的医疗保险行业储备人才。医疗保险专业需掌握当代医疗保险理论和方法，具备创新意识和实践能力。学生毕业后可在商业保险机构从事医疗查勘、医疗审批以及核保、理赔等保险业务的管理工作，在社会保险机构从事保险基金运作与管理、保险监管等实际工作，在各级医院的医疗保险部门从事医保管理以及科学研究工作。

养老服务管理专业（公共管理类）：《2017 年中国养老服务人才培养情况报告》显示，目前全国失能或半失能老人约有 4 063 万，若按照国际标准失能老人与护理员 3∶1 的配置标准推算，我国至少需要 1 300 万护理员；按照不能自理老人与专业护理人员 1∶3 的配置标准推算，我国至少需要 20 万专业护理人员。我国老龄化形势日益严峻，未来 20～30 年是老龄化加速期，老年人口将以每年 3%以上的速度快速增长。中国社会发展的需求凸显了养老人才培养问题的重要性。设立养老服务管理专业能为庞大的老人群体需要的生活照料、精神活动、社会交往、就业创业、教育培训提供保障。

跨境电子商务专业（电子商务类）：新媒体时代下，网络是一个没有边界的媒介体，全球化的进程也因此加快，跨境电子商务是必不可少的商业形式。增设跨境电子商务专业，培养专业性人才，可促进中国在经济全球化的进程中更好地融入国际市场，促进经济发展。

3. 农学门类

2019 年，围绕农学门类下植物生产类、自然保护与环境生态类 2 个一级学科新增 4 个专业。

智慧农业专业（植物生产类）：智慧农业是以“信息知识＋智能装备”为特征，综合利用计算机、地理空间信息、网络通信、电子工程等技术，对农业对象、环境和全过程进行可视化表达、数字化设计、信息化管理的一种农业形态，已成为当今世界现代农业发展的重要方向。新增智慧农业专业对于大力发展智慧农业，以数字化技术为农业生产提供精准化种植、可视化管理、智能化决策，保障我国粮食安全和农业可持续发展。

菌物科学与工程专业（植物生产类）：随着社会的发展，人们消费水平的提高，健康、长寿已经成为衡量人们生活水平的两项重要标准。运用生物工程技术培养大型真菌作为保健、免疫滋补食品已经为人们所接受。设立菌物科学与工程专业，开展食用菌职业教育，可以为我国食用菌产业输送大批技能型人才。

农药化肥专业（植物生产类）：根据中央农村工作会议和全国农业工作会议精神，农业部首次提出，要按照转变农业发展方式、治理农业面源污染、实现农业节本增效的指导思想，逐步实现化肥、农药使用量零增长。化肥、农药产业要适应新常态，就要主动进行战略调整，从追求数量增长转向追求质量增长，向创新产品和服务要效益。增设农药化肥专业，可以使化肥行业继续调整品种结构，发展高效缓释肥、水溶性肥料、生物肥料等新型肥料产品，提高市场竞争力。农药化肥专业就是要通过技术创新提高药效、增加活性，发展水剂型农药，减少环境污染。

生物质科学与工程专业（自然保护与环境生态类）：自然环境与生态环境越来越受重视，但没有相应专业来培养相关人才。开设生物质科学与工程专业，培养具有从事生物质科学与工程相关科学研究、教学、管理或独立担负专门技术工作能力、富有创新精神的高级专门人才，从而促进我国环境保护事业发展。

4. 文学门类

2019 年，文学门类下新闻传播学类新增 1 个专业。

会展专业（新闻传播学类）：中国对外开放、参与全球治理和三次产业国际化竞争，对会展活动形成了持续而迫切的需求。近年来，党和政府对会展工作高度重视，陆续构建奥运会、世博会、国家公祭、国庆阅兵、世界人工智能大会、物联网大会、进口博览会等战略性会展平台。与此同时，市场化会展活动风起云涌、蔚为壮观。会展专业聚焦智能会展传播，以人文通识教育为基础，以创新能力培养为核心，以服务社会面向未来为目标，着重培养会展相关行业的策划和组织人才、创意人才、项目协调管理人才。

5. 法学专业

2019 年，法学门类下社会学类新增 1 个专业。

老年学专业（社会学类）：我国老龄化形势日益严峻，老年人口增长迅速，2030 年老龄人口将占总人口的 25%左右。党的十八大报告提出，要积极应对人口老龄化，大力发展老龄服务事业和产业。老年学专业培养能够掌握老年学知识，了解老年服务产业发展现状及发展趋势，熟悉老年政策法规，具备老年生活照护、老年社会工作、老年服务产业管理等方面能力，能够在老年服务事业单位、社会组织以及机构、社区、居家养老服务单位等从事老年公共管理、养老服务管理与教育培训等工作的高素质人才。

6. 教育学门类

2019 年，教育学门类下体育学类新增 1 个专业。

运动能力开发专业（体育学类）：运动能力开发专业是对人体运动或训练过程中的综合运动能力进行测量、分析与调控的科学体系，具有明显的学科交叉融合特征。

（二）2019 年吉林省新增专业分析

2019 年，吉林省普通本科专业新增 12 个，工学门类 4 个；农学门类 3 个；法学门类 2 个；艺术学门类 1 个；医学门类 1 个；管理学门类 1 个。

1. 工学门类

2019 年，吉林省围绕工学门类下计算机类与自动化类 2 个一级学科新增 4 个专业。

信息安全专业、网络空间安全专业（计算机类）：自我国进入互联网时代以后，中国网民人数超过 7 亿，庞大的数据信息代表着庞大的信息量，合理地运用可以创造出更多的经济价值，并且这些数据可以应用到各行各业，为社会带来更多的可能。但是这庞大的数据若运用不当也会带来的巨大危机。面对大数据这柄“双刃剑”，新增信息安全专业和网络空间安全专业，可以培养从事对口专业，在利用信息创造价值的同时保护信息，让网络空间安全得以保障的人才。

虚拟现实技术专业（计算机类）与智能装备与系统专业（自动化类）详见上方“2019 年国家新增专业分析”论述。

2. 农学门类

2019 年，吉林省围绕农学门类下植物生产类 1 个一级学科新增 3 个专业，分别为智慧农业专业、菌物科学与工程专业、农药化肥专业。具体新增专业分析详见“2019 年国家新增专业分析”论述。

3. 法学门类

2019 年，吉林省围绕法学门类下公安学类 1 个一级学科新增 2 个专业。

禁毒学专业（公安学类）：禁毒学专业是伴随着毒品问题在世界范围内不断发展蔓延而产生的一门新兴学科。培养具有坚定正确的政治方向、严格的组织纪律观念和良好的职业道德，熟悉公安业务，了解我国和世界毒品问题现状、趋势及应对策略，系统地掌握禁毒学的基础理论、基本知识和基本技能，具有从事毒品犯罪案件侦查及其他禁毒工作实践和理论研究能力的专门人才。

公安情报学专业（公安学类）：现代公安教育中，公安情报学是一门新兴的重要分支学科。但因时间与经验限制，我国公安情报学研究尚处于“雏形”阶段，很多内容是经验性总结，没有形成科学的学科体系。因此，增设公安情报学专业是发展我国公安事业的一项有利举措，为现代公安部门在实施侦破案件、打击犯罪的警务活动中，提供可用情报人才。

4. 艺术学门类

2019 年，吉林省围绕艺术学门类下音乐舞蹈学类 1 个一级学科新增 1 个专业。

航空服务艺术与管理专业（音乐舞蹈学类）：为适应民航强国战略，满足我国航空业快速发展的人才需求而设立航空服务艺术与管理专业，为我国培养具有较强的管理技巧、安全和服务技能，熟练的文化和语言交际能力，能够在国内外航空公司和企事业单位从事航空服务和管理的高级管理应用型、技术技能型人才。

5. 医学门类

2019 年，吉林省围绕医学门类下中医学类 1 个一级学科新增 1 个专业。

中医骨伤科学专业（中医学类）：中医骨伤科学专业是临床医学的一门重要学科，研究防治骨折和脱位。中医骨伤学是以传统中医的理论和方法为基础，结合现代医学及其他学科领域的知识和技术，研究人体骨折和关节脱位以及有关损伤，是中医学专业的专业课。中医骨伤科学专业人才需掌握坚实的中医基础理论和系统的中医骨伤科专门知识，了解本学科在国内外的学术动态，具备运用现代科学知识和技术研究中医骨伤科的能力，并具有独立担负中医骨伤科教学和从事中医临床医疗的工作能力。

6. 管理学门类

2019 年，吉林省围绕管理学门类下电子商务类 1 个一级学科新增跨境电子商务专业 1 个专业。具体新增专业分析详见上方“2019 年国家新增专业分析”论述。

二、分类解读：大学本科专业的科学分类解读

大学本科专业除了传统的按门类、一级学科的基本分类外，对考生更有参考价值的是就业时段意愿和社会需求强弱等分类标准。按照就业时段意愿可以将大学本科专业分为应用理论型与应用实践型，按照社会需求强弱等标准可以分为冷门专业和热门专业。

（一）应用理论型专业解读

应用理论型是强调基础知识的掌握，强调知识性，本科就业表现（对口就业）一般，但具有突出的升学成长性，学科交叉性强，适合读研究生、出国深造等。比如，本科学习数学类专业，可以选择计算机、金融、人工智能等需要数学功底的专业深造。

表 3-1 应用理论型专业一览

门类	门类下一级学科	专业
哲学门类	哲学类	哲学、逻辑学、宗教学、伦理学
经济学门类	经济学类	经济学、经济统计学、国民经济管理
	金融学类	金融学
法学门类	法学类	法学
	政治学类	政治学与行政学
	社会学类	社会学、女性学
	民族学类	民族学
	马克思主义理论类	科学社会主义、中国共产党历史、思想政治教育、马克思主义理论
	公安学类	治安学、犯罪学
教育学门类	教育学类	教育学

（续表）

门类	门类下一级学科	专业
文学门类	中国语言文学类	汉语言文学、中国少数民族语言文学、古典文献学
	外国语言文学类	桑戈语、英语、俄语、德语、法语、西班牙语、阿拉伯语、日语、波斯语、朝鲜语、菲律宾语、梵语巴利语、印度尼西亚语、印地语、柬埔寨语、老挝语、缅甸语、马来语、蒙古语、僧伽罗语、泰语、乌尔都语、希伯来语、越南语、豪萨语、斯瓦希里语、阿尔巴尼亚语、保加利亚语、波兰语、捷克语、斯洛伐克语、罗马尼亚语、葡萄牙语、瑞典语、塞尔维亚语、土耳其语、希腊语、匈牙利语、意大利语、泰米尔语、普什图语、世界语、孟加拉语、阿姆哈拉语、吉尔吉斯语、索马里语、尼泊尔语、克罗地亚语、荷兰语、芬兰语、乌克兰语、挪威语、丹麦语、冰岛语、爱尔兰语、拉脱维亚语、立陶宛语、斯洛文尼亚语、爱沙尼亚语、马耳他语、哈萨克语、乌兹别克语、祖鲁语、拉丁语、翻译、商务英语、加泰罗尼亚语、约鲁巴语、亚美尼亚语、马达加斯加语、格鲁吉亚语、阿塞拜疆语、阿非利卡语、马其顿语、塔吉克语、茨瓦纳语、恩德贝莱语、科摩罗语、克里奥尔语、绍纳语、提格雷尼亚语、白俄罗斯语、毛利语、汤加语、萨摩亚语、库尔德语、比斯拉马语、达里语、德顿语、迪维希语、斐济语、库克群岛毛利语、隆迪语、卢森堡语、卢旺达语、纽埃语、皮金语、切瓦语、塞苏陀语
理学门类	物理学类	物理学、应用物理学、核物理、声学、系统科学与工程
	化学类	化学、应用化学、化学生物学、分子科学与工程、能源化学
	天文学类	天文学
	地理科学类	地理科学、自然地理与资源环境、地理信息科学
	大气科学类	大气科学
	海洋科学类	海洋科学
	地球物理学类	地球物理学、空间科学与技术
	地质学类	地质学
	生物科学类	生物科学、生态学
	心理学类	心理学
	统计学类	统计学
	数学类	数理基础科学、数学与应用数学、信息与计算科学
历史门类	历史学类	历史学、世界史、外国语言与外国历史、文化遗产
工学门类	力学类	理论与应用力学
	材料类	材料物理、材料化学
	建筑类	建筑学
农学门类	植物生产类	农学

(二) 应用实践型专业解读

应用实践型是强调理论的实践应用,强调实践性,升学成长性(考研留学等)一般,但具有突出的就业表现,学科交叉型弱,适合本科毕业参加工作。比如,学习国际经济与贸易专业的学生,更重要的是平时多参加实习实践,为毕业后参加工作积累经验。

表 3-2 应用实践型专业一览

门类	门类下一级学科	专业
经济学门类	经济学类	资源与环境经济学、商务经济学、能源经济、劳动经济学
	财政学类	财政学
	金融学类	金融工程、保险学、投资学、金融数学、信用管理、经济与金融、精算学、互联网金融、金融科技
	经济与贸易类	国际经济与贸易、贸易经济
法学门类	法学类	知识产权、监狱学、信用风险管理与法律防控、国际经贸规则
	政治学类	国际政治、外交学、国际事务与国际关系、政治学、经济学与哲学
	社会学类	社会工作、家政学
	公安学类	侦查学、边防管理、禁毒学、警犬技术、经济犯罪侦查、边防指挥、消防指挥、警卫学、公安情报学、公安管理学、涉外警务、国内安全保卫、警务指挥与战术、技术侦查学、海警执法
教育学门类	教育学类	科学教育、人文教育、艺术教育、学前教育、小学教育、特殊教育、华文教育、教育康复学
	体育学类	卫生教育、认知科学与技术、体育教育、运动训练、社会体育指导与管理、武术与民族传统体育、运动人体科学、运动康复、休闲体育、体能训练
文学门类	中国语言文学类	汉语国际教育、应用语言学、秘书学、中国语言与文化、手语翻译
	新闻传播学类	广播电视学、广告学、传播学、编辑出版学、网络与新媒体、数字出版、时尚传播
历史学门类	历史学类	考古学、文物与博物馆学、文物保护技术
理学门类	地理科学类	人文地理与城乡规划
	大气科学类	应用气象学
	海洋科学类	海洋技术、海洋资源与环境、军事海洋学
	地质学类	地球化学、地球信息科学与技术、古生物学
	生物科学类	生物技术、生物信息学、整合科学、神经科学
	心理学类	应用心理学
	统计学类	应用统计学

（续表）

门类	门类下一级学科	专业
工学门类	力学类	工程力学
	机械类	机械工程、机械设计制造及其自动化、材料成型及控制工程、机械电子工程、工业设计、过程装备与控制工程、车辆工程、汽车服务工程、机械工艺技术、微机电系统工程、机电技术教育、汽车维修工程教育
	机械类	智能制造工程、测控技术与仪器、精密仪器
	材料类	材料科学与工程、冶金工程、金属材料工程、无机非金属材料工程、高分子材料与工程、复合材料与工程、粉体材料科学与工程、宝石及材料工艺学、焊接技术与工程、纳米材料与技术、新能源材料与器件、材料设计科学与工程、复合材料成型工程
	能源动力类	能源与动力工程、能源与环境系统工程、新能源科学与工程
	电气类	电气工程及其自动化、智能电网信息工程、光源与照明、电气工程与智能控制、电机电器智能化、电缆工程
	电子信息类	电子信息工程、电子科学与技术、通信工程、微电子科学与工程、光电信息科学与工程、信息工程、广播电视工程、水声工程、电子封装技术、集成电路设计与集成系统、医学信息工程、电磁场与无线技术、电波传播与天线、电子信息科学与技术、电信工程及管理、应用电子技术教育
	自动化类	自动化、轨道交通信号与控制、机器人工程、邮政工程、核电技术与控制工程
	计算机类	计算机科学与技术、软件工程、网络工程、信息安全、物联网工程、数字媒体技术、智能科学与技术、空间信息与数字技术、电子与计算机工程、数据科学与大数据技术、网络空间安全、新媒体技术、电影制作、保密技术
	土木类	土木工程、建筑环境与能源应用工程、给排水科学与工程、建筑电气与智能化、城市地下空间工程、道路桥梁与渡河工程、铁道工程、智能建造
	水利类	水利水电工程、水文与水资源工程、港口航道与海岸工程、水务工程、水利科学与工程
	测绘类	测绘工程、遥感科学与技术、导航工程、地理国情监测、地理空间信息工程、化学工程与工艺
	化工与制药类	制药工程、资源循环科学与工程、能源化学工程、化学工程与工业生物工程、化工安全工程、涂料工程
	地质类	地质工程、勘查技术与工程、资源勘查工程、地下水科学与工程
	矿业类	采矿工程、石油工程、矿物加工工程、油气储运工程、矿物资源工程、海洋油气工程

（续表）

门类	门类下一级学科	专业
工学门类	纺织类	纺织工程、服装设计与工程、非织造材料与工程、服装设计与工艺教育、丝绸设计与工程
	轻工类	轻化工程、包装工程、印刷工程、香料香精技术与工程、化妆品技术与工程
	交通运输类	交通运输、交通工程、航海技术、轮机工程、飞行技术、交通设备与控制工程、救助与打捞工程、船舶电子电气工程、轨道交通电气与控制、邮轮工程与管理
	海洋工程类	船舶与海洋工程、海洋工程与技术、海洋资源开发技术
	航空航天类	航空航天工程、飞行器设计与工程、飞行器制造工程、飞行器动力工程、飞行器环境与生命保障工程、飞行器质量与可靠性、飞行器适航技术、飞行器控制与信息工程、无人驾驶航空器系统工程
	兵器类	武器系统与工程、武器发射工程、探测制导与控制技术、弹药工程与爆炸技术、特种能源技术与工程、装甲车辆工程、信息对抗技术、智能无人系统技术
	核工程类	核工程与核技术、辐射防护与核安全、工程物理、核化工与核燃料工程
	农业工程类	农业工程、农业机械化及其自动化、农业电气化、农业建筑环境与能源工程、农业水利工程、土地整治工程、森林工程、木材科学与工程、林产化工
	环境科学与工程类	环境科学与工程、环境工程、环境科学、环境生态工程、环保设备工程、资源环境科学、水质科学与技术
	生物医学工程类	生物医学工程、假肢矫形工程、临床工程技术
	食品科学与工程类	食品科学与工程、食品质量与安全、粮食工程、乳品工程、酿酒工程、葡萄与葡萄酒工程、食品营养与检验教育、烹饪与营养教育、食品安全与检测
	建筑类	城乡规划、风景园林、历史建筑保护工程、人居环境科学与技术
	安全科学与工程类	安全工程
	生物工程类	生物工程、生物制药
	公安技术类	刑事科学技术、消防工程、交通管理工程、安全防范工程、公安视听技术、抢险救援指挥与技术、火灾勘查、网络安全与执法、核生化消防、海警舰艇指挥与技术

（续表）

门类	门类下一级学科	专业
农学门类	植物生产类	园艺、植物保护、植物科学与技术、种子科学与工程、设施农业科学与工程、茶学、烟草、应用生物科学、农艺教育、园艺教育
	自然保护与环境生态类	农业资源与环境、野生动物与自然保护区管理、水土保持与荒漠化防治
	动物生产类	蚕学、蜂学、动物医学、动物药学、动植物检疫、实验动物学
	林学类	林学、园林、森林保护
	水产类	水产养殖学、海洋渔业科学与技术、水族科学与技术、水生动物医学
	草学类	草业科学
医学门类	临床医学类	临床医学、麻醉学、医学影像学、眼视光医学、精神医学、放射医学、儿科学
	口腔医学类	口腔医学
	公共卫生与预防医学类	预防医学、食品卫生与营养学、妇幼保健医学、卫生监督、全球健康学
	中医学类	中医学、针灸推拿学、藏医学、蒙医学、维医学、壮医学、哈医学、傣医学、回医学、中医康复学、中医养生学、中医儿科学
	中西医结合类	中西医临床医学
	药学类	药物制剂、临床药学、药事管理、药物分析、药物化学、海洋药学
	中药学类	中药资源与开发、藏药学、蒙药学、中药制药、中草药栽培与鉴定
	法医学类	法医学
	医学技术类	医学检验技术、医学实验技术、医学影像技术、眼视光学、康复治疗学、口腔医学技术、卫生检验与检疫、听力与言语康复学、康复物理治疗、康复作业治疗、智能医学工程
	护理学类	护理学、助产学
管理学门类	管理科学与工程类	管理科学、信息管理与信息系统、工程管理、房地产开发与管理、工程造价、保密管理、邮政管理、大数据管理与应用、工程审计
	工商管理类	工商管理、市场营销、会计学、财务管理、国际商务、人力资源管理、审计学、资产评估、物业管理、文化产业管理、劳动关、体育经济与管理、财务会计教育、市场营销教育、零售业管理
	农业经济管理类	农林经济管理、农村区域发展
	公共管理类	公共事业管理、行政管理、劳动与社会保障、土地资源管理、城市管理、海关管理、交通管、海事管理、公共关系学、健康服务与管理、海警后勤管理
	公共管理类	医疗产品管理
	图书情报与档案管理类	图书馆学、档案学、信息资源管理

（续表）

门类	门类下一级学科	专业
管理学门类	物流管理与工程类	物流管理、物流工程、采购管理、供应链管理
	工业工程类	工业工程、标准化工程、质量管理工程
	电子商务类	电子商务、电子商务及法律
	旅游管理类	旅游管理、酒店管理、会展经济与管理、旅游管理与服务教育
艺术学门类	艺术学理论类	艺术管理
	音乐与舞蹈学类	音乐表演、音乐学、作曲与作曲技术理论、舞蹈表演、舞蹈学、舞蹈编导、舞蹈教育
	戏剧与影视学类	表演、戏剧学、电影学、戏剧影视文学、广播电视编导、戏剧影视导演、戏剧影视美术设计、录音艺术、播音与主持艺术、动画、影视摄影与制作、影视技术
	美术学类	绘画、雕塑、摄影、书法学、中国画、实验艺术、跨媒体艺术、文物保护与修复、漫画
	设计学类	视觉传达设计、环境设计、产品设计、服装与服饰设计、公共艺术、工艺美术、数字媒体艺术、艺术与科技、陶瓷艺术设计、新媒体艺术、包装设计

（三）冷门专业解读

冷门专业是与热门专业相对而言的，各行各业为主动适应社会主义经济建设发展的需要，急需要各种专门人才，这种需求的变化，反映到高等学校招生中，即出现所谓的“热门专业”与“冷门专业”，“冷”与“热”并非一成不变，专业本身更无优劣之分。

1. 冷门专业定义

冷门专业是指招生过程中，未录满人数（计划数大于录取数）大于一定数量的专业。固有观念限制、就业率惨淡与专业难度高都有可能是冷门专业的成因。

2. 冷门专业分类

第一是由于固有观念导致的部分冷门专业。

尽管如今社会发展较快，观念被不断更替，但受传统思想影响，许多学生、家长对于一些专业依然不看好。这样就造成了许多专业尽管就业前景较好，但依然无人问津的现象导致其成为了冷门专业。

由于固有观念导致的冷门专业之食品科学与工程类专业。食品工业是我国三大支柱产业之一，也是我国国民经济的重要支柱，在人们生活中起着不可替代的重要作用。近些年因为世界人口膨胀导致粮食危机加剧，食品安全问题不断出现，这一产业开始成为大众关注的焦点。食品科学与工程类专业是一门为食品工业产业培养人才，保卫人类食品健康的学科。但许多家长对于该专业了解程度并不高，甚至很多家长对这个专业存在着较大的误解，认为学生毕业后的就业方向是从事厨师一类的工作，导致其成为冷门专业。

由于固有观念导致的冷门专业之植物生产类专业。中国自古以来一直都是农业大国，但随着近些年人口增加、水土流失、耕地面积不断减少，粮食问题日益突出，我国需要拥有相关专业知识的科技人才通过科研改善并解决这类问题。植物生产类专业就是一门从植物生产、保护、培育、科研、教育方面进行研究,可以从根源上解决中国粮食问题的专业类别。但是受观念影响,在很多家长眼中该专业学生毕业后就是种庄稼,严重低估了植物生产类专业在社会发展中的重要作用。

由于固有观念导致的冷门专业之物流管理与工程类专业。近年来受互联网影响,物流行业进入高速发展时期,物流管理与工程类人才市场需求极大。在新型冠状病毒疫情暴发后,如何建设应急物资储备中心,合理分配救灾物资,都需要物流专业的人才进行协调处理。但因认识局限,很多家长认为该专业的就业方向是成为快递员,从而限制孩子报考,导致专业成为冷门。

第二是由于就业惨淡导致的部分冷门专业。

考生在填志愿时,绝大程度会受到社会需求的影响,对于一些就业前景较差,或社会需求已接近饱和的专业,大部分学生及家长是不会进行选择的。

由于就业惨淡导致的冷门专业之公共管理类专业。公共管理类专业主要是培养将来考虑报考公务员或在企事业单位做事务型工作的行政事务人员。但根据当今的社会环境,考公务员或事业单位已经不是主流趋势,且该专业报考难度较高,就业前景较差,招生状况出现颓势而成为冷门专业。

由于就业惨淡导致的冷门专业之机械类专业。机械类专业主要为机械制造业输送人才。尽管制造业发展态势极好,经济效益高,但因生产成本的原因,普通员工薪资水平并不高。并且由于制造业是传统行业,公司众多,竞争激烈,薄利多销很难产生较高利润,行业发展被束缚。大部分该专业学生毕业以后只能进入基层,工作环境糟糕、福利待遇较差,使得机械类专业成为冷门专业。

由于就业惨淡导致的冷门专业之经济与贸易类专业。经济与贸易类专业主要培养适应社会主义现代化建设需要的德才兼备、高素质复合型的能在工商贸易企业从事贸易、营销与管理等实际业务工作和商贸部门管理的高级专门人才。经济与贸易类专业一直都是高薪专业的代表,但是仅限于水平能力高的毕业生。经济与贸易类专业的核心专业是国际经济与贸易专业,就业方向主要是外企,有语言要求,这一限制会导致大量外语水平不够好的毕业生就业困难,无法找到专业对口的工作。一些语言天赋一般的学生会在报考时规避该专业,导致其成为冷门专业。

第三是由于学习难度导致的部分冷门专业。

很多学生在经历高中三年后,不想再挑战学习难度高的专业,这导致很多专业在报考时被忽视,成为冷门。

由于学习难度导致的冷门专业之自动化类专业。自动化专业包括电气工程、工业过程控制、嵌入系统等多个方向,对于大部分学生而言,这是一个很复杂的专业,课程要求极高。要学习数学与自动控制理论,电子技术、计算机信息技术、传感器与检测技术、电路原理等专业基础课程,对此很多学生感到头疼不已。

由于学习难度导致的冷门专业之化学工程类专业。化学工程类专业主要培养能够从事工程工业领域的产品研制与开发、装置设计、生产过程的控制以及企业经营管理等方面工作的高素质科技人才。在学习过程中,要开展大量的实验。耐心、猎奇心、细心都是重要的专业素养。并且对于该专业的学生而言,实验课排课率很高,抄写整理实验报告会耗费大量精力，学习压力大。很多学生对于这样的专业望而却步，导致其是冷门专业的典型代表。

由于学习难度导致的冷门专业之数学类专业。“数学类专业”属于理科，是研究数量、结构、变化以及空间模型等概念的一门学科。“数学类专业”在本科阶段学习内容庞杂，交叉项很多，真正能学到的成系统的内容并不多，只有经过深造学习进行专项研究才能真正了解这一学科，且“数学类专业”课程难度较高且学习压力大，是因学习难度高而导致的冷门专业。

（四）热门专业解读

热门专业与冷门专业是相对而言的，并不是一成不变的，热门专业的出现与市场、国际环境、国家战略等有着不可分割的联系。

1. 热门专业定义

热门专业是指招生过程中，扩招人数（录取数大于计划数）大于一定数量的专业。热门专业只是相对一个时期有效，“热”的周期有长有短。热门专业具备人才市场紧俏、工作环境好、收入相对较高等就业前景方面的优点。这主要取决于国内外经济发展状况与趋势，以及学科自身发展、人才市场走向的变化供求比例。

热门专业主要具有以下几种特点：与市场联系密切、与国际化进程相一致、与战略性新兴产业依存度高、与信息化程度相关、符合国家产业政策发展。

2. 热门专业分类

第一是传统热门专业。

传统热门专业是由持续的社会需求所致，多数以就业时“稳定、传统、高收入”为标准。只要社会需求度不变，热门专业也不会有太大的变动。

传统热门专业之外国语言文学类。目前我国开设的语种多为欧洲语系和亚非语系，且开设高校较多。相对于其他专业，小语种包含专业多，涵盖面广，多是对口就业，可选择的机会多。随着国内外企业合作的增加，社会对人才的需求也在不断增长，不仅可以在国企也可以在外企工作，就业容易且薪资较高，考研和出国也具有优势。

传统热门专业之金融学类。金融学类专业是研究价值判断和价值规律的学科，作为传统的热门专业，录取分数居高不下，即便如此依然深受家长与考生的欢迎。而且金融学类文理兼收，涵盖范围广泛。在经济全球化的今天，金融发展势不可挡，我国金融业对人才的需求大幅度增加。该类专业可从事的范围非常广，社保局、保险公司、商业银行、企业会计、外资企业等等。行业高端，人才流动密切，有利于个人职业的发展。金融行业被称之为“金领行业”，薪资远高于其他专业，一旦学有所成就不用担心就业问题。

传统热门专业之护理学类。随着人们健康意识的提高，医疗市场的需求激增，“护士荒”的问题越发严重。在老龄化趋势明显的现今社会，保健医师、家庭护士、医院护理纷纷成为热门行业。护理学类专业主要培养具备人文社会科学、医学、预防保健的基本知识及护理学的基本理论知识和技能，能在护理领域内从事临床护理、预防保健、护理管理、护理教学和护理科研的高级专门人才，随着国民观念的改变，该类专业的报考人数也在逐年上升。

第二是新兴热门专业。

新兴热门专业是由社会需求突增导致，因社会需求变化而形成。随着互联网的快速发展，“人工智能＋X”复合专业培养模式备受欢迎，为此国家提出了“新工科”建设，主动应对新一轮科技改革与产业变革，加快新兴领域人才培养，所谓的热门专业也发生了相应的变动。

新兴热门专业之计算机类。现代社会进入网络时代、信息时代、5G 时代、智能时代，这些都离不开计算机专业。通过计算机解决各种现实问题，特别是在大数据、物联网、人工智能等前沿技术的影响下，计算机应用的外延以及细分领域都得到了极大的拓展，高技术人才的需求使得市场人才缺口巨大，专业热度增加，逐渐发展成为热门专业。2019 年教育部通过的计算机类专业备案中新增设了服务科学与工程、虚拟现实技术、区块链工程专业，国家对于计算机类的专业人才需求旺盛，该专业就业前景态势较好。

新兴热门专业之材料类。材料类专业包括金属材料工程、高分子材料与工程、无机非金属材料工程，材料成型及控制工程等专业。材料是人类一切生产和生活的物质基础，历来是生产力的标志，对材料的认识和利用的能力，决定社会形态和人们的生活质量。一直以来我国在材料类行业发展比较薄弱，需要改革创新，急需高校培养该类人才。

新兴热门专业之电气类。电气类包括电气工程及其自动化、电气工程与智能控制、智能电网信息工程、光源与照明专业。由于和人们的日常生活以及工业生产密切相关，电气类专业发展非常迅速。小到一个开关的设计，大到宇航飞机的研究，都有它的身影。“三型两网”概念的提出进一步明确了未来电气行业的发展方向，电气化万物互联有望实现。

第三是假象热门专业。

其产生受很多因素影响，但并不是真的热门专业。假象热门专业主要是受传统观念、专业名称、就业想象等因素的影响，导致一些就业前景并不理想的专业热度虚高。

假象热门专业之工商管理类。工商管理类专业培养目标是培养具有管理学、经济学、会计学等基本理论，可以通过运用现代管理的方法和手段来进行有效的企业管理和经营决策，保证企业的生存和发展的人才。比如行政管理专业，很多家长误以为，这是一个可以走行政方向的专业，未来就业前景极好，但事实上行政管理专业毕业的学生，大部分不会从事对口专业，许多行政岗位也并不会选择行政管理专业的学生，导致行政管理专业并非真正热门。

假象热门专业之中国语言文学类。中国语言文学专业培养具有汉语言文学基本理论、基础知识和基本技能，能够在高等和中等学校进行汉语言文学教学和教学研究的教师、教学研究人员及其他教育工作者。很多家长认为这个专业毕业后未来工作稳定，可以适合各种岗位，但汉语言专业也因为其“万金油”属性，导致报考人数较多，毕业生在岗位竞争时没有太多专业优势，容易被替代，成为假象热门专业。

假象热门专业之法学类。法学专业主要培养具有良好法学思维，熟悉我国法律法规及有关政策，能够独立分析和解决实际法律问题的专业法学人才。法学专业过去曾是热门的专业之一，许多大学都开设了这门学科，但随着毕业生的大量增加，质量上良莠不齐，而法律圈内并不认可“五院四系”院校的毕业生，导致法学专业就业状况大不如前。对于大部分家长及考生而言，其观念并未随着就业市场而改变，还是认为法学容易就业，其变成假象热门专业也就并不意外。

三、行业对标：国民经济行业的大学专业对位

国民经济中主要包括 32 个行业，分别是矿产与能源勘采业、能源与水资源供给、交通与

物联网行业、环境与生态保护业、测绘与城乡规划业、政府与公共管理业、公安与司法监察等、社会工作、医疗与公共卫生、房地产及相关行业、建筑业与工业设计、制造业、汽车行业、电子与电气行业、食品烟草加工业、生物与化工行业、教育与培训行业、文体与休闲娱乐业、影视与表演艺术、游戏与电子竞技业、文创与设计服务业、货币金融业、工业自动化、第一产业、计算机与 AI 周边、信息与通信技术业、批发与零售行业、住宿与餐饮业、律师与审计业、市场与商业服务业、管理与咨询服务业、公共关系。

以下具体介绍每个行业对标的专业，列举常见的相关企业①。

（一）矿产与能源勘采业

矿产与能源勘采业是指对固体（如煤和矿物）、液体（如原油）或气体（如天然气）等天然矿物以及能源的采掘，包括地下或地上采掘、矿井的运行以及在矿址或矿址附近从事加工原材料的所有辅助性工作，还包括使原料得以销售所需的准备工作的行业。

1. 行业对标专业

表 3-3　矿产与能源勘采业对标专业一览表

矿产与能源勘采业		
包含门类	门类下一级学科	代表专业
理学门类	地质学类	地质学、地球化学、地球信息科学与技术、古生物学
	地理科学类	地理科学、地理信息科学、自然地理与资源环境、人文地理与城乡规划
	海洋科学类	海洋科学、海洋技术、军事海洋学、海洋资源与环境
	地球物理学类	地球物理学、空间科学与技术
	化学类	化学、应用化学、化学生物学、能源化学、分子科学与工程
	地质类	地质工程、勘查技术与工程、地下水科学与工程
	矿业类	采矿工程、石油工程、矿物加工工程、油气储运工程、矿物资源工程、海洋油气工程

2. 代表企业介绍

中国石油化工股份有限公司是中国一体化能源化工公司之一，主要从事石油与天然气勘探开发、开采、管道运输、销售；石油炼制、石油化工、化纤、化肥及其他化工生产与产品销售、储运；石油、天然气、石油产品、石油化工及其他化工产品和其他商品、技术的进出口、代理进出口业务；技术、信息的研究、开发、应用。中石化全资子公司有中国石化销售有限公司、中国石化国际事业有限公司、中国石化化工销售分公司、中国石化炼油销售有限公司。招聘岗位包含项目经理、投资经理、财务会计、税务主管会计、项目会计、外事翻译、电气工程师、机械工程师等。

① 由于篇幅限制，只显示该行业与专业的对标、相关企业列举两类信息。如需查看该行业的未来发展前景、职业薪资收入、对标专业的就业与考研方向、就业率、分高校录取分数、招生计划等详细信息，敬请登录え尚高考报考智能云平台，网址：winshon.cuiyanet.com。

（二）能源与水资源供给

能源与水资源供给行业是指在一段时期内，以自然界的能源和水资源重复利用和循环为依托，充分合理地利用能源资源，以科学的长期规划为依据，持续适时适量地保证经济和社会发展对能源的需要。

1. 行业对标专业

表 3-4　能源与水资源供给行业对标专业一览表

能源与水资源供给		
包含门类	门类下一级学科	代表专业
工学门类	能源动力类	能源与动力工程、能源与环境系统工程、新能源科学与工程
	水利类	水利水电工程、水文与水资源工程、港口航道与海岸工程、水利科学与工程、水务工程

2. 代表企业介绍

中国燃气控股有限公司是中国跨区域能源服务企业之一，在香港联交所主板上市，自2002年成立以来，专注于在中国内地从事投资、建设、经营、管理城市燃气管道基础设施和液化石油气的仓储、运输、销售业务，向居民、商业、公建和工业用户输送各种燃气，建设及经营车船燃气加气站，开发与应用石油、天然气及其他新能源等相关技术产品。中国燃气招聘岗位包含暖通设计工程师、结构设计工程师、水处理工程师、设备工程师、dba 工程师、IT 审计师、核算会计等。

（三）交通与物联网行业

交通与物联网行业从事旅客和货物运输及语言和图文传递，通过各种信息传感器、射频识别技术、全球定位系统、红外感应器、激光扫描器等各种装置与技术，实时采集任何需要监控、连接、互动的物体或过程，采集其声、光、热、电、力学、化学、生物、位置等各种需要的信息，通过各类可能的网络接入，实现物与物、物与人的泛在连接，实现对物品和过程的智能化感知、识别和管理。

1. 行业对标专业

表 3-5　交通与物联网行业对标专业一览表

交通与物联网行业		
包含门类	门类下一级学科	代表专业
管理学门类	物流管理与工程类	物流管理、物流工程、采购管理、供应链管理
工学门类	交通运输类	交通运输、交通工程、交通运输、交通工程

2. 代表企业介绍

北京小桔科技有限公司即滴滴出行是卓越的一站式移动出行平台；为 5.5 亿用户提供出租车、快车、专车、豪华车、公交、代驾、企业级、共享单车、共享电单车、共享汽车等多元化的出行和运输服务。滴滴出行主要经营范围为技术开发、技术咨询、技术服务、技术推广;基础软件服务;应用软件服务;设计、制作、代理、发布广告;软件开发;销售自行开发后的产品;企业管理咨询;计算机系统服务等。滴滴出行招聘岗位包含自动驾驶研发工程师、研发工程师、算法工程师、后端研发工程师、前端研发工程师、数据分析师等。

(四) 环境与生态保护业

环境与生态保护业是以防治环境污染、改善生态环境、保护自然资源为目的而进行的技术产品开发、商业流通、资源利用、信息服务、工程承包等活动的行业。

1. 行业对标专业

表 3-6 环境与生态保护业对标专业一览表

环境与生态保护业		
包含门类	门类下一级学科	代表专业
理学门类	地理科学类	地理科学、地理信息科学、自然地理与资源环境、人文地理与城乡规划
	大气科学类	大气科学、应用气象学
	地球物理学类	地球物理学、空间科学与技术
	海洋科学类	海洋科学、海洋技术、军事海洋学、海洋资源与环境
农学门类	自然保护与环境生态类	农业资源与环境、野生动物与自然保护区管理、水土保持与荒漠化防治
工学门类	环境科学与工程类	环境工程、环境科学、环境生态工程、资源环境科学
	农业工程类	农业工程、农业电气化、农业水利工程
	林业工程类	森林工程、林产化工、木材科学与工程

2. 代表企业介绍

中国节能环保集团公司是我国节能环保领域最大的科技型、服务型产业集团。目前,中国节能拥有各级子公司 500 余家,上市公司 5 家,业务分布在国内各省市及境外约 110 个国家和地区。中国节能环保全资和控股子公司有中节能工程技术研究院有限公司、中国新时代控股集团有限公司、中国地质工程集团有限公司、中国环境保护集团有限公司、中节能生态环境科技有限公司、中节能绿碳环保有限公司等 20 余家公司。中国节能主要招聘岗位有注册岩土工程师、环保公益工程师、EHS 工程师、土壤修复工程师等。

(五) 测绘与城乡规划业

测绘与城乡规划业是以计算机技术、光电技术、网络通信技术、空间科学、信息科学为基础,以全球导航卫星定位系统(GNSS)、遥感(RS)、地理信息系统(GIS)为技术核心,选取地面已有的特征点和界线,并通过测量手段获得反映地面现状的图形和位置信息,供工程建设、规划设计和行政管理之用。

1. 行业对标专业

表 3-7 测绘与城乡规划业对标专业一览表

测绘与城乡规划业		
包含门类	门类下一级学科	代表专业
工学门类	测绘类	测绘工程、导航工程、遥感科学与技术、地理国情监测、地理空间信息工程
	环境科学与工程类	环境工程、环境科学、环境生态工程、资源环境科学
	建筑类	建筑学、城乡规划、风景园林、历史建筑保护工程、人居环境科学与技术
	安全科学与工程类	安全工程
	农业工程类	农业工程、农业电气化、农业水利工程
	林业工程类	森林工程、林产化工、木材科学与工程
理学门类	地理科学类	地理科学、地理信息科学、自然地理与资源环境、人文地理与城乡规划

2. 代表企业介绍

黄河勘测规划设计有限公司隶属于水利部黄河水利委员会，是以水利水电工程勘察设计为主业，为工程建设全行业提供全过程技术服务的科技型企业，是集流域和区域规划，工程勘察、设计、科研、咨询、监理、项目管理、工程总承包及施工等业务为一体的综合性工程勘察设计单位。主要经营范围有工程咨询及全过程工程咨询；科学研究和科学试验服务；工程勘察；工程设计；信息系统集成及服务；建设工程总承包，项目管理，以及相关的技术与管理服务；工程施工；水、土壤、大气污染治理，生态保护以及基础设施项目的建设等。黄河勘测规划设计主要招聘岗位有测量工程师、土建工程师、环境工程师、机电工程师、桥梁设计工程师等。

（六）政府与公共管理业

政府与公共管理业是针对政府管理的缺陷而产生的一种管理理念和管理模式。一方面强调管理目标的“公共性”，即公共权力必须履行公共职能；另一方面强调对公共权力（权威）的监督、制约和规范，强调运用公共权力（权威）的科学方法。

1. 行业对标专业

表 3-8 政府与公共管理业对标专业一览表

政府与公共管理业		
包含门类	门类下一级学科	代表专业
法学门类	政治学类	外交学、国际政治、政治学与行政学、国际事务与国际关系、政治学、经济学与哲学
	社会学类	社会学、社会工作、人类学、女性学、家政学

（续表）

政府与公共管理业		
法学门类	民族学类	民族学
	马克思主义理论类	科学社会主义、中国共产党历史、思想政治教育、马克思主义理论
管理学门类	公共管理类	公共事业管理、行政管理、土地资源管理、交通管理、海事管理
	管理科学与工程类	管理科学、工程管理、工程造价、大数据管理与应用

2. 代表企业介绍

上海市人民政府是上海市的一级国家行政机关，是上海市人民代表大会的执行机关，对上海市人民代表大会和国务院负责并报告工作，在上海市人民代表大会闭幕期间，向上海市人民代表大会常务委员会负责并报告工作。其下属部门包含：市政府办公厅、市发展改革委、市教委、市科委、市经济信息化委、市民政局、市财政局、市公安局等 49 个委办局。管辖区政府包括浦东新区、黄浦区、静安区、徐汇区、长宁区、虹口区、普陀区、杨浦区、宝山区、闵行区、嘉定区、金山区、松江区、青浦区、奉贤区、崇明区 16 个市辖区。

（七）公安与司法监察等

公安与司法监察等行业以国家现有的宪法和法律为依托，维护国家安全、社会治安秩序和公民人身财产安全。

1. 行业对标专业

表 3-9 公安与司法监察等行业对标专业一览表

公安与司法监察等		
包含门类	门类下一级学科	代表专业
法学门类	法学类	法学、知识产权、监狱学、国际经贸规则
	公安学类	治安学、侦查学、禁毒学、犯罪学、警卫学、涉外警务
理学门类	心理学类	心理学、应用心理学
工学门类	公安技术类	刑事科学技术、消防工程、火灾勘察、安全防范工程
医学门类	法医学类	法医学

2. 代表企业介绍

最高人民检察院是中华人民共和国最高国家检察机关，成立于 1954 年。主要任务是领导地方各级人民检察院和专门人民检察院依法履行法律监督职能，保证国家法律的统一和正确实施。内设机构包含办公厅、政治部、国际合作局、法律政策研究室、机关党委以及各检察厅等。直属事业单位有机关服务中心、国家检察官学院、检察日报社、中国检察出版社、检察理论研究所和检察技术信息研究中心。主要招聘岗位有检察委员会办公室一级主任科员及以下、监察信息化处室一级主任科员及以下、司法鉴定中心一级主任科员及以下等。

(八) 社会工作

社会工作是一种秉持利他主义价值观,以科学知识为基础,运用科学且专业的方法,帮助有需要的困难群体,解决其生活困境问题,协助个人与社会环境更好地相互适应的职业活动。这一定义指出,社会工作本质上是一种职业化的助人活动,其特征是向有需要的人特别是困难群体提供科学有效的服务。社会工作以受助人的需要为中心,并以科学的助人技巧为手段,以达到助人的有效性。

1. 行业对标专业

表 3-10 社会工作对标专业一览表

社会工作		
包含门类	门类下一级学科	代表专业
法学门类	法学类	法学、知识产权、监狱学、国际经贸规则
	社会学类	社会学、社会工作、人类学、女性学、家政学
理学门类	心理学类	心理学、应用心理学
管理学门类	公共管理类	公共事业管理、行政管理、土地资源管理、交通管理、海事管理

2. 代表企业介绍

广州市普爱社会工作服务社(POAI Social Work Service)成立于 2010 年,是一家集综合服务与特色项目为一体的专业社工服务机构,一直致力为社区的长者、儿童青少年、家庭、残障人士、社区矫正对象及外来务工人员等提供综合的专业社工服务。普爱现有在职员工 200 多人,持证专业社工占 70%以上,由社会工作专业硕士、心理学硕士、社工师、心理咨询师、康复治疗师等专业人才组成的专业队伍负责对机构承接的项目进行研发、设计、督导培训及品牌发展的全方位支持。主要招聘职位有一线社工、社区社工、项目社工、宣传专员、心理咨询师等。

(九) 医疗与公共卫生

医疗与公共卫生是关系到国家或地区人民大众健康的公共事业。包括对重大疾病尤其是传染病(如结核、艾滋病等)的预防、监控和治疗;对食品、药品、公共环境卫生的监督管制,以及相关的卫生宣传、健康教育、免疫接种等。

1. 行业对标专业

表 3-11　医疗与公共卫生对标专业一览表

医疗与公共卫生		
包含门类	门类下一级学科	代表专业
工学门类	化工与制药类	制药工程、化学工程与工艺、能源化学工程、化工安全工程
	生物医学工程类	生物医学工程、假肢矫形工程、临床工程技术
	生物工程类	生物工程、生物制药
理学门类	心理学类	心理学、应用心理学
	化学类	化学、应用化学、化学生物学、能源化学、分子科学与工程
	生物科学类	生物科学、生物技术、生态学、整合科学、生物信息学
管理学门类	公共管理类	公共事业管理、行政管理、土地资源管理、交通管理、海事管理
医学门类	基础医学类	基础医学、生物医学、生物医学科学
	临床医学类	临床医学、麻醉学、放射科学、儿科学、医学影像学
	口腔医学类	口腔医学
	公共卫生与预防医学类	预防科学、卫生监督、全球健康学、妇幼保健学、食品卫生与营养学
	中医学类	中医学、针灸推拿学、藏医学、蒙医学、中医康复学、中医养生学
	中西医结合类	中西医临床科学
	药学类	药学、药物制剂、临床药学、药物化学、海洋药学
	中药学类	中药学、中药资源与开发、中药制药、中草药栽培与鉴定
	医学技术类	医学检验技术、医学实验技术、医学影像技术、眼视光学、康复治疗学、口腔医学技术
	护理学类	护理学、助产学

2. 代表企业介绍

北京协和医院是集医疗、教学、科研于一体的大型三级甲等综合医院，是国家卫生计生委指定的全国疑难重症诊治指导中心，也是最早承担高干保健和外宾医疗任务的医院之一，以学科齐全、技术力量雄厚、特色专科突出、多学科综合优势强大享誉海内外。特色科室有风湿免疫科、肿瘤内科、皮肤科、普通内科等。在职职工 4 000 余名、两院院士 5 人、临床和医技科室 53 个、国家级重点学科 20 个、国家临床重点专科 29 个、博士点 16 个、硕士点 29 个、国家级继续医学教育基地 6 个、二级学科住院医师培养基地 18 个、三级学科专科医师培养基地 15 个。主要招聘职位有检验医师、放射医师、药剂师、麻醉师、护士、内科医生、外科医生等。

（十）房地产及相关行业

房地产及相关行业是一个综合的较为复杂的概念，从实物现象看，它是由建筑物与土地共同构成。土地可以分为未开发的土地和已开发的土地，建筑物依附土地而存在，与土地结合在一起。建筑物是指人工建筑而成的产物，包括房屋和构筑物两大类。

1. 行业对标专业

表 3-12 房地产及相关行业对标专业一览表

房地产及相关行业		
包含门类	门类下一级学科	代表专业
工学门类	建筑类	建筑学、城乡规划、风景园林、历史建筑保护工程、人居环境科学与技术
	土木类	土木工程、智能建造、道路桥梁与渡河工程、铁道工程
	安全科学与工程类	安全工程
	材料类	材料物理、材料化学、功能材料、高分子材料与工程
艺术学门类	设计学类	艺术设计学、视觉传达设计、环境设计、产品设计、服装与服饰设计、公共艺术
管理学门类	管理科学与工程类	管理科学、工程管理、工程造价、大数据管理与应用
	工商管理类	工商管理、市场营销、会计学、财务管理、国际商务、人力资源管理、审计学
经济学门类	经济与贸易类	国际经济与贸易、贸易经济

2. 代表企业介绍

恒大集团是集地产、金融、互联网、健康、旅游、文化及体育为一体的世界500强企业集团，在全国180多个城市拥有地产项目500多个，员工8万多人，解决就业130多万人。恒大地产下辖公司有恒大房地产开发公司、恒大建筑设计院、恒大建筑工程公司、恒大工程监理公司、恒大物业管理公司。恒大地产主要招聘职位有招标管理员、风险预控专员、资格审查工程师、结构设计师、装修招标设计师、客服专业、平面设计师等。

（十一）建筑业与工业设计

建筑业与工业设计指国民经济中从事建筑安装工程的勘察，以工学、美学、经济学为基础对工业产品进行设计、施工以及对原有建筑物进行维修活动。

1. 行业对标专业

表 3-13 建筑业与工业设计对标专业一览表

建筑业与工业设计		
包含门类	门类下一级学科	代表专业
理学门类	地球物理学类	地球物理学、空间科学与技术

（续表）

包含门类	门类下一级学科	代表专业
工学门类	建筑类	建筑学、城乡规划、风景园林、历史建筑保护工程、人居环境科学与技术
	力学类	理论与应用力学、工程力学
	材料类	材料物理、材料化学、功能材料、高分子材料与工程
	自动化类	自动化、机器人工程、邮政工程、轨道交通信号与控制
	土木类	土木工程、智能建造、道路桥梁与渡河工程、铁道工程
	测绘类	测绘工程、导航工程、遥感科学与技术、地理国情监测、地理空间信息工程
	安全科学与工程类	安全工程

2. 代表企业介绍

中铁建设集团成立于1979年，前身是中国人民解放军铁道兵89134部队，是中国铁建股份有限公司的全资子公司。业务涵盖工程总承包、建筑工程设计、装饰装修、市政施工、机电设备安装、地基基础工程施工、商品混凝土生产和输送、机械化吊装和运输、电梯安装及改造、物流贸易、模板架构件租赁和加工、工程机械租赁、房地产开发、物业经营管理等。中国铁建主要招聘职位有电气工程师、机电工程师、水暖工程师、造价工程师、土建造价师等。

（十二）制造业

制造业是指机械工业时代对制造资源（物料、能源、设备、工具、资金、技术、信息和人力等）按照市场要求，通过制造过程，转化为可供人们使用和利用的大型工具、工业品与生活消费产品的行业。制造业直接体现了一个国家的生产力水平，是区别发展中国家和发达国家的重要因素，制造业在世界发达国家的国民经济中占有重要份额。

1. 行业对标专业

表3-14 制造业对标专业一览表

制造业		
包含门类	门类下一级学科	代表专业
工学门类	机械类	机械工程、工业设计、智能制造工程、机电技术教育、车辆工程
	纺织类	纺织工程、服装设计与工程、丝绸设计与工程、服装设计与工艺教育
	轻工类	轻化工程、包装工程、印刷工程、化妆品技术与工程、香料香精技术与工程
	航空航天类	航空航天工程、飞行器设计工程、无人驾驶航空器系统工程
	兵器类	武器系统与工程、武器发射工程、信息对抗技术、弹药工程与爆炸技术
	核工程类	核工程与核技术、工程物理、辐射防护与核安全

2. 代表企业介绍

美的集团是一家以家电制造业为主的大型综合性企业集团，于 2013 年深交所上市，旗下拥有小天鹅、威灵控股两家子上市公司。主要家电产品有家用空调、商用空调、大型中央空调、冰箱、洗衣机、微波炉、风扇、洗碗机、电磁炉、电饭煲、电压力锅、豆浆机、饮水机、热水器等。主要招聘职位有算法应用工程师、APS 实施顾问、高级 Java 开发工程师，高级产品运营专员、技术支持专员、区块链高级开发工程师等。

（十三）汽车行业

汽车行业，一般是指汽车产品或具有相同工艺过程或提供同类劳动服务划分的经济活动类别。包括汽车生产、销售、售后、美容等增值服务。

1. 行业对标专业

表 3-15　汽车行业对标专业一览表

汽车行业		
包含门类	门类下一级学科	代表专业
工学门类	力学类	理论与应用力学、工程力学
	机械类	机械工程、工业设计、智能制造工程、机电技术教育、车辆工程
	仪器类	测控技术与仪器、精密仪器
	材料类	材料物理、材料化学、功能材料、高分子材料与工程
	自动化类	自动化、机器人工程、邮政工程、轨道交通信号与控制
	计算机类	软件工程、网络工程、信息安全、保密技术

2. 代表企业介绍

中国第一汽车集团有限公司前身是 1953 年成立的中国第一汽车制造厂，总部位于吉林省长春市，是中国汽车行业中最具实力的汽车公司之一。中国一汽在长春生产的整车产品有：红旗、奔腾乘用车；解放中、重、轻型卡车；解放城市客车和公路客车；大众 CC、迈腾、宝来、蔚领乘用车；奥迪 A4、A6、Q5、Q3 乘用车；马自达乘用车；丰田 LC200、RAV4 多功能运动车等。业务领域包括汽车的研发、生产、销售、物流、服务、汽车零部件、金融服务、汽车保险、移动出行等。主要招聘职位有市场推广专员、服务支持专员、区域市场专员、环境管理员、生产材料采购员、区域销售专员等。

（十四）电子与电气行业

电子与电气行业是电气与电子并重，电力电子与信息电子相融，软件与硬件兼备，装置与系统结合，从事电气工程、电子技术、电力系统、电力电子技术、自动控制、计算机、信号变换与处理等工作的宽口径、复合型高级工程技术的行业。

1. 行业对标专业

表 3-16 电子与电气行业对标专业一览表

电子与电气行业		
包含门类	门类下一级学科	代表专业
工学门类	电气类	电缆工程、电气工程与智能控制、电机电器智能化
	电子信息类	电子信息工程、电子科学与技术、通信工程、电子封装技术
	计算机类	软件工程、网络工程、信息安全、保密技术

2. 代表企业介绍

海尔集团创立于 1984 年，是全球大型家电品牌(数据来源：欧睿国际 Euromonitor)，目前已从传统家电产品制造企业转型为开放的创业平台。旗下品牌有海尔、统帅、卡萨帝、亚科雅、斐雪派克等。2018 年，海尔集团全球营业额达 2 661 亿元，同比增长 10%；全球利税总额突破 331 亿元，同比增长 10%；生态收入达 151 亿元，同比增长 75%。主要招聘职位有销售经理、Java 开发工程师、物联网工程师、运维工程师、测试工程师、高级算法开发工程师等。

(十五) 食品烟草加工业

食品烟草加工业是指直接以农、林、牧、渔业产品为原料进行的谷物磨制、饲料加工、植物油和制糖加工、屠宰及肉类加工、水产品加工，蔬菜、水果和坚果等食品加工，以及对种植的烟叶加工。

1. 行业对标专业

表 3-17 食品烟草加工业对标专业一览表

食品烟草加工业		
包含门类	门类下一级学科	代表专业
农学门类	植物生产类	农学、园艺、植物保护、茶学、烟草、应用生物学、植物科学与保护
工学门类	食品科学与工程类	食品科学与工程、粮食工程、乳品工程、酿酒工程、烹饪与营养教育

2. 代表企业介绍

旺旺于 1992 年正式投资大陆市场，是台湾首个在大陆注册商标并且拥有最多注册商标的公司，于 1994 年在湖南设立首家工厂，被世界权威金融杂志 Forbes Global 推选为 2002 年全球营业额 5 亿美金以下最佳前列的企业。旺旺旗下产品有旺旺雪饼、旺旺小小酥、旺仔牛奶、旺旺仙贝、旺旺挑豆等百余种。主要招聘职位有食品品控专员、饮品品管、食品检验员等。

(十六) 生物与化工行业

生物与化工行业以实验研究为基础，理论和工程应用并重，综合遗传工程、细胞工程、酶工程与工程技术等理论，从事各种生物化工及其相关过程和加工工艺，通过工程研究、过程设计、操作的优化与控制，进行分析、研究、开发，得到目标产物的行业。

1. 行业对标专业

表 3-18 生物与化工行业对标专业一览表

生物与化工行业		
包含门类	门类下一级学科	代表专业
理学门类	生物科学类	生物科学、生物技术、生态学、整合科学、生物信息学
	化学类	化学、应用化学、化学生物学、能源化学、分子科学与工程
工学门类	生物医学工程类	生物医学工程、假肢矫形工程、临床工程技术
	生物工程类	生物工程、生物制药
医学门类	药学类	药学、药物制剂、临床药学、药物化学、海洋药学

2. 代表企业介绍

哈药集团为中国医药行业知名品牌，拥有两家在上海证券交易所上市的公众公司（即哈药集团股份有限公司和哈药集团三精制药股份有限公司），下辖全资及控股子公司有哈药集团生物疫苗有限公司、哈药集团生物工程有限公司、哈药集团中药有限公司、哈药集团营销有限公司、哈药集团销售有限公司等。主要业务涵盖了抗生素、化学药物制剂、中药、非处方药品及保健食品、生物工程药品、动物保健品、医药流通七大产业领域，拥有六大系列，一千多种产品。主要招聘职位有销售经理、生产技术人员、市场专员、健康顾问等。

（十七）教育与培训行业

教育与培训行业以传授知识、技能、社会经验为目的，通过线下的教育机构与线上的在线学习系统将知识教育资源信息比，以促进个体社会比和社会个性化。

1. 行业对标专业

表 3-19 教育与培训行业对标专业一览表

教育与培训行业		
包含门类	门类下一级学科	代表专业
教育学门类	教育学类	教育学、人文教育、艺术教育、学前教育
	体育学类	体育教育、运动训练、运动康复、体能训练
文学门类	外国语言文学类	英语、法语、日语、韩语、俄语
历史学门类	历史学类	历史学、世界史、考古学、文化遗产
理学门类	数学类	数学与应用数学、信息与计算科学、数理基础科学
	物理学类	物理学、应用物理学、核物理、声学、系统科学与工程
	心理学类	心理学、应用心理学

（续表）

教育与培训行业		
艺术学门类	音乐与舞蹈学类	音乐表演、音乐学、舞蹈表演、舞蹈编导、作曲与作曲技术理论
	戏剧与影视学类	表演、戏剧学、电影学、动画、戏剧影视导演、录音艺术
	美术学类	美术学、绘画、雕塑、摄影、书法学、中国画、漫画
	设计学类	艺术设计学、视觉传达设计、环境设计、产品设计、服装与服饰设计、公共艺术

2. 代表企业介绍

新东方教育科技集团（NYSE：EDU）由1993年成立的北京新东方学校发展壮大而来，集团以培训为核心，拥有满天星幼儿园、泡泡少儿教育、优能中学教育、基础英语培训、大学英语及考研培训、出国考试培训、多语种培训等多个培训体系。作为中国私立教育机构，新东方教育科技集团于2006年在美国纽约证券交易所上市。新东方主要招聘职位有教务专员、市场专员、线上产品高级专员、学业规划师、网络工程师、发行区域经理等。

（十八）文体与休闲娱乐业

文体与休闲娱乐业主要包括生态文化业、文化旅游业、演出业、体育服务业和文化娱乐业。是以现代的传播手段，通过社会部门或传播媒体，进行体育活动或文化传播，满足人们休闲、娱乐等精神需求。

1. 行业对标专业

表3-20 文体与休闲娱乐业对标专业一览表

文体与休闲娱乐业		
包含门类	门类下一级学科	代表专业
教育学门类	体育学类	体育教育、运动训练、运动康复、体能训练
文学门类	新闻传播学类	新闻学、广告学、编辑出版学、数字出版、网络与新媒体
	音乐与舞蹈学类	音乐表演、音乐学、舞蹈表演、舞蹈编导、作曲与作曲技术理论
	戏剧与影视学类	表演、戏剧学、电影学、动画、戏剧影视导演、录音艺术

2. 代表企业介绍

bilibili现为国内最大的年轻人潮流文化娱乐社区，该网站于2009年创建，又称“B站”。B站目前也是众多网络热门词汇的发源地之一，已经有拥有了超过1亿的活跃用户，注册用户超过5 000万。B站目前拥有动画、番剧、国创、音乐、舞蹈、游戏、科技、生活、娱乐、鬼畜、时尚、放映厅等15个内容分区。生活、娱乐、游戏、动漫、科技是B站主要的内容品类并开设直播、游戏中心、周边等业务板块。主要招聘职位有算法工程师、游戏制作人、营销策划、客服主管、测试开发工程师、视频编解码工程师、游戏美术策划等。

（十九）影视与表演艺术

影视与表演艺术是以人的演唱、演奏或人体动作、表情来塑造形象、传达情绪与情感，从而表现生活的行业。如音乐、舞蹈电影、电视、杂技、相声、魔术等表演艺术。

1. 行业对标专业

表 3-21　影视与表演艺术对标专业一览表

影视与表演艺术		
包含门类	门类下一级学科	代表专业
艺术学门类	音乐与舞蹈学类	音乐表演、音乐学、舞蹈表演、舞蹈编导、作曲与作曲技术理论
	戏剧与影视学类	表演、戏剧学、电影学、动画、戏剧影视导演、录音艺术

2. 代表企业介绍

华谊兄弟传媒股份有限公司是一家集影视策划、制作、营销，影院，演艺经纪管理、广告营销于一身的产业经营一体化的国内知名娱乐传媒公司之一，公司麾下集合业界精英和顶尖艺人团体。华谊兄弟投资及运营三大业务板块：以电影、电视剧、艺人经纪等业务为代表的影视娱乐板块；以电影公社、文化城、主题公园等业务为代表的品牌授权与实景娱乐板块；以游戏、新媒体、粉丝社区等业务为代表的互联网娱乐板块。华谊兄弟主要招聘职位有执行经纪、影视主管、影视市场主管、影院主管、内容策划、宣传专员等。

（二十）游戏与电子竞技业

游戏与电子竞技业是电子游戏比赛达到“竞技”层面的体育项目。电子竞技运动就是利用电子设备作为运动器械进行的人与人之间的智力对抗运动。通过运动，可以锻炼和提高参与者的思维能力、反应能力、协调能力和意志力，培养团队精神。

1. 行业对标专业

表 3-22　游戏与电子竞技业对标专业一览表

游戏与电子竞技业		
包含门类	门类下一级学科	代表专业
工学门类	计算机类	软件工程、网络工程、信息安全、保密技术
文学门类	新闻传播学类	新闻学、广告学、编辑出版学、数字出版、网络与新媒体
教育学门类	体育学类	体育教育、运动训练、运动康复、体能训练
艺术学门类	美术学类	美术学、绘画、雕塑、摄影、书法学、中国画、漫画
	设计学类	艺术设计学、视觉传达设计、环境设计、产品设计、服装与服饰设计、公共艺术

2. 代表企业介绍

腾讯游戏是腾讯四大网络平台之一，是全球领先的游戏开发和运营机构，也是国内最大的网络游戏社区。主要开发设计游戏有穿越火线、英雄联盟、地下城与勇士、剑灵以及手游王者荣耀、和平精英等。腾讯游戏主要招聘职位有客户端安全算法工程师、高级网络工程师、大数据 AI 产品架构师、游戏安全产品经理、3D 角色设计师等。

（二十一）文创与设计服务业

文创与设计服务业包括文化软件服务、建筑设计服务、专业设计服务和广告服务四个方面。文化创意和设计服务充分体现了智慧、科技与文化艺术的高度融合，它以文化内涵和创新创意为核心，以低耗和低碳为特征，具有涵盖领域宽、产业链长、产品附加值高、带动就业能力强、对相关产业拉动力强、对传统产业的提升作用大等特点。

1. 行业对标专业

表 3-23 文创与设计服务业对标专业一览表

文创与设计服务业		
包含门类	门类下一级学科	代表专业
文学门类	新闻传播学类	新闻学、广告学、编辑出版学、数字出版、网络与新媒体
艺术学门类	艺术学理论类	艺术史论、艺术管理
	戏剧与影视学类	表演、戏剧学、电影学、动画、戏剧影视导演、录音艺术
	纺织类	纺织工程、服装设计与工程、丝绸设计与工程、服装设计与工艺教育
	美术学类	美术学、绘画、雕塑、摄影、书法学、中国画、漫画
	设计学类	艺术设计学、视觉传达设计、环境设计、产品设计、服装与服饰设计、公共艺术
法学门类	社会学类	社会学、社会工作、人类学、女性学、家政学

2. 代表企业介绍

华强方特是国内唯一具备成套设计、制造、出口大型文化科技主题乐园的全产业链运营企业，业务覆盖包括特种电影、动漫产品（代表产品熊出没系列）、主题演艺及文化衍生品等文化内容产品服务，以及以方特系列主题乐园为代表的文化科技主题乐园。主要招聘职位有角色特效师、机械工程师、三维特效师、钢结构工程师、后期合成师、平面设计师等。

（二十二）货币金融业

货币金融业是指专门从事与银行、货币、保险、信托、证券等机构或产品相关技术服务的行业。

1. 行业对标专业

表 3-24 货币金融业对标专业一览表

货币金融业		
包含门类	门类下一级学科	代表专业
经济学门类	经济学类	经济学、经济统计学、能源经济、经济工程、劳动经济学
	财政学类	财政学、税收学
	金融学类	金融学、金融工程、保险学、投资学、互联网金融

2. 代表企业介绍

中国太平洋保险(集团)股份有限公司(以下简称"中国太平洋保险")是在1991年成立的中国太平洋保险公司的基础上组建而成的保险集团公司,总部设在上海。公司旗下拥有寿险、产险、资产管理、养老保险和在线服务等专业子公司,建立了覆盖全国的营销网络和多元化服务平台,为全国超过8 100万客户提供全方位风险保障解决方案、投资理财和资产管理服务。主要招聘岗位有理财规划师、寿险规划师、车险寿险顾问、销售总监等。

(二十三) 工业自动化

工业自动化是在工业生产中广泛采用自动控制、自动调整装置,用以代替人工操纵机器和机器体系进行加工生产。在工业生产自动化条件下,人只是间接地照管和监督机器进行生产。工业自动化按其发展阶段可分为半自动化和全自动化。半自动化,即部分采用自动控制和自动装置,而另一部分则由人工操作机器进行生产。全自动化,指生产过程中全部工序,包括上料、下料、装卸等,都不需要人直接进行生产操作(人只是间接地看管和监督机器运转),而由机器连续地、重复地自动生产出产品。

1. 行业对标专业

表 3-25 工业自动化对标专业一览表

工业自动化		
包含门类	门类下一级学科	代表专业
工学门类	自动化类	自动化、机器人工程、邮政工程、轨道交通信号与控制
	机械类	机械工程、工业设计、智能制造工程、机电技术教育、车辆工程
	仪器类	测控技术与仪器、精密仪器

2. 代表企业介绍

中国中车股份有限公司是经国务院同意,国务院国资委批准,由中国北车股份有限公司、中国南车股份有限公司按照对等原则合并组建的A+H股上市公司。现有46家全资及控股子公司,员工17万余人,总部设在北京。中国中车2019校园招聘五大类应届生投身高铁事业，分别为机械及机加工类、电气及自动化类、材料及热加工类、电子信息类、管理类，其中，对机械及机加工类和电气及自动化类的毕业生需求最多。中国中车 2019 年校招分三个团组进行，从对学校的偏好来看，校招宣讲校园 211 院校超 60%，985 院校超过 40%，说明中国中车非常看重院校实力。

(二十四) 第一产业

第一产业是指各类职业农民如粮农、菜农、棉农、猪农、豆农、渔民、牧民、瓜农、茶农，利用生物的自然生长和自我繁殖的特性，人为控制其生长和繁殖过程，生产出人类所需要的不必经过深度加工就可消费的产品或工业原料。其范围在各国不尽相同，一般包括农民和农业、林业、渔业、畜牧业和采集业，有的国家还包括采矿业。

1. 行业对标专业

表 3-26 第一产业对标专业一览表

第一产业		
包含门类	门类下一级学科	代表专业
农学门类	植物生产类	农学、园艺、植物保护、茶学、烟草、应用生物学、植物科学与保护
	动物生产类	动物科学、蚕学、蜂学
	动物医学类	动物医学、动物药学、动植物检疫、实验动物学
	林学类	林学、园林、森林保护
	水产类	水产养殖学、水生物医学、水族科学与技术、海洋渔业科学与技术
	草学类	草业科学
工学门类	自然保护与环境生态类	农业资源与环境、野生动物与自然保护区管理、水土保持与荒漠化防治

2. 代表企业介绍

内蒙古伊利实业集团股份有限公司是目前中国规模最大、产品线最全的乳制品企业，也是国内唯一一家先后为奥运会及世博会提供乳制品的企业。2013 年，伊利股份实现营业总收入 477.79 亿元，同比增长 13.78%，实现净利润 32.01 亿元，较去年同期增长 84.4%。伊利集团拥有液态奶、酸奶、奶粉、冷饮事业部，旗下有纯牛奶、乳饮料、雪糕、冰激凌、奶粉、酸奶、奶酪等产品品种，产销量、规模、品牌价值居全国第一。主要招聘岗位有现场管理员、自控工程师、质检主管、污水处理师、仓储主管等。

(二十五) 计算机与 AI 周边

计算机与 AI 周边以计算机程序为基础，以医学、神经科学、机器人学、统计学等技术为核心，用于研究、开发、模拟、延伸和扩展人的智能的理论、方法、技术和应用的行业。

1. 行业对标专业

表 3-27　计算机与 AI 周边对标专业一览表

计算机与 AI 周边		
包含门类	门类下一级学科	代表专业
理学门类	数学类	数学与应用数学、信息与计算科学、数理基础科学
	统计学类	统计学、应用统计学
工学门类	自动化类	自动化、机器人工程、邮政工程、轨道交通信号与控制
	电子信息类	电子信息工程、电子科学与技术、通信工程、电子封装技术
	计算机类	软件工程、网络工程、信息安全、保密技术

2. 代表企业介绍

科大讯飞股份有限公司成立于 1999 年，是一家专业从事智能语音及语言技术、人工智能技术研究，软件及芯片产品开发，语音信息服务及电子政务系统集成的骨干软件企业。科大讯飞作为中国智能语音与人工智能产业，在语音合成、语音识别、口语评测、自然语言处理等多项技术上拥有很多的成果。产业方向包含：语音平台产业方向、通信增值产业方向、嵌入式产业方向、教育产业方向、行业软件和系统集成产业方向。主要招聘职位有高级嵌入式开发工程师、Android 软件开发工程师、Java 开发工程师、高级系统测试工程师、系统运维工程师、软件开发工程师等。

（二十六）信息与通信技术业

信息与通信技术业是以现代信息理论和现代信号处理理论为基础，涉及无线通信、多媒体和图像处理、电磁场与微波、医用 X 线数字成像、阵列信号处理和相空间波传播与成像以及卫星移动视频等众多高技术领域的行业。

1. 行业对标专业

表 3-28　信息与通信技术业对标专业一览表

信息与通信技术业		
包含门类	门类下一级学科	代表专业
工学门类	电子信息类	电子信息工程、电子科学与技术、通信工程、电子封装技术
	计算机类	软件工程、网络工程、信息安全、保密技术

2. 代表企业介绍

中兴通讯是最大的综合通信解决方案提供商。公司通过为全球 140 多个国家和地区的电信运营商提供创新技术与产品解决方案，让全世界用户享有语音、数据、多媒体、无线宽带等全方位沟通。公司成立于 1985 年，在香港和深圳两地上市，是中国最大的通信设备上市公司。中兴通讯拥有通信业界最完整的、端到端的产品线和融合解决方案，通过全系列的无线、有线、业务、终端产品和专业通信服务，灵活满足全球不同运营商的差异化需求以及快速创新的追求。主要招聘职位有 AI 工程师、FPGA 研发工程师、IC 技术规划高级工程师、

Web 前端开发工程师、运维工程师等。

（二十七）批发与零售行业

批发零售业是社会化大生产过程中的重要环节，是决定经济运行速度、质量和效益的引导性力量，是我国市场化程度最高、竞争最为激烈的行业之一。目前，从宏观经济走势来看，居民收入水平整体上处于较快上升阶段。从长远来看，我国居民消费无论是从总量上，还是从结构上都有相当大的发展空间，这为我国批发与零售行业的发展提供了良好的中长期宏观环境。

1. 行业对标专业

表 3-29　批发零售业对标专业一览表

批发与零售行业		
包含门类	门类下一级学科	代表专业
管理学门类	工商管理类	工商管理、市场营销、会计学、财务管理、国际商务、人力资源管理、审计学
经济学门类	经济学类	经济学、经济统计学、能源经济、经济工程、劳动经济学
	经济与贸易类	国际经济与贸易、贸易经济

2. 代表企业介绍

京东商城目前拥有遍及全国超过 6 000 万注册用户，近万家供应商，在线销售家电、数码通信、电脑、家居百货、服装服饰、母婴、图书、食品等 12 大类数万个品牌百万种优质商品，日订单处理量超过 50 万单，网站日均 PV 超过 1 亿。2010 年，京东商城跃升为中国首家规模超过百亿的网络零售企业。主要招聘岗位有调研分析师、客服专员、IOS 开发工程师、Web 工程师、渠道运营管理、便利店运营等。

（二十八）住宿与餐饮业

住宿与餐饮业是以即时制作加工、商业销售和服务性劳动，向消费者或旅行者提供短期留宿场所或食品和消费场所、设施与服务的行业。

1. 行业对标专业

表 3-30　住宿与餐饮业对标专业一览表

住宿与餐饮业		
包含门类	门类下一级学科	代表专业
管理学门类	旅游管理类	旅游管理、酒店管理、会展经济与管理、旅游管理与服务教育
	工商管理类	工商管理、市场营销、会计学、财务管理、国际商务、人力资源管理、审计学
工学门类	食品科学与工程类	食品科学与工程、粮食工程、乳品工程、酿酒工程、烹饪与营养教育

2. 代表企业介绍

铂涛酒店集团，是由何伯权等7天连锁酒店集团原有股东携手、投资基金凯雷投资集团和红杉资本共同组建的航母级酒店集团。铂涛酒店集团目前已经完成对国内经济型酒店品牌——7天连锁酒店（7Days Inn）的私有化收购，并一举发布推出铂涛菲诺酒店（Portofino Hotels）、丽枫酒店（Lavande Hotels）、喆啡酒店（JamesJoyce Coffeetel）三个个性十足的新酒店品牌。主要招聘职位有城市开发经理、品牌营销高级经理、销售经理、高级财务经理、工程质检经理等。

（二十九）律师与审计业

律师与审计业以现有的法律法规为基础，通过专设机关或专业人员依照法律对国家各级政府及金融机构、企业事业组织的重大项目和财务收支进行审查或为社会提供法律服务。

1. 行业对标专业

表3-31 律师与审计业对标专业一览表

律师与审计业		
包含门类	门类下一级学科	代表专业
法学门类	法学类	法学、知识产权、监狱学、国际经贸规则
管理学门类	管理科学与工程类	管理科学、工程管理、工程造价、大数据管理与应用
	工商管理类	工商管理、市场营销、会计学、财务管理、国际商务、人力资源管理、审计学

2. 代表企业介绍

北京市大成律师事务所是中国成立最早、规模最大的合伙制律师事务所之一，成立于1992年，主要业务领域：公司综合类业务、公司收购、兼并与重组、证券与资本市场、私募股权与投资基金、国企重组改制与产权交易、房地产与建设工程、矿业、能源与自然资源、银行与金融等。主要招聘职位有执业律师、实习律师、律师助理、诉讼律师等。

（三十）市场与商业服务业

市场与商业服务业以引导生产、促进消费为目的，加快发展商务服务业，积极开发新的服务渠道和服务产品，提高服务质量，降低服务成本，扩大服务消费规模，满足现代服务业要求的人力资源密集型行业。

1. 行业对标专业

表3-32 市场与商业服务业对标专业一览表

市场与商业服务业		
包含门类	门类下一级学科	代表专业
法学门类	法学类	法学、知识产权、监狱学、国际经贸规则

（续表）

包含门类	门类下一级学科	代表专业
经济学门类	经济学类	经济学、经济统计学、能源经济、经济工程、劳动经济学
	经济与贸易类	国际经济与贸易、贸易经济
管理学门类	工商管理类	工商管理、市场营销、会计学、财务管理、国际商务、人力资源管理、审计学

2. 代表企业介绍

阿里巴巴集团经营多元化的互联网业务，致力为全球所有人创造便捷的网上交易渠道。自成立以来，发展了消费者电子商务、网上支付、B2B 网上交易市场及云计算等领先业务。阿里巴巴集团经营多项业务，另外也从关联公司的业务和服务中取得经营商业生态系统上的支援。业务和关联公司的业务包括：淘宝网、天猫、聚划算、全球速卖通、阿里巴巴国际交易市场、1688、阿里妈妈、阿里云、蚂蚁金服、菜鸟网络等。主要招聘职位有 Java 工程师、前端全栈开发高级工程师、高级测试开发工程师、高级体验设计专家、高级内容编辑专家、产品研发专家等。

（三十一）管理与咨询服务业

管理与咨询服务业通过实施计划、组织、领导、协调、控制等职能来协调他人的活动，使别人同自己一起实现既定目标的活动过程。作为一种智力密集型的知识服务性产业，咨询的现代意义是指来自个体和组织外部的专业化技能，它以专门的知识、信息、经验为资源，针对不同的用户需求，提供解决某一问题的方案或决策建议。

1. 行业对标专业

表 3-33 管理与咨询服务业对标专业一览表

管理与咨询服务业		
包含门类	门类下一级学科	代表专业
法学门类	法学类	法学、知识产权、监狱学、国际经贸规则
管理学门类	管理科学与工程类	管理科学、工程管理、工程造价、大数据管理与应用
	工商管理类	工商管理、市场营销、会计学、财务管理、国际商务、人力资源管理、审计学
	农业经济管理类	农林经济管理、农村区域发展
	图书情报与档案管理类	图书馆学、档案学、信息资源管理
	电子商务类	电子商务、电子商务及法律
	旅游管理类	旅游管理、酒店管理、会展经济与管理、旅游管理与服务教育

2. 代表企业介绍

中国国际技术智力合作公司（中文简称中智，英文简称 CIIC）是中央直接管理的国有重点骨干企业，是国务院国资委直属唯一一家专业从事人力资源服务的全国性集团公司。中智成立于1987年，总部设在北京，在境内外设91家分支机构，在76个国家和地区开展了广泛的经济技术人才合作。中智人力资源管理咨询有限公司成立于2003年，隶属国务院国资委下属的中国国际技术智力合作公司，是其精心打造的专业人力资源管理咨询服务的专业公司，公司总部设在上海，在北京、深圳设有分公司。主要招聘岗位有研究经理、研究项目总监、高级项目经理、GRP课程顾问、人才管理总监、客户经理、企业培训销售顾问等。

（三十二）公共关系

公共关系是由英文“Public Relations”翻译而来的，中文可译为“公共关系”或“公众关系”，字面意思与实际意思都是指组织机构与公众环境之间的沟通与传播关系。①

1. 行业对标专业

表3-34　公共关系对标专业一览表

公共关系		
包含门类	门类下一级学科	代表专业
法学门类	社会学类	社会学、社会工作、人类学、女性学、家政学
理学门类	心理学类	心理学、应用心理学
管理学门类	公共管理类	公共事业管理、行政管理、土地资源管理、交通管理、海事管理
	工商管理类	工商管理、市场营销、会计学、财务管理、国际商务、人力资源管理、审计学

2. 代表企业介绍

中国环球公共关系公司经中华人民共和国对外经济贸易部批准于1986年成立，至今已在中国公关市场上运作三十多年。中国环球公共关系公司隶属于中国国家通讯社——新华社，总部设在北京，在中国的省会及重要地区均设有分支机构。服务内容包括：企业传播、品牌营销、新媒体营销、危机管理、政府关系、媒体关系等。主要招聘职位有公关经理、市场公关助理、公关专员、公共关系营销经理、公关接待员、公共策划经理等。

① 囿于篇幅限制，只显示该行业与专业的对标、代表企业介绍两类信息。如需查看该行业的未来发展前景、分职业薪资收入、对标专业的就业与考研方向、就业率、分高校录取分数、招生计划等详细信息，敬请登录芝尚高考报考智能云平台，网址：winshon.cuiyanet.com。

第四部分

智能社会大学毕业生就业全解

从智能社会传统职业趋势、新增职业趋势、未来社会十大优势职业三大角度对职业进行解读。

一、低附加单一重复职业的时代冲击

智能社会的到来，使许多传统职业受到了冲击和挑战。以下对国家机关、党群组织、企业、事业单位从业人员，专业技术人员，办事人员和有关人员，商业、服务业从业人员，农、林、牧、渔、水利从业人员，生产、运输设备操作人员，军人及其他职业等职业进行职业趋势分析。

（一）国家机关、党群组织、企业、事业单位从业人员职业趋势分析

“国家机关、党群组织、企业、事业单位从业人员”这些可以被认为是公务员和企事业单位的员工，如民警、地方办事处工作人员、科研人员等。就现状而言，公务员、企事业单位员工备受大众欢迎，但是根据具体职业发展趋势来看，就业前景较为复杂，兼具优势和劣势，进入行业需慎重考量。

1. 部分优势依旧明显

收入稳定，时间规律，是该类职业受欢迎的关键因素；公务员薪资稳定，比普通社会职业的薪资要高，只要不犯原则性问题，被辞退的可能极小；而且多数部门在节假日会发放礼品，有年终奖和退休金；在其他方面也有很多优惠政策，住房公积金金额较高，这些是普通企业员工享受不到的待遇。

公务员、企事业单位员工在大部分中国家长眼中就是“铁饭碗”。中国几千年来传统文化的延续，使得大多数人认为该职业是比较体面且受人尊重的职业，有着很高的社会地位。

2. 部分职业受到冲击

大部分的公务员职业比较稳定，按部就班，缺乏挑战，很难有较大的发展空间。社会环境的变迁与时代进步会对该职业造成较大冲击。在科技日益发展的今天，如果没有竞争意识和创新意识，一旦离开体制，容易被时代淘汰，衍生职业危机。人工智能等科技设备的普及与应用，将会对一些职业造成冲击。

3. 发展呈现新的机遇

随着国家对人才的需求数量增大、质量提高，在选拔过程中更趋于向基层倾斜，放宽了基层的报考限制，明确制定基层的发展方向，给更多人提供了发展机会。而且国家在人才任用方面是相对公平的，尤其在能力优先的社会，更加注重高学历、高素质人员的任用。只要你的工作能为人民带来更多的利益，就易被社会认可，拥有更好的晋升机会。

（二）专业技术人员职业趋势分析

简单来说，专业技术人员是指拥有特定专业技术，并以该技能从事工作获得劳动报酬的人，或者具有专业技术执业证书并从事专业技术管理工作的人。

一直以来，专业技术人员都是各行业的灵魂支柱，没有技术，一切想法都是空谈。随着互联网时代的不断发展，各行业对于技术的要求也在不断提升，专业技术人员面临更多的威胁和挑战。

1. 传统专业技术人员优势变小

一方面，随着科技水平的提高，一些基础的专业技术工作被机械所替代。另一方面，社会对专业技术人员的要求越发严格，对高层次专业技术人员的需求增加，使得原有传统专业技术人员竞争压力变大，也因行业发展的限制，职业选择优势变小。

2. 新兴专业技术人员就业前景广阔

新兴技术即现代技术，应用在农业、生物医学、通讯、材料科学、军事等13个领域内。这些领域的技术代表在该领域内存在较强的职业竞争优势，相关专业技术人员缺口不断增大，就业前景巨大。大数据与人工智能时代的到来，使得机器算法、大数据工程师、品牌经理等专业人才供不应求。随着时代的发展，人民对生活水平有着更高的追求，对于健康医疗方面的人才需求也与日俱增。

3. 行业发展对人才要求更严格

新型职业发展对技术人员有着更高的要求，新型职业技能的日新月异使得技术人员需要拥有更高的综合技能。新的职业市场除了要求技术人员拥有适应能力，还要求其具有一定的领导力、文化契合度、发展潜能和合作能力。技术人员只有不断地学习新技术，紧跟时代发展的步伐，才能不被时代抛弃，在未来发展拥有更大的生存空间。

（三）办事人员和有关人员职业趋势分析

办事人员和有关人员主要是指在国家机关、党群组织、企业、事业单位中从事行政业务、行政事务工作的人员和从事安全保卫、消防、邮电等业务的人员。

一般的办事人员和有关人员的工作关系到人民的利益与安全，对人员办事水平与职业素质都有要求。

1. 认可度高

社会各行业竞争越来越激烈，在巨大的压力面前还要时刻担心企业“朝不保夕”的职业危机。与其他职业不同，本职业不受市场因素影响，属于长期稳定的工作，工作时间相对固定，职业安全感较高。受我国传统文化影响，该职业比较受大众欢迎，且人脉关系较广、信息渠道宽、福利较好、工作压力小、社会认可度较高。

2. 门槛较高

办事人员和有关人员一般在国家机关、事业单位或者国企工作，需要较高的职业素养，要求比较严格，不仅要具有服务能力，还要具有管理能力和专业技能。特殊的社会性质，导致竞争压力大。由于各方面原因，进入此岗位需要经过层层筛选，难度较大。

3. 受科技发展影响大

互联网时代科技的发展，使得越来越多的技术设备应用到社会各个阶层中，对传统工作人员产生了很大影响。一些简单工作将由人工智能操作，人工智能功能齐全，比传统人工的办事效率高、成本低，具有无可比拟的优势。由于互联网的发展，人们可以直接在网上进行业务办理，导致对传统的服务类人员需求量降低。

（四）商业、服务业从业人员职业趋势分析

商业、服务业人员是指从事商业、餐饮、旅游娱乐、运输、医疗辅助及社会和居民生活等

服务工作的人员。这类职业几乎天天与人们日常生活打交道,看似平凡普通,但却十分重要。随着商业、服务业在国民经济中所占的比重不断增加,其逐渐成为我国经济发展中一个十分重要的组成部分,在国民经济发展中扮演着重要角色。

1. 行业发展面临挑战

与其他行业不同,商业、服务业的从业门槛相对较低,行业规划及从业人员素质有待提高。随着电商的发展,传统商业、服务业遭受前所未有的挑战,线上销售逐步取代实体商铺,传统的商业从业人员比例有所降低。且就行业本身而言,该行业发展仍处于较低水平,高端商业、服务业的水平有待提升。

2. 行业规模不断扩大

近年来,农业经济时代和工业经济时代已经成为过去时,我国已进入经济服务时代。我国在"十一五"和"十二五"阶段提出要大力发展服务业,国家相关政策的出台为其发展创造了良好的环境。

据相关数据结果显示,我国的现代商业、服务业长期以来发展势头良好,无论是产业规模还是经济效益,都呈现持续稳步增长态势。同时各项指标也逐年增长。随着商业流通和物流发展,商业、服务业的业态涨势一片大好,现代商业、服务业水平得到了不断提升,从业人员规模不断扩大。

3. 新型产业存在机遇

近5年来,我国第三产业就业人员数量占比不断保持增长态势,比第二产业就业人员数量相比高出很多。从服务业内部看,信息传输软件和信息技术服务业、水利环境和公共设施管理业、教育、卫生和社会工作、文化体育和娱乐业等新兴服务业就业人员数量增速迅猛。随着网店、微商、网购快递等网络就业创业新业态的不断涌现,服务业对人才的吸纳能力进一步增强。行业的快速发展促使岗位增加,对人才的需求也越来越多。

(五) 农、林、牧、渔、水利从业人员职业趋势分析

农、林、牧、渔行业相辅相成,是我国经济发展的基本命脉,是民生之本。农林牧渔行业的变动关系着每一个人的生活。所以,农、林、牧、渔业一直是国家关注的重点。

1. 农业依旧为国家发展主题

我国是农业大国,农业是我国的发展基础。目前,我国社会化服务体系不断健全,农业机械化水平不断提升,水利水电发展多次纳入国家战略计划之中。农业规模化经营必须借助农业机械的力量,2016年12月印发的《农机装备发展行动方案(2016—2025)》提出,到2025年,机械化率要提升至75%以上,我国农业机械化已经有了长足的发展。2020年是全面建成小康社会的关键一年,为此农业部《2020年种植业工作要点》提出24条工作要点,持续推进结构调整优化,稳步发展农业。而随着我国农业规模化经营的推进,我国农业机械化水平还将进一步提升,农、林、牧、渔从业人员必不可少。

2. 发展亟待转型

随着国民生活需求的提升,对农、林、牧、渔等第一产业有了更高的要求,产业的发展需要与时俱进,因此要求农、林、牧、渔、水利从业人员要紧跟时代步伐。发展新型农业迫在眉睫,推动新型农业经济发展需要基础设施、机械设备、服务体系、科学技术等从业者的支撑。

我国作为传统的农业大国，行业转型存在巨大压力，因此需要高技能、高素质的从业人员推动行业发展。

3. 发展存在新机遇

在2019年人社部公布的13个新型职业中，农业经理人走入大众视野。“新农人”概念不断普及，农民不再是一种身份，而逐渐变成职业。物联网、大数据、电子商务等技术的进一步开展，使农业与互联网日益紧密，科学管理、信息分享、网上交易、电子付出、智能物流，必将是农业发展的新趋势。休闲农业与乡村娱乐的结合使“共享农场”成为一种新时尚，农民、游客、农场的结合模式给农、林、牧、渔、水利从业人员带来了充分发挥职业价值的机会。

（六）生产、运输设备操作从业人员职业趋势分析

生产、运输设备操作从业人员是指从事矿产勘查、开发、产品生产制造，工程施工和运输设备操作的人员及有关人员，从业者涉及各个行业，关系到国民经济发展。

1. 职业发展存在危机

科技时代的到来加快了该行业的机械化进程，人工智能在当代社会已经是一个不可阻拦的发展大势。2017年国内机器人销量达到12万台，相比2013年翻了3倍，机器人的销售数量呈现稳步上升态势。再比如各大银行的智能客服机器人，物流仓库的分拣机器人等，越来越多的科技设备用于该行业。种种数据表明，各大企业都将重心转移到了用机器取代人工的方向，那些重复性极高且劳动强度大的工作将会被机械所取代。

2. 对专业技术存在要求

社会的不断进步限制了该职业发展。一方面，受众知识面增长，增加了从事新职业的可能性，削弱了传统职业从业人数数量优势，人们不再单纯为了工作而工作，更多的是追求自己喜欢的工作。另一方面，多数的专业技术从业人员没受过专业的技能训练，整体技能素质偏低，无法跟上时代发展和科技更新的步伐，单一的技术能力使得他们极易被淘汰。

3. 市场需求缺口较大

生产、运输设备操作人员及有关人员所涉及的行业广泛，涉及的职业也非常多，加上我国本身属于制造业大国，这就导致了技术类操作人员供求失衡，尤其是高级技工严重缺乏。随着企业的不断增加，对人才的缺口也在进一步加大，从业者的就业机会也就随之增加。国家也在不断完善人才培养与服务制度，加大职业技术培训，为更多的劳动者增加就业机会。

（七）军人及其他职业趋势分析

军人在现代社会是对在国家军队中服役的军职人员的称呼，其职责是保卫国家安全，守护国家边境，维护政府政权稳定，社会安定，有时亦参与非战斗性的工作，例如救灾等。

1. 政策扶持

随着我国综合国力的不断提升，我国国防实力也在不断加强，这与我国军人的付出密切相关。他们保护着我们国家与人民的安全，对我们至关重要。因此，不管是在役还是退役军人，国家都特别重视。

对于在役军人，国家出台相关政策，例如《关于做好改革期间士官参谋人员选拔配备工作的通知》《现役士兵转改文职人员暂行办法》等，帮助他们发展。对于退役军人，我国设立

退役军人事务部来负责保障他们的生活。

2. 社会稳定必不可少

在广大人民群众的心目中，军人的形象是很伟大的，他们是国家的第一道防线，也是人民的最后一道防线。国庆大阅兵，使人民对我国军队有了一个初步的认识，网络的普及，使他们更贴近民生。对外保护国家边境，抵御外敌；对内抗震救灾，保护人民。一旦国家与人民遇到大的问题，都需要军队从中协调帮助。

3. 职业发展前景很大

特殊的职业性质使得军人必不可少。国家重视程度及社会需要，造就了该职业与众不同的社会地位。在可以满足自身的职业发展需求下，力求将职业优势发挥到极致，可以获得无数人的认可。相对于其他职业，该职业具有良好的晋升空间，可以最大化地实现自己的职业目标。

二、高技术附加刚需行业的时代机遇

在传统职业类型之中，依然有部分职业存在巨大优势，呈现出良好的发展前景。以下对当下社会十大优势职业进行分析，其中包括教育、医疗健康、新能源、环保、理财、保险、养老服务、泛文娱、生物科技、新材料等。

（一）教育职业发展优势分析

百年大计，教育为本。无论社会经济如何发展，教育行业都不会被取代，人们对知识的追求永无止境，社会对教育的需求也将如此，未来教育的发展趋势只会越来越好，教育类从业者优势也会越来越明显。

1. 教育文化背景源远流长

教育是一项永不落幕的事业，也是一种无价产业。人类需要学习，需要进步，人类的财富离不开德行与智慧的累积，只有通过教育才能使人类获得更丰富的只是和技能。教育也是立国之本，教育是传承文化，使人民构筑文化自信的重要手段。

2. 社会基础优势很大

党的十九大曾明确指出：建设教育强国是中华民族伟大复兴的基础工程，必须把教育事业放在优先位置，深化教育改革，加快教育现代化，办好人民满意的教育。有国家的大力支持，未来发展教育将会是重中之重。

相对于其他行业，整个社会都比较重视教育。不论是国家、还是家长，普遍都愿意为教育投资。随着人口政策的放宽，越来越多的孩子需要接受教育。无论是线下教育还是线上教育，从幼儿园到中学的教育或者大学教育，都需要大量的教师及相关人员，社会需求很大，就业机会众多。

教育行业具有特定的社会性，假期比较充足，教师可以寒暑假带薪休息，与其他行业相比，工作更稳定，也利于自身的学习发展。

3. 新科技时代充满机遇与挑战

教育是一个长久且漫长的过程，无论现在还是将来都需要教育。随着科技的发展，人工智能将无处不在，深入到教育行业的方方面面，未来的教育将面临巨大的改变。很多人担心未来的教育行业将会被人工智能所取代，目前来看，冰冷的机器无法取代有温度的教育。教育是一种面对面的沟通，是心与心的交流，机器可以为人类提供各种知识，却无法提供情感上的教育。教育从业者除了教授知识，更注重对学生引导，而这些靠机器远不能实现。

（二）医疗健康职业发展优势分析

医疗健康产业不仅仅包括医药、医疗直接相关的产业活动，还包括医药、医疗活动有关的边缘性产业，涉及IT、流通、服务、教育、医疗、养老、健身等诸多领域。这次新冠疫情的到来，使人们充分地认识到预防疾病远比治疗疾病重要得多，也认识到了医疗物资的重要性，提高了全民对健康的认知。同时大众对医护从业人员有了全新的认识，医疗健康方面的职业不仅仅是医生和护士，还有很多其他的职业，这就拓展了社会就业方式，出现了很多新的市场。

1. 国家大力发展医疗健康行业

2018年，国务院发布《关于促进"互联网＋医疗健康"发展的意见》，就促进互联网与医疗健康深度融合发展做出部署。《"健康中国2030"规划纲要》中明确指出，坚持正确的卫生与健康工作方针，坚持健康优先、改革创新、科学发展、公平公正的原则，以提高人民健康水平为核心，以普及健康生活、优化健康服务、完善健康保障、建设健康环境、发展健康产业为重点，全方位、全周期保障人民健康。正如党中央所强调的"没有全民健康，就没有全面小康"。

2. 社会需求急剧增加

据有关数据显示，我国医疗健康产业仅占国民总值的4%～5%，低于很多国家，而且我国是一个人口大国，社会需求量非常大。据前瞻研究数据显示，2014年中国医疗健康大数据市场规模仅6.06亿元；到了2016年中国医疗健康大数据市场规模突破10亿元；至2017年中国医疗健康大数据市场规模增长至41.15亿元。随着社会水平的提高、消费机构的升级、人口老龄化加剧及城镇化建设加快，人民对医疗健康的需求包括身体和心理两方面。不管是市场投资还是社会需求，可以预计，未来的医疗健康行业一定会不断完善，行业人员的从业机会也会增加。

3. 智能医疗行业普及

医疗健康涉及医药公司、医院、医务人员、患者等各个环节，结合大数据不仅解决了人与人之间的远程交互，还发挥了数据科技和机器人技术的高效性和准确性，提高效率的同时又节约了时间。对于服务优化、技术发展、成本控制意义深远，同时也可缓解人口老龄化和医疗资源有限的压力，满足了精准医疗、个性化医疗的发展趋势，这就要求从业人员有更高的专业能力和职业素养。

（三）新能源职业发展优势分析

当下国家对于新技术和新材料的重视程度不断提升。利用先进的技术手段，使传统的可再生能源得到现代化的开发和利用，用取之不尽、周而复始的可再生能源取代资源有限、对环境有污染的化石能源，重点开发太阳能、风能、生物质能、潮汐能、地热能、氢能和核能

（原子能），已成为国家发展趋势。广泛利用的煤炭、石油、天然气、水能等能源，称为常规能源。随着常规能源的有限性以及环境问题的日益突出，以环保和可再生为特质的新能源越来越受到各国的重视，人才的需求也随之凸显。

1. 发展优势明显

随着社会的快速发展，石化能源大量燃烧产生的大量温室气体，使全球气候变暖趋势日益严重，而新能源的各种形式都是直接或者间接地来自太阳或地球内部深处所产生的热能。相对于传统能源，新能源普遍具有污染小、储量大的特点。因此，它对于解决当今世界严重的环境污染问题和资源枯竭问题具有重要意义。

2. 环保人才需求量大

随着全球变暖等多种气象问题开始威胁人类生活，社会开始正视环保产业。在这种国际环境及社会趋势下，新能源势必成为国家发展的重点，占据较大的市场份额。行业发展将会带动人才需求量不断增长，高素质的环保人才将是各个公司所争夺的资源，就业前景广阔。

3. 行业增多

基于新能源未来发展前景，近年来诸多国际油气公司纷纷调整发展战略，进军新能源行业，并加大投入，以求实现从油气公司向综合性能源公司的转变。从各大公司的新能源战略布局来看，各公司在风能、太阳能、生物质、地热能源、氢燃料以及储能技术各大业务版块各有侧重，拥有不同程度的竞争优势。中石油、中石化、中海油等三大石油石化公司也较早就进入新能源产业，加大力度推进清洁能源的开发和生产，例如，中石油侧重发展生物质能源产业；中石化高调进军甲醇开发；中海油未来重点发展海上风力发电等。未来将有更多的传统能源企业或非能源企业跨界进军新能源行业，所涉及的从业人员与相关人员人数也在逐步增加。

（四）环保职业发展优势分析

“绿水青山就是金山银山”，随着经济迅猛发展，人民生活水平不断提高的同时，环境问题却日益严峻，成了制约社会经济发展的瓶颈。国家对环境治理的要求变高，绿色环保与智慧环保越来越深入人心。

1. 国家政策要求

“十三五”规划纲要提出，要加快改善生态环境，并围绕这一目标在环境综合治理、生态安全保障机制、绿色环保产业发展等方面进行了总体部署。“十三五”要求环境管理将从污染物总量控制单一目标向环境改善与总量控制双重目标转变，这不仅体现了国家持续强化污染治理、加快实现生态环境质量改善的坚定决心，同时也将为环保行业发展带来更广阔的空间。

2. 国民意识增强

随着居民生活水平的不断提高，环保意识不断加强，人们对环境保护的关注也在不断增加，提高生活品质和质量是当下居民的热点问题。尤其近年来全球环境问题愈发突出，如全球变暖、臭氧层破坏、土地荒漠化、物种灭绝，沙尘暴等。尤其是一直困扰我们的雾霾，让大家真切体会到环境保护迫在眉睫。公众对环境治理的高要求，促进了企业的发展与转型，同时对人才有了更高的要求。

3. 市场竞争激烈

目前市场上的环境治理公司多如牛毛，如甲醛治理公司，水污染治理和固废处理等相关公司，环保产业涉及各行各业，这就造成行业竞争异常激烈。另一方面，企业的融资能力限制了一些中小型企业的发展，如果没有资金、品牌、技术人才，在参与者激增的环保市场将毫无竞争力。但不可否认的是，投身于这些行业的领导者对环保都有一定的见解及超前的眼光，从侧面说明，环保行业在未来发展的前景是一片光明。

（五）理财职业发展优势分析

理财指的是对财务（财产和债务）进行管理，以实现财务的保值、增值。理财分为公司理财、机构理财、个人理财和家庭理财等。是个人或集体为实现财产增长的短期或长期目标而制定实施的财务计划。市场上常见的理财职业有很多，会计、理财师、证券机构分析员、金融保险从业人员等等。

1. 经济发展使得个人理财需求增加

经济的快速发展，使得人民的个人财产开始出现富余，在基本生活得到满足的同时，人们开始思考如何让自己的钱生钱，于是像余额宝一类的理财产品随之发展起来，由于国家调息使得利率较低的银行理财不再具有投资优势，人们开始寻求其他理财方式。个人需求的增加，对理财一类的人才需求也将变大，理财行业迅速发展。

2. 互联网推动了理财行业的发展

据《中国互联网发展报告（2019）》报告显示，至2018年底，我国网民规模达到8.29亿，网民的大量增加使得人民更热衷于在网上理财。网上有关数据显示，截止到2016年，我国网民数量规模达7.1亿，购买互联网理财产品的网民达1.01亿，使用网上支付的网民达4.55亿。随着相关部门的监管政策出台，新金融行业在有序的管理中蓬勃发展，网民数量的不断增加，使得线上理财成为一种新常态，这就形成了新型产业链，需要更多专业人员的支撑。

3. 理财行业自身优势

理财行业能够抓住人民的自身需求，以服务为导向，吸引客户长期投资，以达到利益最大化。理财形式有很多，像黄金、基金、国债、股票、保险等，当然投资有风险。但就理财本身来说，无论是银行还是第三方，都需要独立并且专业的人才为其服务，他们可以给用户提供合理的建议，理性分析，并进行风险预测，给出长期或者短期的规划，给足用户自我选择的空间，使国民在资金分配方面更加合理与理智，从而推动行业发展。

（六）保险职业发展优势分析

随着我国经济社会发展水平的提高和社会主义市场经济体制的不断完善，人民群众对保险的认识进一步加深，保险需求日益增强。国家政策的不断推进，为保险业继续保持快速发展提供了良好的环境，保险行业提速已是大势所趋。保险将融入人们的日常生活，成为不可分割的一部分。

1. 国家出台政策扶持

国家对保险业的重视，达到前所未有的高度。国务院发布的“国十条”明确将保险服务业上升到国家战略，政府推动保险业加快发展，已经从“行业意愿”上升到“国家意志”。早在2013年，为进一步加强保险公众宣传工作，不断提高社会保险意识，中国保监会决定，将7月8日确定为“全国保险公众宣传日”，主题是“保险让生活更美好”，这是继教师节、护士节、记者节后第四个行业节日，足见国家对保险从业人员的重视。

2. 经济发展带动行业发展

一个国家保险业长期增长背后的深层次因素有很多，经济是其重要原因之一。国民经济水平的提高使得他们有多余的资金来购买保险。2018年国家保监会数据显示，保险业实现原保险保费收入3.66万亿元，同比增长18.16%。保险项目的日益齐全，使得越来越多的人开始加入投保行列。随着保险资金投资范围的开放，中国资本市场逐步完善，越来越多的企业将资金投入到行业中来，行业的发展对人才的需求将会持续存在。

3. 人口因素推动发展

《国家人口发展规划(2016～2030年)》指出，要将生育率逐步提升并稳定在适度水平，2020年全国总人口达到14.2亿人左右，2030年达到14.5亿人左右。随着人口增加，素质的不断提高，人们的保险意识也将逐步加强。在“养老难”“看病贵”“意外频发”的大环境下，越来越多的人意识到保险的重要意义，这些势必会带动保险行业的发展，创造巨大的人才缺口，也将有越来越多的人加入保险行业。

(七) 养老服务职业发展优势分析

养老服务业作为一个“夕阳产业”，却有着“朝阳产业”的潜力。根据我国第六次全国人口普查结果显示，我国60岁及以上老年人口已达1.78亿，占总人口的13.26%。按国际标准来衡量，我国已然进入老龄化社会，养老产业应运而生，市场发展迅速，潜力巨大。

1. 国家重视养老问题

人口老龄化是我国人口的一大趋势。为了社会稳定，人民生活幸福、老有所依，国务院及各省卫健委、民政部、发改委等国家机构出台了一系列的政策；党中央、国务院高度重视社会保障体系建设，为有效增强基本养老保险制度的可持续性，党的十八届三中、五中全会明确提出，“划转部分国有资本充实社保基金”。国有资本大力进入养老市场，使得各行各业都比较看好养老行业。

2. 市场稳定带来新机遇

社会发展带来的经济压力巨大，如何处理好养老问题，关系到民生大计。在这种严峻形势下，国企必须承担起责任。国家支持国有资本注入市场，使得市场资本稳定；同时对其他企业来说，这同样也是行业发展的新机遇。养老政策的不断完善，给养老行业带来了新的契机，大量资金涌入养老行业，使得该行业形成了新的投资市场；各大银行也兴起了一系列与养老有关的产业，如中国光大、中国人寿等；一些传统的制造业公司也相继加入该行列，如中核集团、国家电网、中国中铁等。预计2025年前后，中国养老产业将进入高峰期。

3. 社会需求带动转型

老龄化人口数量庞大，市场需求加大。中国人比较重孝道，这就使得他们在选择机构的时候格外认真，养老机构的服务、设施等都是他们关注的重点。这些都需要大量专业人员的投入，形成大量的市场需求，同时也对从业人员专业有了新的考验。

社会转型形成新的竞争需求，促进社会进步。随着社会经济的发展，我国的养老模式发生了变化，老人除了关注自身身体健康，也追求精神文化生活，这就为养老行业提供了新的挑战，为发展智慧型社会提供了新的发展机会。

(八) 泛文娱职业发展优势分析

泛文娱是一种新型的文化娱乐产业，与传统的娱乐产业不同，它是基于互联网特性，将游戏、文学、动漫、影视、音乐等文化领域进行连接融合。泛文娱产业发展到今天，已经不单单是娱乐层面的，在以BAT(即百度、阿里、腾讯)为首的互联网巨头带领下，一个新型共生的"文一艺一娱"产业生态圈正在搭建。

1. 国家支持带来新发展

党的十九大报告指出泛文娱产业必须站在新的高度上，紧密结合网络强国和文化强国战略，不断提升自身发展质量和效益，培养产业发展新业态、新模式，满足人民日益增长的美好生活需求。国家的大力引导，对于持续推动我国泛娱乐产业高质量发展具有很重要的意义。

政府在引导消费的同时也在不断地出台和调整政策，加强对泛文娱产业的规范化管理。不管是版权管理还是文化审核，抑或是对专业从业人才的资格认定，都引导着泛文娱产业朝着全民化发展，文化内容不断创新，商业模式不断升级，对人才需求也将增加。

2. 经济发展带来新市场

随着经济的发展，人民在满足自身生活发展的同时，开始追求精神方面的享受，在文化娱乐方面的消费日益增加。据统计数据显示，2018 年我国泛文娱核心产业总值达 6 600 多亿。移动电话及网络的普及，使得泛文娱文化在中国得到了空前的发展。华人文化集团公司副总裁、文旅地产与现场娱乐副总裁谢力在"艺恩 2018 中国文娱创新峰会"称 2018 年上半年整个文娱行业投资量增加了 15%，达到了 628 亿人民币。从 2016～2018 年，千万级以上的投资在行业里逐渐减少了，亿级的投资逐渐增多，上 10 亿的也是在成倍地增加。这些都说明这个行业现在开始有了聚集效应，发展前景良好。

3. 社会需求创造新机遇

互联网的普及给更多的人提供了发展的机会。短视频、直播、网络教学、动漫连载等以互联网为载体的新型模式的兴起，使得该行业的从业门槛有所降低，非专业人员也存在发展机会。网红带货、明星直播、新旧媒体互动各种方式的不断尝试融合，使得商业、文化、生活相结合，给该行业带来了新的改变和发展机遇。

(九) 生物科技职业发展优势分析

生物科技是以现代生命科学为基础，整合分子生物学、基因组学等学科知识和技术的复杂系统工程发展起来的新兴产业。未来 10 年，基因工程、细胞工程等结合人工智能，加快对前沿生物技术的探索步伐，将使得我国的生物科技行业迅速发展。

1. 国家大力扶持

《"十三五"生物产业发展规划》明确生物产业发展朝着生物医药、生物医学工程、生物农业、生物制造、生物能源、生物环保和生物技术服务等领域进行。规划提出要加速新药创造和产业化;加快发展精准医疗新模式;推动医疗产业转型升级;构建智能诊疗生态系统等。虽然我国生物科技仍处在发展早期,但发展前途很好。

2. 社会需求加大

据相关数据预测,到2020年,我国生物科技行业将实现医药工程销售额达4.5亿,2018年国内该行业市场生物制药领域数量占到60%。生物科技行业关系到广大人民群众的健康问题。随着时代经济发展,人口增多,大家对医疗产品的需求也在不断加大,我国对国民健康格外重视,对生物环保、生物能源都有更高的要求,对从业人员的要求也就越发严格。

3. 行业价值重大

生物产业是一个大的概念,其中最主要的一部分就是生物医药产业。随着国家战略的实施和生物技术的发展,生物医药产业是未来发展的重点方向,如免疫治疗、细胞治疗、基因技术等都会得到快速提升,这有助于解决人类遗传性疾病治疗问题,提升国民的平均寿命,对人类健康产生深远影响。

(十)新材料职业发展优势分析

新材料是指新出现的具有优异性能和特殊功能的材料,由于成分或工艺改进而性能明显提高或具有新功能的传统材料,其研发及工程化应用依赖于新原理、新方法、新技术、新工艺以及新装备的综合运用。我国是一个庞大的工业大国,各种生产制造所需要的材料非常多,所以新材料在我国发展比较迅速,市场比较广阔。

1. 国家大力发展

新材料行业作为“十三五”国家战略性新兴产业的重要组成部分,在国民经济与国防建设领域都发挥着巨大作用,未来也将成为各国竞争的核心。为了发展新材料行业,我国相继出台了《“十三五”国家战略性新兴产业发展规划》《新材料产业发展指南》等政策,山东省、重庆市、天津市等省市也相继制定发展规划。同时教育部也在引导高校开展航空航天类、材料类、生物与化工类等与新材料相关的专业,培养大批有能力的高素质专业人才。

2. 市场潜力巨大

据国家相关数据显示,我国新材料产业总产值由2012年的1万亿元增加到2016年的2.65万亿元,年均增速27.6%,预计到2025年其产值将突破10万亿元。国家的支持及新材料本身的战略地位,使得社会资本大量涌入,吸引无数企业进行投资,产业规模不断扩大,从业人员发展前景十分广阔。

另一方面,我国对新材料方面的高素质人才需求很大。有数据显示,预计到2020年新材料人才总量将达到900万人,人才缺口为300万人,到2025年,将达到1 000万人,人才缺口为400万人。

3. 自身用处广泛

科技的不断发展,关键技术的不断突破,一方面使新材料的应用率不断提高,另一方面也促使新材料能够应用到更多的行业当中去,除了应用于航空航天等高新技术领域,还可用在文体用品、纺织机械、医疗器械、生物工程、建筑材料、化工机械、运输车辆等方面,相应的从业人员分布的行业范围也十分广泛,行业发展前景使得从业人员对该行业比较认可。

三、智能社会下催生的新兴行业解析

智能社会的到来，产生了许多新兴职业。以下对人工智能工程技术人员、物联网工程技术人员、大数据工程技术人员、云计算工程技术人员、数字化管理师、建筑信息模型(BIM)技术员、无人机驾驶员、农业经理人、物联网安装调试员、工业机器人系统操作与运维员、电子竞技员、电子竞技运营师进行职业趋势分析。

(一) 人工智能工程技术人员职业趋势分析

人工智能工程技术人员是指从事与人工智能相关算法、深度学习等技术的分析、研究、开发，并对人工智能系统进行设计、优化、运维、管理和应用的工程技术人员。中国人工智能行业发展迅猛，为紧跟最新技术与国际发展势头，国家新增人工智能工程相关职业，力求在符合我国国情之下加快与国际接轨并发挥其优势为人们的生活与工作提供便利。作为火热的新增职业，它具有其独特的优势。

1. 政策支持促进，人才需求大

2017 年“加快人工智能等技术研发和转化”，2018 年“加强新一代人工智能应用”，2019 年“深化大数据、人工智能等研发应用”一系列关键词的出现，可以看出我国人工智能产业从初步发展步入了快速发展的阶段。中国人工智能产业规模将超过 1 500 亿元，带动相关产业规模超过 1 万亿元，人才缺口超过 500 万，目前人工智能处于巅峰成长期，行业人才供不应求。

2. 薪资增长快，就业前景好

在网络科技时代发展的今天，每人每天都会与大量的人工智能技术有所交集，这就需要大量的人工智能工程技术人员。人工智能行业是真正的高尖端行业，急需复合型高科技人才。

3. 开办院校多，专业势头好

人工智能被列为我国优先发展的领域，各大高校相继开展了人工智能相关领域的课程。清北领衔 35 所高校增设“人工智能”专业，其相关院校中既有双一流院校，又有特色鲜明的地方高校，相关专业毕业生一直是各大企业疯抢的人才对象。

(二) 物联网工程技术人员职业趋势分析

物联网工程技术人员是指从事物联网架构、平台、芯片、传感器、智能标签等技术的研究和开发，以及物联网工程的设计、测试、维护、管理和服务的工程技术人员。是继计算机、互联网和移动通信之后的又一次信息产业的革命，被正式列为国家重点发展的战略性新兴产业之一。

1. 行业空间广阔，涉及领域众多

物联网产业具有产业链长、涉及多个产业群的特点，其应用范围几乎覆盖了各行各业。未来 10 年物联网将会被广泛应用于交通、物流、安防、电力、家居、医疗、矿业、军事等各个领域，势头迅猛，就业选择众多，覆盖面广，行业空间广阔。

2. 社会需求量大,发展形势较好

近年全球物联设备数将达281亿,市场总量将达7.1亿美元,目前是行业发展的巅峰,并且该职业未来五年人才需求量将达到1 000万人以上。相关职业人员供不应求,其中智能交通、车联网市场人才需求约为20万;智能电网、智能新能源电力产业人才需求将达百万;物联网专业是教育部允许高校增设新专业后,在高校申请新增专业中排名第一,这也说明了国家对物联网经济的重视和人才培养的迫切性。

3. 薪资起点较高,专业就业对口

作为国家倡导的新兴战略性产业,物联网备受各界重视,并成为就业前景广阔的热门领域,根据"职友集"近一年问卷调查显示,市场愿意给予物联网人才更好的薪资待遇,这与市场上人才相对稀缺密切相关。该专业学生毕业后,对口就业率较高。

(三)大数据工程技术人员职业趋势分析

大数据是近年来发展比较迅速的技术,作为一种新型的能量资源,因其巨大的价值,成了政府与企业的核心竞争力。与此同时,大数据在各个领域中的应用也在不断快速地深入发展,并深入影响社会、工作、学习和生活,大数据对社会生活的发展将产生重大影响。

1. 国家支持

自2014年大数据首次被写入政府工作报告后,我国接连出台多项政策,积极支持鼓励大数据产业发展。2015年8月,国务院印发了《关于促进大数据发展的行动纲要》,《纲要》从国家大数据发展战略全局的高度,提出了我国大数据发展的顶层设计,成为指导我国未来大数据发展的纲领性文件。随后,工信部印发《大数据产业发展规划(2016～2020年)》,全面部署"十三五"时期大数据产业发展工作,为"十三五"时期我国大数据产业崛起与我国从数据大国向数据强国的转变指明了方向。此外,发改委、农业部、交通运输部、国土资源部、环境保护部、国家林业局等也纷纷出台了各自领域大数据建设的总体方案。

2. 时代发展需求

大数据时代的今天,庞大的数据资源使得各个领域开始了量化进程,一些决策将通过数据和分析而得出。当今的"大数据"潮流使得我们获得了海量的数据,但真正的意义不在于单纯掌握海量的数据,而在于对含有信息的数据进行专业化的处理以及这些处理过的数据所带来的效益。据相关数据显示,2017年我国大数据市场规模达358亿元,预计2020年市场规模将达731亿元。再加上数字经济的发展,智慧医疗、智慧城市、精准扶贫以及其他相关高新技术产业也都离不开大数据的支撑,因此,大数据工程人员起着举足轻重的作用。①

3. 市场需求量大

据相关数据显示,未来五年我国的大数据行业人才缺口将高达130多万,大数据发展越快,市场对大数据平台运维与开发、数据分析、数据安全、机器学习等方面的专业人才的需求

---

① 四川职教:《新职业观察|大数据工程技术人员——操纵全局"幕后大佬"》。

就越大，不少企业也看到了大数据人才对公司的重要性，行业人才的缺乏，使得掌握相关技能的人更方便就业。

（四）云计算工程技术人员职业趋势分析

随着云计算的应用与普及，越来越多的企业开始转向云计算服务，出现了大量的应用解决方案，云应用的成功案例逐渐丰富，用户了解和认可程度不断提高，云计算产业发展迎来“黄金机遇期”。

1. 国家大力扶持云计算产业为其提供了发展平台

科技部研究报告称“云计算将成为第四次科技革命”，国家高度重视云计算的发展，它是IT行业的又一大创新。早在2008年，国家成立云计算的理论研究组织，随后举办全国性的云计算会议，曾多次召开“中国云”科技专项规划论证会，“十三五”纲要中把发展云计划当作我国产业发展的战略目标。技术的成熟离不开专业人员的推动，国家大力发展云计算产业为云计算工程技术人员的产生提供了平台，云计算工程技术人员一职经人社部公布以来就备受欢迎，广阔的市场使得这类新职业开始崭露头角，并迅速发展成了热门职业。

2. 科技发展为其提供了机遇

云计算的本质是按量取用、按需付费，对于企业来说，可以节约大量的成本，提高效能，并且安全可靠。5G、大数据、物联网、人工智能的兴起，为云计算的出现提供了载体，为云计算工程技术人员提供了机遇。科技的发展，使得云笔记、云视频、云健康，云空间等云应用层出不穷，这些都离不开云计算工程技术人员的工作。随着科技的进一步发展增加，社会对云计算工程技术人员的需求将不断增加。

3. 市场规模扩大，社会需求增加

国家大力支持，给云计算带来了很好的政策支持，给行业提供了一个良好的发展环境，相关数据显示，2016年云服务市场规模达到654.83亿美元，增速高于20%，预计2020年将达到1 435.3亿美元，年复合增长率达22%。这就意味着社会对云计算工程技术人员的需求量很大，因此行业前景广阔，薪资水平远比一般的计算机技术类工作者高得多。

（五）数字化管理师职业趋势分析

数字化管理师是指使用数字化智能移动办公平台，进行企业或组织的人员架构搭建、运营流程维护、工作流协同、大数据决策分析、上下游在线化连接，实现企业经营管理在线化、数字化的人员。新职业的出现对个人而言，提供了新的选择，拥有新的就业机会；对企业而言，可以对企业进行全方位的升级，提高经济效益；对社会而言，可以推动各行各业实现数字化转型，提升企业及社会效能。

1. 科技发展新趋势

以云计算、大数据、人工智能为代表的新一代数字技术，正推动中国互联网的发展进入数字经济时代的深水区。据中国信息通信研究院2018年4月12日发布的《中国数字经济发展与就业白皮书（2018年）》数据，2017年我国数字经济总体规模达到27.2万亿元，占GDP的比重由2014年的26.1%上涨到32.9%，对GDP的贡献更是高达55%。数字化管理使得实体经济向数字经济靠拢。

2. 社会发展需求

根据IDC(国际数据公司)预测,到2021年,数字经济规模将达到45万亿美元,全球数字经济的比重将超过50%。数字管理师可从事的行业非常多,据人社部公布的消息,从业人员遍布互联网、信息技术、制造业、贸易、批发、零售、服务业、教育、金融等多个行业。随着时代的进步,传统的管理模式对于小型企业尚可,但无法用来管理大型企业,其中有专业的数字化管理师的企业比没有数字化管理师的企业工作效率高出35%~50%。可以说企业的数字化转型,离不开数字化管理师。

3. 本身职业特点

数字化管理师是我国人社部及多个部门共同公布的13个新职业之一。数字化管理师在企业中的角色相当于CXO,是当前社会上比较热门的职业,数字化管理师在企业内部扮演管理、沟通、协调的重要角色,在任务分配、绩效管理、团队协作以及组织内部沟通等方面都将发挥重要作用,帮助企业进行大数据决策分析、上下游在线化连接。对个人而言,数字化管理师是晋升为企业管理层的新渠道,是个人成长、职业发展的新发力点。当然数字化管理可以用得到的地方有很多,包括但不限制于消费需求,人员管理,产品周期,产品服务等等。事实上,只要企业有需求,一切环节都可以数字化,因此该职业备受社会欢迎。

(六)建筑信息模型技术员职业趋势分析

建筑信息模型(以下简称BIM)可以帮助建筑设计师缩短设计时间,提高设计质量,并可以在任何时刻、任何位置进行任何想要的修改,设计和图纸会始终保持协调、一致和完整。BIM可以缓解高水平技术人员的压力,为基层技术人员提供更多就业机会,如制图员(模型师)群体。

1. 国家政策支持

截至2017年底,全国大多数省市均出台BIM相关技术政策,同时发布很多指导意见和通知,有些地方甚至在公共建筑等领域强制推行BIM技术应用,多数建筑企业已开展BIM技术在工程领域内的应用。住建部《关于推进建筑信息模型应用的指导意见》中提出:“到2020年末,以国有资金投资为主的大中型建筑,以及申报绿色建筑的公共建筑和绿色生态示范小区,在新立项勘察设计、施工、运营维护中,集成应用BIM的项目比率达到90%。”

2. 市场人才短缺

建筑业信息化的发展需要大量BIM等信息化人才作为后备力量,既需要同时具备计算机编程与项目管理的双重技术能力的BIM操作人员,也需要掌握BIM建模高级技能要求的建筑信息化实用性人才和从事项目管理、高层团队管理工作的BIM项目管理人员。预计,未来五年我国各类企业对BIM技术人才的需求总量将达到130万。

3. 职业特点优势明显

BIM在未来不会局限在建筑施工领域的勘察、设计、施工、生产、工程管理和运维上,从管理层到一线人员都将得到广泛应用。BIM将成为一种普遍的能力,而精通BIM技术的人才,将是多领域全方位复合型的优秀人才。

(七) 无人机驾驶员职业趋势分析

无人机又称为“无人航空器”或“遥控驾驶航空器”,因为方便、高效而越来越多地被应用到各领域。目前世界各国都将机器人当作新一轮科技和生产革命的切入点和衡量一个国家能力和实力的标准。所以,无人机驾驶员是国家重点培养的技术类人才,未来职业发展前景良好,发展空间广阔。

1. 相关人才缺口大

近年来,我国机器人产业正处于快速发展期,中央及地方相关主管部门陆续出台政策规划,在项目支持、平台建设与应用示范等方面营造良好的生态环境。十九大报告中更明确指出,要加快建设制造强国,加快发展先进制造业。

中国无人机相关职业需要大量高水平、高层次人才。近年来我国虽然在硬件和技术水平上取得了显著提升,但是现场调试、维护操作与运行管理等应用型人才的培养力度依然有所欠缺。《制造业人才发展规划指南》权威预测到 2020 年相关领域人才缺口将达 300 万。

2. 应用范围广泛

无人机目前已经在多个领域被广泛应用,可以代替人来从事高危工作或到达人类无法触及的地方。如农业农药灌溉和喷洒、电力管道巡查、灾后救援、洞穴勘探、森林防火检测、影视航拍等。无人机已经越来越广泛应用在制造业的各个角落,而掌握无人机操作、维护、调试、故障排除以及系统集成等技术的工程师需求会越来越大。无人机在其他领域的广泛应用,使得选择该职业的人逐渐增多。

3. 职业发展前景好

随着科技发展,无人机被应用到各个行业,分工更加细化,无人机驾驶员在工作中的作用愈发突出,甚至会成为公司的核心技术人员。而且无人机驾驶职业比较特殊,有些因为工作性质的不同,需要相关证书或准入证明,职业存在由初级向高级的晋升空间。另外无人机驾驶员作为新兴起的职业,国家必将大力推进规范化发展,职业发展前景良好。

(八) 农业经理人职业趋势分析

我国是一个有几千年历史的农业大国,近年来,为了进一步推动农业的发展,国家在农业上推行了一系列的政策和措施,2020 年 4 月 1 日人社部、市场监管总局、国家统计局正式发布了 13 个新增职业,其中包括了农业经理人。作为新增职业,农业经理人具有很大的发展优势。

1. 农业发展趋势推动

在中国农业现代化进程中,中国传统农业向现代化农业转变是必然趋势。随着生产经营组织化程度的提高,农业社会化服务体系的健全,绿色农业、绿色食品加工业、设施农业的发展,园艺作物标准化生产的推进、农业机械化和农机农艺的融合,农业信息技术、提高信息化水平的发展等一系列举措的实施,生产经营管理水平的提高更加迫切,这就促成了农业经理人群体的产生。

2. 人才需求量大

随着我国农业经营规模不断扩大,对农业专业化生产的要求不断提高,内部劳动分工越发细化，形成了诸如生产管理、销售管理等诸多职位。据人社部发布的《新职业—农业经理人就业景气现状分析报告》指出，农业经济合作组织将以年增幅超过10%的速度发展，预计未来五年我国对农业经理人的需求总量将达到150万左右。我国农业化进程的不断加快，对绿色农业、信息化技术的要求不断扩大，对农业经理人的需求也更加迫切。

3. 发展前景广阔

2007年《中华人民共和国农民专业合作社法》明确规定农民专业合作社可以“决定聘用经营管理人员和专业技术人员的数量、资格和任期”，确立了农业经理人的法律地位，农业经纪人还可以享有城镇职工养老、医疗保险等。智慧农业的发展，使得农业劳动强度变低，工作时间相对自由。农业经理人作为行业的领军人物，活跃在农业生产的各个领域，可以学习到各种先进的科学技术与管理理念，对以后的职业发展有着重要的作用。

（九）物联网安装调试员职业趋势分析①

随着科技的发展和技术的不断进步，“知识型社会”的概念已经深入人心。互联网和电子计算机技术进入人们的日常生活已经20余年，使人们的生活发生了翻天覆地的变化。共享单车、二维码支付……，物联网已经进入了我们每个人的日常生活，而这只是物联网时代刚刚拉开的序幕。5G元年已开启，而被5G刷屏的背后一个焦点行业应运而生。

1. 政策支持

我国《“十三五”国家战略性新兴产业发展规划》中明确指出，实施网络强国战略，加快建设“数字中国”，推动物联网、云计算和人工智能等技术向各行业全面融合渗透，构建万物互联、融合创新、智能协同、安全可控的新一代信息技术产业体系，推动基于现有各类通信网络实现物联网集约部署。

2. 需求量大

智慧农业、智能家居、智慧交通、智慧医疗等智慧产业都涉及运用大量的物联网传感器、射频设备、电子标签等产品设备，完成对环境信息的采集，对数据的识别与处理等工作，因此对掌握物联网技术、熟悉物联网产品安装和运维的调试人员有大量的需求。同时，调查显示，2018年我国物联网业务收入比上年增长72.9%，从事物联网及相关行业的从业人员超过200万，预计未来五年物联网安装调试员人才需求量近500万人。

3. 薪资待遇好

由于物联网的概念被社会逐渐接受，越来越多的企业开始重视物联网的发展，进而也提升了物联网相关岗位的薪资水平。从整体上看，北京、以深圳为首的华南地区及以杭州为首的华东地区由于物联网产业发展较为成熟，负责物联网安装调试的相关人员平均薪资与传统电子产品、网际网络运维人员相比较高，其他地区则呈持平状态。

（十）工业机器人系统操作与运维员职业趋势分析

我国是制造大国，目前处于智能制造转型的关键时期，尤其是近几年，我国的机器人领域取得新的进展，发展迅速。随着机器人在各方面的应用，不仅降低了成本还提高了工业生

---

① 文章引用于人社部《新职业—物联网安装调试员就业景气现状分析报告》

产效率，越来越受企业欢迎。但大量的机器人需要专业的技术人员来操作维护，这就促使各行业对工业机器人系统操作与运维员的需求明显增加。

1. 社会发展趋势推动

科技时代使得机器人成为工业的核心工具，机器人不仅用于大型的重复生产工作线，也被用于医疗卫生、汽车制造、橡胶生产、零部件铸造等行业。机器人工作精准度高，社会需求大，一直都备受关注。据相关数据预测，到 2020 年，全国机器人保有量将达到 80 万台，对拥有技术的专业人才需求将会越来越多，2022 年我国工业机器人市场规模将达 50.6 亿美元。

2. 人才需求量大

人社部在《新职业—工业机器人系统操作员就业景气现状分析报告》及《新职业—工业机器人系统运维员就业景气现状分析报告》指出，机器人作为技术集成度高、应用环境复杂、操作维护较为专业的高端装备，有着多层次的人才需求。对工业机器人系统操作员的人才需求量以每年 20%到 30%的速度增长，未来五年预计人才缺口将达 125 万左右。目前我国机器人应用人才缺口达 20 万之多，除了拥有高技能的研发人才，对在一线的一般应用人才、机器操作人员和维修人员也有大量的需求。

3. 职业发展前景好

巨大的人才缺口创造了更多的就业机遇，工业机器人系统操作与运维员作为新的职业，越来越受到人们的关注。对于行业本身而言，政府、企业、三方行业对人才比较重视，共同推进行业进步，而且行业薪资水平较一般行业高。就个人而言，工业机器人系统操作与运维员为技术岗位，存在较大晋升空间，比较适合个人职业发展。总的来说，工业机器人系统操作与运维员的发展前景十分广阔。

（十一）电子竞技员职业趋势分析

电子竞技是使用电子游戏进行比赛的体育项目，即利用电子设备（电脑、游戏主机、手机等）作为运动器械，操作上强调人与人之间智力与反应力的对抗，并且达到竞技层面。电子竞技员是指从事电子竞技活动的人。在人社部发布的最新职业电子竞技员分析报告中，就对该职业做了详细的分析。

1. 国家大力扶持

随着电子竞技市场的不断扩大，电子竞技用户也在不断增多，而且国家大力支持与鼓励该职业的发展。2008 年，国家体育局就将电子竞技正式批准为第 78 个体育项目；2013 年国家体育总局组建 17 人的电竞国家队，出征亚洲室内运动会；为进一步推动了电竞运动的发展，2015 年，国家体育局将其列入《体育产业发展“十三五”规划》；2016 年，教育部宣布在高等职业学校增设“电子竞技运动与管理”专业，大力培养电子竞技人才；2018 年，电子竞技正式成为雅加达亚运会的电子体育表演项目，电竞项目的重要性空前提升。电子竞技快速发展，带来的是行业对人才需求的不断增加，为此我国人社部公布了新的职业——电子竞技员，以此来发展中国的电竞事业。

2. 市场发展需求

据《2019 全球电子竞技市场报告》的数据显示，2019 年全球电子竞技总观看人数增长到 4.54 亿，其中我国的核心电竞爱好者达 7 500 万，并预计 2022 年达 6.45 亿；其他数据显示，

2018 年中国电竞整体市场规模为 940.5 亿，预计 2020 年超过 1 350 亿元。当前市场上电子竞技岗位处于人力饱和状态的不足 15%，预测未来五年电子竞技员人才需求量近 200 万人。从这些数据不难看出，我国在电子竞技市场上具有巨大的潜力。

3. 发展前景较好

中国电竞选手近些年在国际赛事上的优异表现，使得国民对电子竞技的认可度提高，电子竞技员成为了众多游戏爱好者的理想职业。从职业本身来说，电子竞技员是团队核心岗位，当然它不仅仅是指从事电子竞技活动的参与人员，也包括陪练、体验、参与表演等相关人员，涵盖了电竞选手、电子竞技教练、电竞数据分析、电竞项目陪练等诸多岗位。电子竞技员的薪资也比一般从业人员的收入要高。

(十二) 电子竞技运营师职业趋势分析

近几年，电竞市场火爆，尤其是国内泛文娱产业链的形成，进一步推动了电竞行业发展，加上中国有近 3 亿多的电子竞技爱好者，群众基础雄厚，国内电竞市场潜力巨大。虽然电子竞技在国内发展迅速，但作为新兴的体育类行业，发展时间较短，行业基础薄弱，电子竞技运营师作为一种新型的职业将进一步推动电竞行业的发展。

1. 国家政策支持

2016 年 7 月 13 日，国家体育总局发布的《体育产业发展"十三五"规划》指出"以冰雪、山地户外、水上、汽摩、航空、电竞等运动项目为重点，引导具有消费引领性的健身休闲项目发展"。同年 10 月，国务院总理李克强在主持国务院常务会议时指出"要出台加快发展健身休闲产业指导意见，因地制宜发展冰雪、山地、水上、汽摩、航空等户外运动和电子竞技等"。此后各地方政策持续跟进，2019 年"电子竞技运营师"作为人社部公布的 13 个新职业之一，走入大众视线。

2. 市场规模扩大

根据普华永道发布的数据推测，到 2022 年全球电竞行业收入达到 15.8 亿美元。艾瑞咨询在《2019 中国电子竞技行业研究报告》中分析推测，预计 2020 年国内电竞整体市场规模将超过 1 350 亿元。一个好的电子竞技运营师不仅能够有效促进企业电竞活动及内容质量的产出，对于促进电子竞技产业及相关文化持续良性发展有着重要意义，好的市场运营也将吸引无数的投资。

3. 人才需求量大

越竞教育 CEO 秋基堂表示，"目前电竞产业人才缺口达 21 万人，缺口率达 80.7%，尤其缺乏组织管理和商业化人才。"据有关数据预测，未来五年电子竞技运营师人才需求量近 150 万人。随着电竞行业的不断发展，与电竞相关的企业除了对电子竞技员存在需求，对电子竞技运营师的需求更大，企业活动、赞助商、电竞直播、俱乐部活动都离不开电子竞技运营师的参与。

第五部分

附　录

一、基于数学算法的吉林省理工类近四年等效分查询表①

2019 分数	等效 2018	等效 2017	等效 2016	等效 2015
679	686	680	684	679
678	686	680	683	678
677	685	678	682	677
676	684	677	681	676
675	684	676	680	675
674	683	675	679	674
673	682	674	679	673
672	681	673	678	672
671	680	672	677	671
670	678	670	676	669
669	677	669	675	668
668	676	668	674	666
667	675	667	673	665
666	674	665	671	663
665	673	664	670	662
664	672	662	669	660
663	670	661	668	659
662	669	659	666	657
661	669	658	665	656
660	668	657	665	656
659	667	656	664	655
658	666	655	663	653

① 此表是按照每一分 2019 年位次所占比例，推算历年同比例所在位次，从而得出等效分数，通过历年等效分数可以给自己今年所得分数一个明确的定位。由于每年的总人数和每一分的同分人数有所差异，会出现几个分数对应的历年等效分数相同的情况。

待 2020 年高考分数公布以后，读者可登录炎尚高考报考智能云平台（网址：winshon.cuiyanet.com），查看 2020 年考试分数与 2016～2019 年等效分数。

（续表）

2019 分数	等效 2018	等效 2017	等效 2016	等效 2015
657	666	654	662	652
656	665	653	661	650
655	663	651	659	649
654	663	650	658	647
653	661	649	657	646
652	661	648	656	645
651	660	647	655	644
650	659	646	654	643
649	657	644	653	641
648	656	643	652	640
647	656	642	651	639
646	655	640	650	637
645	654	639	648	636
644	653	638	648	635
643	652	637	647	634
642	651	636	645	632
641	650	634	644	631
640	649	633	643	630
639	648	632	643	629
638	647	631	641	627
637	646	630	640	626
636	645	629	639	625
635	645	628	638	624
634	644	626	637	623
633	642	625	636	621
632	641	624	635	620
631	640	623	634	619
630	639	622	632	618

（续表）

2019 分数	等效 2018	等效 2017	等效 2016	等效 2015
629	638	620	631	617
628	637	619	630	616
627	636	618	629	615
626	635	616	628	613
625	634	615	627	612
624	633	614	626	610
623	632	613	625	609
622	631	612	624	608
621	630	611	622	606
620	629	609	621	605
619	627	608	620	604
618	626	607	619	603
617	625	605	617	602
616	624	604	616	601
615	623	603	615	599
614	622	602	614	598
613	621	601	613	597
612	620	600	612	596
611	619	599	611	595
610	618	597	610	594
609	617	596	608	592
608	616	595	607	591
607	615	594	606	590
606	614	593	605	589
605	613	591	604	588
604	612	590	603	587
603	611	589	601	586
602	610	588	600	584

(续表)

2019 分数	等效 2018	等效 2017	等效 2016	等效 2015
601	609	586	599	583
600	608	585	597	582
599	607	584	596	580
598	606	583	595	579
597	604	581	594	578
596	603	580	593	577
595	603	579	592	576
594	601	578	591	575
593	600	577	590	574
592	599	575	588	573
591	598	574	587	571
590	597	572	586	570
589	596	571	584	569
588	595	570	583	568
587	594	569	582	567
586	592	568	581	565
585	591	566	579	564
584	590	565	578	563
583	589	564	577	562
582	588	563	576	561
581	587	562	575	560
580	586	560	574	559
579	585	559	572	557
578	584	558	571	556
577	582	557	570	555
576	581	556	569	554
575	580	554	567	553
574	579	553	566	552

（续表）

2019 分数	等效 2018	等效 2017	等效 2016	等效 2015
573	578	552	565	551
572	577	551	564	549
571	576	550	563	548
570	575	549	561	547
569	574	547	560	545
568	572	546	559	544
567	572	545	558	543
566	570	544	557	542
565	570	543	556	541
564	568	542	554	540
563	567	540	553	539
562	566	539	552	538
561	565	538	551	537
560	564	537	550	536
559	563	536	548	535
558	562	535	547	534
557	561	533	546	532
556	560	532	545	531
555	559	531	544	530
554	558	530	543	529
553	556	529	542	528
552	555	528	540	527
551	554	527	539	526
550	553	525	538	524
549	552	524	537	523
548	551	523	535	522
547	549	522	534	521
546	548	521	533	520

（续表）

2019 分数	等效 2018	等效 2017	等效 2016	等效 2015
545	547	519	532	519
544	546	518	531	518
543	545	517	530	516
542	544	516	528	515
541	543	515	527	514
540	542	514	526	513
539	540	513	525	512
538	539	512	524	510
537	538	511	523	509
536	537	510	522	508
535	536	509	520	507
534	535	507	519	506
533	534	507	518	505
532	533	506	517	504
531	532	505	516	503
530	531	503	515	501
529	530	502	514	500
528	529	501	513	499
527	528	500	512	498
526	526	499	510	497
525	525	498	509	496
524	524	496	508	495
523	523	495	507	493
522	522	494	506	492
521	521	493	505	491
520	520	492	504	490
519	519	491	503	489
518	518	490	502	488

（续表）

2019 分数	等效 2018	等效 2017	等效 2016	等效 2015
517	517	489	501	487
516	516	488	499	485
515	515	486	498	484
514	514	485	497	483
513	513	484	496	482
512	512	483	495	481
511	510	482	494	480
510	509	481	493	479
509	508	480	492	478
508	507	479	491	477
507	506	478	490	475
506	505	477	489	474
505	504	476	488	474
504	503	474	486	472
503	502	473	485	471
502	501	472	484	470
501	500	471	483	469
500	498	470	482	468
499	497	469	481	467
498	496	468	480	466
497	495	467	479	465
496	494	466	478	463
495	493	465	477	462
494	492	464	476	461
493	491	462	474	460
492	489	461	473	459
491	488	460	472	458
490	487	459	471	457

（续表）

2019 分数	等效 2018	等效 2017	等效 2016	等效 2015
489	486	458	470	456
488	485	457	469	455
487	484	456	468	454
486	483	455	467	452
485	482	454	466	451
484	481	453	465	450
483	480	452	464	449
482	479	451	463	448
481	477	450	462	447
480	476	449	460	446
479	475	448	459	445
478	474	447	458	444
477	473	446	457	443
476	472	445	456	442
475	471	443	455	441
474	469	442	454	439
473	468	441	453	438
472	467	440	452	437
471	466	439	451	436
470	465	438	450	435
469	464	437	449	434
468	463	436	447	433
467	462	435	446	432
466	461	434	445	431
465	460	433	444	430
464	459	432	443	429
463	458	431	442	428
462	456	430	441	426

（续表）

2019 分数	等效 2018	等效 2017	等效 2016	等效 2015
461	455	429	440	425
460	454	427	438	424
459	453	426	437	423
458	452	425	436	422
457	451	424	435	421
456	450	423	434	420
455	449	422	433	419
454	448	421	432	418
453	447	420	431	417
452	446	419	430	416
451	445	418	429	415
450	444	417	428	414
449	442	416	427	413
448	441	415	426	412
447	440	413	424	411
446	439	413	423	410
445	438	412	422	408
444	437	411	421	407
443	436	410	420	406
442	435	408	419	405
441	434	407	418	404
440	433	406	417	403
439	432	405	416	402
438	431	404	415	401
437	430	403	414	400
436	429	402	413	399
435	428	401	412	398
434	427	400	411	397

（续表）

2019 分数	等效 2018	等效 2017	等效 2016	等效 2015
433	426	399	410	396
432	424	398	409	395
431	423	397	408	394
430	422	396	407	393
429	421	395	406	392
428	420	394	404	391
427	419	393	403	390
426	418	392	402	389
425	417	391	401	388
424	415	390	400	386
423	414	389	399	385
422	413	388	398	384
421	412	387	397	383
420	411	386	395	382
419	410	385	394	381
418	409	384	393	380
417	408	383	392	379
416	407	382	391	378
415	406	381	390	377
414	405	380	389	376
413	404	379	388	375
412	403	378	387	374
411	402	377	385	373
410	400	376	384	372
409	399	375	383	371
408	398	374	382	369
407	397	372	381	368
406	396	372	380	367

(续表)

2019 分数	等效 2018	等效 2017	等效 2016	等效 2015
405	395	371	379	367
404	394	370	378	366
403	393	369	377	365
402	392	368	376	364
401	391	367	376	363
400	390	366	374	362
399	389	365	373	361
398	388	364	372	360
397	387	363	371	359
396	385	362	370	358
395	384	361	369	357
394	383	360	368	356
393	382	359	367	355
392	381	358	365	354
391	379	357	364	353
390	378	356	363	352
389	378	355	362	351
388	377	354	361	350
387	376	353	360	349
386	375	352	359	348
385	374	351	358	347
384	373	350	357	346
383	372	349	356	345
382	370	348	355	344
381	369	347	354	343
380	368	346	353	342
379	367	345	352	341
378	366	344	351	340

（续表）

2019 分数	等效 2018	等效 2017	等效 2016	等效 2015
377	365	343	350	339
376	364	342	349	339
375	363	341	348	337
374	362	340	347	336
373	361	339	346	336
372	360	338	345	335
371	358	337	344	334
370	357	336	343	333
369	356	335	342	332
368	355	335	341	331
367	354	334	340	330
366	353	333	339	329
365	352	332	338	328
364	351	331	337	328
363	350	330	336	327
362	349	329	335	326
361	348	328	333	325
360	347	327	332	324
359	346	326	331	323
358	345	325	331	322
357	344	324	330	322
356	343	323	329	321
355	342	322	327	320
354	341	321	326	319
353	339	320	325	318
352	338	319	324	317
351	337	319	324	316
350	336	317	322	316

（续表）

2019 分数	等效 2018	等效 2017	等效 2016	等效 2015
349	335	316	321	315
348	334	316	320	314
347	333	315	319	313
346	332	314	318	312
345	331	313	317	311
344	330	312	316	310
343	329	311	315	309
342	328	310	314	309
341	327	309	313	308
340	326	309	312	307
339	325	308	311	306
338	324	307	310	305
337	323	306	309	305
336	322	305	308	304
335	321	304	307	303
334	320	303	306	302
333	319	303	305	301
332	317	302	304	300
331	316	301	303	300
330	315	300	302	299
329	315	299	301	298
328	313	298	300	297
327	312	297	299	296
326	311	296	298	295
325	310	295	297	295
324	309	294	297	294
323	308	294	296	293
322	307	293	295	292

（续表）

2019 分数	等效 2018	等效 2017	等效 2016	等效 2015
321	306	292	294	292
320	305	291	293	291
319	304	290	292	290
318	303	289	291	289
317	302	288	290	288
316	301	287	289	287
315	300	287	288	287
314	299	286	287	286
313	298	285	286	285
312	297	284	285	284
311	296	283	284	283
310	295	282	283	283
309	293	281	282	282
308	292	280	281	281
307	291	279	280	280
306	290	278	279	279
305	289	277	278	278
304	288	277	278	277
303	287	276	277	277
302	286	275	276	276
301	285	274	275	275
300	284	273	274	274
299	283	272	273	274
298	282	271	272	273
297	281	270	271	272
296	280	270	270	271
295	279	269	269	271
294	278	268	268	270

（续表）

2019 分数	等效 2018	等效 2017	等效 2016	等效 2015
293	277	267	267	269
292	276	266	266	268
291	275	265	265	267
290	274	265	264	267
289	273	264	263	266
288	272	263	263	265
287	270	262	262	264
286	269	261	261	264
285	268	261	260	263
284	267	260	259	262
283	266	259	259	261
282	265	258	258	260
281	264	257	257	260
280	263	256	256	259
279	262	255	255	258
278	260	254	254	257
277	259	254	253	256
276	258	253	252	256
275	257	252	251	255
274	256	251	250	254
273	256	251	250	254
272	255	250	249	253
271	254	249	248	252
270	253	248	247	251
269	252	248	246	250
268	251	247	246	250
267	250	246	245	249
266	249	245	244	248

（续表）

2019 分数	等效 2018	等效 2017	等效 2016	等效 2015
265	248	244	243	247
264	247	243	242	247
263	246	243	241	246
262	245	242	240	245
261	244	241	240	244
260	243	240	239	243
259	241	239	238	242
258	241	239	237	241
257	239	238	236	241
256	238	237	235	240
255	238	236	235	239
254	236	235	234	238
253	235	234	233	237
252	234	233	232	237
251	233	232	231	236
250	232	231	231	236
249	231	231	230	235
248	230	230	229	234
247	230	229	228	233
246	229	228	227	232
245	228	228	226	232
244	226	226	225	231
243	225	225	225	230
242	224	225	224	229
241	223	224	223	228
240	222	223	222	227
239	221	222	221	226
238	220	222	220	226

（续表）

2019 分数	等效 2018	等效 2017	等效 2016	等效 2015
237	219	220	219	225
236	218	219	218	224
235	217	218	218	223
234	216	218	217	222
233	216	217	216	221
232	215	216	215	220
231	214	215	214	219
230	213	214	213	219
229	212	213	213	218
228	212	213	212	217
227	210	212	211	216
226	209	211	211	216
225	208	210	210	214
224	207	208	209	213
223	206	207	208	212
222	205	206	207	212
221	204	206	207	211
220	203	205	206	210
219	201	204	205	209
218	200	203	204	208
217	199	202	203	207
216	199	201	202	206
215	198	200	201	206
214	197	200	201	205
213	196	199	200	204
212	195	198	199	203
211	194	198	198	203
210	193	197	198	202

（续表）

2019 分数	等效 2018	等效 2017	等效 2016	等效 2015
209	192	196	197	201
208	191	195	197	200
207	190	195	196	200
206	190	194	195	199
205	189	194	195	199
204	188	193	194	198
203	187	192	193	197
202	186	191	192	196
201	186	190	192	195
200	185	189	191	194
199	184	188	190	193
198	183	188	190	192
197	182	187	189	192
196	181	186	188	191
195	181	186	188	191
194	180	185	187	190
193	179	185	186	189
192	178	184	186	189
191	178	183	185	188
190	177	183	185	187
189	176	181	184	187
188	176	180	183	186
187	175	180	182	186
186	174	179	181	185
185	173	178	180	184
184	172	177	179	183
183	172	176	179	182
182	171	175	178	181

（续表）

2019 分数	等效 2018	等效 2017	等效 2016	等效 2015
181	169	174	176	180
180	168	174	176	180
179	167	172	175	179
178	166	172	174	178
177	165	170	173	177
176	163	169	172	176
175	163	169	171	175
174	163	168	171	174
173	162	168	170	173
172	161	167	169	171
171	160	166	169	170
170	159	165	168	169
169	157	164	167	169
168	157	163	166	168
167	156	162	165	167
166	156	162	164	166
165	155	161	164	165
164	154	160	163	165
163	154	160	163	165
162	153	159	162	164
161	152	158	161	164
160	151	157	160	163
159	150	157	160	163
158	148	156	159	161
157	147	155	158	159
156	146	154	158	158
155	145	153	158	158
154	144	152	157	156

（续表）

2019 分数	等效 2018	等效 2017	等效 2016	等效 2015
153	143	151	156	155
152	141	150	154	154
151	141	150	154	152
150	140	149	154	151
149	140	148	154	151
148	139	147	152	150
147	138	147	152	149
146	138	144	151	147
145	136	142	149	146
144	135	141	148	144
143	133	139	147	143
142	132	137	146	141
141	132	137	146	141
140	131	136	145	140
139	130	135	143	137
138	130	134	142	137
137	130	133	142	137
136	130	133	142	137
135	130	133	141	136
134	129	133	141	136
133	128	131	140	135
132	126	130	139	133
131	125	129	138	132
130	124	128	138	131
129	124	128	138	131
128	122	127	136	129
127	122	127	136	129
126	122	126	135	128

（续表）

2019 分数	等效 2018	等效 2017	等效 2016	等效 2015
125	122	126	135	128
124	121	124	134	127
123	120	123	133	126
122	120	123	133	126
121	120	122	133	126
120	120	121	133	125
119	120	121	133	125
118	116	119	129	124
117	115	118	129	123
116	114	118	128	123
115	114	118	127	122
114	112	114	125	117
113	112	113	123	116
112	112	113	123	116
111	111	113	121	114
110	110	112	121	113
109	110	112	121	113
108	110	111	120	113
107	107	106	119	108
106	107	106	119	108
105	107	105	115	107
104	102	101	109	102
103	101	101	108	100
102	101	100	103	100
101	100	100	102	100
100	100	100	100	100

二、基于数学算法的吉林省文史类近四年等效分查询表①

2019 分数	等效 2018	等效 2017	等效 2016	等效 2015
629	631	624	619	631
628	631	624	618	630
627	630	622	617	628
626	629	621	616	627
625	628	620	614	626
624	627	618	613	626
623	626	617	611	625
622	626	617	610	624
621	625	615	609	623
620	624	615	608	622
619	623	614	607	621
618	622	614	606	620
617	621	612	605	618
616	619	611	604	617
615	618	609	602	616
614	617	608	601	615
613	616	606	600	613
612	614	605	599	612
611	613	604	598	611
610	612	603	597	610
609	611	602	596	609
608	610	601	595	608

① 此表是按照每一分 2019 年位次所占比例，推算历年同比例所在位次，从而得出等效分数，通过历年等效分数可以给自己今年所得分数一个明确的定位。由于每年的总人数和每一分的同分人数有所差异，会出现几个分数对应的历年等效分数相同的情况。

待 2020 年高考分数公布以后，请读者登录彣尚高考报考智能云平台（网址：winshon.cuiyanet.com），第一时间免费查看 2020 年考试分数与 2016～2019 年等效分数。

（续表）

2019 分数	等效 2018	等效 2017	等效 2016	等效 2015
607	609	600	593	606
606	608	599	592	605
605	607	598	591	604
604	606	597	591	604
603	605	595	589	602
602	604	594	588	601
601	602	593	587	600
600	601	591	586	598
599	600	590	585	597
598	600	589	584	596
597	599	589	583	595
596	598	587	582	594
595	597	586	581	593
594	596	585	580	591
593	594	584	578	590
592	593	583	577	589
591	592	582	576	588
590	591	581	575	587
589	591	579	574	586
588	590	578	573	585
587	588	577	571	583
586	587	575	570	582
585	586	574	569	580
584	585	573	568	579
583	584	572	567	578
582	583	571	565	576
581	582	569	564	575
580	580	568	562	574

（续表）

2019分数	等效2018	等效2017	等效2016	等效2015
579	579	567	561	573
578	578	566	560	571
577	578	565	559	570
576	576	563	558	569
575	576	563	557	568
574	575	561	556	567
573	574	560	555	566
572	572	559	554	564
571	571	558	553	563
570	570	557	552	562
569	569	556	551	561
568	568	555	549	560
567	567	554	549	559
566	566	553	547	557
565	565	552	546	557
564	564	550	545	555
563	564	549	544	555
562	562	548	543	553
561	562	547	541	552
560	561	546	540	551
559	560	545	539	550
558	558	544	537	548
557	557	542	536	547
556	555	541	535	545
555	554	540	534	544
554	554	539	533	543
553	553	538	532	541
552	552	537	531	540

（续表）

2019 分数	等效 2018	等效 2017	等效 2016	等效 2015
551	551	536	530	539
550	550	534	529	538
549	549	533	527	536
548	547	532	526	534
547	546	531	525	533
546	545	530	524	532
545	544	529	523	531
544	543	528	522	530
543	542	527	520	529
542	541	525	519	527
541	540	524	518	526
540	539	523	517	525
539	538	522	515	524
538	537	521	514	523
537	536	519	513	521
536	534	518	512	520
535	533	517	510	518
534	532	516	509	517
533	531	515	507	516
532	530	514	506	514
531	529	513	505	513
530	528	512	504	512
529	527	511	503	511
528	526	510	502	510
527	525	509	501	509
526	524	508	500	508
525	523	507	499	506
524	522	506	497	505

（续表）

2019 分数	等效 2018	等效 2017	等效 2016	等效 2015
523	521	505	496	504
522	520	504	495	503
521	519	503	494	502
520	518	502	493	501
519	517	501	492	500
518	516	500	490	499
517	514	498	489	497
516	513	497	488	496
515	512	496	487	495
514	511	495	486	493
513	510	493	485	492
512	509	492	483	491
511	508	491	482	490
510	507	490	481	489
509	506	489	480	488
508	505	488	479	486
507	504	487	478	485
506	503	486	476	484
505	502	485	475	483
504	500	484	474	482
503	499	483	473	480
502	498	482	471	479
501	497	481	470	478
500	496	479	469	477
499	495	478	468	475
498	494	477	467	474
497	492	476	466	473
496	491	475	465	472

（续表）

2019 分数	等效 2018	等效 2017	等效 2016	等效 2015
495	491	474	464	471
494	489	473	463	470
493	488	472	462	469
492	487	471	460	468
491	486	469	459	466
490	485	468	458	465
489	484	467	457	464
488	483	466	456	463
487	482	465	454	461
486	480	464	453	460
485	479	463	452	459
484	478	462	451	458
483	477	461	450	457
482	476	460	448	455
481	474	458	447	454
480	473	457	446	453
479	472	456	444	451
478	471	455	443	450
477	470	454	442	449
476	469	453	441	448
475	468	452	439	447
474	467	451	438	446
473	466	450	437	444
472	465	448	436	443
471	464	447	435	442
470	463	446	433	440
469	462	445	432	439
468	461	444	431	438

（续表）

2019 分数	等效 2018	等效 2017	等效 2016	等效 2015
467	460	443	430	437
466	458	442	429	435
465	457	441	427	434
464	456	440	426	433
463	455	439	425	432
462	454	437	424	431
461	453	436	423	430
460	452	435	422	428
459	451	434	420	427
458	450	433	419	426
457	449	432	418	425
456	448	431	417	424
455	447	430	416	423
454	446	429	414	421
453	445	428	413	420
452	443	426	412	419
451	442	426	411	418
450	441	424	410	417
449	440	423	408	415
448	438	422	407	414
447	437	421	406	413
446	436	420	405	412
445	435	419	404	411
444	434	418	402	410
443	433	417	401	408
442	431	416	400	407
441	430	415	399	406
440	429	414	398	405

（续表）

2019 分数	等效 2018	等效 2017	等效 2016	等效 2015
439	428	413	396	403
438	427	412	395	402
437	426	411	394	401
436	425	410	393	400
435	424	409	392	398
434	423	408	391	398
433	422	407	390	396
432	421	406	388	395
431	420	405	387	394
430	419	404	386	393
429	418	403	385	392
428	417	402	384	391
427	416	401	383	390
426	415	400	382	389
425	414	399	381	388
424	413	398	380	387
423	412	397	379	385
422	410	396	378	384
421	410	395	377	383
420	409	394	376	382
419	408	393	375	381
418	407	392	374	380
417	406	391	373	379
416	405	390	372	378
415	404	389	370	376
414	403	388	369	375
413	401	387	368	374
412	401	385	367	373

（续表）

2019 分数	等效 2018	等效 2017	等效 2016	等效 2015
411	400	385	366	372
410	399	383	365	371
409	398	383	364	370
408	397	381	363	369
407	395	381	362	368
406	394	380	361	367
405	393	379	359	366
404	392	378	358	364
403	391	377	357	363
402	390	376	356	362
401	389	375	355	361
400	388	373	354	360
399	387	372	353	359
398	386	372	352	358
397	385	371	351	357
396	384	370	350	356
395	383	369	349	355
394	382	368	348	354
393	381	367	347	352
392	380	366	346	352
391	379	365	345	351
390	378	364	344	350
389	377	363	343	349
388	376	362	342	347
387	375	361	341	346
386	374	360	340	345
385	373	359	339	344
384	372	359	338	343

（续表）

2019 分数	等效 2018	等效 2017	等效 2016	等效 2015
383	370	357	337	342
382	369	356	336	341
381	368	355	335	340
380	367	354	334	339
379	366	353	333	338
378	365	352	332	337
377	364	351	331	336
376	363	350	330	335
375	362	349	328	334
374	360	347	327	333
373	359	346	327	332
372	358	345	325	331
371	357	344	325	330
370	356	344	324	329
369	355	343	323	328
368	354	341	322	327
367	353	340	321	326
366	352	340	320	325
365	351	339	319	324
364	350	338	318	323
363	349	337	317	322
362	348	336	316	322
361	347	336	315	320
360	346	334	314	319
359	345	334	313	318
358	344	333	313	317
357	343	332	312	316
356	342	331	311	315

（续表）

2019 分数	等效 2018	等效 2017	等效 2016	等效 2015
355	341	330	310	315
354	340	329	309	313
353	339	328	308	313
352	338	327	307	312
351	337	326	307	311
350	336	325	306	310
349	335	324	305	309
348	334	323	304	308
347	333	323	303	307
346	332	322	303	306
345	331	321	302	305
344	330	320	301	304
343	329	319	300	303
342	328	318	299	302
341	326	317	298	301
340	325	316	297	300
339	324	315	296	299
338	323	314	295	298
337	322	313	294	297
336	322	313	293	296
335	321	312	293	295
334	319	311	292	294
333	319	310	291	294
332	318	309	290	293
331	317	308	289	292
330	316	307	288	291
329	315	306	287	290
328	314	305	287	289

（续表）

2019 分数	等效 2018	等效 2017	等效 2016	等效 2015
327	313	305	286	288
326	312	303	285	287
325	311	303	284	286
324	310	302	283	285
323	309	301	283	285
322	308	301	282	284
321	307	300	281	283
320	306	299	280	282
319	304	297	279	281
318	304	297	279	280
317	303	296	278	280
316	302	295	277	279
315	301	294	276	278
314	300	293	276	277
313	299	292	274	276
312	298	291	274	275
311	297	291	273	274
310	296	290	272	273
309	295	289	271	272
308	294	288	271	271
307	293	287	270	270
306	292	287	269	270
305	291	286	268	269
304	290	285	268	268
303	289	284	267	267
302	287	283	266	266
301	287	282	265	266
300	286	281	264	265

（续表）

2019 分数	等效 2018	等效 2017	等效 2016	等效 2015
299	285	280	263	264
298	283	279	262	263
297	283	278	262	262
296	282	277	261	261
295	281	277	260	260
294	280	276	259	260
293	279	275	259	259
292	278	275	258	258
291	277	274	257	257
290	276	273	257	256
289	276	272	256	256
288	275	271	255	255
287	274	271	255	254
286	273	270	254	253
285	272	269	253	252
284	271	268	252	251
283	270	267	251	250
282	269	266	251	250
281	268	265	250	249
280	267	265	249	248
279	266	264	248	248
278	265	263	248	247
277	264	263	247	246
276	263	262	247	246
275	262	261	246	245
274	261	260	245	244
273	260	260	245	243
272	260	259	244	242

（续表）

2019 分数	等效 2018	等效 2017	等效 2016	等效 2015
271	259	258	243	242
270	257	257	242	241
269	257	256	242	240
268	256	255	241	239
267	255	254	240	239
266	254	254	240	238
265	253	253	239	237
264	252	252	238	237
263	251	251	237	236
262	250	250	237	235
261	250	249	236	234
260	249	249	235	234
259	248	248	235	233
258	247	248	234	233
257	247	247	234	232
256	246	246	233	231
255	245	246	232	230
254	244	244	231	229
253	242	243	230	227
252	242	242	229	227
251	241	241	229	226
250	240	241	228	225
249	240	240	228	225
248	239	240	227	224
247	238	239	226	223
246	237	237	225	223
245	236	237	224	222
244	235	236	223	221

(续表)

2019 分数	等效 2018	等效 2017	等效 2016	等效 2015
243	234	235	223	220
242	233	234	222	220
241	232	233	221	219
240	231	232	221	218
239	230	231	220	217
238	229	230	220	216
237	228	229	219	216
236	227	228	218	215
235	225	227	218	214
234	225	226	217	213
233	224	224	216	212
232	223	223	215	211
231	222	222	214	211
230	221	222	214	210
229	219	220	213	209
228	218	218	212	208
227	217	217	211	208
226	216	217	210	207
225	215	215	210	206
224	214	215	209	205
223	213	214	209	204
222	212	214	208	203
221	212	213	207	203
220	210	212	206	202
219	210	211	205	201
218	209	210	204	200
217	208	209	203	199
216	207	208	202	198

（续表）

2019 分数	等效 2018	等效 2017	等效 2016	等效 2015
215	206	207	201	197
214	205	206	200	197
213	205	205	200	196
212	204	204	199	195
211	203	203	198	195
210	202	203	198	194
209	202	202	197	193
208	202	201	196	192
207	201	200	196	191
206	199	199	195	190
205	199	198	194	190
204	198	197	193	188
203	197	196	192	188
202	197	195	192	187
201	196	194	191	186
200	195	193	191	185
199	194	193	191	185
198	193	193	190	185
197	192	191	189	183
196	191	190	188	183
195	189	189	187	182
194	188	188	186	181
193	187	187	185	179
192	186	186	184	178
191	185	186	183	177
190	185	186	183	177
189	184	185	183	177
188	184	184	182	176

（续表）

2019 分数	等效 2018	等效 2017	等效 2016	等效 2015
187	183	183	181	176
186	181	182	181	175
185	180	182	180	174
184	179	181	179	174
183	178	180	178	173
182	177	180	178	172
181	177	179	177	171
180	175	178	176	170
179	173	177	175	170
178	173	176	174	170
177	173	176	174	169
176	172	175	172	169
175	171	175	172	168
174	170	174	172	168
173	169	174	171	167
172	167	173	170	166
171	166	172	168	166
170	165	172	168	166
169	164	170	167	165
168	163	170	166	165
167	162	170	165	164
166	162	169	164	163
165	161	168	162	162
164	161	167	162	162
163	160	166	159	160
162	158	165	158	157
161	156	164	156	157
160	156	163	156	156

（续表）

2019 分数	等效 2018	等效 2017	等效 2016	等效 2015
159	156	163	156	156
158	155	162	156	154
157	154	161	154	153
156	154	161	154	153
155	154	160	153	153
154	152	159	149	152
153	149	159	148	150
152	149	157	148	149
151	148	157	147	149
150	147	157	147	148
149	147	157	147	148
148	147	156	146	147
147	139	153	140	144
146	137	151	136	144
145	137	151	136	144
144	137	150	136	143
143	136	149	135	142
142	135	149	135	141
141	134	149	135	139
140	134	148	135	139
139	133	146	132	137
138	131	141	130	136
137	131	141	130	136
136	131	139	129	135
135	128	134	128	133
134	128	131	126	128
133	127	130	125	127
132	126	128	124	124

（续表）

2019分数	等效2018	等效2017	等效2016	等效2015
131	125	128	122	124
130	125	128	122	124
129	125	128	122	124
128	125	128	122	123
127	123	127	121	123
126	122	127	121	122
125	120	126	119	120
124	119	126	119	119
123	119	126	119	119
122	118	126	117	118
121	118	123	113	117
120	118	123	113	117
119	117	120	112	116
118	117	120	112	116
117	114	113	107	114
116	114	113	107	114
115	113	113	107	110
114	112	112	107	110
113	112	112	107	110
112	112	112	107	110
111	109	108	105	108
110	106	105	104	107
109	105	104	104	105
108	105	104	104	105
107	104	100	104	103
106	104	100	104	103
105	102	100	102	102
104	102	100	102	102

（续表）

2019 分数	等效 2018	等效 2017	等效 2016	等效 2015
103	102	100	102	102
102	100	100	101	101
101	100	100	100	101
100	100	100	100	101

三、蓝皮书专有名词解释

211 高校(非 985)：属于“211 工程”，但不属于“985 工程”的高校。

985 高校(除前 10)：属于“985 工程”，但校友会排名并非位列前 10 名的高校。

办学层次：综合考虑国家重视程度和学校实力，可以将全国高校分为多种层次，包括“985 工程”高校、“211 工程”高校、“双一流”建设高校、普通一本高校、普通二本高校、民办与独立学院等。

大类招生：指高校将相同或相近学科门类，通常是同院系的专业合并，按一个大类招生。学生入校后，经过 1～2 年的基础培养，再根据兴趣和双向选择原则进行专业分流。

独立学院：实施本科以上学历教育的普通高等学校与国家机构以外的社会组织或者个人合作，利用非国家财政性经费举办的实施本科学历教育的高等学校。

分数保值：指报考时最大化地利用考生分数压线报考，理想化状态是以最后一名录取过线。

高职专科：专科(大专)层次的普通高等学校。

级差：高校在录取第一志愿和非第一志愿考生时最低录取控制线的分数差。

冷门高校/专业：未录满人数(录取数小于计划数)大于一定数量的高校或专业。

录取概率：某考生被某大学或某专业录取的可能性。

民办高校(院校)：由个人或者企业组织利用自有资金开办的高校。

批次线：批次录取控制分数线，简称批次线或省控线，是根据各省(自治区、直辖市)考生高考成绩水平和招生计划，按一定的比例确定的录取新生的各批次、各科类最低成绩标准。

强基计划：强基计划(也称基础学科招生改革试点)，主要选拔培养有志于服务国家重大战略需求且综合素质优秀或基础学科拔尖的学生。

热度：以招生人数、报考人数等为依据，衡量专业或高校受欢迎程度的标量。

热门高校/专业：扩招人数(录取数大于计划数)大于一定数量的高校或专业。

上线率：某类考生(文史类或理工类)某批次上线人数占该省(自治区、直辖市)该类型考生总人数的比例。

试验班：高校将相同或相近属性专业合并、以名人或学科性质命名的招生类型，是大类招生的一种形式，如社会科学试验班、唐敖庆班。

数据对标：将缺失、混乱及缺乏精准的高考报考数据信息以合理的合并或拆分形式进行精准校正。

双非院校(高校):既不属于“985 工程”也不属于“211 工程”的高校。

双一流:世界一流大学和一流学科建设高校,简称“双一流”。

特殊类招生:某些高校按各种招生类型分开招生,如中外合作办学、只招少数民族、附属医学院等。

未上线率:某类考生(文史类或理工类)某批次线以下人数占该省(自治区、直辖市)该类型考生总人数的比例。

线差:线差中的“线”是指批次录取控制分数线,也叫省控线。线差分为考生考分线差与高校录取分线差。考生考分线差是指考生的考分或预估分,与考生所在省(自治区、直辖市)的批次控制分数线的差值,即考生分数比批次控制分数线高多少分。高校录取分线差是指高校在某省(自治区、直辖市)某批次的录取分数线,与该省(自治区、直辖市)的批次控制分数线的差值,即高校录取分比批次控制分数线高(低)多少分。

信息对称:指在报考中考生、家长及一系列参与报考的主体掌握信息需要与高考报考本身信息形成对称。

学科门类:中国高校现行的学科分类,对于普通高等教育来说共有 12 种,分别是:哲学类、经济学类、法学类、教育学类、文学类、历史学类、理学类、工学类、农学类、医学类、管理学类、艺术学类。

学科评估:学科评估是教育部学位与研究生教育发展中心(简称学位中心)按照国务院学位委员会和教育部颁布的《学位授予与人才培养学科目录》(简称学科目录)对全国具有博士或硕士学位授予权的一级学科开展整体水平评估。

一本(除 985/211):既不属于“985 工程”也不属于“211 工程”,在全国大部分省(自治区、直辖市)招收本科第一批次考生的高校,如天津师范大学。

一级学科:在高等学校研究生教育体系设置中,学科门类以下、具体专业以上的专业类型,是大类招生的主要依据。

应用理论型专业:强调理论养成、升学成长属性(考研留学等)突出、本科就业属性一般的专业。

应用实践型专业:强调实践应用、升学成长属性(考研留学等)一般、本科就业属性突出的专业。

志愿级差:指在顺序志愿中,录取非第一志愿院校考生时的分数差额。

中外合作办学:指外国教育机构同中国教育机构在中国境内合作举办以中国公民为主要招生对象的教育机构(含内地与港澳台地区合作办学机构和内地与港澳台地区合作办学项目)。

(以词条首字拼音降序排列)

参考文献

[1] 许世彬，王云鹏.2016 普通高校招生指南（上册）[M].长春：吉林教育出版社，2016.
[2] 许世彬，王云鹏.2016 普通高校招生指南（下册）[M].长春：吉林教育出版社，2016.
[3] 郑景国，王云鹏.2017 普通高校招生指南（上册）[M].长春：吉林教育出版社，2017.
[4] 郑景国，王云鹏.2017 普通高校招生指南（下册）[M].长春：吉林教育出版社，2017.
[5] 郑景国，王云鹏.2018 普通高校招生指南（上册）[M].长春：吉林教育出版社，2018.
[6] 郑景国，王云鹏.2018 普通高校招生指南（下册）[M].长春：吉林教育出版社，2018.
[7] 吉林省教育考试院.2019 普通高校招生指南（上册）[M].长春：吉林教育出版社，2019.
[8] 吉林省教育考试院.2019 普通高校招生指南（下册）[M].长春：吉林教育出版社，2019.
[9] 国家职业分类大典修订工作委员会.中华人民共和国职业分类大典（2015 年版）[M].北京：中国劳动社会保障出版社，2015.
[10] [美]泰勒·皮尔逊.未来工作智能时代的竞争力法则[M].北京：中信出版社，2020.
[11] 腾讯研究院等.人工智能：国家人工智能战略行动抓手[M].北京：中信出版社，2017.
[12] 吴军.智能时代：大数据与智能革命重新定义未来[M].北京：中信出版社，2016.